愛知高等学校

〈収録内容〉

※国語の大問二は、問題に使用された作品の著作権者が二次使用の許可を出していないため、問題を掲載しておりません。

JN108060

便利な DL コンテンツは右の QR コードから ⇒

解答用紙　過去年度

※データのダウンロードは 2025 年 3 月末日まで。

※データへのアクセスには、右記のパスワードの入力が必要となります。 ⇒　401941

〈合格最低点〉

※学校からの合格最低点の発表はありません。

本書の特長

実戦力がつく入試過去問題集

▶ 問題 …………… 実際の入試問題を見やすく再編集。

▶ 解答用紙 …… 実戦対応仕様で収録。

▶ 解答解説 …… 詳しくわかりやすい解説には、難易度の目安がわかる「基本・重要・やや難」の分類マークつき（下記参照）。各科末尾には合格へと導く「ワンポイントアドバイス」を配置。採点に便利な配点つき。

入試に役立つ分類マーク

基本 確実な得点源！
受験生の90％以上が正解できるような基礎的、かつ平易な問題。
何度もくり返して学習し、ケアレスミスも防げるようにしておこう。

重要 受験生なら何としても正解したい！
入試では典型的な問題で、長年にわたり、多くの学校でよく出題される問題。
各単元の内容理解を深めるのにも役立てよう。

やや難 これが解ければ合格に近づく！
受験生にとっては、かなり手ごたえのある問題。
合格者の正解率が低い場合もあるので、あきらめずにじっくりと取り組んでみよう。

合格への対策、実力錬成のための内容が充実

▶ 各科目の出題傾向の分析、合否を分けた問題の確認で、入試対策を強化！

▶ その他、学校紹介、過去問の効果的な使い方など、学習意欲を高める要素が満載！

解答用紙ダウンロード 解答用紙はプリントアウトしてご利用いただけます。弊社ＨＰの商品詳細ページよりダウンロードしてください。トビラのＱＲコードからアクセス可。

UD FONT 見やすく読みまちがえにくいユニバーサルデザインフォントを採用しています。

愛知高等学校

地下鉄名城線「自由ヶ丘」駅下車，徒歩15分
市バス「光ヶ丘」下車，徒歩３分
市バス・名鉄バス「竹越」下車，徒歩７分

〒464-8520　名古屋市千種区光が丘2-11-41
☎052-721-1521

沿　革

1876年５月，曹洞宗専門学支校として創立。1947年学制改革により新制中学を開設。翌年新制高校を開設。1967年には現在地である千種区光が丘に移転。愛知学院大学（大学院を含む），愛知学院大学短期大学部（歯科衛生学科），愛知学院大学歯科技工専門学校を擁する総合学園として歴史と伝統を持つ。1992年には，愛知中学を再開，2005年度より男女共学となり，さらなる発展を期すことになった。

建学の精神

「行学一体・報恩感謝」

教育目標

1）男女が尊重しあい，ともに参画する社会に対応した教育を実践し，学び，競い，磨き合いながら，仏教精神に基づく豊かな人間性を養う。

2）建学の精神「行学一体・報恩感謝」を教育の基本として，かしこさ（智慧）と感謝や思いやりの心（慈悲）を育み，大学までの一貫教育を推進する。

3）進路指導を含め，生きる目標を培い，学力の向上，豊かな情操と健やかな身体の育成など，知・徳・体のバランスのとれた感性豊かで自律性のある人間づくりを目指し，特色ある教育活動を実践する。

4）生徒と教師のふれあいを重視し，授業の工夫と実践につとめ，部活動や課外活動を盛んにし，充実したキャンパスライフづくりを図り，一人ひとりを大切にする教育を実践していく。

教育課程

●３ヵ年コース

高校から入学する３年間のコース。１年生は週33時間の共通カリキュラムで，大学進学に向けて学力アップを図る。入試の成績上位者による選抜クラスが編成される。２年生から進路目標に対応して，理科系・文科系・医歯薬コースに分かれる。

●６ヵ年コース

愛知中学から進学する中高一貫の６年間のコース。

●国際教養コース（2024年4月新設）

世界の諸問題を認識し，解決しようとする使命を有し，自己や他者の文化の独自性を理解し，多様性のある社会で共存・協働するために自ら学び，行動する生徒の育成をめざし，“Design Your Future”をコンセプトとし，海外研修を含めたコース独自のカリキュラムで３年間学ぶ。１年生は４泊５日のカンボジア研修を通して「アジアの中の日本」を学び，２年生では１か月間のカナダ研修を通して「世界とアジア」について学ぶ。（希望者は半年間あるいは1年間の現地校通学も可）１・２年生での学びを３年生で「世界と私」としてまとめていく。

宗教教育

１年次の大本山永平寺への参禅研修，宗教授業のほか，週１回の講堂礼拝などを実施して，仏教精神，特に禅的教養に基づく徳育の涵養に努めている。

永平寺参禅

花まつり

施設・設備

キャンパスが位置するのは，名古屋市の東部，閑静な住宅地・光が丘。その敷地面積は，名古屋ドームが２つ入るほどの広さで，この敷地をフルに生かして設計・設置された南北２つのグラウンドや第１・第２体育館は大規模かつ本格的なもの。また，図書館は質・量ともに充実した蔵書を誇っている。さらに，情報化時代に対応したパソコン教室や理科センター，ＬＬ教室など，生徒の向学心に十分に応える教育・学習施設を整えている。

学ぶよろこび

●土曜講座

土曜特別講座では，著名人を講師に招いて講演会を行っているほか，土曜日を活用した教養・趣味・体験・スポーツ・学習などの講座を年に数回開催している。

●探究講座

同一法人・愛知学院大学や県内外の大学の先生を招聘し，わかりやすく大学の研究などについて出張講義を開講している。

クラブ活動

県下はもちろん全国レベルのクラブもあり，「スポーツ・文化の愛知」として広く知られている。2023年度は陸上競技部・ハンドボール部・水泳部・剣道部・ゴルフ部が全国大会に出場した。文化部では，囲碁将棋部と放送部が全国大会出場，演劇部が中部大会に出場したほか，合唱部が愛知県ヴォーカル・アンサンブルコンテストで金賞，吹奏楽部がJapan Student Jazz Festival 2023で優秀賞を獲得している。

●運動部

アーチェリー，合気道，剣道，硬式テニス，硬式野球(男)，ゴルフ，サッカー，水泳，体操，卓球，ダンス(女)，軟式野球，バスケットボール，ハンドボール(男)，ラグビー，陸上競技

●文化部

囲碁･将棋，英語研究，演劇，科学，合唱，写真，宗教，書道，吹奏楽，パソコン，美術，文芸，放送，茶華道，家庭科研究，歴史文化研究，陶芸同好会，ボランティア同好会

年間行事

４月／入学式，花まつり，新入生オリエンテーション

５月／ウエサカ祭，研修旅行（２年），永平寺参禅（１年）

７・８月／学級懇談会，夏期講習，学習合宿

９月／文化祭・体育祭，両祖忌

10月／創立記念日

11月／太祖降誕会

12月／成道会，個別懇談会，冬期講習

１月／高祖降誕会，入学試験

２月／涅槃会

３月／卒業式，春期講習，学習合宿

文化祭

進　路

2023年度の大学合格実績（現浪合計延べ数）は，名古屋大・名古屋工業大・愛知教育大など国公立大学112名，早稲田大・慶応義塾大や南山大など私立大学に1549名，この中で，医学部医学科10名・歯学部27名・薬学部88名・獣医学部4名であった。また，系列大学の愛知学院大学には170名が合格した。

●国公立大学

大阪大，名古屋大，名古屋工業大，愛知教育大，名古屋市立大，愛知県立大，三重大，岐阜大，静岡大，金沢大，富山大，信州大，筑波大，岡山大，広島大，東京都立大，静岡県立大　など

●私立大学

早稲田大，慶應義塾大，上智大，東京理科大，国際基督教大，学習院大，明治大，青山学院大，立教大，中央大，法政大，日本大，東洋大，駒澤大，専修大，関西大学，関西学院大，同志社大，立命館大，近畿大，愛知学院大，南山大，愛知大，名城大，中京大　など

●医学部医学科

山梨大，長崎大，愛知医科大，藤田医科大，東海大，川崎医大　など

●薬学部

名古屋市立大，岐阜薬科大，愛知学院大，名城大，金城学院大，東京薬科大　など

●歯学部

愛知学院大，朝日大　など

●獣医学部

北里大　など

研修旅行

◎2024年度入試状況◎

学　科	普　通
募　集　数	353
応募者数	1987
受験者数	1970
合格者数	

※募集数には推薦入学者（約50%）を含み，愛知中学校からの進学者は含まない。

過去問の効果的な使い方

① **はじめに**　入学試験対策に的を絞った学習をする場合に効果的に活用したいのが「過去問」です。なぜならば，志望校別の出題傾向や出題構成，出題数などを知ることによって学習計画が立てやすくなるからです。入学試験に合格するという目的を達成するためには，各教科ともに「何を」「いつまでに」やるかを決めて計画的に学習することが必要です。目標を定めて効率よく学習を進めるために過去問を大いに活用してください。また，塾に通われていたり，家庭教師のもとで学習されていたりする場合は，それぞれのカリキュラムによって，どの段階で，どのように過去問を活用するのかが異なるので，その先生方の指示にしたがって「過去問」を活用してください。

② **目的**　過去問学習の目的は，言うまでもなく，志望校に合格することです。どのような分野の問題が出題されているか，どのレベルか，出題の数は多めか，といった概要をまず把握し，それを基に学習計画を立ててください。また，近年の出題傾向を把握することによって，入学試験に対する自分なりの感触をつかむこともできます。

過去問に取り組むことで，実際の試験をイメージすることもできます。制限時間内にどの程度までできるか，今の段階でどのくらいの得点を得られるかということも確かめられます。それによって必要な学習量も見えてきますし，過去問に取り組む体験は試験当日の緊張を和らげることにも役立つでしょう。

③ **開始時期**　過去問への取り組みは，全分野の学習に目安のつく時期，つまり，9月以降に始めるのが一般的です。しかし，全体的な傾向をつかみたい場合や，学習進度が早くて，夏前におおよその学習を終えている場合には，7月，8月頃から始めてもかまいません。もちろん，受験間際に模擬テストのつもりでやってみるのもよいでしょう。ただ，どの時期に行うにせよ，取り組むときには，集中的に徹底して取り組むようにしましょう。

④ **活用法**　各年度の入試問題を全問マスターしようと思う必要はありません。できる限り多くの問題にあたって自信をつけることは必要ですが，重要なのは，志望校に合格するためには，どの問題が解けなければいけないのかを知ることです。問題を制限時間内にやってみる。解答で答え合わせをしてみる。間違えたりできなかったりしたところについては，解説をじっくり読んでみる。そうすることによって，本校の入試問題に取り組むことが今の自分にとって適当かどうかが，はっきりします。出題傾向を研究し，合否のポイントとなる重要な部分を見極めて，入学試験に必要な力を効率よく身につけてください。

数学

各都道府県の公立高校の入学試験問題は，中学数学のすべての分野から幅広く出題されます。内容的にも，基本的・典型的なものから思考力・応用力を必要とするものまでバランスよく構成されています。私立・国立高校では，中学数学のすべての分野から出題されることには変わりはありませんが，出題形式，難易度などに差があり，また，年度によっての出題分野の偏りもあります。公立高校を含め，ほとんどの学校で，前半は広い範囲からの基本的な小問群，後半はあるテーマに沿っての数問の小問を集めた大問という形での出題となっています。

まずは，単年度の問題を制限時間内にやってみてください。その後で，解答の答え合わせ，解説での研究に時間をかけて取り組んでください。前半の小問群，後半の大問の一部を合わせて50％以上の正解が得られそうなら多年度のものにも順次挑戦してみるとよいでしょう。

英語

英語の志望校対策としては，まず志望校の出題形式をしっかり把握しておくことが重要です。英語の問題は，大きく分けて，リスニング，発音・アクセント，文法，読解，英作文の5種類に分けられます。リスニング問題の有無(出題されるならば，どのような形式で出題されるか)，発音・アクセント問題の形式，文法問題の形式(語句補充，語句整序，正誤問題など)，英作文の有無(出題されるならば，和文英訳か，条件作文か，自由作文か)など，細かく具体的につかみましょう。読解問題では，物語文，エッセイ，論理的な文章，会話文などのジャンルのほかに，文章の長さも知っておきましょう。また，読解問題でも，文法を問う問題が多いか，内容を問う問題が多く出題されるか，といった傾向をおさえておくことも重要です。志望校で出題される問題の形式に慣れておけば，本番ですんなり問題に対応することができますし，読解問題で出題される文章の内容や量をつかんでおけば，読解問題対策の勉強として，どのような読解問題を多くこなせばよいかの指針になります。

最後に，英語の入試問題では，なんと言っても読解問題でどれだけ得点できるかが最大のポイントとなります。初めて見る長い文章をすらすらと読み解くのはたいへんなことですが，そのような力を身につけるには，リスニングも含めて，総合的に英語に慣れていくことが必要です。「急がば回れ」ということわざの通り，志望校対策を進める一方で，英語という言語の基本的な学習を地道に続けることも忘れないでください。

国語

国語は，出題文の種類，解答形式をまず確認しましょう。論理的な文章と文学的な文章のどちらが中心となっているか，あるいは，どちらも同じ比重で出題されているか，韻文(和歌・短歌・俳句・詩・漢詩)は出題されているか，独立問題として古文の出題はあるか，といった，文章の種類を確認し，学習の方向性を決めましょう。また，解答形式は，記号選択のみか，記述解答はどの程度あるか，記述は書き抜き程度か，要約や説明はあるか，といった点を確認し，記述力重視の傾向にある場合は，文章力に磨きをかけることを意識するとよいでしょう。さらに，知識問題はどの程度出題されているか，語句(ことわざ・慣用句など)，文法，文学史など，特に出題頻度の高い分野はないか，といったことを確認しましょう。出題頻度の高い分野については，集中的に学習することが必要です。読解問題の出題傾向については，脱語補充問題が多い，書き抜きで解答する言い換えの問題が多い，自分の言葉で説明する問題が多い，選択肢がよく練られている，といった傾向を把握したうえで，これらを意識して取り組むと解答力を高めることができます。「漢字」「語句・文法」「文学史」「現代文の読解問題」「古文」「韻文」と，出題ジャンルを分類して取り組むとよいでしょう。毎年出題されているジャンルがあるとわかった場合は，必ず正解できる力をつけられるよう意識して取り組み，得点力を高めましょう。

数学 出題傾向の分析と合格への対策

●出題傾向と内容

本年度の出題は大問4題，小問にして19題であった。問題量としては適当であるが，時間配分，問題の難易度等を考慮して試験に臨むことを心がけておきたい。

本年度の出題内容は，[1]が数・式の計算，平方根，2次方程式，1次関数，2次関数，平面図形，空間図形，確率などの小問群が10問，[2]は図形と関数・グラフの融合問題，[3]は場合の数，[4]は平面図形となっている。

数の性質に関連した融合問題が多く出題される傾向にある。

学習のポイント

基礎学力の充実に力を入れ，標準レベルの問題は，どの単元に関しても解けるようにしておこう。

●2025年度の予想と対策

解答方法がマークシートであるが，来年度も，出題数，難易度にそれほど大きな変化はないと予想される。

空間図形の問題の出題が少ないが，放物線と図形の融合問題，三平方の定理を利用して，長さ，面積などの計量問題はよく出題されているので，さまざまな問題に取り組み，より柔軟な思考力を養っておきたい。解答のパターンが見えづらい，数の性質の問題も数多くこなしておくべきであろう。

ここ4～5年の本校の入試問題を解き，本校の出題傾向をつかむとよい。そうすることによって，自分に不足しているものは何かが見えてくるに違いない。

▼年度別出題内容分類表……

出題内容			2020年	2021年	2022年	2023年	2024年
数と式		数の性質	○	○	○	○	○
		数・式の計算	○	○	○	○	○
		因数分解					
		平方根		○	○	○	○
方程式・不等式		一次方程式	○		○	○	
		二次方程式					○
		不等式		○			
		方程式・不等式の応用	○	○	○	○	○
関数		一次関数	○	○	○	○	○
		二乗に比例する関数	○	○	○	○	○
		比例関数			○	○	
		関数とグラフ	○	○	○	○	○
		グラフの作成					
図形	平面図形	角度			○		○
		合同・相似	○	○			
		三平方の定理	○			○	
		円の性質		○	○		○
	空間図形	合同・相似	○				
		三平方の定理				○	
		切断					
	計量	長さ	○		○	○	○
		面積	○	○		○	○
		体積					
	証明						
	作図						
	動点						
統計		場合の数	○	○		○	○
		確率			○		○
		統計・標本調査	○	○	○	○	
融合問題		図形と関数・グラフ	○	○	○		○
		図形と確率					
		関数・グラフと確率					○
		その他					
その他			○	○	○	○	

愛知高等学校

英語 出題傾向の分析と合格への対策

●出題傾向と内容

本年度は，長文読解総合問題2題，文法問題1題の計3題だった。長文問題は2題ともやや短めの説明文だった。文法問題は昨年同様，正誤問題と語句整序問題であるが，語句整序問題には2種類の問題形式があった。例年出題されていた条件英作文は出題されなかった。

長文読解総合問題では，内容を丁寧に追う姿勢が試されている。

文法問題は，基本的な文法事項を確実に覚えておけば解答できるものがほとんどであった。

全体として，正確に内容を読み取る力と，文法・語彙などの基礎知識を広範囲にわたって確実に使いこなす力が求められている。

学習のポイント

基礎的な文法・語彙などを固めて，実際の文の中で，それらを応用する力を身につけること。まとまった長さの英文を読む練習もしよう。

●2025年度の予想と対策

来年度も多少の変更はあるにせよ，本年度とほぼ同じ傾向が続くと予想される。

長文読解問題は必ず出題される。その内容も多岐にわたることが予想されるので，なるべく多くの英文を読み，読解力を高めることが大切である。その際，要旨の把握や細かい所までの内容理解に努めるようにする。

会話文問題が出題される可能性が十分にあるので，会話や論述の流れをつかむ力をつけておくことが必要である。正誤問題，語句整序問題は問題集を使って練習しておくようにしよう。

▼年度別出題内容分類表 ……

	出題内容	2020年	2021年	2022年	2023年	2024年
話し方・聞き方	単語の発音					
	アクセント					
	くぎり・強勢・抑揚					
	聞き取り・書き取り					
語い	単語・熟語・慣用句					
	同意語・反意語					
	同音異義語					
読解	英文和訳(記述・選択)					
	内容吟味		○	○	○	○
	要旨把握	○		○		
	語句解釈		○	○	○	
	語句補充・選択	○	○	○	○	○
	段落・文整序	○				
	指示語					
	会話文		○	○		
文法・作文	和文英訳					
	語句補充・選択					
	語句整序	○	○	○	○	○
	正誤問題	○	○	○	○	○
	言い換え・書き換え					
	英問英答		○		○	
	自由・条件英作文	○	○	○		
文法事項	間接疑問文	○	○	○	○	○
	進行形	○	○			○
	助動詞	○	○			
	付加疑問文					
	感嘆文					○
	不定詞	○	○	○	○	○
	分詞・動名詞	○	○	○	○	○
	比較	○		○	○	○
	受動態	○		○		○
	現在完了	○	○	○	○	○
	前置詞	○	○		○	
	接続詞	○	○		○	○
	関係代名詞	○		○	○	

愛知高等学校

理科 出題傾向の分析と 合格への対策

●出題傾向と内容

大問4題で，小問は25問程度であり，試験時間が短いので，やや不足気味に感じるかもしれない。思考力を試す問題が出されるので，素早く解くことが重要である。

物理，化学，生物，地学の各領域から広く均等に出題され，分野の偏りはない。

標準的な問題が多いが，化学分野や物理分野においては，計算問題が多く出される。また，全ての分野において，思考力や考察力を必要とする問題が出題される。また，目新しい素材が出されることもあるが，教科書の内容をきちんと理解していれば，解くことができる。今後もかたよりのない学習が必要であろう。

学習のポイント

問題集は，標準～やや発展的な内容を含むものを中心に用い，暗記に頼らず思考力を磨こう。

●2025年度の予想と対策

記号選択式の設問が多いが，単純な語句の選択は少なく，原理やしくみの理解を前提とした文選択や図選択が中心である。計算問題も多い。丸暗記の学習では合格点にはならない。どの単元も図表を利用して内容を根本から理解することが大切である。

そして，実験や観察を素材にした，基本からやや難しめの問題練習を，より多くこなしておくことである。具体的な事例に多く接することで，思考力や考察力の必要な問題，そして計算問題にも対応できるようになる。

身近な科学の話題に関心を持っておくと，なお学習に効果的である。

▼年度別出題内容分類表……

	出題内容	2020年	2021年	2022年	2023年	2024年
第一分野	物質とその変化		○			○
	気体の発生とその性質					○
	光と音の性質					○
	熱と温度					
	力・圧力		○	○	○	
	化学変化と質量					○
	原子と分子					
	電流と電圧					
	電力と熱					
	溶液とその性質					
	電気分解とイオン	○				
	酸とアルカリ・中和			○	○	
	仕事	○			○	
	磁界とその変化					
	運動とエネルギー				○	
	その他					
第二分野	植物の種類とその生活					
	動物の種類とその生活	○				
	植物の体のしくみ		○			
	動物の体のしくみ					○
	ヒトの体のしくみ			○	○	○
	生殖と遺伝				○	
	生物の類縁関係と進化					
	生物どうしのつながり					
	地球と太陽系				○	○
	天気の変化		○			
	地層と岩石					
	大地の動き・地震	○		○		
	その他		○			

社会 出題傾向の分析と合格への対策

●出題傾向と内容

本年度も昨年度と同じで，大問は4題で小問数は28問であった。三分野総合問題が1題，地理・歴史・公民の各分野から1題ずつの出題となっている。

地理は，会話文や諸地域の特色をあらわしたさまざまな資料をもとにした設問で，地形図，画像，図表，グラフなどを用いた日本と世界の問題が出題された。

歴史は，広島県廿日市市に関する資料をもとに，古代～近代の日本と世界の政治・外交・社会史が出題された。また，日本史と世界史の関連も，外交史を中心に問われた。

公民は，「国の予算とその成立」に関する新聞の切り抜きを活用して，政治・経済のしくみなどに関する問題が，細部まで出題された。

✔学習のポイント

地理：諸地域の特色を読み取ろう！
歴史：歴史の流れをとらえよう！
公民：政治・経済のしくみをつかもう！

●2025年度の予想と対策

来年度も全て選択式問題が出され，小問数は25～30問程度と予想される。

地理は，まず教科書の重要事項を正確に理解しよう。その上で各資料・統計などから諸地域の特色などをまとめておこう。

歴史は，各時代の歴史の流れを重要人物と関連させて理解し，日本を中心とした諸外国との関係を資料をもとに説明できるようにしておこう。

公民は，基本的内容おさえてから，インターネットで，内外の重要な報道に，日ごろから関心を高めて，さまざまな課題を理解し感想をまとめておこう。そして，それらに関連する教科書の重要事項をおさえておこう。

▼年度別出題内容分類表 ……

		出題内容	2020年	2021年	2022年	2023年	2024年
地理的分野	（日本）	地形図	○			○	○
		地形・気候・人口	○			○	○
		諸地域の特色				○	○
		産業	○			○	○
		交通・貿易				○	
	（世界）	人々の生活と環境	○				
		地形・気候・人口	○	○	○	○	○
		諸地域の特色	○	○	○	○	○
		産業		○	○	○	○
		交通・貿易		○		○	
	地理総合						
歴史的分野	（日本史）	各時代の特色	○	○		○	
		政治・外交史	○	○	○	○	○
		社会・経済史	○	○	○	○	○
		文化史	○	○	○	○	
		日本史総合					
	（世界史）	政治・社会・経済史	○	○	○	○	○
		文化史					
		世界史総合					
	日本史と世界史の関連			○	○	○	○
	歴史総合						
公民的分野	家族と社会生活						
	経済生活		○		○	○	○
	日本経済		○		○		
	憲法（日本）		○	○		○	○
	政治のしくみ		○	○	○	○	○
	国際経済						
	国際政治		○	○			
	その他		○	○	○	○	○
	公民総合						
各分野総合問題				○	○	○	○

愛知高等学校

国語　出題傾向の分析と合格への対策

●出題傾向と内容

本年度も，論理的文章と文学的文章・古文の読解問題が各1題ずつの計3題の大問構成であった。

論説文では，文脈把握や内容吟味を通して筆者の考えを正確に捉えさせる出題となっている。小説では，心情理解や内容吟味が主に問われている。漢字や語句の意味などの知識分野も大問に含まれる形で出題されている。

古文では，内容吟味や口語訳，文学史，表現技法など幅広い内容が出題された。

解答は全て記号選択式だが，選択肢が長い傾向にあるため，丁寧に照合する必要がある。

学習のポイント

・新聞や新書，時代小説など幅広いジャンルの文章にふれておこう。
・古文・漢文の知識を確実にしておこう！

●2025年度の予想と対策

現代文が2題，古文・漢文の文章から1題という構成になると思われる。

論理的文章の論説文では，テーマに対する筆者の考え，随筆文では個人的な経験を通して感じた筆者の思いを正確に読み取ることが大切である。

文学的文章では，人物や情景の描写を手がかりにして，心情を読み取ることに留意したい。

古文・漢文については，問題集等で読み慣れておくとよい。基本的な古語や文法などを確認した上で，古文・漢文に読み慣れておきたい。

漢字の読み書きや語句の意味などの知識問題も，練習を積み重ねて確実に得点することをねらおう。

▼年度別出題内容分類表 ……

出題内容			2020年	2021年	2022年	2023年	2024年
内容の分類	読解	主題・表題			○		○
		大意・要旨		○	○	○	
		情景・心情	○	○	○	○	○
		内容吟味	○	○	○	○	○
		文脈把握	○	○	○	○	○
		段落・文章構成	○	○	○		
		指示語の問題		○	○	○	○
		接続語の問題	○	○	○		
		脱文・脱語補充	○	○	○	○	○
	漢字・語句	漢字の読み書き	○	○	○	○	○
		筆順・画数・部首					
		語句の意味		○	○	○	○
		同義語・対義語					
		熟語				○	○
		ことわざ・慣用句	○	○	○		
	表現	短文作成					
		作文(自由・課題)					
		その他					
	文法	文と文節	○				
		品詞・用法					
		仮名遣い	○				
		敬語・その他	○				
	古文の口語訳				○	○	○
	表現技法		○				○
	文学史		○	○		○	○
問題文の種類	散文	論説文・説明文	○	○	○	○	○
		記録文・報告文					
		小説・物語・伝記	○		○		○
		随筆・紀行・日記		○		○	
	韻文	詩					
		和歌(短歌)					
		俳句・川柳					
	古文		○	○		○	○
	漢文・漢詩				○		

愛知高等学校

2024年度 合否の鍵はこの問題だ!!

数学 [4]

面積の計量問題であるが，一筋縄ではいかない。図形を分けて足したり，まわりから必要のない部分を引いたりする必要がある。どのように切り分けていくかが重要となる。

(1) (ⅰ) 斜線部分は塗りつぶした部分の12個分である。正六角形は対角線によって，合同な6つの正三角形に分けることができるので，塗りつぶした部分は半径1，中心角60°のおうぎ形から，1辺の長さが1の正三角形を引いた形になる。よって，求める面積は$\left(1\times1\times\pi\times\frac{60}{360}-\frac{\sqrt{3}}{4}\times1^2\right)\times12=2\pi-3\sqrt{3}$となる。

図2

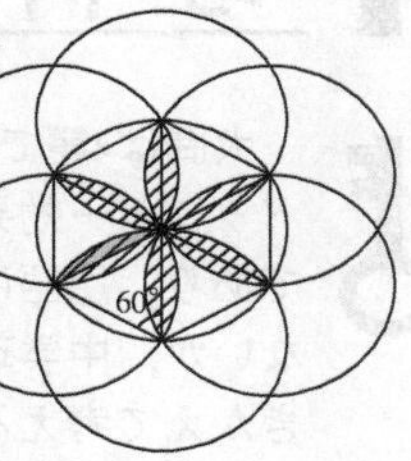

(ⅱ) すべての円の半径が1であるから，太線で囲まれた部分は半径1，中心角360−60×4＝120°のおうぎ形が6つと1辺の長さが1の正三角形が12個に分けることができる。よって，求める面積は$1\times1\times\pi\times\frac{120}{360}\times6+\frac{\sqrt{3}}{4}\times1^2\times12=2\pi+3\sqrt{3}$である。

図3

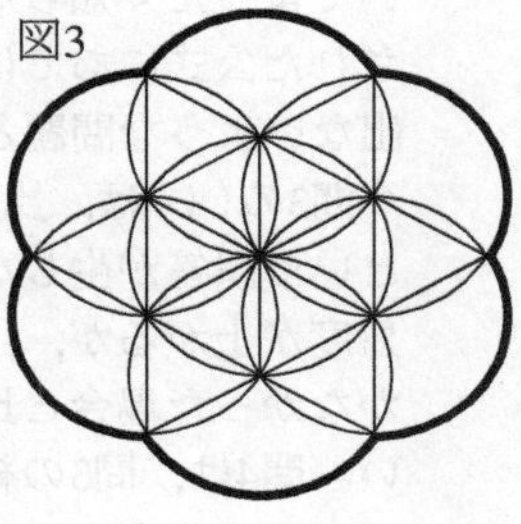

(2) 円が通過する部分の形を図のように分けたとき，できあがる四角形は向かいあう辺が平行であることと，円の半径が1であることから，1辺の長さが1の正方形である。よって，円が通過する部分は1辺の長さが1の正方形が6つ，半径1，中心角360−(90×2＋60×2)＝360−300＝60°のおうぎ形6つ，1辺の長さが1の正三角形6つに分けることができる。したがって，求める面積は$1\times1\times6+1\times1\times\pi\times\frac{60}{360}\times6+\frac{\sqrt{3}}{4}\times1^2\times6=6+\pi+\frac{3\sqrt{3}}{2}$となる。

図4

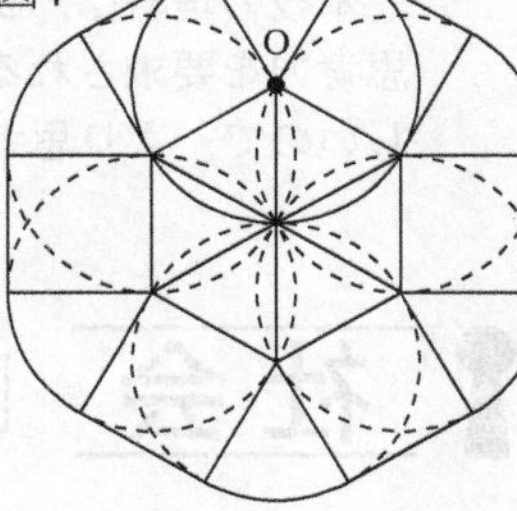

英語 [Ⅰ]

[Ⅰ]の長文問題は，やや長い英文を使ったものであり，設問数が一番多いので，この問題で高得点を取る必要がある。[Ⅲ]にも同程度の長さの英文を使った問題があるので，この[Ⅰ]の問題に使える時間には限界があることを覚えておこう。

この問題で使われている語彙は標準的なものであり，難解なものには語注が用意されているので，語彙についてはあまり心配する必要はない。文法においても特に難解なものは使われていない。中学で習った知識で対応できるものだが，文法領域において苦手なものがあると足を引っ張る可能性があるので，しっかり復習しておきたい。

設問を見ると，すべて長文の内容を確認するものになっている。部分的な読みをしていては解けないように作られているので，初めから終わりまで長文をしっかりと読むことが求められている。しかし，選択肢の内容そのもののレベルは低めに作られているので，長文の内容がよくわかっていれば，解答に戸惑うことはないだろう。

理科 [1] 問3，問4

大問は4題で，物理，化学，生物，地学の各分野から1題ずつの出題であった。鍵となる問題としては，ドップラー効果に関する問題である[1]の中の問3と問4をとりあげる。ドップラー効果は高校物理の内容であり，用語は知っていたり，救急車の音のような例は知っていたりするような受験生はいるかもしれないが，中学理科で学習することはあまりないであろう。そのため，本問では，回転寿司のレーンに置きかえて考えるような設定にした上で，誘導形式で正解を導く形式となっていて，ドップラー効果についてまったく知らない状態でも正解できるようにされている。また，同時にドップラー効果について表された公式にあてはめるだけの問題ともなっておらず，ドップラー効果の知識の有無について不公平が出ないような問題となっているように感じられる。

問3の(ⅰ)は，比較的基本的な問題だが，「初めに取ったお皿を1枚目とする」もヒントにして，「07枚」という誤答が生じないように注意したい。(ⅱ)・(ⅲ)は，音源に当たる『置く人』が動くので一気に難易度が上がるが，「お皿とお皿の間隔を考える」というヒントも利用し，『置く人』が動いた場合に，動かなかった場合と比較して，何が変化し，何が変化しないかなどを確認していきながら考えていくとよい。問4は，問3の結果をもとに考えるが，実際に救急車の音はどうだったかということを思い出しながら考えるのもよい。

本校の理科は，試験時間が社会と合わせて60分とそれほど長くない割に，一つ一つの問題で読解力や思考力を要求されるものが多い。そのため，基本レベルの問題や典型的な問題ばかりでは対応がむずかしいので，より思考力を問うような問題に多くあたって慣れていくとよいであろう。

社会 [1] 問3（2），[2] 問3

[1]問3(2)　三分野総合問題の中での公民の設問であるが時事問題ともいえる内容である。世界終末時計は，核戦争や環境問題などによる人類や地球の絶滅(終末)を午前0時とし，残り時間を「0時まであと何分(秒)」という形で示すアメリカ合衆国の雑誌『原子力科学者会報』の表紙絵として使われている時計である。実際の動く時計ではなく，一般的に時計の45分から正時までの部分を切り出した絵で表される。冷戦期に起きたキューバ危機などの時はかなり進み世界を驚かせた。核軍縮や環境問題解決策などが出されたり，条約が結ばれたりすると，時計の針が巻き戻って，0時から遠ざかる。つまり，安全な方向に向くようになる。ロシアのウクライナ侵攻に伴う核兵器使用の懸念が高まった2023年には90秒前まで進んだ。

[2]問3　地理の水産業に関する出題である。養殖牡蠣の生産地の特色を深く考えさせる難問で，日頃から産業の特色に関心を持ち調べる習慣がついてないとわからない。養殖牡蠣が育つためには，波が穏やかで，栄養となるプランクトンが必要である。また，養殖にいかだを使うので波が荒いと流されるなど，安定した養殖場を形成することができない。瀬戸内海は内海なので波が穏やかで，宮城県松島湾も同じである。プランクトンが多くなる条件は，川の河口が近いことである。山から流れ出たミネラルが川に溶け込み，それをエサとする植物性プランクトンが増え，それをエサに動物性プランクトンも増え，海へと流れ込んでくる。広島県，宮城県，岡山県で牡蠣養殖が盛んな場所は，いずれも一級河川の河口近くである。

国語　㈠　問十

★ 合否を分けるポイント

筆者は，本文の冒頭で具体例を挙げながら「クオリア」という語を提示し，最終段落では「体験して覚えることは，世界との一人称的な交わりを通じて，物事が『どんな感じ(クオリア)なのか』を知ること」「体験して覚えることは，この『感じ(クオリア)』をつかむことなのである」と筆者の考えを述べてまとめている。本問は，本文全体を通してこの「クオリア」の内容を問う中心問題なので，この問題に答えられるかどうかが，合否を分けることになる。「クオリア」を自分なりの言葉で置き換えて読み進めていくことが，ポイントだ。

★ こう答えると「合格」できない！

選択肢は五つあり，本問のそれぞれの選択肢は他の設問に比べて短文であるが，それだけに慎重に正誤を見極めなくてはならない。選択肢の内容も，本文で触れられている内容を含んでいるものが多いので，いったんこれが正解だと思っても，他の選択肢も確認しなければ，正答を見落としてしまい，「合格」できない。

★ これで「合格」！

設問には「本文全体から読み取れる『クオリア』の内容」とあるが，最終段落の「体験して覚えるということは，世界との一人称的な交わりを通じて，物事が『どんな感じ(クオリア)なのか』を知ること」から，正答のイを選び出すことはできる。ただ，本文全体の内容を読み取れていると，自信を持って答えることができるだろう。本文での前半では，「クオリア」という語を提示し，クオリアを知ることは物事を理解する重要な側面であると述べている。後半では，世界に働きかけるためには「知覚や情動」という一人称の主観的な世界をもとにして三人称の客観的世界を獲得することができると述べており，この一人称の主観的世界で体験して覚えるのが「クオリア」だと筆者は説明している。この内容に，アの「客観的に世界を認識」，オの「三人称の客観的世界」の部分が適切ではなく，エの「特定の場所に身を置く」ウの「世界に働きかける」という内容を含んでいないことを確認すれば，「合格」だ！

MEMO

大切なことはメモしておこうネ！

2024年度

★★★★★★★★★★★★★★★★★★★★★★★★★★★★

入　試　問　題

2024年度

2024年度

愛知高等学校入試問題

【数　学】（40分）　＜満点：100点＞

【注意】 1．問題の文中の [ア]，[イウ] などには，符号，数字が入ります。ア，イ，ウ，…の一つ一つは，これらのいずれか一つに対応します。それらを解答用紙のア，イ，ウ，…で表された解答欄にマークして答えなさい。

例えば，[アイウ] に－83と答えたいとき

ア	●	⓪	①	②	③	④	⑤	⑥	⑦	⑧	⑨
イ	⊖	⓪	①	②	③	④	⑤	⑥	⑦	●	⑨
ウ	⊖	⓪	①	②	●	④	⑤	⑥	⑦	⑧	⑨

2．分数形で解答する場合，分数の符号は分子につけ，分母につけてはいけません。

例えば，$\dfrac{\boxed{\text{エオ}}}{\boxed{\text{カ}}}$ に $-\dfrac{4}{5}$ と答えたいときは，$\dfrac{-4}{5}$ として答えなさい。

また，それ以上約分できない形で答えなさい。

例えば，$\dfrac{3}{4}$，$\dfrac{2a+1}{3}$ と答えるところを，$\dfrac{6}{8}$，$\dfrac{4a+2}{6}$ のように答えてはいけません。

3．根号を含む形で解答する場合，根号の中に現れる自然数が最小となる形で答えなさい。

例えば，$\boxed{\text{コ}}\sqrt{\boxed{\text{サ}}}$ に $4\sqrt{2}$ と答えるところを，$2\sqrt{8}$ のように答えてはいけません。

[1] 次の各問の [　] に適切なものをマークしなさい。

(1) $2023\times2015-2019\times2018=$ [アイウエ]

(2) $\dfrac{1-\sqrt{3}}{\sqrt{2}}-\dfrac{1+\sqrt{2}}{\sqrt{3}}+\dfrac{\sqrt{2}-\sqrt{3}}{\sqrt{6}}=\dfrac{\boxed{\text{オカ}}\sqrt{\boxed{\text{キ}}}}{\boxed{\text{ク}}}$

(3) 生徒数50人のクラスで行ったテストの結果，第1問の正解者は39人，第2問の正解者は38人であった。このとき，2問とも正解であった生徒は [ケコ] 人から [サシ] 人までといえる。

(4) x についての2次方程式 $ax^2-(a+2)x-(a^2+2)=0$ の1つの解が $x=-1$ であるとき，$a=$ [ス] で，他の解は $x=$ [セ] である。

(5) 右の図の斜線部分の面積は $\dfrac{\boxed{\text{ソタ}}}{\boxed{\text{チ}}}$ である。

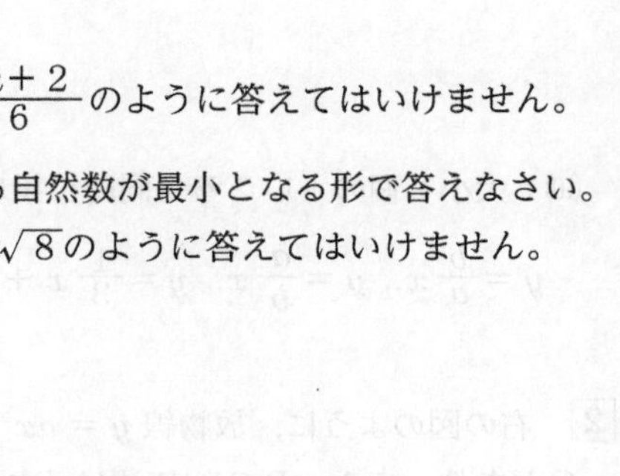

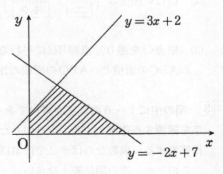

(6) 関数$y=-2x^2$において，xの変域が$p \leqq x \leqq 2p+5$のとき，yの変域が$-8 \leqq y \leqq 0$となった。このとき，定数pの値は$p=\boxed{\text{ツテ}}$，$\dfrac{\boxed{\text{トナ}}}{\boxed{\text{ニ}}}$である。

(7) 右の図の△ABCの内接円Oの半径は $\boxed{\text{ヌ}}$ cmである。

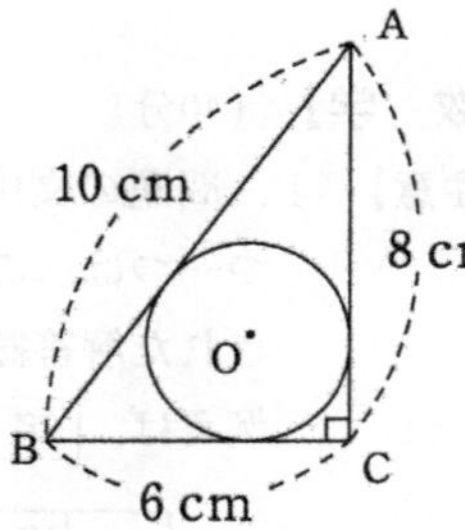

(8) 半径2cmの球の体積は$\dfrac{\boxed{\text{ネノ}}}{\boxed{\text{ハ}}}\pi$ cm^3，表面積は $\boxed{\text{ヒフ}}$ π cm^{2}である。

(9) 右の図において，$\angle x=\boxed{\text{ヘホ}}°$である。

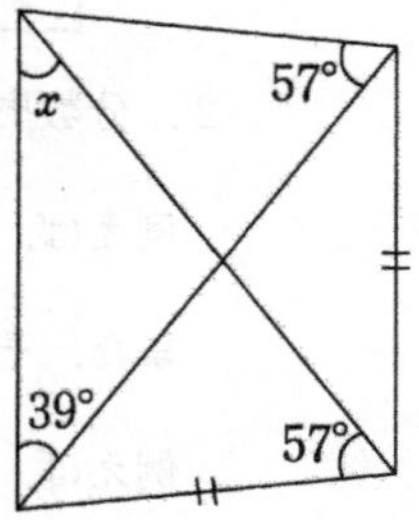

(10) 大小2個のさいころを同時に投げ，出た目をそれぞれa，bとするとき，3本の直線
$y=\dfrac{b}{a}x$，$y=\dfrac{a}{b}x$，$y=\dfrac{1}{3}x+1$が三角形をつくる確率は$\dfrac{\boxed{\text{マミ}}}{\boxed{\text{ムメ}}}$である。

2 右の図のように，放物線$y=ax^2$（$a>0$）上に3点A，B，Cがあり，点A，Bのx座標はそれぞれ-2，3で，直線ABの傾きは$\dfrac{4}{3}$，直線ACの傾きは-1である。
このとき，次の問に答えなさい。

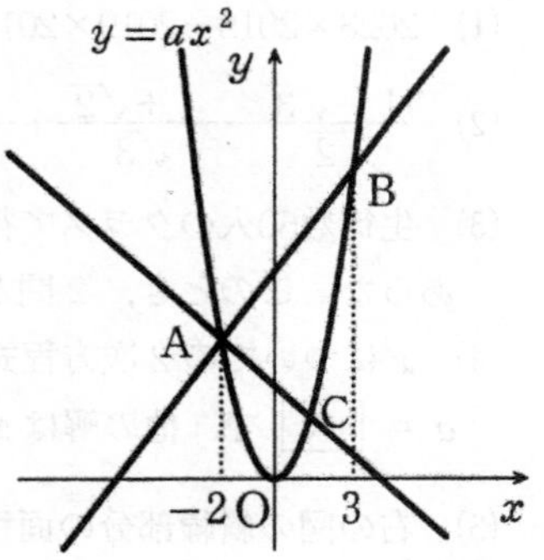

(1) aの値は$\dfrac{\boxed{\text{ア}}}{\boxed{\text{イ}}}$である。

(2) 点Cの座標は$\left(\dfrac{\boxed{\text{ウ}}}{\boxed{\text{エ}}},\ \dfrac{\boxed{\text{オカ}}}{\boxed{\text{キク}}}\right)$である。

(3) 原点Oを通り，直線BCに平行な直線と直線AB，ACの交点をそれぞれP，Qとするとき，△ABCの面積と△APQの面積の比は $\boxed{\text{ケコサ}}$: $\boxed{\text{シスセ}}$ である。

3 箱の中に1～6の数字が書いてあるボールが1個ずつある。箱からボールを1個取り出し，数字を確認する作業をする。取り出したボールの数字が奇数ならば取り出した球は箱に戻さず，また作業をする。偶数ならばそこで作業は終わりとする。
このとき，次の問に答えなさい。

(1)　作業の回数は最も多くて ア 回できる。

(2)　作業が２回で終わるのは イ 通りである。

(3)　この作業で取り出した球の順番に数字を左から記録していき，作業が終わったときに記録した数を整数として考える。

例えば　１回目が３，２回目が４ならば整数は34

　　　　１回目が２　　　　　　ならば整数は２　となる。

このとき，できた整数が３の倍数となるのは ウエ 通りである。

4　図１のように，半径１の円と正六角形があり，正六角形のすべての頂点は円周上にある。

このとき，次の問に答えなさい。

ただし，一辺がaの正三角形の面積は$\frac{\sqrt{3}}{4}a^2$であることを用いてよい。

図１

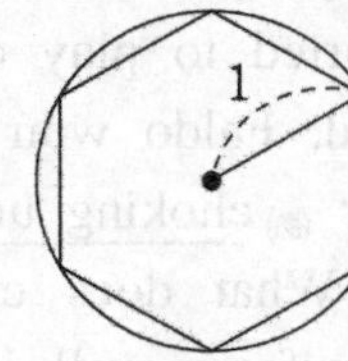

(1)　図２と図３は正六角形の頂点を中心とする半径１の円を６個かき加えたもので，全部で７個の円がある。

(i)　図２の図形の斜線部分の面積は

ア $\pi-$ イ $\sqrt{\text{ウ}}$ である。

(ii)　図３の図形の太線で囲まれた部分の面積は

エ $\pi+$ オ $\sqrt{\text{カ}}$ である。

図２

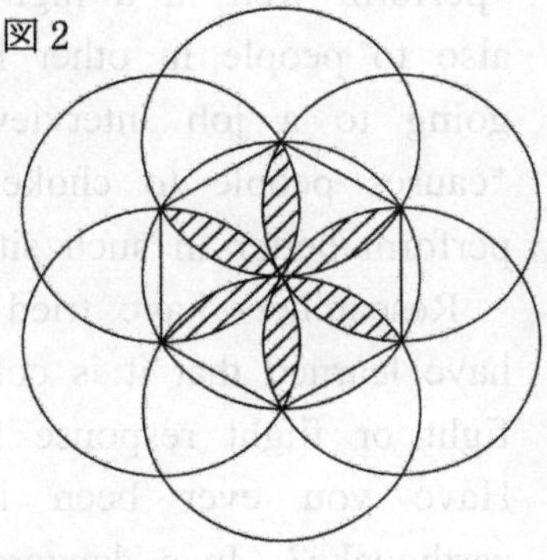

図３

(2)　図４のように，点Oを中心とする半径１の円を考える。

点Oが図１の正六角形の周上を一周するとき，この円が通過する部分の面積は

キ $+\pi+\dfrac{\text{ク}\sqrt{\text{ケ}}}{\text{コ}}$ である。

図４

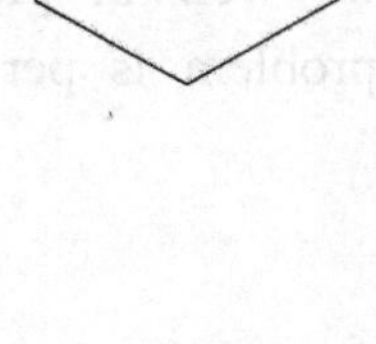

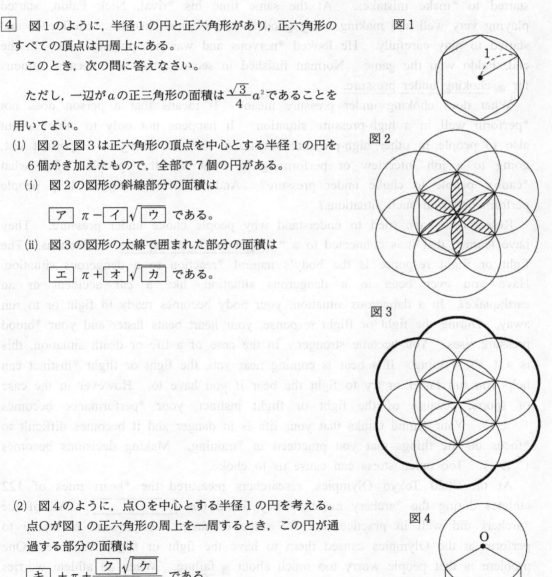

【英　語】（40分）　＜満点：100点＞

I

In 1996, Greg Norman, a great golfer from Australia, was playing in the *final round of the biggest match in professional golf. He played very well in the first three rounds and had *a six-shot lead at the beginning of the final round. The people watching the game thought he would win easily, but in the final round he started to *make mistakes. At the same time his *rival, Nick Faldo, started playing very well and making many good shots. Norman lost his *confidence and started to play carefully. He looked *nervous and was not playing well. In the end, Faldo won the game. Norman finished in second place and became famous for (あ)choking under pressure.

What does choking under pressure mean? It means that a person does not *perform well in a high-pressure situation. It happens not only to athletes, but also to people in other high-pressure situations, such as taking an important test, going to a job interview or performing in front of other people. But what *causes people to choke under pressure? And is there a way to help people perform better in such situations?

Researchers have tried to understand why people choke under pressure. They have learned that it is connected to a "(い)fight or flight response" in humans. The fight or flight response is the body's natural *reaction to a dangerous situation. Have you ever been in a dangerous situation, like a car accident or an earthquake? In a dangerous situation, your body becomes ready to fight or to run away. During the fight or flight response, your heart beats faster and your *blood pressure rises. You become stronger. In the case of a life or death situation, this is a（ う ）thing. If a bear is coming near you, the fight or flight *instinct can help you run faster or try to fight the bear if you have to. However in the case of sports, because of the fight or flight instinct, your *performance becomes（ え ）. Your *mind thinks that your life is in danger and it becomes difficult to *focus on the things that you practiced in *training. Making decisions becomes（ お ）. Too much stress can cause us to choke.

At the 2020 Tokyo Olympics, researchers measured the *heart rates of 122 athletes during the *archery event. They found that [　か　]. All of the *archers did well in practice, but for some of them, the pressure of trying to perform at the Olympics caused them to have the fight or flight response. One problem is that people worry too much about (き)failure. When an athlete worries about bad performance, it will become difficult to perform well. Even if they can do well in practice, it will be difficult to perform well in a game. Another problem is performing in front of others. Athletes worry about their image, and they become too careful. They think that the people watching them *are judging them. These things can cause people to have the fight or flight response.

So, how can we control the fight or flight response? People in high pressure situations, like athletes, can learn the way to control their stress and improve their performance in several ways. One is to focus on *breathing. Taking deep *breaths can help us relax. Another is *visualization. This means that the performers imagine doing the performance in their mind before they really do it. If they imagine their *success, they can increase the chance of having real success. But, the most effective way is to practice a lot! When we practice something many times, we learn to do it without thinking. So, even if we start to feel nervous in a high-pressure situation, our body "remembers" what to do. Everyone will probably choke in their life, but with training we can learn the way to control the fight or flight response and improve our performance in high-pressure situations.

*final round 最終ラウンド（試合） *a six-shot lead 6打のリード *make mistakes ミスをする
*rival ライバル *confidence 自信 *nervous 神経質な
*perform well in a high-pressure situation 強くプレッシャーがかかる状況でうまくやる
*cause people to… 人に…を引き起こす *reaction 反応 *blood pressure 血圧 *instinct 本能
*performance 成績，できばえ *mind 心 *focus on ～に集中する *training トレーニング
*heart rate 心拍数 *archery アーチェリー *archer アーチェリー選手
*are judging ～を判断している *breathing 呼吸すること *breath 呼吸
*visualization はっきりと思い浮かべること *success 成功

問１ 本文の内容から判断して，下線部(あ)の状況にあてはまるものを二つ選び，その番号をマークしなさい。解答は番号順でなくてよい。

① Choking under pressure happens not only to athletes but also to other people.
② If you choke under pressure, you should drink cold water and relax.
③ When Australians play golf, they choke under pressure more often than Americans.
④ Some people choke under pressure when they are relaxing in their rooms at night.
⑤ Japanese students never choke under pressure when they take difficult tests.
⑥ You may choke under pressure when you have to give a presentation to your class.
⑦ Nick Faldo choked under pressure and won the match in 1996.

問２ 以下の状況において，下線部(い)に基づく行動としてあてはまらないものを一つ選び，その番号をマークしなさい。

When you went to the mountains, you saw a dangerous snake coming near you. You tried to ( ).

① leave the mountain quickly　② kill it

③ take deep breaths　④ run away

問3　空欄（う）（え）（お）にあてはまる語の組み合わせとして最も適切なものを一つ選び，その番号をマークしなさい。

①（う）good　（え）better　（お）easier

②（う）bad　（え）better　（お）easier

③（う）good　（え）worse　（お）easier

④（う）bad　（え）worse　（お）easier

⑤（う）good　（え）better　（お）more difficult

⑥（う）bad　（え）better　（お）more difficult

⑦（う）good　（え）worse　（お）more difficult

⑧（う）bad　（え）better　（お）more difficult

問4　[か] にあてはまるものとして最も適切なものを一つ選び，その番号をマークしなさい。

① athletes with higher blood pressure had lower performance scores

② athletes with higher heart rates had higher performance scores

③ athletes felt no pressure after much practice

④ athletes always perform well under pressure

問5　下線部(き)の単語の表す意味として，本文から推測して最も適切なものを一つ選び，その番号をマークしなさい。

① 他ごと　② 天気が悪くなること　③ 対戦相手の状況　④ 的を外すこと

問6　本文の内容と一致しているものをすべて選び，その番号をマークしなさい。

① Researchers think that athletes have no way to control the pressure that they feel.

② Choking under pressure affected some of the archers at the 2020 Tokyo Olympics.

③ Athletes may think that their audience is judging them during a game.

④ The only way to improve performance is to focus on breathing.

⑤ If you think that you are in a life or death situation, you will improve your score on a test.

⑥ Researchers found that about 120 athletes choked during practice.

⑦ If you don't want to choke under pressure, you have to eat and sleep well.

⑧ Greg Norman has researched why people choke under pressure for more than 20 years.

⑨ If you have a successful image in your mind, your body can remember what to do without practice.

Ⅱ

According to the Oxford dictionary, meat is "the *flesh of an animal eaten as food," and flesh means *muscle and *fat. We usually get meat by killing animals and then cutting and *packaging their muscle and fat. But, if we grow muscle and fat *cells in a *lab, and then package them as food, is that still meat? In fact, this kind of meat is already grown in labs today. Lab grown meat is made by taking a small sample of muscle *tissue from an animal and putting the tissue in a special box. Scientists put in *amino acids and *carbohydrates to start cell *division and help muscle *fibers grow. This muscle tissue can become meat products. The feeling and *flavor of the meat is changed by putting in different vitamins and minerals. Scientists are even learning to grow meat that is soft or has *marbling. But, the real question is, does it *taste like meat?

Lab grown meat is not ready to sell in supermarkets yet, but various companies have tested it around the world. Here are some comments about lab grown meat from people working in such companies:

"It tasted like meat, but not like a hamburger. It was more like ham."

"It tasted like a meatball. It had a metallic taste, but it had the feeling of meat and it wasn't bad."

"I was eating it and I thought, "This is meat!" But the flavor seemed like a lot of different things... It wasn't quite like beef."

As the technology gets better, lab grown meat can become more delicious, but why do we want to eat it? Actually, eating lab grown meat is a good idea for several reasons. One reason is that it is good for (あ). Some climate scientists say that *raising farm animals makes more global *greenhouse gas emissions, because farm animals need a lot of land. Land is also needed to grow the *grain and hay that the farm animals eat. For example, one cow needs to live on about one *acre of land. But, one cow also needs 3 acres of land for the grain and hay that it eats. That means that one cow needs (い)acres of land! That is almost two soccer fields of land for just one cow. Around the world, there are almost one billion (1,000,000,000) cows, so we need land which is the size of two billion soccer fields to keep and give enough food to all of them! Much of this land is created by cutting down *rainforests. Rainforests are good at *reducing greenhouse gases like CO_2, so when you cut down the trees, those gases go into the environment and affect climate change.

On the other hand, lab grown meat is produced with a smaller *environmental footprint. (う), with lab grown meat we do not have to kill animals to eat meat. (え), though there are good things about lab grown meat, it also has some problems. Some people say that lab grown meat is not natural and can be bad for our health. Others think the technology used to make lab grown meat is too expensive. Another *worry is that (お), it may be difficult for farmers to make money.

Many scientists believe that lab grown meat has a bright future. Today various companies have started doing tests on lab grown meat. Some experts think that lab grown meat will be sold in supermarkets in the near future, but others think it may take many years to become a popular product. They should answer some questions first. (か), will developments in technology make lab grown meat cheaper? And, even if it is cheaper, will people want to eat it? If the answer to these questions is yes, growing lab meat can be one way to reduce greenhouse gases. So, what do you think? Do you want to try it?

*flesh （動物の）肉　*muscle 筋肉　*fat 脂肪　*package ～を包装する　*cell 細胞
*lab 実験室　*tissue 組織　*amino acid アミノ酸　*carbohydrate 炭水化物
*division 分裂　*fiber 繊維　*flavor 風味　*marbling 霜降り　*taste 味がする
*raise ～を育てる　*greenhouse gas emission 温室効果ガス排出　*grain and hay 穀物や干し草
*acre エーカー（面積の単位）　*rainforest 熱帯雨林　*reduce ～を減らす
*environmental footprint 環境に与える負荷　*worry 心配事

問１　空欄（あ）にあてはまるものとして最も適切なものを一つ選び，その番号をマークしなさい。
① the cows　② the environment　③ the soccer players
④ the farmers　⑤ the labs

問２　空欄（い）にあてはまるものとして最も適切なものを一つ選び，その番号をマークしなさい。
① one　② two　③ three　④ four
⑤ five　⑥ one billion　⑦ two billion　⑧ three billion

問３　空欄（う）（え）（か）にあてはまる組み合わせとして最も適切なものを一つ選び，その番号をマークしなさい。
①（う）Because　（え）Also　（か）For example
②（う）Also　（え）For example　（か）However
③（う）Because　（え）For example　（か）Also
④（う）Also　（え）However　（か）For example
⑤（う）However　（え）So　（か）For example
⑥（う）So　（え）Because　（か）However
⑦（う）However　（え）For example　（か）So
⑧（う）So　（え）However　（か）Because

問４　空欄（お）にあてはまる表現として適切なものをすべて選び，その番号をマークしなさい。
① if more people eat lab grown meat
② if lab grown meat increases climate change
③ if scientists lose interest in lab grown meat
④ if more cows are raised to give people meat
⑤ if scientists make cheap meat in labs
⑥ if meat grown in labs is bad for our health
⑦ if many people don’t like the flavor of lab grown meat
⑧ if lab grown meat does not become popular

問5　次のA～Dの選択肢を面積の広い順に並べ替えたものとして，最も適切なものを一つ選び，その番号をマークしなさい。

A：一頭の牛の飼料を育てるのに必要な土地の広さ　　B：1.5エーカー
C：一頭の牛が生活するのに必要な土地の広さ　　D：サッカー場２面

①　A＞C＞B＞D　②　A＞D＞C＞B　③　B＞C＞D＞A　④　B＞A＞C＞D
⑤　C＞B＞D＞A　⑥　C＞D＞A＞B　⑦　D＞A＞B＞C　⑧　D＞B＞A＞C

問6　本文の内容と一致しているものを二つ選び，その番号をマークしなさい。解答は番号順でなくてよい。

① Supermarkets may sell lab grown meat in the near future.
② Oxford University has a special lab for making lab grown meat.
③ It is not possible for scientists to make meat without animal cells.
④ Greenhouse gases have been reduced by cutting down forests.
⑤ Growing lab grown meat will increase greenhouse gases.
⑥ All scientists agree that the technology for lab grown meat is too expensive.
⑦ According to people working in lab grown meat companies, the taste is not at all like meat.
⑧ If lab grown meat becomes common, farmers can grow more and more grain and hay.

Ⅲ

A　次の英文のうち，間違いがある文を，①～⑨から四つ選び，その番号をマークしなさい。解答は番号順でなくてよい。

① Which language have you studied, Chinese or German?
② Do you know how many Mr. Aichi has children?
③ Kenji usually comes to school much earlier than I.
④ Jim has been absent school for three days.
⑤ These gates are closed from 5:30 p.m. to 9:00 a.m. on weekends.
⑥ Every students know that it is important to come to class every day.
⑦ I have been looking forward to seeing you for a long time.
⑧ The girl usually drinks orange juice, but now she is drinking green tea.
⑨ Is he a baseball player?　How a tall man!

B　日本語の意味に合うように［　］内の語(句)を並べ替えた時，(●)と(▲)に入る語(句)を選び，その番号をそれぞれマークしなさい。文頭に来る語(句)もすべて小文字で始まっています。

(1)　私は，地図を見て，博物館がどこにあるかよくわかった。

[① idea / ② me / ③ the location / ④ the map / ⑤ of the / ⑥ a / ⑦ of / ⑧ gave / ⑨ good] museum.　　※ location 位置

(　　)(　　)(　　)(　●　)(　　)(　　)(　▲　)(　　)(　　) museum.

(2) この澄みきった海は，私が今まで見た中で最も美しい景色のうちの一つだ。

[① this / ② of / ③ beautiful / ④ ocean / ⑤ one / ⑥ the / ⑦ have / ⑧ is / ⑨ scenes / ⑩ most / ⑪ that / ⑫ I / ⑬ clear / ⑭ seen / ⑮ ever].

(　　)(　　)(　　)(　　)(●)(　　)(　　)(　　)(　　)(▲)

(　　)(　　)(　　)(　　)(　　).

(3) 助けが必要なら，遠慮なく私に電話してください。

Please feel [① to / ② help / ③ need / ④ if / ⑤ my / ⑥ call / ⑦ free / ⑧ me / ⑨ you].

Please feel (　　)(●)(　　)(　　)(　　)(▲)(　　)(　　).

C 日本語の意味に合うように [ ] 内の語 (句) を並べ替えた時，一語だけ不要な語（句）があります。不要な語（句）を一つ選び，その番号をマークしなさい。文頭に来る語 (句) もすべて小文字で始まっています。

おじいちゃんが書いた詩を読んだら，悲しくなってしまった。

[① made / ② written / ③ me / ④ reading / ⑤ I / ⑥ my / ⑦ by / ⑧ sad / ⑨ the poem / ⑩ grandfather].

【理　科】（社会と合わせて60分）　　＜満点：50点＞

【注意】 例えば[2]の問１【マーク：ア】と表示のある問に対して②と解答する場合は，次の例１のように問題番号[2]のアの解答欄②にマークしなさい。また，１つのマークに複数解答する場合は例２のように対象となる番号を全てマークしなさい。

例１【マーク：ア】に②と答えたいとき

2	問１	ア	⓪①●③④⑤⑥⑦⑧⑨
	問２	イ	⓪①②③④⑤⑥⑦⑧⑨
	問３	ウ	⓪①②③④⑤⑥⑦⑧⑨

例２【マーク：ア】に①，③と複数答えたいとき

2	問１	ア	⓪●②●④⑤⑥⑦⑧⑨
	問２	イ	⓪①②③④⑤⑥⑦⑧⑨
	問３	ウ	⓪①②③④⑤⑥⑦⑧⑨

問題の文中の[アイ].[ウ]などには例３のようにそれぞれ一つの数字（０～９）が入ります。ただし，例４，例５のように数字が入ることもあります。

例３ [アイ].[ウ]に12.3と答えたいとき

問１	ア	⓪●②③④⑤⑥⑦⑧⑨
	イ	⓪①●③④⑤⑥⑦⑧⑨
	ウ	⓪①②●④⑤⑥⑦⑧⑨

例４ [アイ].[ウ]に2.3と答えたいとき

問１	ア	●①②③④⑤⑥⑦⑧⑨
	イ	⓪①●③④⑤⑥⑦⑧⑨
	ウ	⓪①②●④⑤⑥⑦⑧⑨

例５ [アイ].[ウ]に12と答えたいとき

問１	ア	⓪●②③④⑤⑥⑦⑧⑨
	イ	⓪①●③④⑤⑥⑦⑧⑨
	ウ	●①②③④⑤⑥⑦⑧⑨

[1] 次の会話文を読み，以下の問に答えなさい。

G君：昨日，お寿司屋さんに行く途中で信号を待っているときに救急車がサイレンを鳴らしながら横切りました。その時，通過する前と通過した後でサイレンの音の高さが変化していたように感じました。気のせいかな。

先生：気のせいではないよ。それはドップラー効果という現象で，『音を出す物体』や『音を聞く人』が動くことによって『音を聞く人』が聞く振動数が変わってしまうんだ。

G君：え！そんな現象があるのですか。

先生：じゃあ，実際に振動数が変わる原理を回転寿司のレーンを使って考えてみよう。
図１を見て。図１はお寿司をレーンに４秒に１個のペースで流している様子を示しているよ。このとき，レーンの速さは秒速９cmとしよう。G君は初めのお皿を取ってから30秒間に何皿を取ることが出来るかな。ただし，初めに取ったお皿を１枚目とするよ。

G君：（ｉ）枚。

先生：そうだね。じゃあ今度は図２のようにお皿をレーンに置く人が秒速２cmで近づきながら流していった場合を考えてみよう。ただし，お皿を置くペースとレーンの速さは図１と変わらないよ。先ほどと同じように30秒間で取れるお皿は何枚だろうか。

G君：う～ん。

先生：ヒントはお皿とお皿の間隔を考えることかな。間隔は（ⅱ）cmになるね。

G君：えーっと……あっ！！（iii）枚。

先生：正解。

先生：では，これをG君と救急車の関係に戻して考えてみよう。『お皿を置く人の動き』を救急車の動きに，『レーンに置くお皿のペース』を救急車が出すサイレンの振動数に，『G君が受け取るお皿の数』を『音を聞く人』が聞くサイレンの振動数に置きかえてみてごらん。

G君：つまり静止している救急車が出すサイレンの振動数と自分に近づきながら救急車が出すサイレンの振動数は（iv）そして，それを聞く人（G君）は（v）

先生：そうですね。では今度は救急車が遠ざかっていく場合も考えてみて下さいね。

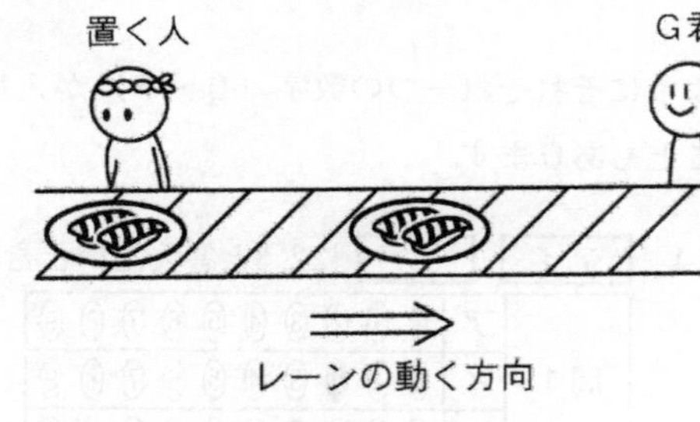

図１

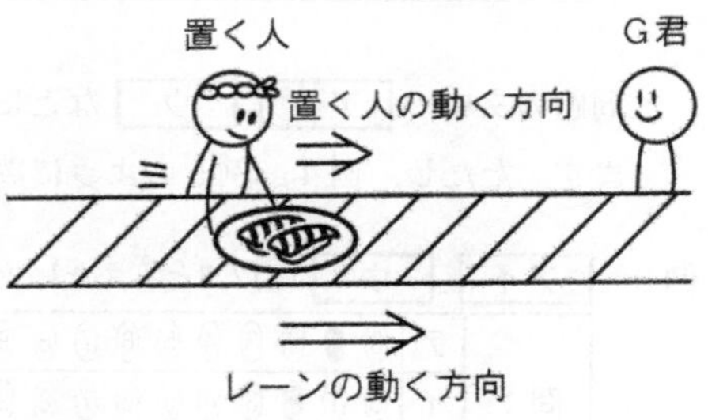

図２

＊レーンは直線状であり，十分に長いものとする。

問１　音の速さについて正しいものを次の①～⑤からすべて選びなさい。【マーク：ア】

① 音の伝わる速さは空気中より水中の方が速い。

② 音の伝わる速さは水中より空気中の方が速い。

③ 音の伝わる速さは空気中，水中どちらも変わらない。

④ 音は固体中では伝わらない。

⑤ 音は真空中では伝わらない。

問２　ある音をオシロスコープで調べたところ図３のような音の波形が得られた。この音よりも音が高いものを①～④から一つ選びなさい。横軸は時間を表し，図３と①～④の１目盛りが表す値は同じとする。【マーク：イ】

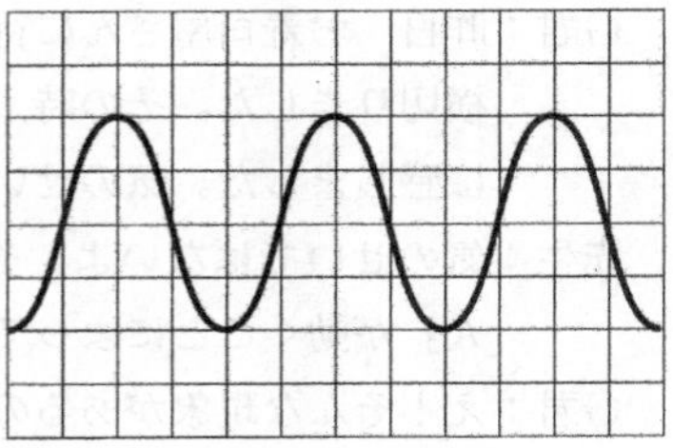

図３

①

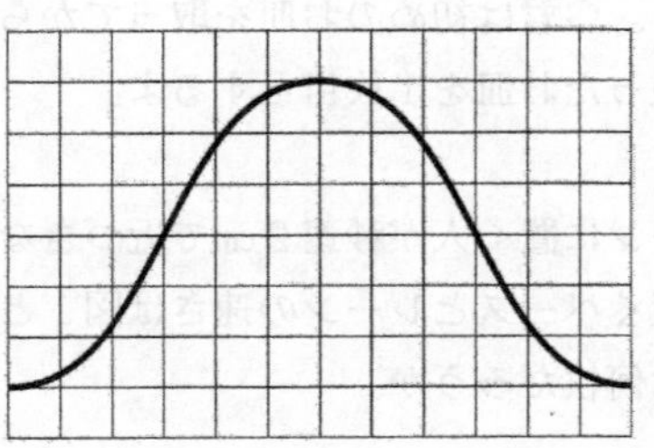

②

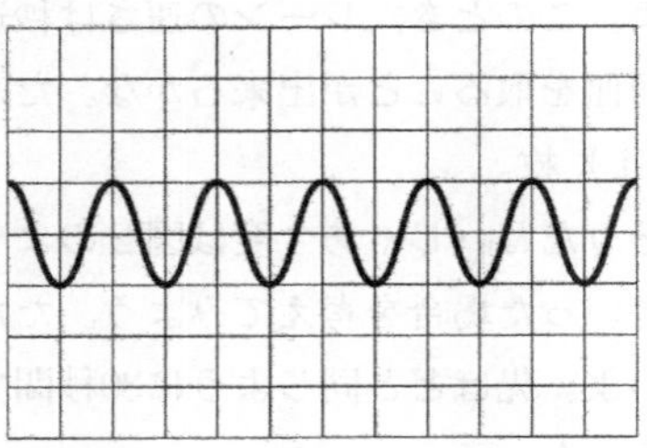

③

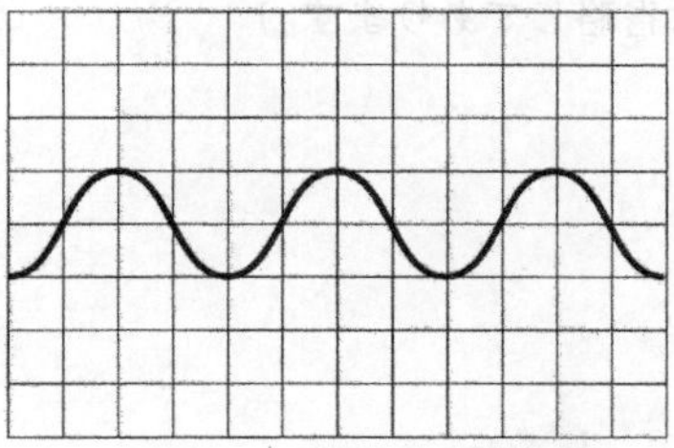

④

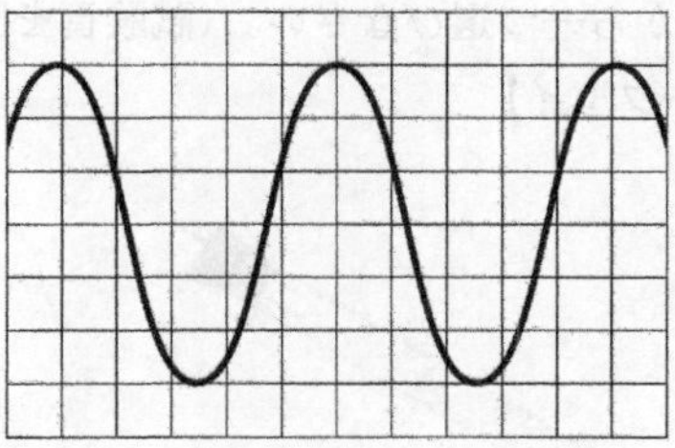

問３　会話文の（ⅰ）～（ⅲ）に入る数字をマークしなさい。

【マーク：ウ，エ，オ，カ，キ，ク】

（ⅰ） ウエ 枚　　（ⅱ） オカ ㎝　　（ⅲ） キク 枚

問４　会話文の（ⅳ），（ⅴ）に入る適切な文章の組み合わせを次の①～⑥から一つ選びなさい。

【マーク：ケ】

	ⅳ	ⅴ
①	静止している救急車が出すサイレンの振動数の方が多いです。	静止している救急車から聞こえるサイレンの振動数より，近づいてくる救急車から聞こえるサイレンの振動数の方が多くなります。
②	静止している救急車が出すサイレンの振動数の方が多いです。	静止している救急車から聞こえるサイレンの振動数より，近づいてくる救急車から聞こえるサイレンの振動数の方が少なくなります。
③	どちらも同じです。	静止している救急車から聞こえるサイレンの振動数より，近づいてくる救急車から聞こえるサイレンの振動数の方が多くなります。
④	どちらも同じです。	静止している救急車から聞こえるサイレンの振動数より，近づいてくる救急車から聞こえるサイレンの振動数の方が少なくなります。
⑤	近づいてきている救急車が出すサイレンの振動数の方が多いです。	静止している救急車から聞こえるサイレンの振動数より，近づいてくる救急車から聞こえるサイレンの振動数の方が多くなります。
⑥	近づいてきている救急車が出すサイレンの振動数の方が多いです。	静止している救急車から聞こえるサイレンの振動数より，近づいてくる救急車から聞こえるサイレンの振動数の方が少なくなります。

2　鉄と硫黄とその化合物について以下の問に答えなさい。

問１　次の①～⑥のうち，硫黄が利用されているものを次の①～⑥から二つ選びなさい。

【マーク：ア】

① ベーキングパウダー　　② 鉛筆の芯　　③ 花火の火薬

④ パイプのつまり取りの洗剤　　⑤ 乾電池　　⑥ 車のタイヤ

問２　硫黄と鉄粉を乳鉢で混合し，試験管に入れて反応させるときの操作として正しいものを次の①～④から一つ選びなさい。（試験管を固定する器具は省略してあります。）

【マーク：イ】

①

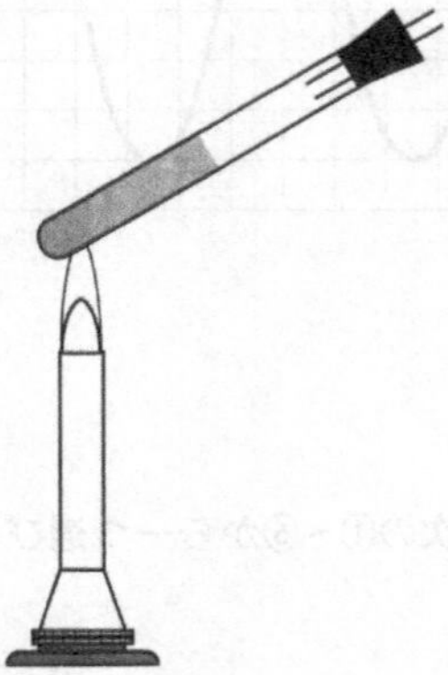

②

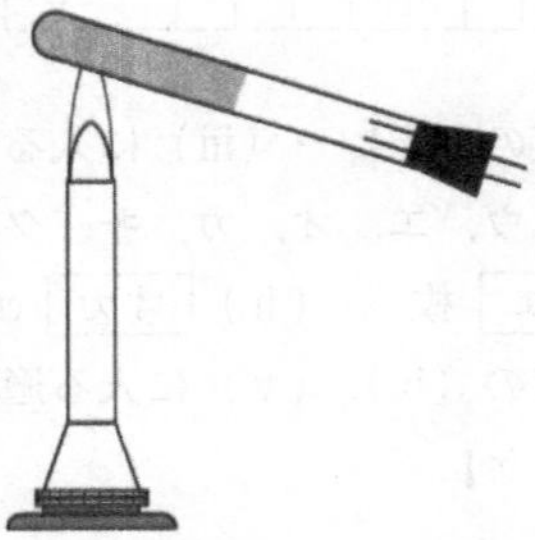

③

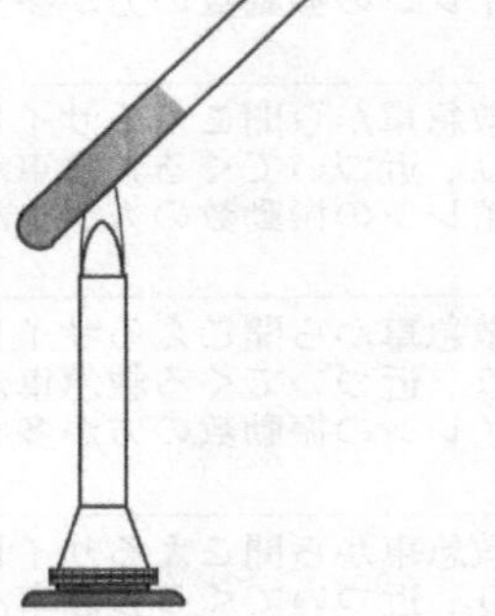

④

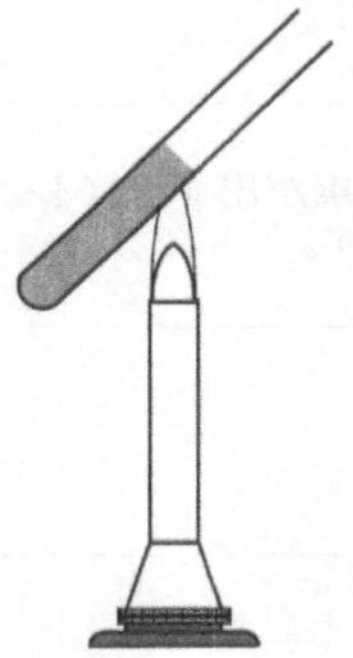

問３　問２の操作を選んだ理由として最も適切なものを次の①～④から一つ選びなさい。

【マーク：ウ】

① 発生した水滴が流れて，試験管が割れるのを防ぐため。

② 発生した水蒸気が，外に出ていきやすいようにするため。

③ 反応を一か所だけで起こし，試験管が割れるのを防ぐため。

④ 熱は下から上に伝わるから。

鉄と硫黄が反応したあと，試験管内には黒色の化合物Ｘが残りました。少量の化合物Ｘを取り，塩酸を加えたところ卵が腐ったような臭いのある気体Ｙが発生しました。

問４　気体Ｙは何と考えられますか。次の①～⑥から一つ選びなさい。【マーク：エ】

① 硫化水素　② 二酸化硫黄　③硫酸　④ 二酸化炭素　⑤ 水素　⑥ 塩化水素

次のページの図１は1.1ｇの化合物Ｘにある濃度の塩酸Ａを加えたときの，発生した気体Ｙの体積を表したものです。

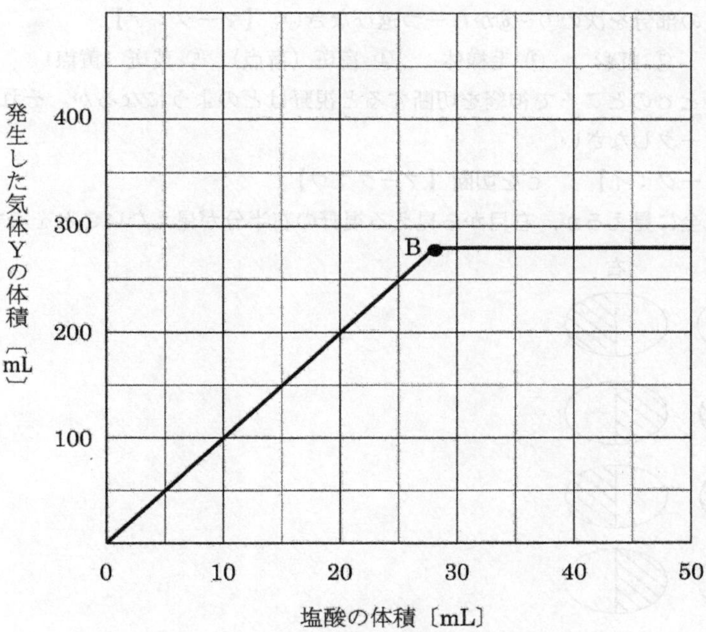

図1

問5　図1の点Bから気体Yの発生量が増えなくなった理由として最も適切なものを次の①～④から一つ選びなさい。【マーク：オ】

① 化合物Xに含まれる鉄がすべて反応してしまったから。

② 化合物Xに含まれる硫黄がすべて反応してしまったから。

③ 塩酸Aに含まれる塩素がすべて反応してしまったから。

④ 塩酸Aに含まれる水素がすべて反応してしまったから。

問6　2.2gの化合物Xに20mLの塩酸Aを加えたときに，発生する気体Yは何mLになると考えられますか。【マーク：カ，キ，ク】

カキク mL

3　多くの動物は外界からの情報を「受容器」と呼ばれる器官で受容し，中枢へとその情報を伝えています。

Ⅰ．図1はレンズを通った光の情報が，網膜から視神経を通って脳につながる経路を模式的に示したものです。網膜内側に映った映像は「視交叉（しこうさ）」と呼ばれる部分で図のようにクロスし，大脳の「視覚野」と呼ばれる部分に送られ知覚します。例えば，右目の網膜内側に映った像は図中左側の神経から脳へと伝わります。

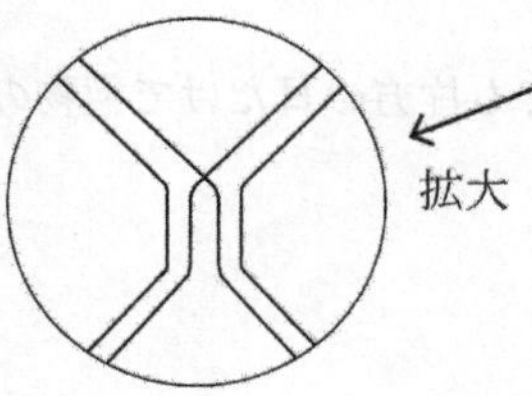

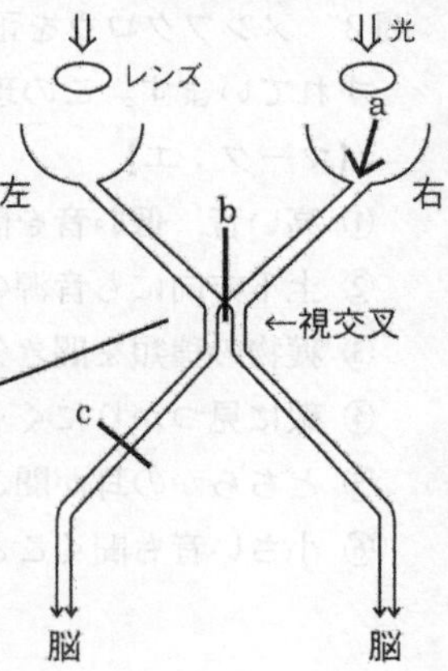

図1

問１　図１のａの部分を次の①～⑥から一つ選びなさい。【マーク：ア】

① ガラス体　② 虹彩　③ 毛様体　④ 盲斑（盲点）⑤ 黄斑（黄点）　⑥ 角膜

問２　図１のｂとｃのところで神経を切断すると視野はどのようになるか。それぞれ①～⑥から一つずつ選びマークしなさい。

ｂを切断【マーク：イ】　ｃを切断【マーク：ウ】

例：左目は完全に見えるが，右目から見える視野の右半分が見えないことを表す。

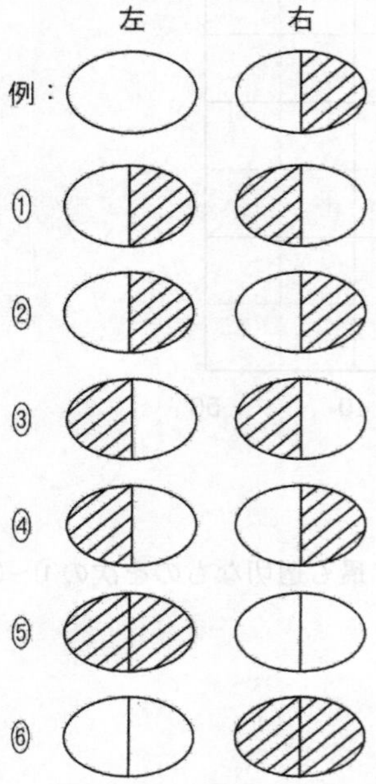

Ⅱ．フクロウは暗い場所でも獲物の発する音を頼りに正確に狩りができます。特にメンフクロウ（著名な映画で魔法使いの主人公が飼っていましたね）はその仕組みについてよく研究されています。ではどのようにして音源を定位（位置決め）しているのか。「左右の耳に入る音の，ほんの少しの時間のずれ」がその仕組みの一つと考えられています。

問３　メンフクロウを正面から見ると，耳の位置は上下に少しずれています。この理由を次の①～⑥から一つ選びなさい。

【マーク：エ】

① 高い音，低い音を聞き分けることが可能になる。
② 上下方向にも音源の位置を認識できる。
③ 獲物の種類を聞き分けることができる。
④ 敵に見つかりにくくなる。
⑤ どちらかの耳が聞こえなくなっても片方の耳だけで獲物の位置を探すことができる。
⑥ 小さい音も聞くことができる。

問4　図2のようにメンフクロウの正面から右に30°のところから発せられた音が，左右の耳に届くときの「ずれ」は何ミリ秒になるか計算しなさい。なおメンフクロウの左右の耳の幅を13.6㎝，音の速さは秒速340mとし，1秒は1000ミリ秒である。

【マーク：オ，カ，キ】

オ . カキ ミリ秒

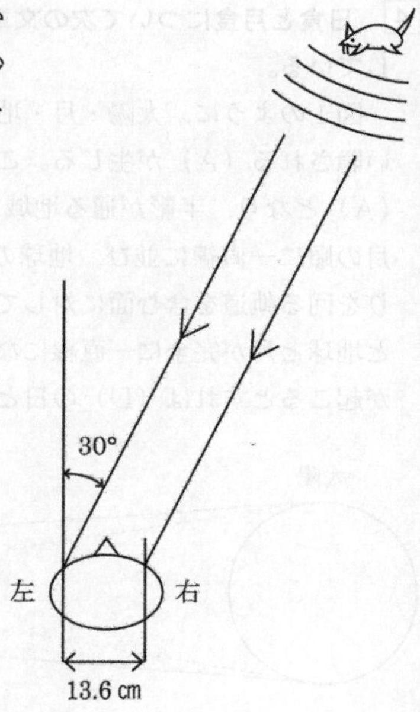

図2

次に，この小さな「ずれ」をどうやって脳は認識しているのか。それは図3のモデルで説明できます。

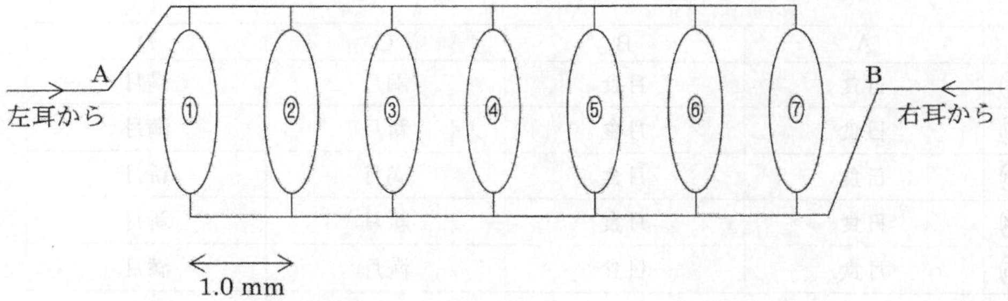

図3

脳にある①から⑦までの7つの神経細胞がそれぞれ左右の耳と神経でつながっています。 左耳からの信号は図中の① ② ③…，右耳からは⑦ ⑥ ⑤…の神経細胞に順に伝わります。この7つの神経細胞のうち，左右の耳からの信号が同時に入った神経細胞が最も強く反応します。 例えば，真正面からの音だと，図中AとBの位置に同時に信号が伝わり，そこから順に神経細胞に伝わっていき，ちょうど④の神経細胞が左右からの信号が同時に伝わるので，この④の神経細胞が最も強く反応します。脳は①～⑦のどの神経細胞が強く反応しているかで音源を定位できるのです。

問5　問4のように右30°から発せられた音に対しては図3の①～⑦のどの神経細胞が最も強く反応するか答えなさい。なお，信号は神経を1ミリ秒あたり10㎜の速度で伝わり，7つの神経細胞の間の距離はそれぞれ1.0㎜とする。【マーク：ク】

4 **日食と月食について次の文章を読み，以下の問に答えなさい。ただし，図中の暗い部分は影を表している。**

図1のように，太陽・月・地球の順に一直線に並ぶと，太陽の一部または全部が月によっておおい隠される（A）が生じる。このとき，月の本影が通る地域では太陽の全部がおおい隠される皆既《かいき》（A）となり，半影が通る地域では一部がおおい隠される部分（A）となる。一方，太陽・地球・月の順に一直線に並び，地球の本影の中を月が通過していくとき，（B）となる。地球が太陽の周りを回る軌道を含む面に対して，月が地球の周りを回る軌道を含む面は少し傾いているため，太陽と地球と月が完全に一直線にならぶことは稀《まれ》である。また，（A）が起こるとすれば（C）の日，（B）が起こるとすれば（D）の日ということになる。

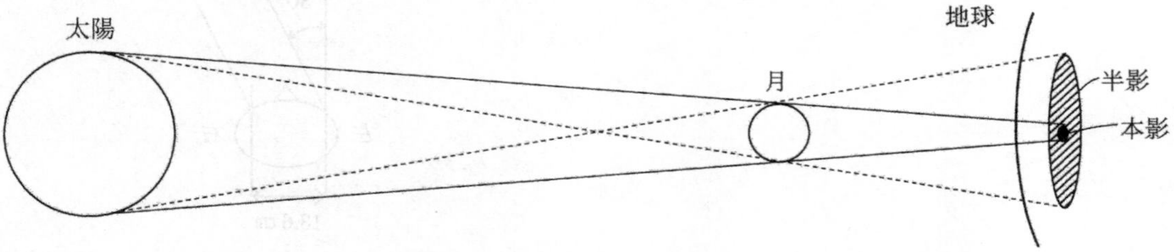

図1

問1　文中の（　）に当てはまる語の組み合せとして正しいものを次の①～⑧から一つ選びなさい。【マーク：ア】

	A	B	C	D
①	日食	月食	満月	満月
②	日食	月食	新月	満月
③	日食	月食	満月	新月
④	日食	月食	新月	新月
⑤	月食	日食	満月	満月
⑥	月食	日食	新月	満月
⑦	月食	日食	満月	新月
⑧	月食	日食	新月	新月

問2　2022年11月８日に，東京都では図２のような月食が観測された。同じ時刻に南半球のオーストラリアのアデレードで観測された月食はどれか。正しい欠けの大きさと形を次の①～⑥から一つ選びなさい。＊東京都とアデレードは同じ経度である。【マーク：イ】

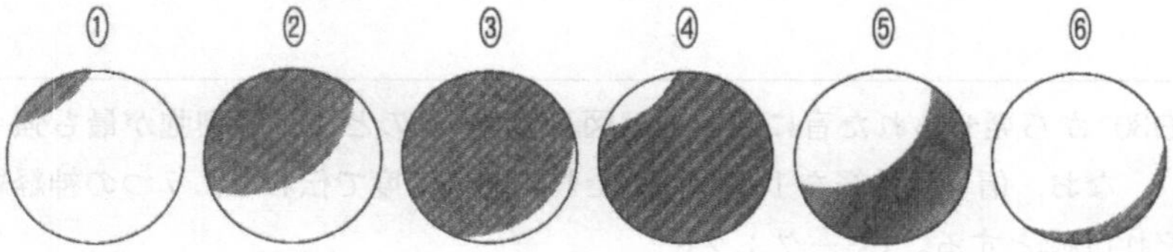

図２

問３　図３は問２の月食における地球の影に対する月の動きを表したものである。18時45分頃の月食のようすを表したものはどれか。正しいものを次の①～⑥から一つ選びなさい。【マーク：ウ】

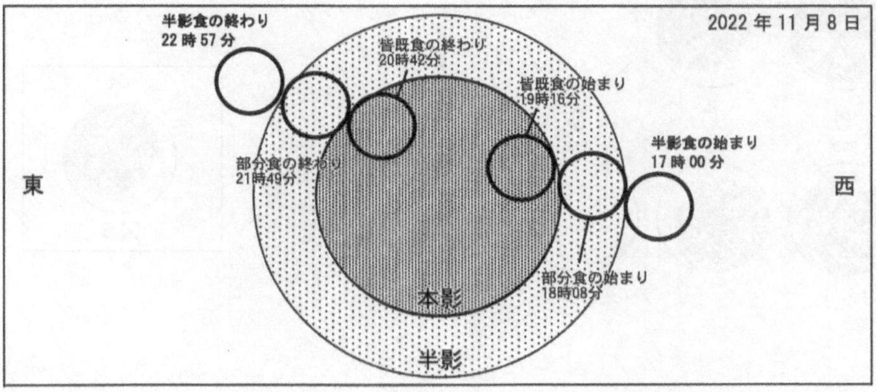

図３

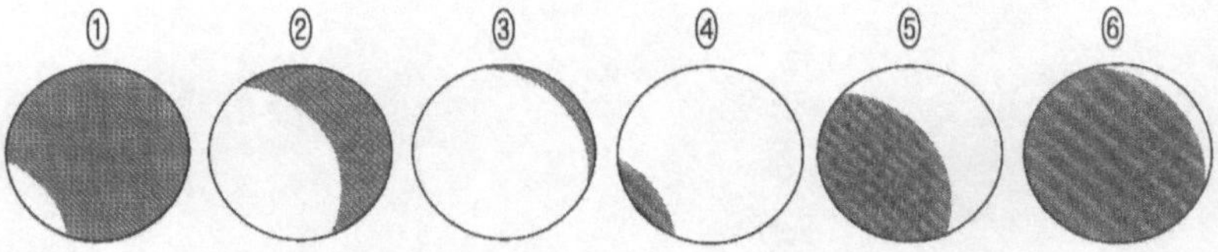

問４　次に月食が発生するのは日本時間の2025年３月14日14時９分から17時48分の間である。この月食は，食の最中に地平線から月が登る月出帯食《げっしゅつたいしょく》と呼ばれる。地平線から現れる際に観測が予想される月食はどれか。正しいものを次の①～⑥から一つ選びなさい。【マーク：エ】

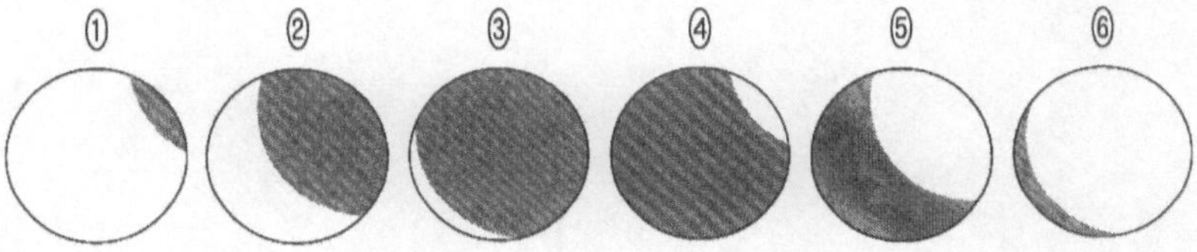

問５　次に日本国内で日食が観測されるのは2030年である。2030年６月16日が満月だとすると，日食が観測される可能性のある日はどれか。正しいものを次の①～⑤から一つ選びなさい。
【マーク：オ】

①　５月17日　　②　５月23日　　③　６月１日　　④　６月８日　　⑤　６月16日

問６　図４は2030年に日本で日食が観測される地域を表している。この日食では，北海道のほとんどの地域で金環日食が，日本全域で部分日食が観測できる。次のページの図５は東京で観測される太陽が最も大きく欠ける17時７分頃の部分日食である。★の地点で太陽が最も大きく欠けた際に観測される日食の形はどれか。次のページから正しいものを一つ選び，記号で答えなさい。【マーク：カ】

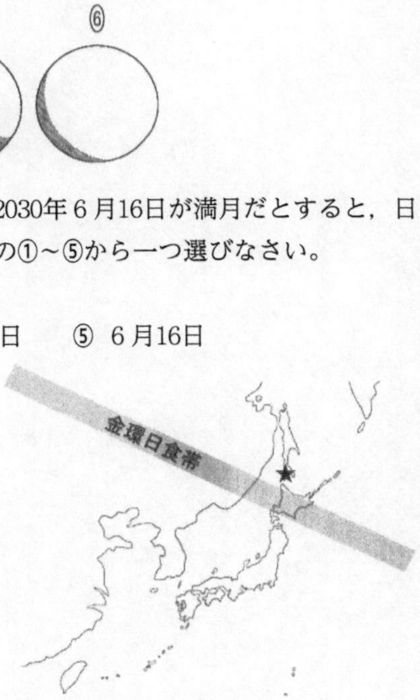

図４

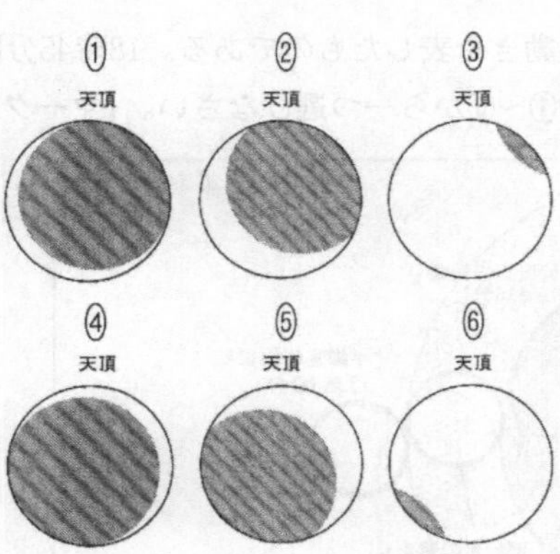

図5

【社　会】（理科と合わせて60分）　＜満点：50点＞

1　次の会話文は，高校１年生の公共の授業でＧ７広島サミットについて取り上げたときに交わされたものです。これらの会話文と，＜資料①＞から＜資料③＞を参考にして，１から５の問に答えなさい。

先　生：2023年５月19日から21日にかけて広島でＧ７サミットが開催され，各国の首脳が一堂に会して国際的な政治・経済の課題についての討議が行われました。これについて，何か知っていることや気になることはありますか。

ひろき：はい。テレビや新聞で報道しているのを見ました。今回の開催地である広島は，議長国である日本の岸田文雄首相の出身地でしたよね。

先　生：その通りです。サミットは1975年に始まり，それ以来，各国持ち回りで毎年開催されてきました。日本でサミットが開催されるのは，今回の広島で７回目になります。過去に日本で開催されたＧ７サミットについて，次の＜資料①＞を確認してみましょう。

＜資料①＞ 過去に日本で開催されたサミットの概要

開催年（回）	開催地	各国首脳の顔ぶれ	特徴
1979年（第５回）	東京	(米)カーター　(英)サッチャー (仏)ジスカールデスタン (独)シュミット　(日)大平正芳 (伊)アンドレオッティ　(加)クラーク	初めて日本でサミットを開催 第二次石油危機への対応を討議
1986年（第12回）	東京	(米)レーガン　(英)サッチャー (仏)ミッテラン　(独)コール (日)中曽根康弘　(伊)クラクシ (加)マルルーニー	プラザ合意後の経済・為替政策を討議 この年から財務相・中央銀行総裁会議を毎年開催
1993年（第19回）	東京	(米)クリントン　(英)メージャー (仏)ミッテラン　(独)コール (日)宮澤喜一　(伊)チャンピ (加)キャンベル	ソ連崩壊後のロシアや東側諸国に対する支援について討議 ⇒翌年からロシアがパートナーとして参加 ⇒1998年からロシアが正式参加国になる
2000年（第26回）	沖縄	(米)クリントン　(英)ブレア (仏)シラク　(独)シュレーダー (日)森喜朗　(伊)アマート (加)クレティエン　(露)プーチン	沖縄の米軍基地について（沖縄の負担軽減に向けて） 2000円札が発行される
2008年（第34回）	洞爺湖	(米)G.ブッシュ　(英)ブラウン (仏)サルコジ　(独)メルケル (日)福田康夫　(伊)ベルルスコーニ (加)ハーパー　(露)メドヴェージェフ	地球温暖化防止や世界経済への対応について討議 2050年までに温室効果ガスを半減することで合意
2016年（第42回）	伊勢志摩	(米)オバマ　(英)キャメロン (仏)オランド　(独)メルケル (日)安倍晋三　(伊)レンツィ (加)ハーパー　(露)資格なし	クリミア併合問題の影響で2014年のサミットからロシアの参加資格は停止 サミット後オバマ大統領が広島訪問
2023年（第49回）	広島	(米)バイデン　(英)スナク (仏)マクロン　(独)ショルツ (日)岸田文雄　(伊)メローニ (加)J・トルドー　(露)資格なし	＜資料②＞を参照

ひろきさんとあきらさんの対話：［空欄］。

先　生：そういうことになりますね。ちなみに，第１回の参加国は６か国で，２回目以降はカナダが加わり７か国になりました。

あきら：過去にロシアが参加していたことは知りませんでした。

＜資料②＞ Ｇ７広島サミット首脳宣言の要旨《ようし》（「読売新聞」2023年5月22日朝刊より引用）

Ｇ７広島サミットの主な成果	
総　論	▶ⓐ法の支配に基づく自由で開かれた国際秩序の維持・強化を確認。
ウクライナ	▶ゼレンスキー大統領とＧ７首脳が初めて対面で討議。 ▶ウクライナの支援を継続。ロシアの侵略行為を支援する国に警告。
核軍縮・不拡散	▶Ｇ７首脳が平和記念資料館を初めてそろって訪問。 ▶「ⓑ核兵器のない世界」を目指す方針を確認。初の個別声明を発出。
グローバル・サウス	▶南半球に多い新興・途上国を招待。 ▶食料安全保障に関する行動声明を発出。 ▶「経済的威圧」に対抗するための新たな協議体設置で合意。
中　国	▶台湾海峡の平和と安定の重要性を共有。 ▶対話を通じた建設的かつ安定的な関係の模索で一致。
ＡＩ（人工知能）	▶ⓒ生成ＡＩに関するＧ７の見解を年内に取りまとめる方針を確認。

＜資料③＞ ひろきさんとあきらさんが授業で発表するためにまとめたポスター

ひろきさんが作成したポスター

原爆資料館とⓓ原爆ドーム

５月19日

岸田文雄内閣総理大臣夫妻はＧ７首脳夫妻を、広島平和記念公園で出迎えました。岸田総理大臣は、Ｇ７首脳と共に平和記念資料館を訪問し、被爆者との対話や原爆死没者慰霊碑《いれいひ》への献《けん》花《か》、植樹《しょくじゅ》を行いました。

５月21日

Ｇ７以外で広島サミットに招待された韓国・ブラジルなどの国の首相やグテーレス国連事務総長など国際機関の代表も、平和記念公園を訪れ、慰霊の行事に参加しました。この日最も印象的だったのは、ウクライナのゼレンスキー大統領も直接広島を訪れ行事に参加したことです。

あきらさんが作成したポスター

広島を訪れた各国首脳

５月19日

夕方、広島市内での協議や行事を終えたＧ７の首脳や欧州理事会・欧州委員会の代表は、同県廿日市《はつかいち》市宮島に所在する世界遺産のⓔ厳島神社へ。

一行は船で島内の桟橋に到着。宮島小・中学校の児童生徒たちから花束を贈られるなど温かい歓迎を受け、厳島神社を参拝したのち、伝統芸能である雅楽《ががく》を鑑賞した。

続いて、初代総理大臣のⓕ伊藤博文たちが宿泊したことで知られる老舗《しにせ》旅館へ移動してワーキングディナーを開催。ここでは、「核軍縮」について話し合われた。

注：写真は外務省ＨＰより引用

先　生：では，今日はＧ７広島サミットでどのような首脳宣言が採択されたか，前のページの新聞記事を参考にしてもう少し詳しく確認してみましょう。そして，首脳宣言の内容やそれ以外のサミットの成果について，各自が注目する出来事を１つ取り上げ，次回のポスターセッションに向けての準備を進めましょう。

問１　「Ｇ７」の国々の共通点や特徴について述べた文として正しいものを，次の①～⑧の中から<u>二つ</u>選びなさい。

①　Ｇ７のすべての国のすべての領土が，北半球に存在している。
②　Ｇ７の首都のなかで最も早く１月１日の日の出を迎えるのは，東京である。
③　Ｇ７のすべての国が，人口の多い国上位10か国に含まれている（2022年時点）。
④　ロシアの参加資格が停止されているため，Ｇ７のなかに標準時を複数持つ国はない。
⑤　Ｇ７のすべての国の首都の位置が，東経で表される。
⑥　Ｇ７は，第二次世界大戦の戦勝国で形成されている。
⑦　Ｇ７のすべての国が，名目GDP（国内総生産）の上位10か国に含まれている（2022年時点）。
⑧　日本以外のＧ７の国は，核兵器を保有している。

問２　＜資料①＞について，以下の問(1)～(2)に答えなさい。

(1)　下の表は2000年以降の日本でのサミット開催地である沖縄県，北海道（洞爺湖），三重県（伊勢志摩），広島県の４つの道県の統計についてまとめたものです。このうち広島県に該当するものを，表の①～④の中から一つ選びなさい。

	人口（2020年）	人口密度（2020年）	道・県内総生産（2018年度）	農業産出額（2019年度）	製造品出荷額等（2019年度）
①	522万8885人	66.7人/km^2	19兆6528億円	１兆2558億円	６兆1336億円
②	177万1440人	306.8人/km^2	８兆4114億円	1106億円	10兆7685億円
③	280万1388人	330.4人/km^2	11兆7137億円	1168億円	９兆8047億円
④	146万8410人	643.3人/km^2	４兆5056億円	977億円	4990億円

出典『データでみる県勢2022』より　愛知高校作成

(2)　＜資料①＞を参考にして，会話文の 空欄 に当てはまる文として**内容に誤りを含むもの**を，次の①～⑤の中から一つ選びなさい。

①　日本で初めてサミットが開催されたときには，第四次中東戦争にともなって混乱した国際経済の立て直しが議論されているね。
②　中曽根康弘首相が議長になって開催されたサミットの時期は，ちょうど日本で急速な円高にともなうバブル景気が始まったころにあたるね。
③　沖縄で開催されたサミットでは米軍基地の負担を軽減する合意が得られたけれど，依然として沖縄には多くの在日米軍施設が集中しているね。
④　世界的な地球環境問題への関心の高まりから，北海道で開催されたサミットでは温室効果ガスの大幅な削減に各国の首脳が合意しているようだね。
⑤　ロシアが参加して「Ｇ８」とされたサミットは，これまで16回開催されているようだね。

問３　＜資料②＞について，以下の問(1)～(3)に答えなさい。

(1)　下線部ⓐについて，「法の支配」を模式的に表した図として適切なものを，次の①～④の中から一つ選びなさい。

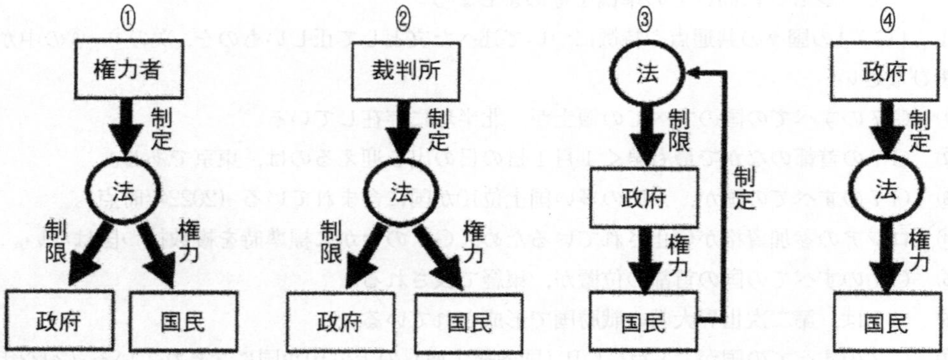

(2)　下線部ⓑについて，次の会話文は，先生とひろきさんが「核兵器のない世界」について話し合ったときの内容を示しています。空欄 X と空欄 Y に当てはまる語句と文章の正しい組み合わせを，あとの①～④の中から一つ選びなさい。

先　生：核軍縮に関連して「終末時計」というものを知っていますか。

ひろき：テレビのニュースで見たことがあります。確か，人類が滅亡する「終末の日」を午前０時に設定したときに，「終末」までの時間があとどれくらい残っているかを象徴的に示した時計ですよね。

先　生：その通りです。アメリカの科学者の団体が，核の脅威が増した1947年に創設しました。昨年（2023年）１月には，ウクライナ情勢の悪化で核戦争の危険性が増したことなどを受け，創設以来もっとも「終末」に近い「残り90秒」と発表されたことで話題になりました。

ひろき：「終末」の危機がそこまで迫っているなんて，今初めて知りました。これまでに，どんなことをきっかけに時計の針は「終末」に向かって進んだのですか。

先　生：過去に時計の針が大きく進んだ主な事例として，アメリカと X との間でおこった冷戦に関わる出来事が挙げられます。近年では，気候変動による環境破壊や新型コロナウイルスのまん延など，新たな種類の脅威も考慮して，針の動きが決定されています。

ひろき：「終末時計」の針が巻き戻る（「終末」から遠ざかる）なんてことはあるのですか。

先　生：過去にも X が崩壊した年や，核軍縮に向けて前進する内容の条約が締結された年には，時計の針が巻き戻っています。

ひろき：では，これからさき Y ようなことが起これば，時計の針は巻き戻るのではないですか。

先　生：その通りです。きっと巻き戻されることでしょう。一方で，「終末時計」についてはその正当性を疑問視する声もあります。なぜなら，針の動きを決定するのはあくまでも特定の人たちで，彼らの立場や意向を強く反映しているからです。とは言え，私たち人類が「終末」の危機について広く議論しようとする姿勢は大切ですよね。

① Ｘ－ソ連
Ｙ－対立する大国間で，地球温暖化の解決につながる条約が制定される

② Ｘ－ソ連
Ｙ－核兵器を配備する国家間で，軍事力の差がなくなりバランスがとれる

③ Ｘ－中華人民共和国
Ｙ－対立する大国間で，地球温暖化の解決につながる条約が制定される

④ Ｘ－中華人民共和国
Ｙ－核兵器を配備する国家間で，軍事力の差がなくなりバランスがとれる

(3) 下線部ⓒについて，「生成ＡＩ」とは，あらかじめ学習した大量のデータをもとに，画像・文章・デザインなどを新たに作成する人工知能の総称です。次の①～④は生成AIについて各生徒が調べたことをまとめたメモです。このうち，生成AIについて**正しく理解できていないもの**を一つ選びなさい。

①
> 生成ＡＩは，人間になり代わって学校の宿題を解いたり，読書感想文やレポートを書いたりすることができます。もし子どもがすべてをＡＩにたよりきってしまうと，自ら悩んで考えることをやめてしまう恐れがあります。

②
> 何か問い合わせがあったときに，生成ＡＩなら24時間体制で対応することができます。また，与えられた業務を迅速にこなすことができます。こうした点から，私たちの暮らしに役立つサービスが期待できます。

③
> 生成ＡＩにどんなデータを学習させるのかは慎重に議論しなければいけません。例えば，個人情報に関するデータを学習させた場合，その使い方次第では，個人情報の流出にもつながってしまうからです。

④
> 生成ＡＩは人間に代わって様々な仕事をする一方で，小説や楽曲，映画などを作ることはまだできていません。だから，人間が得意とする文化芸術分野の創作活動に影響を与えることはほとんどないと言えます。

問４ ＜資料③＞について，以下の問い(1)～(4)に答えなさい。

(1) 下線部ⓓについて，「原爆ドーム」に関する右の年表の［Ｚ］に当てはまるできごととして正しいものを，次の①～⑤の中から一つ選びなさい。

> 1941年 日本軍がハワイ真珠湾を攻撃して太平洋戦争が始まった。
>
> ↕ ［Ｚ］
>
> 1945年 原爆ドームの真上の空で原子爆弾がさく裂した。

① 国家総動員法が制定され，議会の決議を経ることなく戦争遂行に必要な人や物資を動員できるようになった。

② ドイツがポーランドに侵攻して，第二次世界大戦が開始された。

③ 日本がインドシナ南部へ侵攻すると，アメリカは日本への石油や鉄の輸出を禁止した。

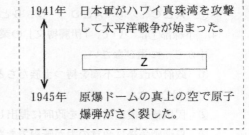

④　本土空襲が激化し，都市部では学童集団疎開が開始された。

⑤　ヤルタ会談の取り決めに従い，ソ連が日本に侵攻を開始した。

(2)　次のＡ～Ｃの文章は，ひろきさんのポスターに出てくる韓国，ブラジル，ウクライナの３カ国について述べたものです。Ａ～Ｃの文の正誤の組み合わせとして正しいものを，下の①～⑧の中から一つ選びなさい。

Ａ　韓国は台湾，香港，シンガポールとともにアジアNIES（新興工業経済地域）とよばれ，原材料を輸入し，それらを加工して輸出することで成長してきた。

Ｂ　ブラジルはロシア，インド，中国，南アフリカ共和国などとともにBRICSとよばれ，これらの国は人口が多く国土が広いことや，地下資源が豊富であるなどの共通点を持っている（2023年９月現在）。

Ｃ　ウクライナはＥＵに加盟しているため，ロシアとの戦争の際に，同じくＥＵ加盟国であるドイツやフランス，イギリスが積極的に支援している。

	①	②	③	④	⑤	⑥	⑦	⑧
Ａ	○	○	○	○	×	×	×	×
Ｂ	○	○	×	×	○	○	×	×
Ｃ	○	×	○	×	○	×	○	×

(3)　下線部ⓔについて，「厳島神社」は平安時代の後期（院政期）に改修が行われて現在の姿になりました。次のＡ～Ｄのうち，このとき改修を命じた人物について述べた文として正しいものの組み合わせを，下の①～④の中から一つ選びなさい。

Ａ　瀬戸内海の航路や摂津の港（現在の神戸港）を整備し，中国の宋と盛んに貿易を行った。

Ｂ　海賊船と区別するため，右の図のような割札を用いて中国の明と盛んに貿易を行った。

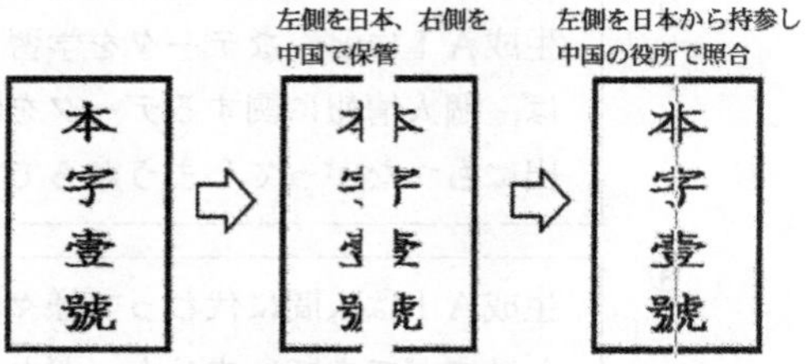

Ｃ　武士として初めて政治の実権を握ると，朝廷の最高職である征夷大将軍になり，国ごとに守護を，荘園や公領ごとに地頭をおいて広大な土地を支配した。

Ｄ　武士として初めて政治の実権を握ると，朝廷の最高職である太政大臣になり，娘を天皇の后にして，一族で高い役職や広大な土地を支配した。

①　ＡとＣ　　②　ＡとＤ　　③　ＢとＣ　　④　ＢとＤ

(4)　下線部ⓕについて，「伊藤博文」の業績について述べた文として正しいものを，次の①～⑤の中から一つ選びなさい。

①　政府の改革に不満を持つ士族たちとともに立ち上がり，政府を批判して最大の士族の反乱を起こした。

②　民撰議院設立建白書を政府に提出し，少数の有力者による専制的な政治を批判した。

③　日清戦争後に政党の力が無視できなくなると，立憲政友会を結成して政党と政府が協力する政党政治の基礎を築いた。

④　国会の即時開設を主張して政府を辞めさせられると，翌年に立憲改進党を結成して議会政

治を目ざした。

⑤　護憲派による政党内閣を組織し，25歳以上の男子による普通選挙制度を実現した。

問５　広島市は，ある地形が理由で他の地方中枢都市に多くみられる地下鉄ではなく路面電車が利用されています。次の地形図を参考にして，ある地形の名称とその理由の正しい組み合わせを，下の①～④の中から一つ選びなさい。

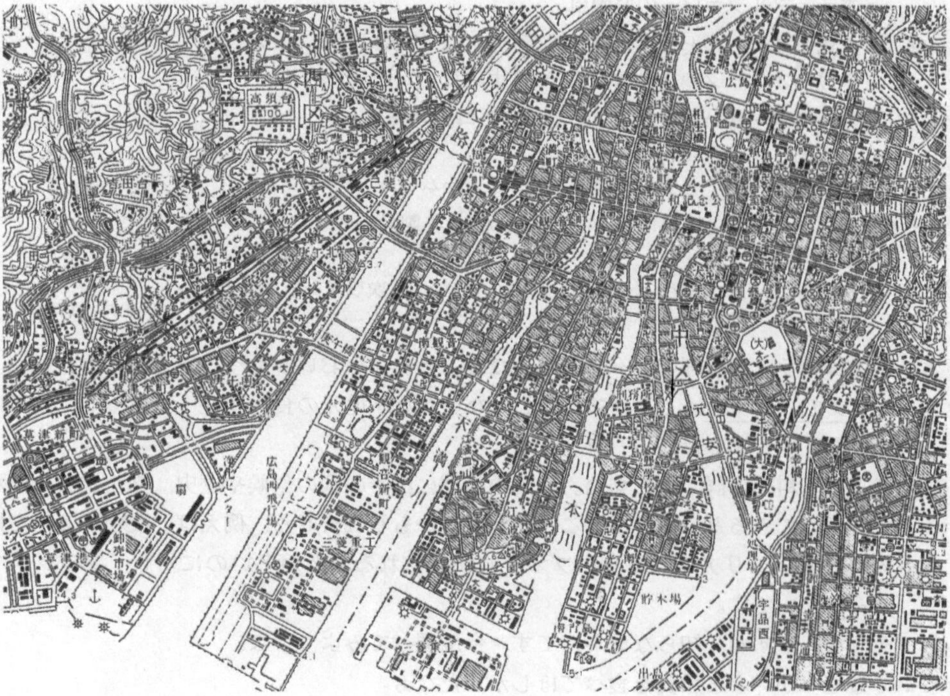

国土地理院地形図
「広島（1/50,000）平成20年発行」
の一部転載

＜地形＞

A　三角州　B　扇状地

＜理由＞

X　河口付近では河川の運搬作用よりも堆積作用が勝るため粒子《りゅうし》の細かい泥が堆積し，地盤が軟弱《なんじゃく》だから。

Y　河川が山地から盆地や平野へ流れ出るところでは流れる速さが急に遅くなり，土砂が堆積して洪水が起きやすい地形だから。

	①	②	③	④
地形	A	A	B	B
理由	X	Y	X	Y

2 次の資料と会話文をもとに，１から４の問に答えなさい。

広島サミット　5月19日　ワーキングランチメニュー

前菜《ぜんさい》　サーモンのマリネ 活《い》け帆立貝《ほたてがい》のコンフィ
アスパラガスシャルロットとスモークのクリーム
エディブルフラワーの庭園風《ていえんふう》

魚料理　広島県産メバルとムール貝の瀬戸内アクアパッツァ
小豆島《しょうどしま》オリーブの香り 軽いスープ仕立て

肉料理　赤座海老《あかざえび》を巻いた東広島こい地鶏《じどり》のバロティーヌ
もも肉と茸《きのこ》の煮込みのトゥルト
筍《たけのこ》 のローストと蚕豆《そらまめ》添《ぞ》え シュープレームソースで

デザート　瀬戸内レモンと宮島はちみつと砂谷 牧場《さごたにぼくじょう》乳製品のセミフレッド
酒粕《さけかす》の柑橘《かんきつ》クリーム
レモンコンフィバゲット イギリスコッペパン 三次《みよし》ワインとクルミパン

出典：外務省ＨＰより引用

ひろき：昼食はフランス料理のコースみたいだね。とってもおいしそう。

あきら：ⓐアクアパッツァはイタリア料理じゃないかな？地元の食材が使ってあって，広島に行ってみたくなりました。

先　生：二人とも料理に詳しいですね。各国の料理にはその国の気候や歴史，文化があらわれるので，調べてみるといろいろなことがわかるかもしれません。例えば，使われる油を比較してみてもイタリアではオリーブオイルが使われることが多いのに対し，フランスではバターが多いです。

ひろき：そうなんですね。知らなかったです。今度調べてみようかな。

あきら：でもせっかくなら和食を食べてほしかったなぁ。

先　生：夕食が和食だったそうですよ。そこでもⓑ広島の特産品などが振舞われたそうです。この他にもⓒコーヒーブレイクがあるなど，食事も重要な会議の場になっていたようですね。

問１　メニューにみられるオリーブや地元産のワインとその原料のぶどうは，広島県だけでなく瀬戸内地方の特産品となっています。これをふまえて，以下の問(1)～(2)に答えなさい。

(1)　次の文章は瀬戸内地方の気候について述べたものです。文中の空欄 A ・ B の季節と， C ・ D に入る語句の正しい組み合わせを，下の①～⑥の中から一つ選びなさい。

> 瀬戸内地方では， A には四国山地が， B には中国山地が C をさえぎるため，雨が少なく乾燥した気候となっている。この条件が D 沿岸の地域の気候とよく似ている。

	①	②	③	④	⑤	⑥
A	夏	夏	夏	冬	冬	冬
B	冬	冬	冬	夏	夏	夏
C	季節風	偏西風	季節風	偏西風	季節風	偏西風
D	地中海	地中海	大西洋	地中海	大西洋	大西洋

(2) 下のE～Gのグラフはそれぞれぶどう，ワイン，オリーブの国別の生産量の割合を示しています。E～Gと生産物の正しい組み合わせを，下の①～⑥の中から一つ選びなさい。なお，単位はすべて％で示してあり，ぶどうとオリーブは2020年，ワインは2019年の統計です。

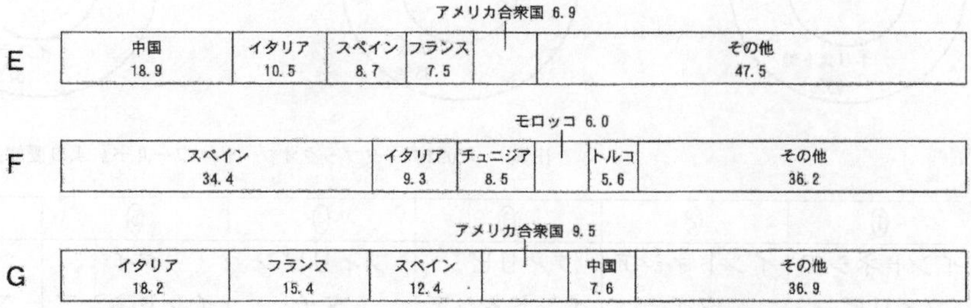

出典：『世界国勢図会2022/23』より愛知高校作成

	①	②	③	④	⑤	⑥
E	ぶどう	ぶどう	ワイン	ワイン	オリーブ	オリーブ
F	ワイン	オリーブ	ぶどう	オリーブ	ぶどう	ワイン
G	オリーブ	ワイン	オリーブ	ぶどう	ワイン	ぶどう

問2 下線部ⓐについて，アクアパッツァとは魚を使ったイタリア料理ですが，そこにはトマトやピーマン，パプリカなど，大航海時代に南アメリカ大陸からもたらされた農作物が使われています。これをふまえて以下の問に答えなさい。

(1) 次のX～Zの文章は南アメリカ大陸と他地域の交流について述べたものです。X～Zの文の正誤の組み合わせとして正しいものを，下の①～⑧の中から一つ選びなさい。

X 16世紀になると，先住民が暮らす地域はイタリア人やフランス人に侵略されて植民地化され，先住民の人口は激減してしまった。

Y アフリカ大陸から奴隷として連れてこられたアフリカ系（黒人）の人々が，天然ゴムや油やしのプランテーションで働かされた。

Z リオデジャネイロで開かれるカーニバルは，ヨーロッパからの移民によって伝えられたキリスト教の祭りが，先住民であるメスチソの人々の祭りや踊りと結びついて発展したものである。

	①	②	③	④	⑤	⑥	⑦	⑧
X	○	○	○	○	×	×	×	×
Y	○	○	×	×	○	○	×	×
Z	○	×	○	×	○	×	○	×

(2) 南アメリカ大陸原産の作物は，日本には東南アジアを経由してもたらされることが多くありました。東南アジアは交易の際の中継地点となっているため，多様な文化が見られます。次のページのH～Jのグラフはそれぞれインドネシア，フィリピン，タイのいずれかの宗教別の人口の割合を示しています。H～Jと国名の正しい組み合わせを，後の①～⑥の中から一つ選びなさい。

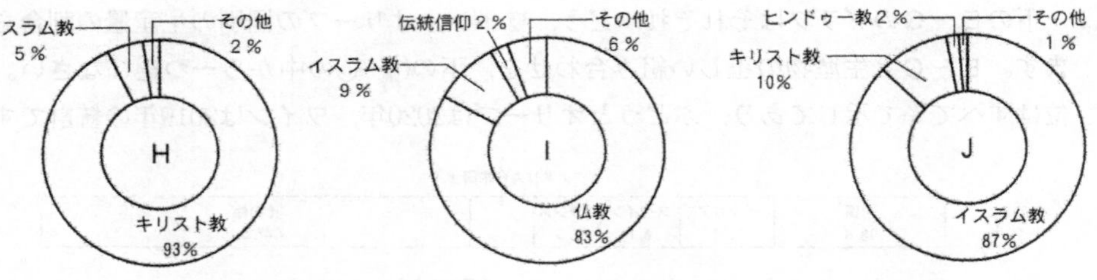

出典：『2022データブックオブ・ザ・ワールド』より愛知高校作成

	①	②	③	④	⑤	⑥
H	インドネシア	インドネシア	フィリピン	フィリピン	タイ	タイ
I	フィリピン	タイ	インドネシア	タイ	インドネシア	フィリピン
J	タイ	フィリピン	タイ	インドネシア	フィリピン	インドネシア

問3　夕食には広島県が生産量1位となっている牡蠣《かき》が出されました。右の表は都道府県別の牡蠣の生産量を，生産量が多い順に示しています。右の表を参考に，牡蠣の生産地について説明した下の文の空欄［K］～［M］に入る言葉ア～カの正しい組み合わせを，下の①～⑧の中から一つ選びなさい。

都道府県	単位（100ｔ）
広島県	968
宮城県	257
岡山県	147
兵庫県	98
岩手県	60
その他	124
全国	1,654

出典：農林水産省　令和4年漁業・養殖業生産統計より　愛知高校作成

> 牡蠣の養殖が盛んな地域の共通点として，波が［K］という特徴がある。瀬戸内海や三陸海岸沿いでは［L］ため，栄養分が多い海になっている。瀬戸内海では赤潮が減少したが，現在は海水の［M］が問題となっているため，水質改善のための努力がなされている。

ア　穏やかで養殖用のいかだが安定する　　　イ　激しく海水がかき混ぜられて栄養分が循環する
ウ　川が平野を長く通過する　　　　　　　　エ　山から直接川が海に流れ込む
オ　貧栄養化　　　　　　　　　　　　　　　カ　富栄養化

	①	②	③	④	⑤	⑥	⑦	⑧
K	ア	ア	ア	ア	イ	イ	イ	イ
L	ウ	ウ	エ	エ	ウ	ウ	エ	エ
M	オ	カ	オ	カ	オ	カ	オ	カ

問4　下線部ⓒについて，コーヒーブレイクの発祥《はっしょう》は20世紀初頭のアメリカ合衆国で，労働者たちが疲労を軽減させる効果があるカフェインを摂取するために始まったとされています。アメリカの工業の歴史について述べた文として正しいものを，次の①～④の中から一つ選びなさい。

① アメリカ合衆国は世界で最も早く近代工業が生まれた場所で，北東部の五大湖周辺が中心であった。

② 石炭や鉄鉱石に恵まれたため，デトロイトでは鉄鋼業，ピッツバーグでは自動車産業が発展した。

③ 1970年代から中国やインドに押され北東部の工業は伸び悩み，現在ではラストベルト（赤さび地帯）とよばれ都市の荒廃が問題となっている。

④ 北緯37度より南のサンベルトとよばれる地域や，太平洋岸の新しい工業地域ではＩＣＴ産業や航空宇宙産業が発展している。

3 広島サミットで各国の首脳が訪れた宮島《みやじま》が所在する「廿日市市《はつかいち》」に興味を持ったあきらさんは，その地名の由来や地域の歴史などについて調べ，総合探究の授業で発表することにしました。すると，廿日市市周辺は旧石器時代から人々が暮らしはじめ，古代から近世にかけて多くの人が行きかう瀬戸内海の交通の要衝《ようしょう》として発達してきたことが分かりました。以下のカードはその探究の成果をまとめたものです。これについて，１から６の問に答えなさい。

廿日市の地名の由来

・この地で中世以来開かれていた市《いち》の名称に由来する。

・厳島神社の年４回の祭礼の最終日がいずれも20日であったことから、鎌倉時代中期には毎月20日に市が開かれるようになる。そして、二十日《はつか》の市から「廿日市」という地名が徐々に定着していった。

廿日市を行きかう人々　～古代編～

・3500年前の遺跡から大分県姫島《ひめしま》産の黒曜《こくよう》石《せき》が発掘される。

・紀元後３世紀ごろの遺跡は、［　X　］ため、標高約260mの高台に分布していた。

・山陽道の一部として安芸《あき》国に佐伯《さえき》郡が置かれると、５つの［　ア　］が整備され、都から地方に派遣される［　イ　］等の役人が利用した。

廿日市を行きかう人々　～中世編～

・承久３（1221）年にⓐ朝廷と鎌倉幕府の戦いがおこる。このころ、鎌倉幕府の御家人で周防《すおう》の守護である藤原親実《ちかざね》が厳島神社の神主職に就任すると、厳島神社造営のため職人たちが鎌倉から廿日市に移り住む。

・建武３（1336）年、足利尊氏が九州から京都へ攻め上る途中で厳島神社に所領を寄進《きしん》する。

・康応《こうおう》元（1389）年に足利義満が厳島神社を参詣《さんけい》する。

・享徳《きょうとく》３（1454）年の資料にⓑ「廿日の市」が開かれていた記録が初めて見られる。このころに町が発達し、「廿日市」の地名も用いられるようになった。

廿日市を行きかう人々　～近世編～

・戦国時代のころの廿日市は、地域の主要港であると同時に、山陽道の宿場町でもあった。

・天文《てんぶん》20（1551）年９月、陶晴賢《すえはるかた》は謀反《むほん》を起こし、主君である大内義隆《よしたか》を討った。その４年後の天文24（1555）年、今度は毛利元就《もとなり》が主君である陶晴賢を厳島の戦いで破った。

・天正15（1587）年、九州征伐の途中で豊臣秀吉が廿日市に止宿《ししゅく》する。このとき、町の整備が行われた。

・江戸時代に入ると、廿日市は西国《さいごく》街道や津《つ》和野《わの》街道の宿場町として栄えた。また、江戸時代後期には千石船《せんごくぶね》や北前船《きたまえぶね》が入津《にゅうしん》できる港も整備されて賑《にぎ》わいを見せた。

廿日市を行きかう人々　～幕末・維新編～

・慶応２（1866）年に二度目の長州征伐が実行されると、廿日市に幕府軍の拠点の一つがおかれた。このとき、長州軍の進軍を阻止《そし》するため、幕府軍は廿日市の町を焼き払ってしまった。
・将軍徳川家茂の死去にともない幕府と長州藩の休戦交渉が行われた。このとき幕府軍からは勝海舟が、長州軍からは［　Y　］らが代表として派遣され、交渉の場となった厳島神社がある宮島で会談した。

問１　［X］に当てはまる理由としてもっともふさわしいものを，次の①～④の中から一つ選びなさい。

①　近くに狩猟や採集に適した森が広がる　　②　外敵の侵入に対して濠《ほり》や柵をめぐらす
③　稲作に適した水はけのよい土地が広がる　　④　平野や海など周囲の眺望が良い

問２　カードの空欄［ア］と［イ］に当てはまる語句の組み合わせとして正しいものを，次の①～④の中から一つ選びなさい。

①　アー駅家　　イー防人　　②　アー駅家　　イー国司
③　アー関所　　イー防人　　④　アー関所　　イー国司

問３　下線部ⓐの戦いについて述べた次の文Ａ～Ｄについて，正しいものの組み合わせを，下の①～④の中から一つ選びなさい。

Ａ　このとき執権だった人物は，挙兵した後白河上皇の軍を破り，戦後に武家政治の基本方針を定めた。
Ｂ　このとき執権だった人物は，挙兵した後鳥羽上皇の軍を破り，戦後に上皇を隠岐へ追放した。
Ｃ　この戦いのあと，鎌倉幕府は上皇方の土地を没収し，新たに御家人を地頭に任命して支配させた。
Ｄ　この戦いのあと，鎌倉幕府は京都所司代を設置し，朝廷や西国の御家人の監視を強めた。

①　ＡとＣ　　②　ＡとＤ　　③　ＢとＣ　　④　ＢとＤ

問４　下線部ⓑについて，次の文Ａ～Ｃは，「廿日の市」が初めて記録に登場したころの社会について述べたものです。Ａ～Ｃの文の正誤の組み合わせとして正しいものを，下の①～⑧の中から一つ選びなさい。

Ａ　米を収穫したあとに麦などを栽培する二期作が全国的に広まるなど，農業技術が大きく進歩した。これにともない，この頃の市では様々な農産物や特産物が扱われるようになった。
Ｂ　商人や手工業者は惣と呼ばれる同業組合をつくり，力のある公家や寺社に銭を納め，商品の製造や販売の独占権を得た。
Ｃ　寺社の門前や水陸交通の要所には様々な商品が集まるため市が開かれ，港では年貢や商品の輸送や保管を行う問屋（問丸）が，陸上では輸送を行う馬借と呼ばれる専門業者が活躍した。

	①	②	③	④	⑤	⑥	⑦	⑧
Ａ	○	○	○	○	×	×	×	×
Ｂ	○	○	×	×	○	○	×	×
Ｃ	○	×	○	×	○	×	○	×

問5　次の会話文は，あきらさんがカードをもとに行った発表についてクラスメイトが感想を述べたものです。会話文中の下線部①～⑥の中から，**誤りを含むもの**を二つ選びなさい。

生徒1：カードによると，①縄文時代に瀬戸内海を経由して廿日市と遠方の人々との交流があったみたいだね。

あきら：太古の昔から，この地域を多くの人々が行き交ってきたことの証《あかし》だね。

生徒2：中世になって，室町幕府の将軍が相次いで厳島神社を訪れているね。しかも，所領を寄進した人物までいるようだけど，これはどういうことだろう。

生徒3：所領を寄進，つまり神社に寄付したくらいだから，よほどかなえたい願いでもあったのかな。

あきら：この人物は「京都へ攻め上る」途中で寄進しているようだから，きっと②後醍醐天皇が進めていた新政に多くの武士が不満をもっていたことに関係があるのだろうね。

生徒1：宮島は，厳島の戦いの舞台になったみたいだけど，この③厳島の戦いは下剋上の風潮をよく表す戦いといえるね。

生徒2：その戦国時代を制した豊臣秀吉は，この④厳島の戦いに勝利した毛利氏を攻めるために九州征伐を行い，廿日市に滞留したときに町の整備を行ったんだね。

あきら：廿日市は，江戸時代に入ってからも港町や宿場町として多くの人々が訪れて，にぎわっていたみたいだよ。

生徒3：江戸時代の街道の宿場町ということは，きっと⑤徳川家光のころに制度化された参勤交代で九州などの大名が廿日市の宿場を利用したのだろうね。

生徒1：たしかに，港町としても発展していったようだね。北前船が廿日市の港を利用していたと，あきらさんが発表で言っていたね。

生徒2：北前船ということは，⑥北海道（蝦夷地）や日本海側の産物を大阪まで運ぶ東回り航路の廻船が，廿日市の港を利用していたということだね。

問6　Y　に当てはまる人物は，明治時代に鹿鳴館を建設して積極的に外国の文化を取り入れる「欧化政策」をすすめた人物である。この人物名とこの人物が外相だったときのできごとの正しい組み合わせを，下の①～⑥の中から一つ選びなさい。

＜人物名＞　　ア　井上馨　　イ　大隈重信

＜できごと＞

A　ノルマントン号事件がおこって不平等条約の改正を求める声が高まった。

B　イギリスと交渉して治外法権の撤廃と関税自主権の一部回復に成功した。

C　アメリカと交渉して関税自主権を完全に回復させた。

	人物名	できごと
①	ア	A
②	ア	B
③	ア	C
④	イ	A
⑤	イ	B
⑥	イ	C

4 国の予算とその成立に関連する資料１～資料３を参考にして，１から５の問に答えなさい。

資料１　中日新聞朝刊 第２面記事（2023年３月29日）より

■部分は出題の関係で塗りつぶしてあります。

114兆円 予算成立

防衛、社会保障費 過去最大

二〇二三年度予算は二十八日午後の[redacted]本会議で、与党などの賛成多数により可決、成立した。一般会計の歳出総額は過去最大の百十四兆三千八百十二億円。防衛費、ⓐ社会保障費とも過去最大に膨らんだ。巨額のⓑ歳出を税収で賄えず、約三割を借金に依存するいびつな財政構造が続く。

予備費支出2.2兆円 22年度

岸田政権が防衛力を抜本的に強化するとした五年間の初年度に当たる。防衛財源の一部を確保するための特別措置法案は、丁寧な審議が必要だと与野党が判断し、年度内成立が見送られた。法人、所得、たばこの三税の増税も実施時期が決まっていない。財源の裏付けが乏しいまま巨額支出だけが先行する「見切り発車」となる。

歳出では、防衛費を二三年度当初予算の一・二六倍となる六兆八千二百十九億円に増額した。加えて二四年度以降の防衛費に回す「防衛力強化資金」として三兆三千八百六億円を繰り入れた。社会保障費は高齢化の進展に伴って六千億円余り増え、三十六兆八千八百八十九億円に膨らんだ。

歳入では、景気回復を前提に過去最高となる六十九兆四千四百億円の税収を見込む。借金に当たる国債は三十五兆六千二百三十億円分を新たに発行する。

二十八日には、低所得世帯への現金給付など追加の物価高対策と新型コロナウイルス感染症への対応で、二二年度予算の予備費から二兆二千二百二十六億円の支出を閣議決定した。二三年度予算でもコロナ、物価高、ウクライナ情勢に機動的に対応する予備費として、二二年度当初と同額の五兆円を計上した。内閣の判断で使い道を決められる巨額予備費が常態化し、財政規律の緩みが指摘されており、運用の在り方が引き続き課題となる。

二三年度予算には立憲民主、日本維新の会、共産各党などが反対した。昨年、異例の賛成に回った国民民主党も反対した。政治家女子48党は賛成した。本会議に先立つ[redacted]予算委員会は、首相や全閣僚が出席した締めくくり質疑を実施後、与党の賛成多数で予算案を可決した。

資料２　2023年度一般会計　114兆円3812億円

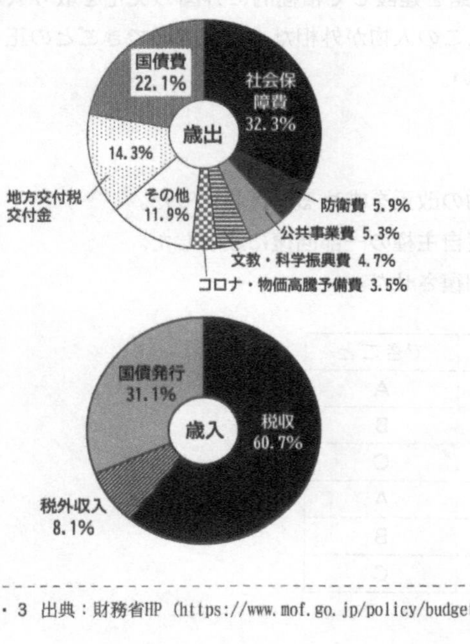

資料３　2022年度一般会計　107兆5964億円

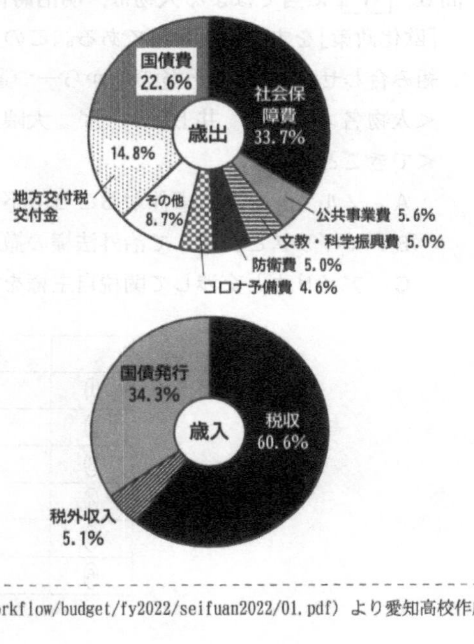

資料２・３ 出典：財務省HP（https://www.mof.go.jp/policy/budget/budger_workflow/budget/fy2022/seifuan2022/01.pdf）より愛知高校作成

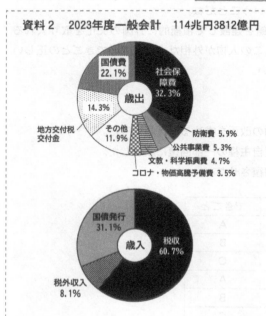

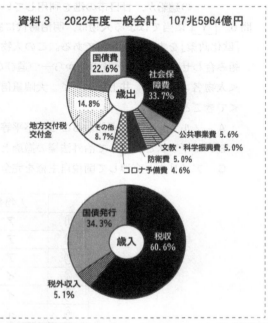

問1　次の図1は，国の予算が成立するまでの手順を模式化したものです。図1の空欄 ア ～ ウ に入る語句の組み合わせとして正しいものを，下の①～④の中から一つ選びなさい。

図1

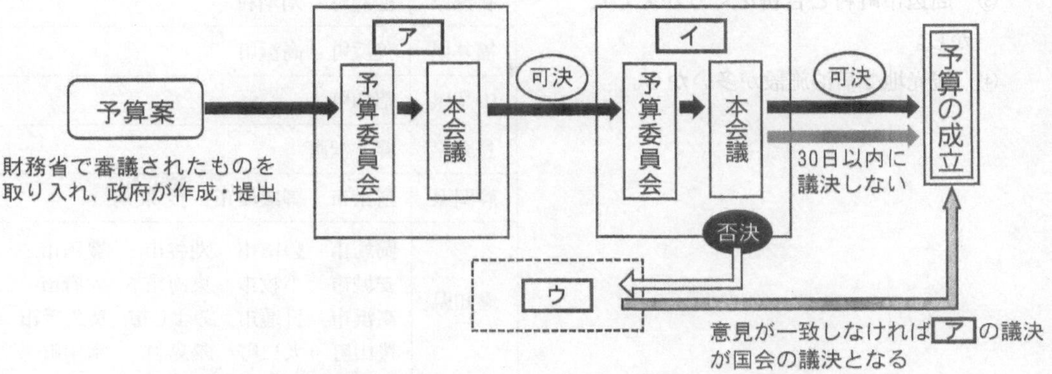

①　ア－衆議院　イ－参議院　ウ－臨時会　　②　ア－衆議院　イ－参議院　ウ－両院協議会
③　ア－参議院　イ－衆議院　ウ－臨時会　　④　ア－参議院　イ－衆議院　ウ－両院協議会

問2　傍線部ⓐに関連して，日本の社会保障制度について述べた文としてもっとも適切なものを，次の①～④の中から一つ選びなさい。

①　日本の社会保障制度は，勤労の義務などを定めた憲法第27条の考え方に基づき，社会保険，公的扶助，社会福祉，公衆衛生の四つを基本的な柱としている。

②　日本では，1960年代に国民すべてが医療保険に加入する国民皆保険を実現した一方で，国民すべてが年金保険に加入する国民皆年金は実現していない。

③　介護保険制度は，必要に応じて介護サービスを受けられる保険制度で，40歳以上の人の加入が義務づけられている。

④　後期高齢者医療制度は，65歳以上の高齢者や一定の障がいを有する人が加入する独立した医療制度である。

問3　傍線部ⓑに関連して，税金には国の歳入となる国税の他に，地方の歳入となる地方税があります。また，税の負担者が直接納税するかどうかによって直接税と間接税に分けられます。税金を分類した次の表1のうち，Aに当てはまる税の種類を下の①～⑧の中からすべて選びなさい。

表1

	直接税	間接税
国税	A	B
地方税	C	D

①　法人税　②　消費税　③　酒税　④　関税
⑤　相続税　⑥　住民税　⑦　自動車税　⑧　所得税

問4　資料2と資料3の歳出にある地方交付税交付金に関連して，全国には地方交付税交付金を受け取っていない自治体が1都72市町村あります。次のページの表2は，そのうち中部地方に属する自治体を表しています。これらの自治体が地方交付税交付金を受け取っていない理由としてふさわしくないものを，後の①～④の中から一つ選びなさい。

① 大規模な発電所があるから。
② 大企業があり，工業地帯となっているから。
③ 周辺市町村と合併をくりかえしたから。
④ 観光地で宿泊施設が多いから。

表２

令和４年度：「中部地方で地方交付税交付金を受け取っていない自治体」

新潟県	聖籠町《せいろうまち》　刈羽《かりわ》村
福井県	美浜町　高浜町
山梨県	昭和町
長野県	軽井沢町
静岡県	富士市　御殿場市　長泉《ながいずみ》町
愛知県	岡崎市　碧南市　刈谷市　豊田市 安城市　小牧市　東海市　大府市 高浜市　日進市　みよし市　長久手市 豊山町　大口町　飛島村　幸田町
三重県	四日市市　川越町

出典：総務省HP
(https://www.soumu.go.jp/main_content/000826808.pdf)
より愛知高校作成

問５　資料１～資料３から読み取れないものを，次の①～⑤の中から一つ選びなさい。
① 2023年度の国の一般会計歳出総額は，過去最大となった。
② 2023年度における防衛費の歳出額は，前年度の1.2倍を超えた。
③ 2022年度と2023年度のいずれも，歳入の６割以上を税収が占めている。
④ 2023年度予算には，立憲民主党や日本維新の会などが反対した。
⑤ 2023年度の社会保障費は，前年度と比べて減額された。

(2)「うれしく」思った理由の説明として最も適切なものを次から選び、記号をマークしなさい。

㋐「昔の人」からの手紙をたまたま発見することができたから。

㋑「昔の人」が自分のことを忘れずに手紙を出し続けていたから。

㋒「昔の人」が手紙に込めていた当時の気持ちがわかったから。

㋓「昔の人」からの手紙を読むことでさびしさが慰められたから。

㋔「昔の人」から手紙を受け取った当時の気持ちを思い出したから。

【問六】　傍線部⑤「いとめでたきことなり」とありますが、どのようなことを「めでたきこと」と言っているのですか。最も適切なものを次から選び、記号をマークしなさい。

㋐直接人と向かい合って話さないと心を通わせることはできないが、手紙でも直接会うのと同じくらい互いの心を通わせることができること。

㋑会って話をするだけでは思いのすべては伝えきれないが、手紙にはじっくりと時間をかけて思いのすべてを書き表すことができること。

㋒人と会っている時の感情は時とともにたいていは薄れてしまうが、手紙には書かれたときの思いをいつまでも残しておくことができること。

㋓面と向かって言おうとすると相手に遠慮してしまうものだが、手紙では気後れすることなく言いたいことを素直に書けるということ。

㋔直接話している間は思いやりの気持ちをもって相手に接するものだが、手紙では一層こまやかな心づかいを示すことができるということ。

【問二】 傍線部①「枕草子に返す返す申して侍るめれば」について、後の問に答えなさい。

(1) 「枕草子」の説明として適切なものを次から選び、記号をマークしなさい。

㋐ 紫式部によって平安時代に書かれた物語である。
㋑ 兼好法師によって鎌倉時代に書かれた随筆である。
㋒ 清少納言によって平安時代に書かれた随筆である。
㋓ 紫式部によって鎌倉時代に書かれた評論である。
㋔ 清少納言によって鎌倉時代に書かれた随筆である。

(2) 「返す返す申し」ていることの内容として最も適切なものを次から選び、記号をマークしなさい。

㋐ 手紙がめずらしいものであること。
㋑ 手紙をたくさん書いてきたこと。
㋒ 手紙がわずらわしいものであること。
㋓ 手紙がすばらしいものであること。
㋔ 手紙を大切にとっておいたこと。

【問三】 傍線部②「さし向かひたる心地」の説明として最も適切なものを次から選び、記号をマークしなさい。

㋐ 遠くに暮らしていて何年も会っていない人と、直接向かい合っているような気持ち。
㋑ 「枕草子」などの古典作品の作者と、時空を超えて実際に会っているような気持ち。
㋒ 遠くに住んでいて手紙を届けるのが難しい人と、打ち解けた雰囲気で会っているような気持ち。
㋓ 遠くから手紙を届けてくれた後に自分のもとを去った人と、ついさっきまで話していたような気持ち。
㋔ 少し前に手紙を書いたばかりの人に会いに行って、直接向かい合って話したくなるような気持ち。

【問四】 傍線部③「あひ向かひたるに劣りてやはある」とありますが、その理由として最も適切なものを次から選び、記号をマークしなさい。

㋐ 手紙には、直接会って話すのと同じくらい、書き手の配慮が込められていることがあるから。
㋑ 手紙には、実際に直接会って話すよりも、書き手の思いがくわしく書かれていることがあるから。
㋒ 直接の会話では思わず口にしてしまうようなことも、手紙には書かずに済ませることができるから。
㋓ 手紙には、直接会うことができなかった昔の人の、深い教養がうかがえることがあるから。
㋔ 直接話ができない書き手のもどかしい思いまで、手紙には率直に書かれることがあるから。

【問五】 傍線部④「うれしくこそおぼゆれ」について、後の問に答えなさい。

(1) この部分は「うれしくおぼゆ」と表現してもよいところを、「こそ」を加えて「おぼゆ」を「おぼゆれ」と変化させ、「うれしく」を強調しています。このような「こそ」と「おぼゆれ」の呼応を何と言いますか。次から一つ選び、記号をマークしなさい。

㋐ 係り結び　㋑ 枕詞　㋒ 体言止め
㋓ 副詞の呼応　㋔ 対句

春吉の思いを理解しながらも、自分の気持ちを見つめ直し、このままではいけないとの思いを新たにした泰治の姿を表現していると思います。

㋒　Cさん　破線部C中の「……」は、泰治が、口では「よかった」と言ったものの、春吉にとって本当によいことだったのかと疑問に思い、しばらく沈黙したことを表現していると思います。

㋓　Dさん　破線部D中の「……」は、春吉が、お藤に迷惑をかけて申し訳ないという謝罪の気持ちを直接伝えられたことを振り返り、余韻にひたっていることを表現していると思います。

㋔　Eさん　破線部E中の「……」は、春吉がこの後、「お藤のせいで奉公を辞めなければならない」と言おうとしたが、お藤を前に気まずさを覚え、沈黙したことを表現していると思います。

三　次の古文は鎌倉時代の評論である『無名草子』の一部です。これを読んで後の問に答えなさい。

この世に、いかでかかることありけむ（どうしてこんなことがあったのだろう）とめでたくおぼゆることは、文こそ侍《はべ》れな（手紙でございますよ）。①枕草子に返す返す申して侍るめれば（申しているようですから）、こと新しく申すに及ばねど（及ばないのだが）、なほ（やはり）いとめでたきものなり。遥《はる》かなる世界にかき離れて、幾年《いくとせ》あひ見ぬ人なれど、文といふものだに見つれば（さえ見ると）、ただ今②さし向かひたる心地して、なかなか（かえって(実際に)）うち向かひては、思ふほども続けやらぬ（思うほどにも十分に表現できない）心の色もあらはし、言はまほしきことをも（言いたいことをも）こまごまと書きつくしたるを見る心地はめづらしく（すばらしく）、うれしく、③あひ向かひたるに劣りてやはある（(実際に)向かいあっているのに劣るか、いや劣らない。）。aつれづれなる折、昔の人の文見出《い》でたるは、ただその折の心地して、いみじく（たいそう）④うれしくこそおぼゆれ。まして、亡き人などの書きたるものなど見るは、いみじくbあはれに、年月の多く積もりたるも（(書かれてから)年月が多くたっているのも、）、ただ今筆うち濡らして書きたるやうなるこそ返す返すめでたけれ。何事もたださし（ただし）向かひたるほどの情けばかりにてこそ侍るに（向かって会っている間の心の交わりだけでございますが）、これはただ昔ながらつゆ変はることなきも（全く昔のまま少しも変わることがないのも）⑤いとめでたきことなり。

※設問の都合で本文を一部省略・改変しています。

【問二】　傍線部a「つれづれなる」b「あはれに」の本文における意味として適切なものを後から一つずつ選び、記号をマークしなさい。

a「つれづれなる」

㋐　気もそぞろな　㋑　きまりが悪い
㋒　心細くさびしい　㋓　ひっそりと静かな
㋔　手持ちぶさたな

b「あはれに」

㋐　気の毒で　㋑　感慨深く　㋒　気味が悪く
㋓　似つかわしく　㋔　現実的で

【問七】 傍線部④「神妙な顔つきで、春吉は、いいえ、とこたえた」とありますが、春吉はどういう思いからこのように答えたと考えられますか。適切なものを次から**二つ**選び、記号をマークしなさい。（解答の順序は問いません。）

㋐ 要領の悪い泰治に対する優越感

㋑ お藤を裏切ったことに対する罪悪感

㋒ 一家の主としての責任感

㋓ 善行を重ねることによる安産への祈願

㋔ 冬屋に頼らず儲《もう》けようとする野心

㋕ お藤をはじめとした冬屋への恩義

【問八】 傍線部⑤「思わず呟いていた」とありますが、ここでのお藤の様子の説明として最も適切なものを次から選び、記号をマークしなさい。

㋐ たとえ家族と過ごす機会が減ってしまうとしても、家族を養うために奉公の仕事を続ける決心がついたことを春吉自身の口から聞くことができ、心を打たれている。

㋑ 差配である自分には冬屋全体の運営や他の奉公人の世話もあるので、個人の奉公に関する具体的な条件については、春吉自身が奉公先と交渉して決めてほしいと願っている。

㋒ 春吉を連れ戻せなければ七郎兵衛に合わせる顔がないとおびえていたが、春吉の思いを聞き、これなら胸を張って七郎兵衛の待つ冬屋へ帰ることができると胸をなでおろしている。

㋓ もうすぐ子どもが生まれる春吉の暮らしに合った奉公の条件を奉公先に納得してもらえるかまだわからないのに、春吉のまっすぐな思いを聞き、受け止めきれず困惑している。

㋔ 家族を思う春吉を気遣う反面、内心では主人に仕える奉公人としての心構えが足りていないと思っていたので、仕事への決意を新たにした春吉を見直している。

【問九】 本文から読み取れるお藤の人物像の説明として最も適切なものを次から選び、記号をマークしなさい。

㋐ どんな商売も人が資本であるということを念頭に置いて行動し、その時々の状況における損得を冷静に見極める理知的な人物。

㋑ 当時、男が上に立つことが多かった江戸の商人の世界で、男たちと張り合いながら困難を乗り越えようとする勝ち気な人物。

㋒ 祖母と現在の自分とを比べ、奉公人一人無事に送り出すことができない自分は理想の姿には程遠いと嘆いている悲観的な人物。

㋓ 冬屋の利益と奉公人の暮らしのどちらを優先すればよいかという葛藤を乗り越え、最後は人に寄り添おうとする心優しい人物。

㋔ 口入屋の差配としては未熟な点もあるが、奉公人の気持ちや暮らしを真剣に考え、寄り添おうとする人情味のある人物。

【問十】 本文中の会話文における「……」の使い方について、生徒たちが自分の考えを発表しました。その内容について最も適切なものを選び、記号をマークしなさい。

㋐ Aさん 破線部A中の「……」は、お藤に真相を話すために急いでお藤を追いかけてきたものの、いざ本当のことを話すかどうかためらっている泰治の迷いを表現していると思います。

㋑ Bさん 破線部B中の「……」は、泰治のことを思って行動したれば直接的な衝突は避けたが、今後も七郎兵衛と同じ店で差配を続けることはできないかもしれないと自信をなくしている。

㋑ 小僧の鶴松から春吉の様子がおかしいと聞いていたのに、春吉の奉公先と条件を打ち合わせている間に、気持ちを直接確かめようとしなかったことを後悔している。

㋒ 春吉の行方がわからないままでは、奉公指南にかかった時間や労力が無駄になるため、商売人の意地にかけても、何としてでも春吉を連れて戻らねばならないと意気込んでいる。

㋓ 奉公人一人ひとりを大切にしようと決めていたのに、奉公に送り出す日が近づくにつれて、彼らを労働力としてのみ扱っていた自分を情けなく思っている。

㋔ 信頼していた春吉に逃げられたことで、自分は祖母のような立派な口入屋にはまだなれそうもないと弱気になっているが、こういうときこそ前を向こうと、自分を奮い立たせている。

【問五】傍線部Ⓐ「ある理由」、Ⓑ「本当の理由」の組み合わせとして最も適切なものを次から選び、記号をマークしなさい。

㋐ Ⓐ もうすぐ子が生まれるため、住み込みが基本の奉公に出て、家族と会えなくなるのは辛いから。
Ⓑ 冬屋の厳しすぎる指南への不満が募り、もっとよい条件の口入屋があるのではないかと思い始めたから。

㋑ Ⓐ もうすぐ子が生まれるため、住み込みが基本の奉公に出て、家族と会えなくなるのは辛いから。
Ⓑ 奉公人の数に対して奉公先が一軒足りず、一人外すとしたら泰治だろうという話を聞いたから。

㋒ Ⓐ 奉公人の数に対して奉公先が一軒足りず、一人外すとしたら泰治だろうという話を聞いたから。
Ⓑ 冬屋の厳しすぎる指南への不満が募り、もっとよい条件の口入屋があるのではないかと思い始めたから。

㋓ Ⓐ 奉公人の数に対して奉公先が一軒足りず、一人外すとしたら泰治だろうという話を聞いたから。
Ⓑ もうすぐ子が生まれるため、住み込みが基本の奉公に出て、家族と会えなくなるのは辛いから。

㋔ Ⓐ 冬屋の厳しすぎる指南への不満が募り、もっとよい条件の口入屋があるのではないかと思い始めたから。
Ⓑ もうすぐ子が生まれるため、住み込みが基本の奉公に出て、家族と会えなくなるのは辛いから。

㋕ Ⓐ 冬屋の厳しすぎる指南への不満が募り、もっとよい条件の口入屋があるのではないかと思い始めたから。
Ⓑ 奉公人の数に対して奉公先が一軒足りず、一人外すとしたら泰治だろうという話を聞いたから。

【問六】傍線部③「それだけで、一切が呑み込めたのだろう」とありますが。春吉は、お藤が泰治から何を聞いたと考えていますか。その内容として適切でないものを次から一つ選び、記号をマークしなさい。

㋐ 出ていくところを泰治に見とがめられたこと。

㋑ 泰治に口止めをしてここまで帰ってきたこと。

㋒ 泰治のためを思って出て行こうと思ったこと。

㋓ 泰治も含め七人全員の奉公先が決まったこと。

㋔ 春吉がお藤とお兼の立ち話を盗み聞いたこと。

から一つずつ選び、記号をマークしなさい。

1 ㋐ 針 ㋑ 腹 ㋒ 盾 ㋓ 腕 ㋔ 矛

2 ㋐ 背 ㋑ 水 ㋒ 舌 ㋓ 飯 ㋔ 塩

3 ㋐ 色 ㋑ 馬 ㋒ 音 ㋓ 虫 ㋔ 味

【問二】傍線部❶～❸の本文における意味として最も適切なものを後から一つずつ選び、記号をマークしなさい。

❶ 溜飲を下げた

㋐ 相手の出方をうかがった ㋑ 相手にしないことにした

㋒ 口争いを避けて降参した ㋓ 不平や不満が落ち着いた

㋔ 姿勢を正して気を引き締めた

❷ 埒があかない

㋐ がまんできない ㋑ 驚きで言葉が出ない

㋒ 決着がつかない ㋓ 冷静でいられない

㋔ 集中できない

❸ 割を食う

㋐ 損をする ㋑ 覚悟を決める ㋒ だまされる

㋓ 仕事が増える ㋔ 責め立てられる

【問三】傍線部①「頼りなげに見えても、やはり番頭だ」とありますが、ここでのお藤や七郎兵衛の様子の説明として最も適切なものを次から選び、記号をマークしなさい。

㋐ お藤も冬屋の厳しい奉公指南から逃げ出す者がいるだろうとは予測していたが、生活のために仕事を必要としている奉公人たちが本当に逃げ出すとは考えておらず、恐れていたことが現実となった責任を七郎兵衛から追及され、落ち込んでいる。

㋑ お兼による厳しい奉公指南は、将来的な冬屋の信頼のためには欠かせないと信じていたが、奉公人の逃亡を重く受け止める七郎兵衛を見て、番頭の意見を初めから取り入れ、従来の手法を重んじた経営をするべきだったと後悔している。

㋒ お藤も冬屋の厳しい奉公指南から逃げ出す者がいるだろうとは予測していたが、思いのほか早く逃げ出す者が現れ、このままでは一人多く指南を受けさせているだけでは十分でないおそれがあると七郎兵衛に指摘され、この危機をともに乗り越えようと結束を強めている。

㋓ お兼による厳しい奉公指南は、将来的な冬屋の信頼のためには欠かせないと信じていたが、奉公人が逃げ出したことに対する七郎兵衛の態度がこれまでのやり方を全て否定するようであるため、やるせない思いとともに、番頭にも責任があるのではないかと憤慨している。

㋔ お藤も冬屋の厳しい奉公指南から逃げ出す者がいるだろうとは予測していたが、指南が済むころに奉公人を逃げ出させ、指南する手間を省いて奉公先へ送る悪質な人々に利用されるおそれまで心配する七郎兵衛を、先を見据えることができる番頭だと見直している。

【問四】傍線部②「いまの気持ち」とありますが、このときのお藤の心情の説明として最も適切なものを次から選び、記号をマークしなさい。

㋐ 春吉が逃げ出したことを番頭の七郎兵衛から厳しく責め立てら

気持ちも離れてしまうかもしれない。それが怖くてならないのだろう。

「年に二度ではなく、月に二度ならどうだい？」

「月に二度、とは？」

「実はおまえの奉公先に、月に二度だけ家に帰してもらえまいかと、頼んでみたんだよ」

とはいえ、丸一日の休みをもらえるわけではない。仕事を終えた晩遅くから翌朝までの、たったひと晩。ごく短い時間だが、それでもあるとないとでは大違いだ。水で洗ったように、春吉の顔が輝いた。

「本当に月に二度も、かかあや子供に会わせてもらえるんですかい？」

「承知してくれるかどうかは、まだわからないけれどね」

今日、その返事を先方からもらうことになっていた。

「先さまに断られれば、それまでだ。そのときは、やっぱり奉公をやめるかい？」

わずかな間があいた。④神妙な顔つきで、春吉は、いいえ、とこたえた。

「赤ん坊はきっと立派に産んでみせるから、おれには大黒柱の役目を果たしてほしいと、かかあには釘《くぎ》をさされやした。こんな面倒を起こしておいて [3] のいい話ですが、もし差配さんに許してもらえるなら、今日の詫びも含めて精一杯奉公させていただきやす」

口達者とはいえぬ春吉が、懸命に長い言葉を紡《つむ》ぐ。※訥々《とつとつ》とした語りに、胸が熱くなった。

「その言葉を、ききたかった」

⑤思わず呟《つぶや》いていた。春吉の口から直に、その決心をきくために、わざわざ本所まで足を運んだ。そうも思え、甲斐《かい》はあった。

「だって奉公に行くのは、春吉、おまえなんだから」

「差配さん……」

「これからあたしは、おまえの奉公先の伊勢屋に寄るつもりでね。一緒にどうだい？」

「へい、喜んで。あの、その前にひとつ寄りてえところが……ちょうど通り道になりますし、この先の回向院《えこういん》でお参りしてえと思いやして」

「それはいいね」と、お藤も応じ、日本橋へ向かう前に回向院へ立ち寄った。

賽銭箱《さいせんばこ》の前で、春吉は長いこと手を合わせていた。お藤はその横で、願いを唱える。

――どうか、いまの七人が、つつがなく奉公できますように。

決して商売繁盛《はんじょう》のためばかりではない。人をあつかう口入屋の、信条であったからだ。

※注　番頭……商家などの使用人のかしら。
お兼……冬屋で働く女性。お藤が差配になってからは、奉公人たちに掃除や炊事を教える指南役を務めている。
増子屋……冬屋を営む商家。
おばやん……お藤の祖母。お藤に口入稼業を仕込んだ。
三町……「町」は長さの単位。一町は約一〇九メートル。
小糠雨……細かくしとしとと降る雨。
手代……商家の使用人。
藪入り……奉公人が正月と盆に、主人から休暇をもらって実家などに帰ること。
訥々と……口ごもり、つかえながら話すさま。

【問二】　空欄 [1] ～ [3] にあてはまる語として最も適切なものを後

ねえだ」

自分のことより、春吉の方がよほど気がかりだったのだろう。お藤の口許がほころんだ。

「春吉のことはあたしに任せて、おまえは店にお戻り」

「へえ。差配さん、どうぞ春さんのこと、よろしくお頼《たの》申します」

まるで春吉の身内さながらに、泰治は深々と腰をかがめた。

小糠雨は、まだ降り続いている。途中で傘を調達しようかとも思ったが、そう強い降りではなく、何よりも気が急《せ》いた。上流で激しく降ったのか、大川は灰色にふくらんで見える。

春吉の家は、本所の林町にあった。両国橋から大川を越え、竪川《たてかわ》にかかる二之橋を渡る。林町は、竪川の南岸に沿って、五丁目まで連なっていた。

このあたりだろうかと、中ほどで足を止めたとき、路地からひょいと男が出てきた。お藤を見て、目を丸くする。

「差配さん……」

「よかった、ここにいてくれて」

心の底からほっとして、思わず膝をつきそうになった。ここより他に、探す当てはない。思い詰めたあげく、女房と一緒に雲隠れしたかもしれないと、道すがら不安でならなかった。

「D申し訳、ありやせん……とんでもないことをしちまって、詫びのしようもありません」

「話は、泰治からきいたよ」

③それだけで、一切が呑《の》み込めたのだろう。春吉は、すまなそうにうなだれた。

「かかあにも、うんと叱られやした……こんなに世話になっておきながら、不義理をしては罰が当たるって。差配さんやお兼さんには、本当に申し訳が立ちません」

もとはと言えば、不用意なことを耳に入れた、こちらに非がある。何日も気を揉《も》ませてすまなかったと、お藤も詫びを口にした。

「ただ、黙っていなくなったのは感心しないね。泰治はもちろん、あたしら店の者や奉公仲間も、たいそう気を揉んだんだよ」

「すいやせん……告げようかと、何べんも迷いやしたが、差配さんの顔を見たら、心決めが揺らいじまいそうで」

春吉にとっても、ぎりぎりの決断だったのだろう。春吉にはもうすぐ子が生まれる。誰よりも仕事を渇望していたのは、この男のはずだった。

「奉公に出たら、おかみさんや、生まれてくる赤ん坊とも会えなくなる。おまえさんは、それが辛くてならなかったんだろ？」

奉公は、住み込みがあたりまえだった。番頭や※手代でさえも通いが許されることはむしろめずらしく、下男となればなおさらだ。他の六人はいずれもひとり者だが、この春吉だけは家族がいる。たとえ同じ江戸にいても、春吉が妻子と会えるのは、年に二度の※藪《やぶ》入りのときだけだ。

「Eこれから赤ん坊が生まれるってのに、きっとお産のときだって、女房の傍にいてやれねえ。女房にもすまねえし、一緒に暮らせねえなら、たとえ仕事にありついても味気ねえように思えて……」

春吉の胸の裡《うち》は、お藤にもよくわかる。

家族に会えないいまも辛いが、暮らしが離れていれば、いつか互いの泰治の懸念《けねん》どおり、春吉は忍び足で裏口から外に出た。後を追い、春吉を捕まえた泰治は、いったいどこへ行くつもりかと詰め寄った。

「本所《ほんじょ》へ帰る、奉公はやめると、春さんは言っただ。おら、たまげちまって、そりゃあもう必死で止めただ」

あと二日ほどで、指南が終わる。いまこのときになって、いったいどうしてと、泰治は食い下がった。春吉はとうとう、Ⓐある理由を泰治に告げた。

「ひとまず、合点《がてん》はいきました。だども、それならそうで、差配さんやお兼さんに言わねばならね、夜逃げみたいな真似はしてはならねえと」

摑《つか》んだ春吉の腕を、泰治は放さなかった。このままでは❷埒《らち》があかないと、春吉は判じたのだろう。無謀な真似をした、Ⓑ本当の理由を口にせざるを得なくなった。

『頼むから、このまま黙って見逃してくれ。そうしないと、あんたが❸割を食うんだよ！』

奉公先が、ひとつ足りない。外すなら泰治だろうと、お藤とお兼が話していた。春吉は、そう告げた。

『言ったとおり、おれには奉公に出られぬ、もうひとつのわけがある。おれがいなくなれば、泰さんは仕事にありつける。双方が丸く収まるんだ。頼むから、おれを行かせてくれ』

腕を摑んでいた泰治の手から、力が抜けた。誰にも、決して口外するな。ここで話したことは忘れるように。そう言いおいて、春吉は闇の中に溶けるように駆け去った。

「Bおら、頭がごっちゃになっちまって、そのときはどうしていいかわからなかっただ。だども……春さんはおらのために無茶をしたのに、見て見ぬふりなぞできねえだ」

泰治は、ほろほろと涙をこぼした。まるでもらい泣きでもするように、空から※小糠雨《こぬかあめ》が降ってくる。

「ありがとうよ、泰治。よく、話してくれたね」

「差配さん、いちばんとろいのはおらだから、外されたって仕方がねえ。おらは奉公をあきらめますから、どうか春さんを許してやってください！」

「心配はいらないよ。あたしはおまえのことも春吉のことも、あきらめるつもりはないからね」

「差配さん……」

「あたしの方こそ、あやまらないといけないね。迂闊《うかつ》な話をきかせた上に、手当てが遅くなっちまって」

鶴松から春吉のようすをきいたとき、遅まきながらお藤も気づいた。春吉には、泰治のこととは別に、奉公に出られぬわけがある。それをどうにかうまく収めるために、たしかに奉公先に相談に行っていた。糠《ぬか》喜びさせるわけにはいかず、先方から返事をもらえるまでは何も言えない。春吉への手当てが遅れたのは、そのためだった。

「それにね、泰治、おまえの奉公先も、ちゃんと決まったよ」

「本当だか？」

「ええ、本当ですとも」

最初のころよりはだいぶましになったが、泰治の訛りはなかなか抜けない。そんな泰治でも十分にこなせる、うってつけの仕事があった。お藤が明かすと、泰治は肩の荷を下ろしたように、どっと息をついた。

「Cよかった……これをきいたら春さんも、戻ってきてくれるかもしれのものに傷がつく」

いつになく饒舌《じょうぜつ》な番頭の小言を、お藤は黙って受けとめた。七郎兵衛の言い分はもっともだ。冬屋のやり方が噂《うわさ》になれば、これを悪用する者も出てくるかもしれない。適当な者を冬屋に入れて、指南が済む頃合に別の奉公先を紹介し、口入料をちゃっかり懐に収める。そういうずるい輩《やから》に食い物にされても不思議はない。

①頼りなげに見えても、やはり番頭だ。逃げ出す者もいるだろうと多少の覚悟はしていたが、素人のお藤は、そこまで考えがおよばなかった。

「番頭さんの仰《おっしゃ》るとおりです。あたしの分別が足りませんでした。そんなことにならぬよう、防ぐ手立てを思案します」

お藤が素直に詫《わ》びを口にすると、ひとまずは❶溜飲《りゅういん》を下げたようだ。番頭は［1］を収めた。

「で、春吉という男はどうするんです？　このまま見過ごすつもりですか」

「住まいはわかっていますから、これから足を運んでみます」

「あの料理の腕は、手放すには惜しいしねえ」と、お兼もうなずいた。

ふたりに後を任せ、小僧も連れずに店を出た。

仰いだ曇天の空が、鏡に思えた。②いまの気持ちが、そのまま映っているようだ。

自分の浅はかさを、番頭に叱られたからではない。

「鶴松《つるまつ》から、きいていたのに……」

やはり何よりも先に、春吉の胸中を直《じか》に確かめるべきだったと、お藤は己の不手際を悔いていた。

「※おばやんなら、なんとしたやろなあ……」

祖母の顔が浮かび、ついお国訛《なま》りが口をついた。

十四で故郷の伊勢四日市を出て、同じくらいの年月を江戸で過ごした。西の方言はまったく残っていないが、過去を忘れることを戒めでもするように、出てくるときがある。弱気になっている証拠だった。

「差配さん！　待っておくんなせえ」

物思いは、ふいに破られた。走ってきたのは、泰治《やすじ》だった。

「A春さんは……春さんは……」

それ以上、続かない。冬屋を出て、※三町ばかりが過ぎている。そのあいだ泰治は、駆けどおしだったのだろう。お藤に追いつくと、しばし息を整えた。

「春さんは逃げたわけじゃねえだ。おらのために席を譲ってくれたです」

お藤にすがるようにして、泰治は訴えた。

「奉公先は六軒だども、おらだちは七人。ひとりは仕事にありつけねえと……差配さんとお兼さんが話してたのを、春さんはきいちまっただ」

「やっぱり……あのとき廊下にいたのは、春吉だったんだね」

このところ、ようすがおかしいと、小僧の鶴松が名をあげたのは春吉だった。

身近にいた泰治もまた、とうに気づいていた。悩み事があるなら話してくれと、幾度も［2］を向けたが、どうしても明かさない。泰治は気になってならず、春吉に目を配るようになった。昼間はまめに声をかけ、夜も春吉のとなりに寝床をとった。

「今朝、暗いうちに、春さんが起きる気配がした。夜中に厠《かわや》へ行くことなぞ、まずなかったで、胸騒ぎがしただ」

できるようになること。

㋔　自分が現実にそこにいなくても、一度手に入れた主観的世界にもとづいて別の視点から世界がどう見え、どう行動できるのか想像できるようになること。

【問九】傍線部④「世界に働きかけるためには、やはり一人称の主観的な世界が必要だ」とありますが、その理由として最も適切なものを次から選び、記号をマークしなさい。

㋐　世界を主観的に見ることが、世界をより良くしようという意欲につながり、具体的な行動に結びつくから。

㋑　世界に対して行動を起こすためには、主観的世界観と客観的世界観の両方を兼ね備えることが求められるから。

㋒　世界を感知し、情動を抱くことによって、初めて世界に対して自分が具体的に行動することができるから。

㋓　世界に働きかける方法は、間接的行動よりも一人称の把握にもとづく直接的な働きかけの方が効果をもたらすから。

㋔　世界に身を置いても傍観者のような態度では、たとえ世界を客観的に把握できても世界に関わることはできないから。

【問十】本文全体から読み取れる「クオリア」の内容の説明として最も適切なものを次から選び、記号をマークしなさい。

㋐　できるだけ客観的に世界を認識することで、知覚的、情動的に抱く感情のことである。

㋑　一人称の主観的世界における世界の感知にもとづく働きかけによって感じられるものである。

㋒　自分を取り巻く世界との関わりを知覚によってのみ認識することで得られるものである。

㋓　一人称的な世界の把握によって感知され、世界の特定の場所に身を置くことが必要とされるものである。

㋔　三人称の客観的世界に身を置いても、時間や空間を超えて想像上で感じられるものである。

【二】　次の文章は、西條《さいじょう》奈加《なか》の小説『九十九藤《つづらふじ》』の一部です。これを読んで後の問に答えなさい。ただし、設問の都合で一部省略・改変しています。

お藤《ふじ》は、江戸で武家や商家に奉公人を派遣する口入屋《くちいれや》「冬屋《かずらや》」の差配《さはい》（責任者）になった。一ヶ月にわたる厳しい奉公の指導をあと数日で終え、初めて七人の奉公人を送り出すというときに、奉公人の一人である春吉《はるきち》が逃げ出した。

「こんな間際《まぎわ》に逃げられては、こっちは大損じゃありませんか」

それ見たことかと、※番頭の七郎兵衛《しちろべえ》が文句をつける。ふだんは寄りつきもしないくせに、まるで人の揚げ足でもとるように、厄介事が起きれば嵩《かさ》にかかって騒ぎ立てる。いけ好かないと言いたげに、※お兼《かね》はじろりと番頭をにらんだ。

「別に困りゃしませんよ。こんなこともあろうかと、はじめからひとり多く仕込んでいたからね」

「数が合えば、いいってものじゃない。冬屋はね、いわば舐《な》められたのだよ。奉公指南をほぼ終えたいま、あの男は他でもっと実入りのいい働き口を見つけられる。そういう手合いがこれからも増えれば、損はひと月分の飯代では済まないんだ。そこまで侮《あなど》られては、※増子屋《ましこや》の暖簾《のれん》そ

㋔ クオリアを知ることの目的になっている

【問五】 クオリアの具体例として**適切でないもの**を次から一つ選び、記号をマークしなさい。

㋐ 公務員が地域で果たさなければならない責任

㋑ 年老いた両親と別れた時の一抹の寂しさ

㋒ ピアノを弾いた時の新鮮な音への感動

㋓ 大事な試合を目前にしたチームの連帯感

㋔ 朝作った焼き立てのパンの香ばしい香り

【問六】 傍線部①「『情動』というあまり馴染みのない言葉をあえて用いる」とありますが、その理由として最も適切なものを次から選び、記号をマークしなさい。

㋐ 自分の身体で反応することを通してしか世界の中で自分の存在を感じることができないことを強調するため。

㋑ 自分の身体で感じたことにもとづいて世界に身体を使って働きかける一人称の世界の特徴を説明するため。

㋒ 自分の知覚は情動と一体であり、情動は的確な身体的行動につながる原因となることを強調するため。

㋓ 自分が世界の中で身体として存在し、時間や空間を超えて世界を感知する起点となっていることを強調するため。

㋔ 自分の知覚よりも身体的反応の方が自分の世界内存在としての位置づけを自覚しやすいということを説明するため。

【問七】 傍線部②「人間はただ眺めるだけである」の説明として最も適切なものを次から選び、記号をマークしなさい。

㋐ 三人称の世界では自分の存在が世界の外側に置かれているので、世界で起こる出来事に対して身体で関わることができないということ。

㋑ 三人称の世界では自分は世界を超越した存在として、世界に対して俯瞰して主観的に眺めることしかできないということ。

㋒ 三人称の世界では自分の身体が世界内に存在しているが、主観的に想像しながら世界を眺めることしかできないということ。

㋓ 三人称の世界では自分の身体は一人称の主観的世界に位置するので、直接三人称の世界に関わることができないということ。

㋔ 三人称の世界では自分の身体は世界の外側に置かれ、世界で起きる出来事に対して傍観者としての立ち位置でしかいられないということ。

【問八】 傍線部③「三人称の客観的世界を獲得できる」の説明として最も適切なものを次から選び、記号をマークしなさい。

㋐ 自分がその場所にいなくても世界がどう見えるのか擬似体験することで、主観的世界観がより深まり、客観的世界の獲得につながれるようになること。

㋑ 一度獲得した客観的世界をいったん捨てることで、一人称の世界を基礎にして世界のすべてを主観的にとらえ、行動することができるようになること。

㋒ 自分がそこにいると仮定することで、一人称の主観的世界を発展解消し三人称の客観的世界の要素も含めた新たな世界観を獲得できるようになること。

㋓ 世界を別の角度から眺めることを想像することで、複眼で正確に見ることが可能となり、どんな場所でも主観的世界にもとづき把握なる。これが三人称の客観的世界の獲得にほかならない。

このように三人称の客観的世界の獲得は、一人称の主観的世界を基盤にしてなされる。しかも、三人称の客観的世界を手に入れても、④世界に働きかけるためには、やはり一人称の主観的な世界が必要だ。「いま、ここ」から世界を捉えてこそ、「いま、ここ」から世界に働きかけることができる。世界から身を切り離して、外側から世界を捉えているだけでは、「そこ」に椅子があり、「あそこ」に机があるといった一人称的な把握ができない。そのため、その椅子に座るとか、あの机に向かって行くとかといった行動を実行できない。身体でもって世界に働きかけるためには、世界のうちに身を置いて、一人称的に世界を把握しなければならない。傍観者のままでは、行動を起こせないのである。

体験の世界は一人称の世界である。したがって、体験して覚えるということは、世界との一人称的な交わりを通じて、物事が「どんな感じ（クオリア）なのか」を知ることである。「いま、ここ」から世界を知覚的・情動的に感知し、それにもとづいて世界に身体的に働きかける。このようにして、たとえば、「美しい光景を楽しむ」ことがどんな感じなのかを知ることができるようになる。体験して覚えることは、この「感じ（クオリア）」をつかむことなのである。

（信原幸弘『「覚える」と「わかる」』より一部省略・改変）

※注　白木蓮……モクレン科の落葉高木。春に香りのある白い花が咲く。
味蕾《つぼみ》……主に舌に存在する蕾状の器官で味覚の受容を担う。

【問一】　傍線部❶、❷のカタカナと同じ漢字を含むものを後から一つずつ選び、記号をマークしなさい。

❶　ショウサイ

㋐　戦略をサイコウする必要がある
㋑　理論の正しさをケンショウする
㋒　自らの言動をショウサツする
㋓　彼の欲望にはサイゲンがない
㋔　事件のショウホウが待たれる

❷　ジュンカン

㋐　通商条約をヒジュンする　　㋑　ジュンビが整う
㋒　福祉政策のイッカン　　㋓　領土のヘンカン
㋔　注意カンキを促す

【問二】　空欄 A にあてはまることわざとして最も適切なものを次から選び、記号をマークしなさい。

㋐　聞くは一時の恥聞かぬは一生の恥
㋑　百聞は一見に如《し》かず
㋒　虎穴に入らずんば虎子を得ず
㋓　案ずるより産むが易《やす》し
㋔　井の中の蛙《かわず》大海を知らず

【問三】　波線部㋐～㋔の「で」のうち、形容動詞の一部であるものを一つ選び、記号をマークしなさい。

【問四】　空欄 B 、 C に共通してあてはまる言葉として最も適切なものを次から選び、記号をマークしなさい。

㋐　負の側面を強調する
㋑　クオリアを知ることにつながらない
㋒　予測不能で危険性が高い
㋓　悪い結果をもたらす

う。少なくとも、そのような演技をせずに、たんに言葉で理解しようとするだけの場合と比べれば、擬似的とはいえ、それなりのクオリアを把握できるだろう。

体験は手間暇がかかる。擬似体験ですら、そうだ。言葉で知ることができるなら、そのほうがはるかに手っ取り早い。しかし、体験して覚えることはきわめて重要である。体験しなければ、クオリアを知りえない。クオリアを知っても、必ずしも深い理解にはならないが、それでもクオリアの知は物事の理解のひとつの重要な側面なのである。

私たちは世界を知覚や情動によって感知し、それにもとづく行動をすることで世界に働きかける。そしてその結果をふたたび知覚的・情動的に感知し、また新たに世界に働きかける。このような知覚や情動と行動の絶えざる❷ジュンカンが私たちの体験の世界だ。本書では、「感情」という言葉ではなく、①「情動」というあまり馴染《なじ》みのない言葉をあえて用いるが、それは心に「感じる」側面ではなく、心臓の鼓動や手足の震えなどの身体の「動き」の側面を強調したいからである。恐怖はたんに怖いという感じが心に生じることではなく、それに加えて心臓が高鳴り、身体が震えることである。

知覚や情動と行動の絶えざるジュンカンからなる体験の世界はとりわけ「一人称の世界」である。私は「いま、ここ」において、そこから世界を感知し、世界に働きかける。たとえば、私はいま、公園の池のそばにいて、そこから美しい花を見つけ、その花に感動し、それに近づく。このように私のいる「いま、ここ」という特定の位置から、世界を知覚し、情動を抱き、世界に働きかけることが、一人称の世界である。世界のなかで「いま、ここ」という位置を占めて、そこから世界と交わる存在は「世界内存在」とよばれる。一人称の世界というのは、ようするに世界内存在として世界と交わることによって、自分に立ち現れてくる世界にほかならない。

これにたいして三人称の世界は、自分を世界の外に置き、その外側の視点から俯瞰《ふかん》的に眺めた世界である。それは「いま、ここからの眺め(the view from now and here)」ではなく、世界のどこにも視点を置かない「どこからでもない眺め(the view from no-where)」である。「彼は喫茶店に行き、彼女は図書館に行った」と語るとき、私は彼や彼女のいる世界から自分の身を切り離し、世界の外側の視点からただ世界を眺める。私は世界を超越しているの㋔で、世界に身体でもって働きかけることはできない。超越的視点から、世界を眺めるだけである。神なら、超越的視点からでも世界に働きかけることができるかもしれないが、②人間はただ眺めるだけである。

「いま、ここからの眺め」という一人称の世界を超えて、「どこからでもない眺め」である三人称の世界を獲得できるのは、人間のきわめてすぐれた能力である。それは一人称の主観的世界を超えて三人称の客観的世界を手にすることを意味する。しかし、私たち人間が③三人称の客観的世界を獲得できるのは、あくまで一人称の主観的世界を基礎にしてのことだ。世界のなかに身をおいて、「いま、ここ」から世界を眺め、それにもとづいて世界に働きかける。これができるようになると、つぎは「ここ」からではなく、かりに「あそこ」から世界を眺めると、世界がどう立ち現れるか、そしてそれにもとづいて世界にどう働きかけるかが想像できるようになる。「いま」についても、同様だ。こうして想像のなかで、どんな一人称的な視点からでも世界を眺めることができるように

【国語】（四〇分）〈満点：一〇〇点〉

一 次の文章を読んで後の問に答えなさい。

本を読んだり、話を聞いたりして覚えるのではなく、自分でじっさいに体験して覚える。このような体験学習の重要性がよく叫ばれる。たしかに、自分で体験してみないと、覚えられないことも多い。私たちはバナナの味や※白木蓮《はくもくれん》の香りを覚えているが、それはバナナを食べ、白木蓮の香りを嗅いだことがあるからだ。そのような体験がなければ、バナナがどのような味がするのか、白木蓮がどんな香りがするのかを知ることができない。いくら言葉を尽くして説明してもらっても、じっさいの体験には遠く及ばない。［ A ］だ。

どんなこと㋐でも、それがどのようなことかは、じっさいに体験してはじめて知ることができる。貧乏であることがどのようなことかは、じっさいに貧乏になってみないと、本当のところは知りえない。

あることがどのようなことかは、「どんな感じなのか」とも表現できる。この感じ（そのことに備わるそれ独特の感じ）は「クオリア（qualia）」とよばれる。「クオリア」は、もともとは質を意味する英単語だが、哲学㋑ではとくに感覚的な質を意味する言葉として用いられている。貧乏になると、貧乏のクオリア（貧乏であることがどのようなことか）が知られる。物事のクオリアはその物事をじっさいに体験してはじめて知られるのである。

ただし、物事を体験してそのクオリアを知っても、必ずしもその物事を深く理解したことにはならない。貧乏になって貧乏のクオリアを知ったからといって、必ずしも貧乏であることが経済的にどんな状態なのか、自分の人生にどんな影響をもたらすのかを❶ショウサイに知ったことにはならない。ただたんに貧乏であることがどんな感じなのかを知っただけにとどまることもある。

物事のクオリアを知ることは、物事への深い理解を意味しないが、物事の理解の重要な側面のひとつである。バナナの味について、その神経科学的な事実（バナナが※味蕾《みらい》をどう刺激し、その刺激が脳のどの部位に伝えられてどう処理されるか）をいくらくわしく知っても、バナナの味のクオリアを知らなければ、味の理解にとって決定的に重要なことを欠いていると言わざるをえない。

じっさいに体験してクオリアを知ることは、物事の理解にとって重要㋒である。しかし、じっさいの体験が［ B ］場合は、わざわざそのような体験を試みることは避けるべきだ。人を傷つけることがどのようなことかを知るためには、じっさいに人を傷つける必要があるが、だからといってそれをやってみるべき㋓ではない。何らかの事情で他者を傷つけてしまい、それによって他者危害のクオリアを知ることはあるが、そのクオリアを知るために、わざわざ他者危害を試みることは許されないだろう。

［ C ］物事については、体験学習は控えざるをえない。しかし、それでも擬似体験は可能である。じっさいに人を傷つけることが許されないとしても、たとえば人を傷つける演技をしてみることはできる。演技はじっさいの体験ではないから、本当のクオリアを知ることにはならないが、擬似的なクオリアを知ることはできる。演技で人を傷つけても、その傷つけられた人が演技で苦悶《くもん》の表情を浮かべ、強い怒りのまなざしを差し向けてくれれば、他者危害のクオリアをある程度は知ることができよ

MEMO

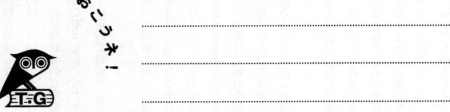

大切なことはメモしておこうネ！

2024年度

解　答　と　解　説

《2024年度の配点は解答欄に掲載してあります。》

＜数学解答＞

1　(1)　ア 2　イ 0　ウ 0　エ 3　(2)　オ −　カ 5　キ 6　ク 6
(3)　ケ 2　コ 7　サ 3　シ 8　(4)　ス 2　セ 3
(5)　ソ 3　タ 9　チ 4　(6)　ツ −　テ 2　ト −　ナ 3　ニ 2
(7)　ヌ 2　(8)　ネ 3　ノ 2　ハ 3　ヒ 1　フ 6
(9)　ヘ 4　ホ 2　(10)　マ 1　ミ 3　ム 1　メ 8

2　(1)　ア 4　イ 3　(2)　ウ 5　エ 4　オ 2　カ 5　キ 1　ク 2
(3)　ケ 1　コ 6　サ 9　シ 1　ス 0　セ 0

3　(1)　ア 4　(2)　イ 9　(3)　ウ 1　エ 6

4　(1)　(i)　ア 2　イ 3　ウ 3　(ii)　エ 2　オ 3　カ 3
(2)　キ 6　ク 3　ケ 3　コ 2

○推定配点○
1　各5点×10　2　(3)　7点　他　各5点×2　3　(3)　6点　他　各5点×2
4　(2)　7点　他　各5点×2　計100点

＜数学解説＞

1　(数・式の計算，平方根，統計，2次方程式，1次関数，2次関数，直角三角形に内接する円，球の体積・表面積，円周角の定理，確率)

基本　(1)　$2023\times2015=(2019+4)\times(2019-4)$であるから，乗法公式$(x+y)(x-y)=x^2-y^2$を使って，$(2019+4)\times(2019-4)=2019^2-16$　よって，$2023\times2015-2019\times2018=2019^2-16-2019\times2018=2019\times(2019-2018)-16=2019\times1-16=2019-16=2003$となる。

(2)　$\dfrac{1-\sqrt{3}}{\sqrt{2}}=\dfrac{\sqrt{2}(1-\sqrt{3})}{2}=\dfrac{\sqrt{2}-\sqrt{6}}{2}$，$\dfrac{1+\sqrt{2}}{\sqrt{3}}=\dfrac{\sqrt{3}(1+\sqrt{2})}{3}=\dfrac{\sqrt{3}+\sqrt{6}}{3}$，$\dfrac{\sqrt{2}-\sqrt{3}}{\sqrt{6}}=\dfrac{\sqrt{6}(\sqrt{2}-\sqrt{3})}{6}=\dfrac{2\sqrt{3}-3\sqrt{2}}{6}$であるから，$\dfrac{1-\sqrt{3}}{\sqrt{2}}-\dfrac{1+\sqrt{2}}{\sqrt{3}}+\dfrac{\sqrt{2}-\sqrt{3}}{\sqrt{6}}=\dfrac{\sqrt{2}-\sqrt{6}}{2}-\dfrac{\sqrt{3}+\sqrt{6}}{3}+\dfrac{2\sqrt{3}-3\sqrt{2}}{6}=\dfrac{3(\sqrt{2}-\sqrt{6})-2(\sqrt{3}+\sqrt{6})+(2\sqrt{3}-3\sqrt{2})}{6}=\dfrac{3\sqrt{2}-3\sqrt{6}-2\sqrt{3}-2\sqrt{6}+2\sqrt{3}-3\sqrt{2}}{6}=-\dfrac{5\sqrt{6}}{6}$となる。

重要　(3)　2問とも正解であった生徒が最も少なくなるとき，50人の生徒が少なくとも1問正解しており，2問とも不正解であった生徒がいなければよい。このとき，2問とも正解であった生徒の人数は$39+38-50=27$(人)となる。また，2問とも正解であった生徒が最も多くなるとき，第2問の正解者がすべて第1問を正解していればよい。よって，このときの2問とも正解であった生徒は38人である。

重要　(4)　$ax^2-(a+2)x-(a^2+2)=0$に$x=-1$を代入すると，$a+(a+2)-(a^2+2)=0$　$a+a+2-a^2-2=0$　$-a^2+2a=0$　$a^2-2a=0$　$a(a-2)=0$　$a=0,\ 2$　$ax^2-(a+2)x-(a^2+$

2）＝0が2次方程式となるためには，x^2の係数は0ではないので，$a\neq0$　よって，$a=2$である。また，$ax^2-(a+2)x-(a^2+2)=0$に$a=2$を代入すると，$2x^2-4x-6=0$　$x^2-2x-3=0$　$(x-3)(x+1)=0$　$x=3,\ -1$　したがって，他の解は$x=3$である。

基本　(5)　右図のように点P，Q，Rをおく。$y=3x+2$と$y=-2x+7$を連立方程式として解くと，$3x+2=-2x+7$　$5x=5$　$x=1$　$y=3x+2$に$x=1$を代入すると，$y=3+2=5$　よって，P(1，5)である。また，点Qは$y=3x+2$の切片であるから，Q(0，2)　さらに，点Rは$y=-2x+7$のx軸上の点であるから，$y=-2x+7$に$y=0$を代入すると，$0=-2x+7$　$2x=7$　$x=\frac{7}{2}$　よって，$\mathrm{R}\left(\frac{7}{2},\ 0\right)$である。したがって，斜線部分の面積は四角形ORPQ＝△OPQ＋△ORP＝$\frac{1}{2}\times2\times1+\frac{1}{2}\times\frac{7}{2}\times5=1+\frac{35}{4}=\frac{39}{4}$である。

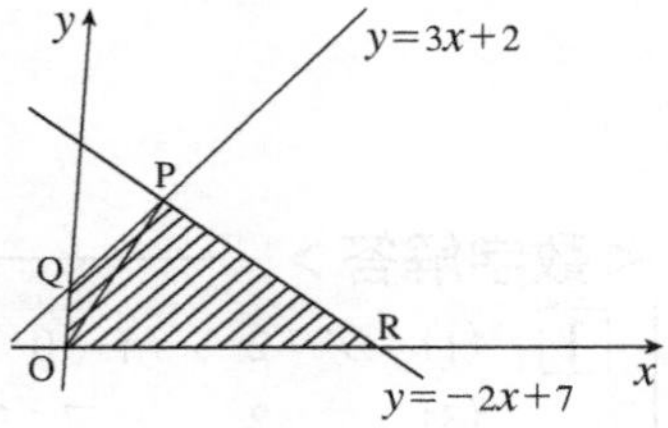

基本　(6)　関数$y=-2x^2$において，yの値の最大値が0となることから，xの変域に原点が含まれる。よって，$p\leqq0$，$2p+5\geqq0$となる。$2p+5\geqq0$より，$2p\geqq-5$　$p\geqq-\frac{5}{2}$となるから，pのとりうる値の範囲は$-\frac{5}{2}\leqq p\leqq0$である。また，$x=p$，$2p+5$のどちらかのとき，$y$の値は$-8$となる。$y=-2x^2$に$(p,\ -8)$を代入すると，$-8=-2p^2$　$p^2=4$　$p=\pm2$　$-\frac{5}{2}\leqq p\leqq0$より，$p=-2$である。$y=-2x^2$に$(2p+5,\ -8)$を代入すると，$-8=-2(2p+5)^2$　$(2p+5)^2=4$　$2p+5=\pm2$　$2p=-5\pm2=-3,\ -7$　$p=-\frac{3}{2},\ -\frac{7}{2}$　$-\frac{5}{2}\leqq p\leqq0$より，$p=-\frac{3}{2}$である。よって，定数$p$の値は$p=-2,\ -\frac{3}{2}$となる。

重要　(7)　中心Oから線分AB，BC，CAに引いた垂線の足をそれぞれH，I，Jとする。円の半径と接線は接点において垂直に交わるから，点H，I，Jはそれぞれ円と線分AB，BC，CAの接点であり，円の半径をr cmとすると，OH＝OI＝OJ＝r(cm)である。△ABC＝△OAB＋△OBC＋△OCAであることから，$\frac{1}{2}\times6\times8=\frac{1}{2}\times10\times r+\frac{1}{2}\times6\times r+\frac{1}{2}\times8\times r$　$24=5r+3r+4r$　$12r=24$　$r=2$

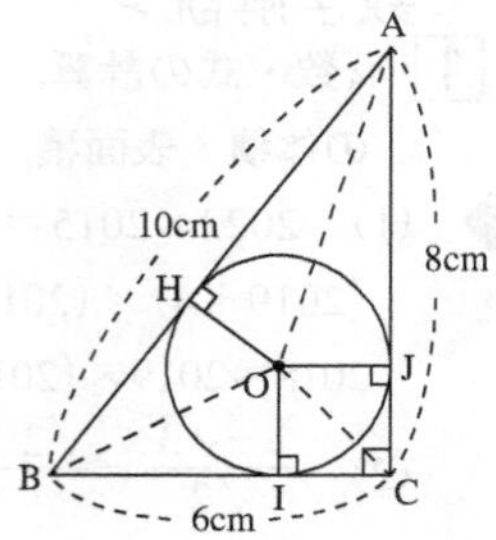

(8)　体積は$\frac{4}{3}\pi\times2^3=\frac{32}{3}\pi(\mathrm{cm}^3)$，表面積は$4\pi\times2^2=16\pi(\mathrm{cm}^2)$である。

基本　(9)　右図より∠ACB＝∠ADB＝57°であるから，線分ABに対して，∠ACBと∠ADBは同じ側にあって，大きさが等しいので，円周角の定理の逆より，4点A，B，C，Dは同一円周上にある。よって，円周角の定理より，∠ACD＝∠ABD＝39°，∠BDC＝∠BAC＝∠x　△BCDはBC＝CDの二等辺三角形であるから，∠x＝{180－(57＋39)}÷2＝84÷2＝42°となる。

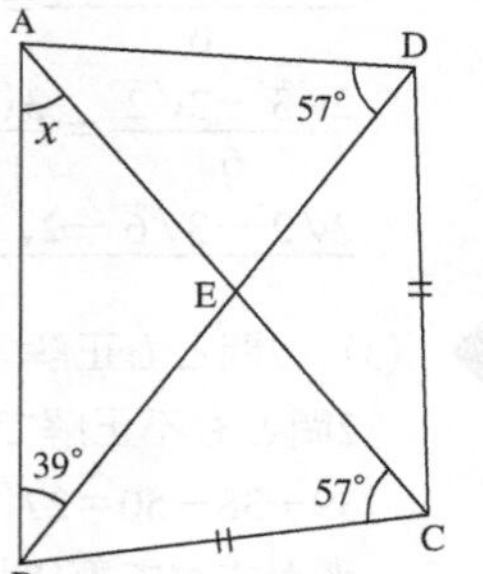

重要　(10)　2個のさいころを同時に投げるときの場合の数は6×6＝36(通り)　$y=\frac{b}{a}x$…①，$y=\frac{a}{b}x$…②，$y=\frac{1}{3}x+1$…③とすると，①と②，②と③，③と①の交点が3点とも異なれば三角形をつくることができる。つまり，どの直線も一致せず，平行にならず，3つの直線が1点で交わらない。①と②において，$a=b$のとき①と②は一致す

るため，三角形をつくることはできない。よって，$a\neq b$として，交点を求めると，$\frac{b}{a}x=\frac{a}{b}x$　$\frac{b}{a}x-\frac{a}{b}x=0$　$\left(\frac{b}{a}-\frac{a}{b}\right)x=0$　$x=0$　①に$x=0$を代入すると，$y=0$　したがって，交点の座標は(0, 0)である。よって，①と②は$a\neq b$であればaとbの値によらず，(0, 0)で交わる。②と③において，②は(0, 0)，③は(0, 1)を通るため，一致することはない。②と③が平行になるとき，傾きが等しくなるので，$\frac{a}{b}=\frac{1}{3}$となる。これを満たす(a, b)の組み合わせは(1, 3)，(2, 6)の2通りである。よって，これらの組み合わせでなければ，②と③は1点で交わる。同様に，③と①において，③は(0, 1)，①は(0, 0)を通るため，一致することはない。①と③が平行になるとき，傾きが等しくなるので，$\frac{1}{3}=\frac{b}{a}$となる。これを満たす(a, b)の組み合わせは(3, 1)，(6, 2)の2通りである。よって，これらの組み合わせでなければ，③と①は1点で交わる。また，③は(0, 1)を通るため，(0, 0)を通らない。よって，aとbの値によらず，3つの直線が1点で交わることはない。したがって，三角形をつくることができない(a, b)の組み合わせは(a, b)=(1, 1)，(2, 2)，(3, 3)，(4, 4)，(5, 5)，(6, 6)，(1, 3)，(2, 6)，(3, 1)，(6, 2)の10通りなので，三角形をつくることができるのは36−10=26(通り)　よって，求める確率は$\frac{26}{36}=\frac{13}{18}$である。

2　(図形と関数・グラフの融合問題)

基本　(1)　$y=ax^2$に$x=-2$, 3をそれぞれ代入すると，$y=4a$, $9a$　A$(-2,\ 4a)$，B$(3,\ 9a)$と表すことができるので，直線ABの傾きについて，$\frac{9a-4a}{3-(-2)}=\frac{4}{3}$となるから，$\frac{5a}{5}=\frac{4}{3}$　$a=\frac{4}{3}$となる。

基本　(2)　(1)より，A$\left(-2,\ \frac{16}{3}\right)$，B(3, 12)である。直線ACの方程式を$y=-x+b$とおいて，A$\left(-2,\ \frac{16}{3}\right)$を代入すると，$\frac{16}{3}=2+b$　$b=\frac{10}{3}$　よって，直線ACの方程式は$y=-x+\frac{10}{3}$である。$y=\frac{4}{3}x^2$と$y=-x+\frac{10}{3}$を連立方程式として解くと，$\frac{4}{3}x^2=-x+\frac{10}{3}$　$4x^2=-3x+10$　$4x^2+3x-10=0$　$x=\frac{-3\pm\sqrt{3^2-4\times4\times(-10)}}{2\times4}=\frac{-3\pm\sqrt{9+160}}{8}=\frac{-3\pm\sqrt{169}}{8}=\frac{-3\pm13}{8}=\frac{5}{4}$, -2　よって，点Cのx座標は$\frac{5}{4}$であるから，$y=\frac{4}{3}x^2$に$x=\frac{5}{4}$を代入すると，$y=\frac{25}{12}$となるので，C$\left(\frac{5}{4},\ \frac{25}{12}\right)$である。

重要　(3)　2点B，Cにおいて，xの増加量は$3-\frac{5}{4}=\frac{7}{4}$，$y$の増加量は$12-\frac{25}{12}=\frac{119}{12}$であり，変化の割合は$y$の増加量÷$x$の増加量$=\frac{119}{12}\div\frac{7}{4}=\frac{119}{12}\times\frac{4}{7}=\frac{17}{3}$となる。よって，直線BCの傾きは$\frac{17}{3}$であり，平行な直線の傾きは等しいので，直線PQの傾きも$\frac{17}{3}$である。したがって，直線PQは$y=\frac{17}{3}x$であるから，$y=\frac{17}{3}x$と$y=-x+\frac{10}{3}$を連立方程式として解くと，$\frac{17}{3}x=-x+\frac{10}{3}$　$17x=-3x+10$　$20x=10$　$x=\frac{1}{2}$　$y=\frac{17}{3}x$に$x=\frac{1}{2}$を代入すると，$y=\frac{17}{6}$　よって，Q$\left(\frac{1}{2},\ \frac{17}{6}\right)$である。ここで，BC//PQであるから，△ABC∽△APQである。相似比はAC：AQであり，AC：AQ

はx座標の差で求められるので，AC：AQ$=\left\{\frac{5}{4}-(-2)\right\}:\left\{\frac{1}{2}-(-2)\right\}=\frac{13}{4}:\frac{5}{2}=13:10$

よって，△ABCと△APQの相似比は13：10，面積比は$13^2:10^2=169:100$である。

3 （場合の数）

基本 (1)　奇数が書かれたボールは3つあるので，3回連続して奇数が書かれたボールを取り出したあと，4回目に偶数が書かれたボールを取り出して，作業を終わると作業が最も多くなる。よって，作業の回数は最も多くて4回である。

基本 (2)　作業が2回で終わるのは1回目に奇数が書かれたボール，2回目に偶数が書かれたボールを取り出したときである。奇数が書かれたボールと偶数が書かれたボールはそれぞれ3つずつあるので，求める場合の数は$3\times3=9$(通り)である。

重要 (3)　作業が1回で終わるとき，できた整数が3の倍数となるのは6である。作業が2回で終わるとき，できた整数が3の倍数となるのは12，36，54である。作業が3回で終わるとき，できた整数が3の倍数となるのは132，156，312，354，516，534である。作業が4回で終わるとき，できた整数が3の倍数となるのは1356，1536，3156，3516，5136，5316である。よって，全部で$1+3+6+6=16$(通り)である。

4 （正六角形と円）

重要 (1)　(i)　斜線部分は塗りつぶした部分の12個分である。正六角形は対角線によって，合同な6つの正三角形に分けることができるので，塗りつぶした部分は半径1，中心角60°のおうぎ形から，1辺の長さが1の正三角形を引いた形になる。よって，求める面積は$\left(1\times1\times\pi\times\frac{60}{360}-\frac{\sqrt{3}}{4}\times1^2\right)\times12=\left(\frac{1}{6}\pi-\frac{\sqrt{3}}{4}\right)\times12=2\pi-3\sqrt{3}$となる。

図2

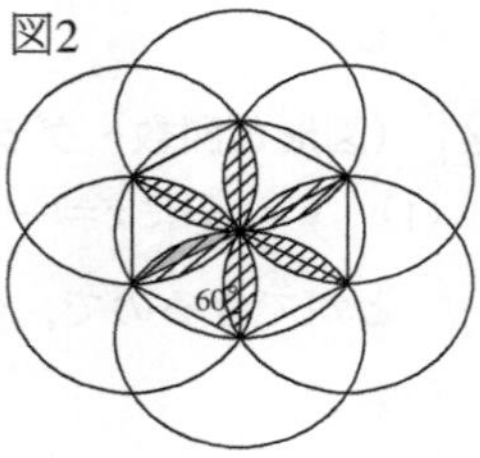

(ii)　すべての円の半径が1であるから，太線で囲まれた部分は半径1，中心角$360-60\times4=360-240=120°$のおうぎ形が6つと1辺の長さが1の正三角形が12個に分けることができる。よって，求める面積は$1\times1\times\pi\times\frac{120}{360}\times6+\frac{\sqrt{3}}{4}\times1^2\times12=2\pi+3\sqrt{3}$である。

図3

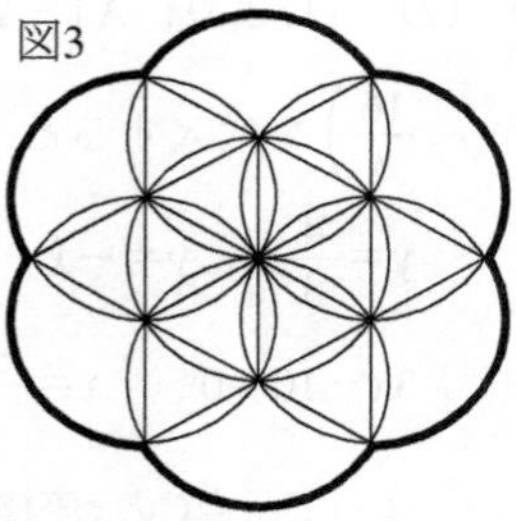

やや難 (2)　円が通過する部分の形を図4のように分けたとき，できあがる四角形は向かいあう辺が平行であることと，円の半径が1であることから，1辺の長さが1の正方形である。よって，円が通過する部分は1辺の長さが1の正方形が6つ，半径1，中心角$360-(90\times2+60\times2)=360-300=60°$のおうぎ形6つ，1辺の長さが1の正三角形6つに分けることができる。したがって，求める面積は$1\times1\times6+1\times1\times\pi\times\frac{60}{360}\times6+\frac{\sqrt{3}}{4}\times1^2\times6=6+\pi+\frac{3\sqrt{3}}{2}$となる。

図4

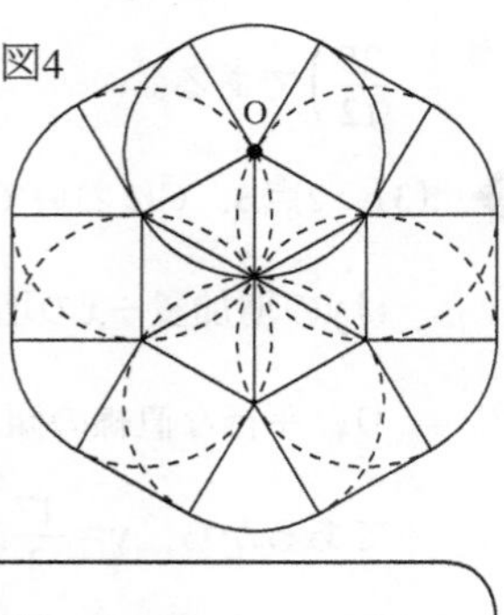

★ワンポイントアドバイス★

標準レベルの問題がほとんどであるが，思考力を問われる問題も含まれている。計算力，思考力ともに，しっかりと練習を積んでおくことが重要である。

＜英語解答＞

Ⅰ　問1　(1つめ)　①　(2つめ)　⑥　問2　③　問3　⑦　問4　①　問5　④
問6　②，③

Ⅱ　問1　②　問2　④　問3　④　問4　①，⑤　問5　⑦
問6　(1つめ)　①　(2つめ)　③

Ⅲ　A　(1つめ)　②　(2つめ)　④　(3つめ)　⑥　(4つめ)　⑨
B　(1)　(●)　⑥　(▲)　⑦　(2)　(●)　⑤　(▲)　⑨　(3)　(●)　⑥
(▲)　③　C　⑤

○推定配点○
各4点×25(Ⅰ問1，Ⅲ問6，ⅢA各順不同)　計100点

＜英語解説＞

Ⅰ　(長文読解問題・説明文：内容吟味，語句補充)

(全訳)　1996年，オーストラリア出身の偉大なゴルファー，グレッグ・ノーマンはプロゴルフ最大の試合の最終ラウンドでプレーしていました。彼は最初の3ラウンドで非常に良いプレーをし，最終ラウンドの開始時には6打差をつけていました。試合を見ていた人々は彼が楽に勝つだろうと思っていましたが，最終ラウンドになるとミスが出始めました。同時に，彼のライバルであるニック・ファルドも非常に良いプレーをし始め，多くの良いショットを決めました。ノーマンは自信を失い，慎重にプレーし始めました。彼は緊張していて，うまくプレーできていないようでした。結局，ファルドが試合に勝ちました。ノーマンは2位でフィニッシュし，(あ)プレッシャーによってだめになることで有名になりました。

プレッシャーでだめになるとはどういうことでしょうか？　これは，プレッシャーの高い状況では人はうまくパフォーマンスを発揮できないことを意味します。これはスポーツ選手だけでなく，重要なテストを受けるとき，就職の面接に行くとき，人前で演奏するときなど，他のプレッシャーのかかる状況にある人にも起こります。しかし，人々がプレッシャーでだめになる原因は何でしょうか？　そして，そのような状況で人々のパフォーマンスを向上させる方法はあるのでしょうか？

研究者たちは，人々がプレッシャーを受けるとなぜだめになるのかを理解しようと努めてきました。彼らは，それが人間の「(い)闘争・逃走反応」に関係していることを学びました。闘争・逃走反応は，危険な状況に対する身体の自然な反応です。交通事故や地震などの危険な状況に遭遇したことがありますか？　危険な状況では，体は戦うか逃げるかの準備が整います。闘争・逃走反応中は，心臓の鼓動が速くなり，血圧が上昇します。あなたは強くなります。生きるか死ぬかの状況の場合，これは(う)良いことです。クマが近づいてきた場合，闘争・逃走本能により，より速く走ったり，必要に応じてクマと戦ったりすることができます。しかし，スポーツの場合は，闘争・逃走本能により，パフォーマンスが(え)悪くなってしまいます。あなたの心は自分の命が危険にさらされていると考え，トレーニングで練習したことに集中することが(お)より困難になります。意思決定がより難しくなります。ストレスが多すぎるとだめになる可能性があります。

2020年の東京オリンピックでは，研究者らはアーチェリー競技中に122人の選手の心拍数を測定しました。彼らは，(か)血圧が高いアスリートはパフォーマンススコアが低いことを発見しました。射手全員が練習で良い成績を収めましたが，中にはオリンピックでプレイしなければならないというプレッシャーから，戦うか逃げるかという反応を示した選手もいました。問題の1つは，人々が(き)失敗を心配しすぎることです。スポーツ選手がパフォーマンスの低下を心配すると，良いパフ

ォーマンスを発揮することが難しくなります。たとえ練習で良い成績を収めることができても，試合で良いパフォーマンスを発揮することは難しいでしょう。もう1つの問題は，人前でプレイすることです。スポーツ選手は自分のイメージを気にし，慎重になりすぎます。彼らは，自分たちを見ている人々が自分たちを判断していると考えています。これらのことが人々に闘争・逃走反応を引き起こす可能性があります。

では，どうすれば闘争・逃走反応を制御できるのでしょうか？　スポーツ選手など，プレッシャーの高い状況にある人は，いくつかの方法でストレスをコントロールし，パフォーマンスを向上させる方法を学ぶことができます。1つは呼吸に集中することです。深呼吸をするとリラックスできます。もう1つは可視化です。これは，パフォーマーが実際にパフォーマンスを行う前に，心の中でパフォーマンスを想像することを意味します。自分の成功を想像すれば，実際に成功する可能性が高まります。しかし，最も効果的な方法はたくさん練習することです。何かを何度も練習すると，考えなくてもできるようになります。そのため，たとえプレッシャーが高い状況で緊張し始めたとしても，私たちの体は何をすべきかを「覚えている」のです。おそらく誰もが人生でだめになることがあるでしょう。しかし，トレーニングを行うことで，闘争・逃走反応を制御し，プレッシャーの高い状況でのパフォーマンスを向上させる方法を学ぶことができます。

問1　プレッシャーに負けてだめになることについて正しいものを選ぶ。　①「プレッシャーによってだめになることはアスリートだけでなく他の人にも起こる。」「これはスポーツ選手だけでなく～他のプレッシャーのかかる状況にある人にも起こります」とあるので，正しい。　②「プレッシャーによってだめになった場合は，冷たい水を飲んでリラックスするべきだ。」 文中に書かれていない内容なので，誤り。　③「オーストラリア人はゴルフをするとき，アメリカ人よりもプレッシャーでだめになることが多い。」 オーストラリア人がすべてそうなるとは書かれていないので，誤り。　④「夜部屋でリラックスしているときにプレッシャーでだめになる人もいる。」 文中に書かれていない内容なので，誤り。　⑤「日本の学生は難しいテストを受けるとき，プレッシャーでだめになることはない。」 テストを受けるときにだめになる人もいると書かれているので。誤り。　⑥「クラスでプレゼンテーションをしなければならないとき，プレッシャーでだめになることがある。」「プレッシャーのかかる状況」に当てはまるので，正しい。⑦「ニック・ファルドはプレッシャーでだめになり，1996年の試合に勝利した。」 グレッグ・ノーマンがだめになったので，誤り。

問2「あなたは山に行き，危険な蛇があなたに近づいてくるのを見た。あなたは＿＿＿しようとした。」 下線部(い)は「戦う」あるいは「逃げる」という反応なので，③「深呼吸をする」は当てはまらない。①「すばやく山を去る」，②「それを殺す」，④「逃げる」

問3　全訳参照。

問4　プレッシャーに負けないようにするには深呼吸をしてリラックスすることが大切だとあるので，①が答え。　①「血圧が高いアスリートはパフォーマンススコアが低かった」　②「心拍数が高いアスリートはパフォーマンススコアが高かった」 上記の内容に合わないので，誤り。③「選手たちは練習を重ねた後，プレッシャーを感じなかった」 アーチェリー競技での選手たちについて書かれている内容ではないので，誤り。　④「アスリートはプレッシャーの下でも常に良いパフォーマンスを発揮する」 文中に書かれていない内容なので，誤り。

問5　アーチェリー競技で「失敗」することに関連づけて考える。

重要 問6　①「研究者たちは，アスリートには自分が感じるプレッシャーをコントロールする方法がないと考えている。」 文中に書かれていない内容なので，誤り。　②「2020年東京オリンピックでは，プレッシャーによってだめになることが一部のアーチェリー選手に影響を及ぼした。」 第

4段落の内容に合うので，答え。③「アスリートは，試合中に観客が自分を評価しているかもしれないと思う。」「彼らは，自分たちを見ている人々が自分たちを判断していると考えています」とあるので，答え。④「パフォーマンスを向上させる唯一の方法は，呼吸に集中することだ。」「唯一」ではないので，誤り。⑤「生きるか死ぬかの状況にあると思えば，テストの点数は上がる。」 文中に書かれていない内容なので，誤り。⑥「研究者らは，約120人の選手が練習中にだめになったことを発見した。」 文中に書かれていない内容なので，誤り。⑦「プレッシャーでだめになりたくないなら，よく食べてよく眠らなければならない。」 文中に書かれていない内容なので，誤り。⑧「グレッグ・ノーマンは，人々がプレッシャーを受けるとだめになる理由を20年以上研究した。」 文中に書かれていない内容なので，誤り。⑨「頭の中に成功したイメージがあると，練習しなくても体が何をすべきかを覚えてしまう。」「練習しなくても」とは書かれていないので，誤り。

Ⅱ （長文読解問題・説明文：語句補充，内容吟味）

（全訳） オックスフォード辞書によると，肉(meat)とは「食物として食べられる動物の肉」であり，肉(flesh)とは筋肉と脂肪を意味します。私たちは通常，動物を殺し，筋肉や脂肪を切り分けて包装することで肉を入手します。しかし，研究室で筋肉細胞や脂肪細胞を増殖させ，それを食品として包装したとしても，それはやはり肉なのでしょうか？ 実際，この種の肉は今日すでに研究室で栽培されています。培養肉は，動物から筋肉組織の少量のサンプルを採取し，その組織を特別な箱に入れることによって作られます。科学者はアミノ酸と炭水化物を入れて細胞分裂を開始させ，筋肉の成長を助けます。この筋肉組織は肉製品になる可能性があります。さまざまなビタミンやミネラルを配合することで，肉の食感や風味が変化します。科学者たちは，柔らかい肉や霜降りのある肉を栽培する方法さえ研究しています。しかし，本当の質問は，それが肉のような味がするかということです。

培養肉はまだスーパーマーケットで販売できる段階には達していませんが，世界中でさまざまな企業が試験を行っています。そのような企業で働く人々から，培養肉についてのコメントをいくつか紹介します。

「肉のような味がしましたが，ハンバーガーのような味ではありませんでした。むしろハムのようでした。」

「ミートボールのような味でした。金属的な味はしましたが，肉感もあり悪くありませんでした。」

「それを食べていて，『これは肉だ！』と思いました。でも，味はいろいろあるようで…牛肉とは少し違っていました。」

技術が進歩するにつれて，培養肉はより美味しくなる可能性がありますが，なぜ私たちはそれを食べたいのでしょうか？ 実際，培養肉を食べることはいくつかの理由から良い考えです。理由の一つは，(あ)環境に良いということです。一部の気候学者は，家畜には多くの土地が必要なため，家畜を飼育すると地球規模の温室効果ガスの排出が増えると主張しています。家畜が食べる穀物や干し草を育てるためにも土地が必要です。たとえば，1頭の牛は約1エーカーの土地で生きていく必要があります。しかし，牛1頭が食べる穀物と干し草のために3エーカーの土地も必要です。つまり，1頭の牛には(い)4エーカーの土地が必要です。たった1頭の牛のためにサッカー場約2つ分の土地に相当します。世界中にはほぼ10億頭の牛がいます。そのため，すべての牛を飼育し，十分な食料を与えるには，サッカー場20億個分の土地が必要です。この土地の多くは熱帯雨林を伐採することによって造られています。熱帯雨林は二酸化炭素などの温室効果ガスを削減するのに優れているため，木を伐採すると，ガスは環境中に排出され，気候変動に影響を与えます。

一方，培養肉は，より少ない環境負荷で生産されます。(う)また，培養肉を使用すると，肉を食べるために動物を殺す必要がありません。(え)ただし，人工肉には良い点もありますが，いくつかの問題もあります。培養肉は自然なものではなく，健康に悪影響を与える可能性があると言う人もいます。培養肉を作るために使用される技術は高すぎると考える人もいます。もう一つの懸念は，(お)研究室の肉を食べる人が増えれば(科学者が研究室で安価な肉を作ったら)，農家がお金を稼ぐのが難しくなるかもしれないということです。

多くの科学者は，培養肉には明るい未来があると信じています。現在，さまざまな企業が培養肉の検査を開始しています。一部の専門家は，近い将来，培養肉がスーパーマーケットで販売されるようになるだろうと考えていますが，人気のある製品になるには何年もかかるだろうと考える専門家もいます。彼らは最初にいくつかの質問に答える必要があります。(か)たとえば，テクノロジーの発展により，培養肉は安くなるでしょうか？　そして，たとえ安くなったとしても，人々はそれを食べたいと思うでしょうか？　これらの質問に対する答えが「はい」であれば，培養肉の栽培は温室効果ガスを削減する1つの方法となり得ます。それで，あなたはどう思いますか？　試してみたいですか？

問1　直後に温室効果ガスの排出について書かれているので，②が答え。

問2　「1頭の牛は約1エーカーの土地で生きていく必要があります。しかし，牛1頭が食べる穀物と干し草のために3エーカーの土地も必要です」とあるので，合計すると4エーカーが必要となる。

問3　全訳参照。

問4　培養肉が今後増えていく場合に合うものを選ぶので，①と⑤が答え。②「もし培養肉が気候変動を促進するなら」，③「もし科学者が培養肉に興味を失ったら」，④「もし人間に肉を与えるためにもっと牛が育てられたら」，⑥「もし培養肉が健康に悪いなら」，⑦「もし多くの人が培養肉の風味を好まないなら」，⑧「もし培養肉が人気にならなければ」

問5　「1頭の牛は約1エーカーの土地で生きていく必要があります。しかし，牛1頭が食べる穀物と干し草のために3エーカーの土地も必要です」，「たった1頭の牛のためにサッカー場約2つ分の土地に相当します」という内容から考える。D＝4エーカー＞A＝3エーカー＞B＝1.5エーカー＞C＝1エーカーとなる。

重要　問6　①「近い将来，スーパーマーケットで培養肉が販売されるかもしれない。」「近い将来，培養肉がスーパーマーケットで販売されるようになるだろうと考えています」とあるので，答え。②「オックスフォード大学には，培養肉を製造するための特別な研究室がある。」文中に書かれていない内容なので，誤り。③「科学者にとって動物細胞なしに肉を作ることは不可能だ。」「動物から筋肉組織の少量のサンプルを採取し」とあるので，答え。④「森林を伐採することで温室効果ガスが削減されてきた。」文中に書かれていない内容なので，誤り。⑤「培養肉を栽培すると，温室効果ガスが増加する。」温室効果ガスを削減することにつながると言っているので，誤り。⑥「すべての科学者は，培養肉の技術は高価であることに同意している。」文中に書かれていない内容なので，誤り。⑦「培養肉会社で働く人々によると，その味は肉とはまったく似ていない。」「肉のような味がしました」とあるので，誤り。⑧「培養肉が一般的になれば，農家は穀物や干し草をどんどん栽培できるようになる。」農家は経営が苦しくなるので，誤り。

Ⅲ　A(正誤問題：現在完了，間接疑問文，比較，受動態，接続詞，慣用表現，進行形，感嘆文)

①「あなたはどちらの言語を学びましたか，中国語ですか，ドイツ語ですか。」

②「あなたはアイチ氏が何人の子供を持っているか知っていますか。」数をたずねるときは〈how many ＋複数形の名詞〉という表現を用いる。

③「ケンジはふつう私よりずっと早く学校に来る。」

④「ジムは3日間学校を休んでいる。」〈be absent from ～〉で「～を欠席する」という意味を表す。

⑤「これらの門は週末には午後5:30から午前9:00まで閉じられます。」

⑥「毎日授業に来ることは大切だとあらゆる生徒が知っている。」every の後に来る名詞は単数形になる。

⑦「ずっとあなたに会うことを楽しみにしていました。」

⑧「その少女はふつうオレンジジュースを飲むが，今は緑茶を飲んでいる。」

基本 ⑨「彼は野球選手ですか。なんて背が高いのでしょう！」感嘆文は〈how ＋形容詞／副詞〉から始まり，主語と述語がその後に続く。

B（語句整序問題：SVOO，比較，不定詞）

(1) The map gave me a good idea of the location of the (museum.) 〈give A B〉で「AにBを与える」という意味になる。

(2) This clear ocean is one of the most beautiful scenes that I have ever seen(.) 〈最上級＋現在完了の経験用法〉で「～した中で一番…」という意味を表す。

(3) (Please feel) free to call me if you need my help(.) 〈feel free to ～〉は「遠慮なく～する」という意味を表す。

C Reading the poem written by my grandfather made me sad(.) 動名詞が主語になっている。また，受動態の意味を表す過去分詞が使われ，written by my grandfather の部分が poem を修飾している。〈make A B〉で「AをBにする」という意味になる。I が不要。

★ワンポイントアドバイス★

ⅢB(2)には〈最上級＋現在完了の経験用法〉が使われている。これは現在完了の否定文を使って書き換えることができる。（例）This is the most beautiful scene that I have ever seen. → I have never seen such a beautiful scene. となる。

＜理科解答＞

1　問1 ①，⑤　問2 ②　問3 (i) ウエ ⓪⑧　(ii) オカ ②⑧　(iii) キク ①⓪　問4 ③

2　問1 ③，⑥　問2 ④　問3 ③　問4 ①　問5 ②　問6 カキク ②⓪⓪

3　問1 ④　問2 イ ④　ウ ②　問3 ②　問4 オカキ ⓪②⓪　問5 ③

4　問1 ②　問2 ②　問3 ⑤　問4 ①　問5 ③　問6 ④

○推定配点○

1　問3(ii)・(iii) 各3点×2　他 各2点×4(問1完答)　2　各2点×6(問1完答)

3　各2点×6　4　各2点×6　計50点

＜理科解説＞

1 （音の性質―ドップラー効果）

重要 問1 音は，固体中・液体中・気体中のどれでも伝わり，空気中よりも水中のほうが速く伝わる。音は伝わるものがない真空中は伝わらない。

重要 問2　音の高さは振動数によって決まり，高い音ほど振動数は多くなる。振動数が多いほどオシロスコープに表示される波の数が多くなるので，図3の音より高い音の波形は②である。

問3　(ⅰ)　お寿司は4秒に1個の間隔で流れてくるので，30秒間では30÷4＝7.5より，初めにとったお皿を1枚目とすると，1＋7＝8(枚)のお皿を取ることができる。

やや難 (ⅱ)　置く人が動かない場合，お皿を置くペースは4秒に1回，レーンの速さは秒速9cmなので，お皿とお皿の間隔は9(cm/s)×4(s)＝36(cm)になる。置く人が秒速2cmで近づく場合，初めのお皿を置いてから次のお皿を置くまでに，置く人は2(cm/s)×4(s)＝8(cm)近づいているので，お皿とお皿の間隔は36－8＝28(cm)となる。

やや難 (ⅲ)　(ⅱ)より，お皿とお皿の間隔は28cmになり，レーンの速さは毎秒9cmだから，お皿とお皿の間隔は28(cm)÷9(cm/s)＝$\frac{28}{9}$(s)となる。よって，30秒間では30÷$\frac{28}{9}$＝$\frac{135}{14}$＝9$\frac{9}{14}$より，初めにとったお皿を1枚目とすると，1＋9＝10(枚)のお皿を取ることができる。

問4『レーンに置くお皿のペース』は変わっていないので，救急車が出すサイレンの振動数も変わっていないと考えることができる。『お皿を置く人の動き』を救急車の動きに，『G君が受けとるお皿の数』を『音を聞く人』が聞くサイレンの振動数に置きかえて考えると，『お皿を置く人』が近づいていることは救急車が近づいていると考えることができ，『G君が受けとるお皿の数』が多くなっていることから，『音を聞く人』が聞くサイレンの振動数は多くなっていると考えることができる。

2　(化学変化―鉄や硫黄の化合物)

問1　硫黄は花火の火薬の中に可燃剤として用いられている。車のタイヤでは，ゴムに硫黄を加えて反応させたものを用いることで強度を上げている。

重要 問2・問3　鉄と硫黄が反応すると熱が発生する。硫黄を試験管に入れて鉄を反応させると，反応によって生じた熱によって反応が進んでいく。そのため，④のように混合物の上部を加熱し，混合物が反応し始めて赤色になったら加熱をやめる。そうすることで，反応によって生じた熱だけで順番に反応が進んでいく。なお，鉄と硫黄の反応では水は生じない。

問4　鉄と硫黄が反応して生じた化合物Xは硫化鉄である。硫化鉄に塩酸を加えると，卵がくさったようなにおいのある硫化水素が発生する。

重要 問5　図1のグラフから，1.1gの化合物X(硫化鉄)と塩酸約28mLでちょうど反応することがわかる。そのため塩酸を28mLより多く加えても，28mLを超えた分の塩酸は反応する硫化鉄がなくなり，発生する気体の体積は一定となる。発生した硫化水素は，塩酸中の水素と硫化鉄中の硫黄が反応してできたものなので，気体の発生量が一定になる理由は，硫化鉄がなくなり，硫化鉄にふくまれる硫黄がなくなったからであるといえる。

重要 問6　1.1gの硫化鉄と塩酸約28mLでちょうど反応するので，2.2gの硫化鉄に塩酸20mLを加えると塩酸はすべて反応することがわかる。図1より，塩酸が10mL反応したときに硫化水素が100mL発生するので，塩酸が20mL反応したときに発生する硫化水素は100(mL)×$\frac{20(\mathrm{mL})}{10(\mathrm{mL})}$＝200(mL)である。

3 （ヒト・動物のからだのしくみ―感覚器官のしくみ）

問1　図1のaのように網膜と視神経がつながる部分を盲斑（盲点）という。

やや難 問2　レンズを通過すると光は左右が逆になる。

（bを切断した場合）

右の図の（b）のように，bを切断すると，「左目の視野の左半分→㋐→網膜→㋑→視交叉→㋒」と「右目の視野の右半分→㋕→網膜→㋖→視交叉→㋗」という経路が切断される。よって，左目の視野の左半分と右目の視野の右半分が見えなくなる。

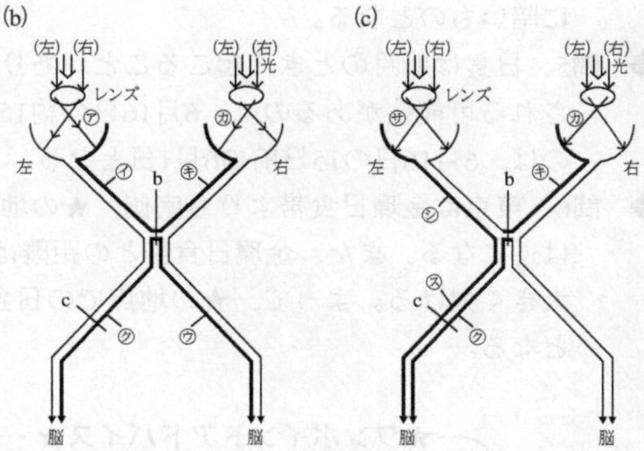

（cを切断した場合）

右の図の（c）のように，cを切断すると，「左目の視野の右半分→㋚→網膜→㋛→㋜」と「右目の視野の右半分→㋕→網膜→㋖→視交叉→㋗」という経路が切断される。よって，左目の視野の右半分と右目の視野の右半分が見えなくなる。

問3　メンフクロウの左右の耳の位置が上下にずれていることで，音源の高さによって左右の耳が音を受けとるときに時間差ができる。その差を利用することで上下方向の音源の位置を認識できる。

問4　右の図のように，左の耳に届く音は，右の耳に届く音に比べて，図のxの長さ分長くなる。図のように内角の1つが30度の直角三角形として考えると，x(cm)：13.6(cm)＝1：2　x＝6.8(cm)となる。音の速さは340m/s，6.8cm＝0.068mなので，時間差は0.068(m)÷340(m/s)＝0.0002(s)となり，1秒＝1000ミリ秒なので，0.0002s＝0.2ミリ秒

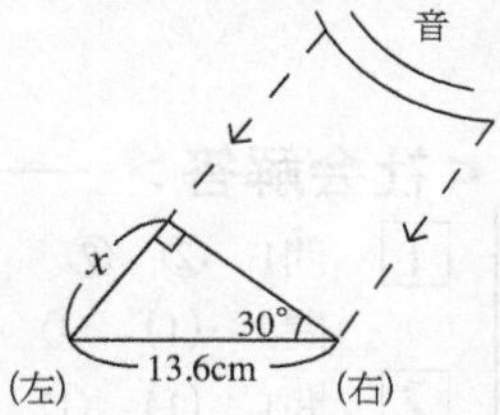

やや難 問5　信号は1ミリ秒あたり10mmの速さで進むことから，0.1ミリ秒では1mmの速さで進むことがわかる。また，問4より，左右の音の時間差は0.2ミリ秒なので，図3の神経細胞では，右耳からの音のほうが2.0mm分多く進むことになる。図3の神経細胞の①から⑦までの間は6.0mm離れているので，左耳からの音は2.0mm，右耳からの音は4.0mm進むことになり，強く反応する神経細胞は③とわかる。

4 （太陽系と地球―月食と日食）

基本 問1　太陽・月・地球の順に一直線に並び，太陽が月によって隠される現象を日食といい，新月のときに起こることがある。一方，太陽・地球・月の順に一直線に並び，月が地球の影に入る現象を月食といい，満月のときに起こることがある。

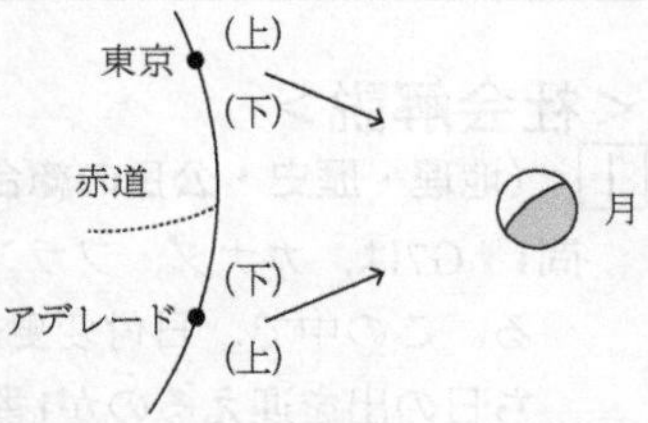

やや難 問2　東京から図2のように月が見え，東京から見た月の上側は北極側，下側は南極側なので，右の図のように，月のかがやいて見える部分が北極側，暗く見える部分が南極側であることがわかる。南半球のアデレードから月を見ると，上側が南極側，下側が北極側となるので，東京で見たときと上下が反対になった月食が見える。

問3　部分食の始まりが18時08分，皆既食の始まりが19時15分なので，18時45分はこれらの中間くらいの時刻であることがわかる。図3から，月は左下から影に入っていくのがわかるので，18時45分に見える月は⑤のように左下の半分ほどが暗いものとなる。

問4　月食は満月の日に起こることがあり，満月は夕方，東からのぼるので，14時9分から17時48分の間に起こる月食では，月は月食が終わるころにのぼってくることがわかる。図3から，月食では，月は左下から暗くなっていき，完全に暗くなった後は，左下から明るくなっていくことがわかるので，予想される月食の見え方は①のように，ほとんどが明るくなっていて，右上がわずかに暗いものとなる。

重要　問5　日食は新月のときに起こることがあり，満月から新月までの間は約15日なので，日食が観測される可能性があるのは，6月16日の約15日前か約15日後である。よって，選択肢中で適するものは，6月16日の15日前の6月1日となる。

やや難　問6　東京は金環日食帯よりも南側，★の地点は金環日食帯よりも北側にあるので，日食の見え方は逆になる。また，金環日食帯との距離は，★の地点は東京よりも短いので，★の地点のほうが大きく欠ける。よって，★の地点での日食の見え方は，図5と逆向きに見え，欠け方が大きい④となる。

★ワンポイントアドバイス★

読解力や思考力を要求する問題が多く，試験時間を考えるとあまり時間に余裕があるわけではないので，すばやく正確に読解して解答できるように練習を重ねておこう。

＜社会解答＞

1　問1　②，⑦　問2　(1)　③　(2)　①　問3　(1)　③　(2)　①　(3)　④
問4　(1)　④　(2)　②　(3)　②　(4)　③　問5　①

2　問1　(1)　①　(2)　②　問2　(1)　⑧　(2)　④　問3　③　問4　④

3　問1　④　問2　②　問3　③　問4　⑦　問5　④，⑥　問6　①

4　問1　②　問2　③　問3　①，⑤，⑧　問4　③　問5　⑤

○推定配点○

1　各1点×12　2　問1　各1点×2　他　各2点×4　3　各2点×7　4　各2点×7
計50点

＜社会解説＞

1　（地理・歴史・公民の総合問題）

問1　G7は，カナダ，フランス，ドイツ，イタリア，日本，イギリス，アメリカの7か国のことである。この中で，日付変更線に1番近く，そのすぐ西側の国は日本であり，東京が，G7の首都のうち日の出を迎えるのが1番早い首都となる。これらの7か国は名目GDPの上位10か国に含まれる。

問2　(1)　①は人口密度が1番低く，農業産出額が1番高い北海道，②は製造品出荷額等が1番高い三重県，③は道・県内総生産，製造品出荷額等がともに2番目の広島県，④は人口密度が1番高く，それ以外の項目はすべて1番低い沖縄県である。

(2)　①は第1次石油ショックについての記述であるため，誤りとなる。

問3　(1)「法の支配」とは，法が1番上位にありその下に政府，そして，国民という形でなければならない。したがって，③が正解である。

(2)　世界終末時計は，核戦争などによる人類の絶滅を『午前0時』になぞらえ，その終末までの残り時間をあらわす。したがって，時計の針が巻き戻しになるほど，より良いことになる。米ソの対立による冷戦時代には，この時計が何度か人類の危機を示したことがあった。

やや難　(3)　AIはコンピュータ上で動作し，人間の行動を人間に代わって行うものである。人間の行動とは，日常的なもので，「見る」「聞く」「話す」等の行為をさし，それらをもとに「音声認識」「画像認識」「自然言語処理」等のAIの要素技術が構成されている。したがって，AIによる文化芸術分野の創作活動も可能となる。

問4　(1)　本土空襲から身を守るために，都市部からの学童集団疎開が始まった。国家総動員法は1938年に制定されているので①は誤り，ドイツのポーランド侵攻は1939年なので②は誤り，日本軍は1941年7月にインドシナ南部へ侵攻し，それはハワイ真珠湾攻撃(1941年12月)より前なので③は誤り，ソ連が日ソ中立条約を破棄して日本に侵攻したのは1945年8月8日で，広島への原爆投下(8月6日)の直後なので，⑤も誤りとなる。

重要　(2)　ウクライナのEU加盟は実現していないので，Cは誤りとなる。

(3)　この人物は平清盛で，武士として初めて太政大臣となり，日宋貿易も始めて平氏政権を確立した。Bは足利義満，Cは源頼朝，それぞれを説明した文章である。

(4)　政党政治の必要性を理解した伊藤博文は立憲政友会を組織した。①は西郷隆盛，②は板垣退助，④は大隈重信，⑤は加藤高明，それぞれを説明した文章である。

問5　広島市がある広島平野の三角州(デルタ)は太田川により形成された。太田川デルタ，あるいは広島デルタと呼ばれる。

2　(地理―日本と世界の諸地域の特色，気候，産業，その他)

問1　(1)　瀬戸内の気候は，1年中温暖で降水量が少ないのが特徴である。これは，夏には四国山地が，冬には中国山地が季節風をさえぎるためである。この気候はヨーロッパの地中海性気候と類似している。

(2)　ぶどう，ワイン，オリーブは地中海式農業の生産物であるが，ぶどうだけは生産量の割合第1位は中国である。

問2　(1)　Xはイタリア人とフランス人がスペイン人とポルトガル人の誤り，Yは天然ゴムや油やしが綿花の誤り，Zはメスチソがインディオの誤りである。

基本　(2)　フィリピンはキリスト教国，タイは仏教国，インドネシアはイスラーム教国である。

問3　養殖牡蠣が元気に育つ条件として，波が穏やかで，栄養となるプランクトンが多いことが挙げられる。また，養殖にいかだを使うのが一般的で，瀬戸内海のように波が穏やかでなければならない。

問4　サンベルトとは，米国南部の，カリフォルニア州からノースカロライナ州に至る，北緯37度線以南の温暖な地域を指す。旧来の農業に加えて，近年，石油・軍事・電子工学・不動産・レジャーなどの産業が進出し，政治的にも重要度を高めている。

3　(日本と世界の歴史―政治・外交史，社会・経済史，日本史と世界史の関連)

問1　紀元後3世紀ごろには，近畿地方を中心として，巨大な前方後円墳が出現している。この古墳は，眺望がよいところにつくられた。

問2　古代の駅は兵部省の管轄下にあり，監督業務は現地の国司が担当し，実際の業務は駅戸と呼ばれる駅周辺の農家が行い，そのうち富裕で経験豊富な1名が駅長に任ぜられた。

問3　この戦いは承久の乱である。当時執権だった北条義時は朝廷軍を破り，後鳥羽上皇を隠岐に流した。また，六波羅探題を設置して，朝廷への監視を強化した。

問4　室町時代には市が開かれ，問丸や馬借も活躍した。Aは二期作が二毛作の誤り，Bは惣が座の誤りとなる。

問5　④は九州征伐が中国征伐の誤り，⑥は東回り航路が西回り航路の誤りとなる。

基本　問6　欧化政策は，日本が欧米諸国のような文明国であることを他国に示すために進められた政策であり，井上馨がその推進者であった。彼が外相の時に，ノルマントン号事件が起きて，不平等条約改正の機運が高まった。

4 （公民―憲法，経済生活，政治のしくみ，その他）

問1　予算は衆議院が先議する。衆議院と参議院で異なる議決があった場合，両院協議会を開く。そこで意見が一致しない時，衆議院の議決が国会の議決になる。また，衆議院が議決した後，参議院が予算案を受け取ってから30日以内(国会休会中の期間を除く)に議決しない時，衆議院の議決が国会の議決になる。

問2　介護保険制度は，日本の社会保険制度の一環で，介護や支援が必要な方に介護や介護予防でかかる費用の一部を給付する制度である。この制度は高齢者の介護を社会全体で支えるために設けられており，被保険者が保険料を納めることで介護サービスが利用できる。

問3　国税で直接税でもあるものは，所得税，法人税，相続税，贈与税，復興特別所得税などがある。

重要　問4　地方交付税を受け取っていない理由として，住民税の増加，固定資産税の増加，経済の変化などがあげられる。市町村合併については，どの理由にも当てはまらないので，③がふさわしくないことになる。

やや難　問5　資料2，3は割合を示した円グラフであるから，実際の金額を産出して比べて見ないとわからない。2023年度社会保障費は，114兆2812億×0.323≒36兆9451億，2022年度社会保障費は107兆5964×0.337≒36兆2600億であり，実際には増額されていることになる。

★ワンポイントアドバイス★

2問4　一方，シリコンバレーは，サンベルトに含まれるカリフォルニア州サンフランシスコ沿岸部にある地域で，集積回路やIT産業が発達したハイテク地域を指す。

4問1　予算の議決は，衆議院の優越の1つである。

＜国語解答＞

一　問一　❶ オ　❷ ウ　問二 イ　問三 ウ　問四 エ　問五 ア　問六 イ　問七 オ　問八 オ　問九 ウ　問十 イ

二　問一　1 オ　2 イ　3 エ　問二 ❶ エ　❷ ウ　❸ ア　問三 オ　問四 イ　問五 イ　問六 エ　問七 一つめ ウ　二つめ カ　問八 ア　問九 オ　問十 イ

三　問一　a オ　b イ　問二 (1) ウ　(2) エ　問三 ア　問四 イ　問五 (1) ア　(2) オ　問六 ウ

○推定配点○

一　問一～問三　各2点×4　他　各4点×7

二　問一・問二・問四・問六・問七　各2点×10(問七順不同)　他　各4点×5

三　問一・問二・問五　各2点×6　他　各4点×3　計100点

＜国語解説＞

一 （論説文―内容吟味，文脈把握，脱文・脱語補充，漢字の読み書き，ことわざ・慣用句，品詞・用法）

問一 ❶ 詳細　ア 再考　イ 検証　ウ 省察　エ 際限　オ 詳報
❷ 循環　ア 批准　イ 準備　ウ 一環　エ 返還　オ 喚起

基本 問二 直前の「いくら言葉を尽くして説明してもらっても，じっさいの体験には遠く及ばない」には，イがあてはまる。

問三 自立語で活用があり，言い切りの形が「だ」で終わるウの「重要で」が形容動詞。アは係助詞の一部，イは格助詞，エは断定の意味を表す助動詞，オは接続助詞の一部。

問四 B の後の「試みることは避けるべき」，C の後の「控えざるをえない」なのは，どのような「体験」「場合」なのかを考える。「人を傷つけること」とあるので，エの「悪い結果をもたらす」が共通してあてはまる。「予測不能」なわけではないので，ウは適切ではない。

問五 「あることが」で始まる段落で，クオリアを「(そのことに備わるそれ独特の感じ)」「感覚的な質を意味する言葉」と説明している。アの「責任」は「感覚的」なものではないので，クオリアの具体例として適切でない。

問六 直後の「心に『感じる』側面ではなく，心臓の鼓動や手足の震えなどの身体の『動き』の側面を強調したいから」と理由を述べている。「心臓の鼓動や手足の震えなどの身体の『動き』」を，「身体を使って」と言い換えているイが最も適切。ウとエは「身体を使って」という内容が含まれていない。「世界に働きかける」ことについて述べているので，ア「世界の中で自分の存在を感じる」や，オ「世界内存在としての位置づけを自覚しやすい」は適切ではない。

やや難 問七 同じ段落の「三人称の世界は……私は彼や彼女のいる世界から自分の身を切り離し，世界の外側の視点からただ世界を眺める」「世界に身体でもって働きかけることはできない」ことを，傍線部②「人間はただ眺めるだけ」と言っている。この内容にオが適切。「ただ眺めるだけ」に，アの「身体で関わることはできない」は重ならない。イとウの「主観的」は合わない。「三人称の世界」について述べているので，「一人称の主観的世界」とあるエも合わない。

問八 直後の「あくまで一人称の主観的世界を基礎にしてのことだ。世界のなかに身をおいて，『いま，ここ』から世界を眺め，それにもとづいて世界に働きかける……『あそこ』から世界を眺めると，世界がどう立ち現れるか，そしてそれにもとづいて世界にどう働きかけるかが想像できるようになる」の「あそこ」を，「別の視点」と言い換えて説明しているオが適切。ア「擬似体験」，イ「客観的世界をいったん捨てる」，ウ「発展解消」，エ「複眼で」などの部分が適切ではない。

やや難 問九 同じ段落に「身体でもって世界に働きかけるためには，世界のうちに身を置いて，一人称的に世界を把握しなければならない。傍観者のままでは，行動を起こせない」とある。「身体でもって世界に働きかける」を「世界を感知し，情動を抱く」と言い換えており，同じ段落の「椅子に座る」や「机に向かって行く」は「具体的な行動」の例にあたるので，この内容を述べるウが最も適切。筆者は「世界を知覚や情動」によって働きかけると述べており，他の選択肢はこの筆者の考えを踏まえていない。

重要 問十 最終段落の「体験して覚えるということは，世界との一人称的な交わりを通じて，物事が『どんな感じ(クオリア)なのか』を知ること」から，世界との一人称的交わりによって感じられるものと説明しているイが最も適切。

二 （小説―主題・表題，情景・心情，内容吟味，文脈把握，指示語の問題，ことわざ・慣用句）

問一 「 1 を収めた」で，争いや攻撃をやめたという意味になる「矛(ほこ)」があてはまる。「 2 を向けた」で，相手の関心が自分の思うところに向くようにした，「 3 がいい」で，自分の都合ばかり考えて他を顧みないという意味になる語があてはまる。

問二　❶「溜飲」は，もとは飲食物が胃にとどこおって，胃液が喉に上がってくること。

❷「埒」は，もとは馬場の周囲に巡らせた柵のこと。　❸「正直者が割りを食う」などと使う。

問三　直前の段落の「いつになく饒舌な番頭の小言を，お藤は黙って受けとめた……そういうずるい輩に食い物にされても不思議はない」というお藤の考えからオの様子が読み取れる。「別に困りゃしませんよ」で始まるお藤の言葉に，「本当に逃げ出すとは考えておらず」とあるアは適切ではない。イの「従来の手法を重んじた経営」にお藤は納得しているわけではない。ウの「結束を強めている」様子や，エの七郎兵衛に対する「憤慨」は読み取れない。

問四　傍線部②の「いまの気持ち」を直前の文の「曇天の空」に重ねているので，暗く沈んだ気持ちだとわかる。したがって，ウの「意気込んでいる」やオの「奮い立たせている」は合わない。直後の「自分の浅はかさを，番頭に叱られたからではない……春吉の胸中を直に確かめるべきだったと，お藤は己の不手際を悔いていた」というお藤の気持ちを「後悔」と表現しているイが適切。アの「七郎兵衛と同じ店で差配を続けることはできないかもしれない」，エの「労働力としてのみ扱っていた」とは読み取れない。

問五　Ⓐの「ある理由」は，直後の言葉に「ひとまず，合点はいきました」とあるように，とりあえず泰治を納得させるものである。Ⓑの「本当の理由」は，直後の会話にあるように泰治が「割りを食う」もので，その後で「奉公先が，ひとつ足りない。外すなら泰治だろうと，お藤とお兼が話していた」から読み取れる。このⒷの「本当の理由」に，イとカが合う。Ⓐの「ある理由」について「春吉には，泰治のこととは別に，たしかに奉公に出られぬ訳がある」と気づいたお藤が，春吉の家を訪ねて「奉公に出たら，おかみさんや，生まれてくる赤ん坊とも会えなくなる」と告げている。この理由に，カの「厳しすぎる指南への不満」は合わないので，イと確定する。

問六　春吉の家へ向かうお藤を呼び止めた泰治が話した内容に含まれていないものを選ぶ。泰治の話を聞いた後で，お藤が「泰治，おまえの奉公先も，ちゃんと決まったよ」と言っているので，「泰治も含め七人全員の奉公先が決まったこと」が適切ではない。

問七　直後の会話から，春吉の思いを読み取る。「大黒柱の役目を果たしてほしいと，かかあには釘をさされやした」からはウの「一家の主としての責任感」が，「今日の詫びも含めて精一杯奉公させていただきやす」からはカの「冬屋への恩義」が感じられる。他の選択肢に書かれている思いは，春吉の会話からは読み取れない。

問八　春吉はお藤から，奉公先に月に二度家に帰してもらうよう頼んでいると聞き，「今日の詫びも含めて精一杯奉公させていただきやす」と答えている。お藤が「ききたかった」のは，仕事に対する決意なので，アが適切。イの「春吉自身が奉公先と交渉して」，エの「困惑」は読み取れない。お藤は自分のことを考えていたわけではないので，ウも適切ではない。オの春吉の「心構えが足りていない」とお藤が思っていたことが読み取れる描写はない。

重要　問九　「番頭さんの仰るとおりです。あたしの分別が足りませんでした」という言葉から，お藤は差配としての未熟さを自覚している。泰治や春吉に奉公先を調整したことや二人に対する声かけ，さらに最終場面の「――どうか，いまの七人が，つつがなく方向できますように。決して商売繁盛のためばかりではない」から，「人情味のある人物」とあるオが最も適切。

やや難　問十　破線部A中の「……」は，後にあるように泰治が「息を整えた」ためである。破線部C中の「……」は自分の仕事が見つかったことに対する安堵を，破線部D中の「……」は姿を消したことに対する申し訳なさを，破線部E中の「……」は，世話になったお藤に対する申し訳なさをそれぞれ表現している。Eさんの「お藤のせいで奉公を辞めなければならない」は適切ではない。

三 （古文―内容吟味，文脈把握，語句の意味，口語訳，表現技法，文学史）

〈口語訳〉 この世に，どうしてこんなことがあったのだろうとすばらしく思われることは，手紙でございますよ。枕草子にも繰り返し申しているようですから，とくに改めて言うには及ばないのだが，やはりたいそうすばらしいものです。遠く離れた場所に離れ離れになって，何年も会っていない人であっても，手紙というものさえ見ると，たった今(相手と)向き合っているような気がして，かえって(実際に)面と向かっては，思うほどにも十分に表現できない心の状態もはっきりし，言いたいことをもこまごまと書き尽くしてあるのも見る気持ちはすばらしく，うれしく，(実際に)向かい会っているのに劣るか，いや劣らない。退屈な時に，昔の(親しかった)人の手紙を見つけ出したのは，ただその時の気持ちがして，たいそううれしく思われます。まして，亡くなった人などが書いたものなどを見るのは，たいそう感慨深く，(書かれてから)年月が多くたっているのも，たった今筆を濡らして書いたようなのが何度も言うようですがすばらしいのです。何事もたださし向かって会っている間の心の交わりだけでございますが，これは全く昔のまま少しも変わることがないのもたいそうすばらしいことです。

基本 問一 a 「つれづれなる」は漢字で書くと「徒然なる」で，手持ちぶさたで退屈なという意味。
b 「あはれ」は，しみじみと心が動く様子を表す。

問二 (1) アは「源氏物語」イは「徒然草」。紫式部も清少納言も平安時代の人物なので，エとオは合わない。 (2) 直前の文の「めでたくおぼゆることは，文こそ侍れな」ということを言っている。「めでたく」はすばらしいという意味なので，エを選ぶ。

問三 傍線部③の「さし向かひたる心地」は，直接相手と向き合っているような気持ちという意味になる。前の「遥かなる世界にかき離れて，幾年あひ見ぬ人」に対して感じる気持ちなので，アを選ぶ。イの「時空を超えて」，ウ「手紙を届けるのが難しい人」，エ「遠くから手紙を届けてくれた後に自分のもとを去った人」，オ「会いに行って」などの部分が適切ではない。

問四 直前の「なかなかうち向かひては，思ふほども続けやらぬ心の色もあらはし，言はまほしきことをもこまごまと書きつくしたるを見る心地はめづらしく，うれしく」に，イの理由が読み取れる。本文では手紙の良さを述べているので，「直接会って話すのと同じくらい」とあるアは合わない。ウとエに通じる内容は書かれていない。本文では「言はまほしきことをもこまごまと書きつくしたる」とあるが，オの「もどかしい思い」は書かれていない。

重要 問五 (1) 係助詞「こそ」を受けて，文末が変化する呼応を「係り結び」という。 (2) 直前の「昔の人の文見出でたるは，ただその折の心地して」に着目する。「その折」は手紙を受け取った当時を指し示しているので，オを選ぶ。他の選択肢は，この直前の内容に合わない。

やや難 問六 同じ文の「何事もたださし向かひたるほどの情けばかりにてこそ侍るに，これはただ昔ながらつゆ変はることなき」の「これ」は手紙を指し示していることから考える。人と会ってもさし向かっている時にだけ心は動くが，手紙からは書いたときの思いが少しも変わることがないと述べているウが最適。他の選択肢は「書いたときの思いが少しも変わることがない」と述べていない。

★ワンポイントアドバイス★

選択肢には紛らわしいものが含まれているが，何度も見直す時間は期待できない。ふだんから素早く，一度で内容を理解できるような読み方を心がけよう。

MEMO

大切なことはメモしておこうネ！

2023年度

入　試　問　題

2023年度

愛知高等学校入試問題

【数　学】（40分）　　＜満点：100点＞

【注意】 1．問題の文中の $\boxed{\text{ア}}$，$\boxed{\text{イウ}}$ などには，符号，数字が入ります。ア，イ，ウ，…の一つ一つは，これらのいずれか一つに対応します。それらを解答用紙のア，イ，ウ，…で表された解答欄にマークして答えなさい。

例えば，$\boxed{\text{アイウ}}$ に－83と答えたいとき

ア	●	⓪	①	②	③	④	⑤	⑥	⑦	⑧	⑨
イ	⊖	⓪	①	②	③	④	⑤	⑥	⑦	●	⑨
ウ	⊖	⓪	①	②	●	④	⑤	⑥	⑦	⑧	⑨

2．分数形で解答する場合，分数の符号は分子につけ，分母につけてはいけません。

例えば，$\dfrac{\boxed{\text{エオ}}}{\boxed{\text{カ}}}$ に $-\dfrac{4}{5}$ と答えたいときは，$\dfrac{-4}{5}$ として答えなさい。

また，それ以上約分できない形で答えなさい。

例えば，$\dfrac{3}{4}$，$\dfrac{2a+1}{3}$ と答えるところを，$\dfrac{6}{8}$，$\dfrac{4a+2}{6}$ のように答えてはいけません。

3．根号を含む形で解答する場合，根号の中に現れる自然数が最小となる形で答えなさい。

例えば，$\boxed{\text{コ}}\sqrt{\boxed{\text{サ}}}$ に $4\sqrt{2}$ と答えるところを，$2\sqrt{8}$ のように答えてはいけません。

$\boxed{1}$　次の各問の $\boxed{}$ に適切なものをマークしなさい。

(1)　$\dfrac{7x-3}{5}-\dfrac{4x-2}{3}=\dfrac{x+\boxed{\text{ア}}}{\boxed{\text{イウ}}}$

(2)　$56789+67895+78956+89567+95678=\boxed{\text{エオカキクケ}}$

(3)　５人の生徒に英語の試験を実施したところ，５人の得点は

58，65，72，x，76（点）

であった。この５人の得点の平均が71点のとき，$x=\boxed{\text{コサ}}$ である。

(4)　$\sqrt{56-8n}$ が自然数となるような自然数 n の個数は $\boxed{\text{シ}}$ 個である。

(5)　$\sqrt{5}$ の小数部分を a とするとき，$a^2+\dfrac{1}{a^2}$ の値は $\boxed{\text{スセ}}$ である。

(6)　関数 $y=2x^2$ について，x の変域が $-1\leqq x\leqq 3$ のとき，
y の変域は $\boxed{\text{ソ}}\leqq y\leqq\boxed{\text{タチ}}$ である。

(7)　下図で△ABCの面積は $\dfrac{\boxed{\text{ツ}}}{\boxed{\text{テ}}}$ cm^{2}である。

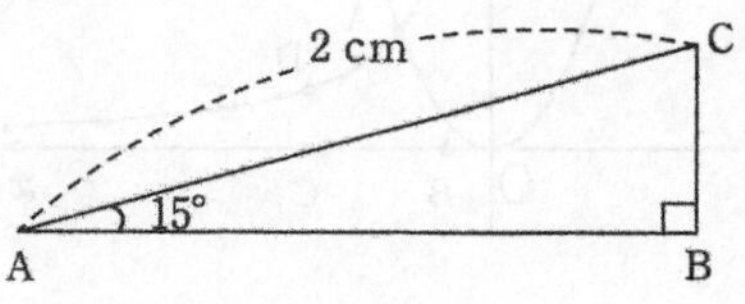

(8)　6 枚のカード[0]，[1]，[2]，[3]，[4]，[5]がある。このカードのうち，3 枚を並べてできる 3 桁の整数のうち，3 の倍数は全部で [トナ] 個ある。

(9)　x，y，m，n はすべて素数とする。連立方程式

$$\begin{cases} x+y=m \\ x-y=n \end{cases}$$

を満たす x，y，m，n は，$x=$ [ニ]，$y=$ [ヌ]，$m=$ [ネ]，$n=$ [ノ] である。

[2]　底面の半径が 3 cm，高さが $6\sqrt{2}$ cmである円錐《すい》について，次の問に答えなさい。

(1)　この円錐の側面積は [アイ] π cm^2である。

(2)　この円錐の展開図で，底面の円が側面の扇形の周上を一周し元の位置に戻ったとき，円の中心が通ったあとの長さは [ウエ] ＋ [オカ] π cmである。

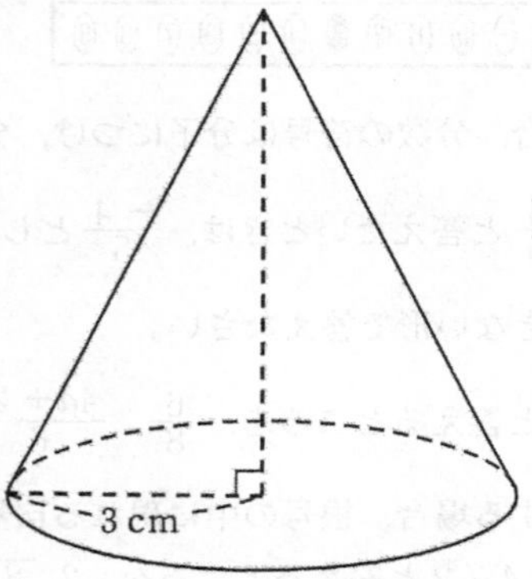

[3]　次のようにある規則を持って数字が並んでいる。

1，10，11，100，101，110，111，1000，1001，1010，1011，1100，1101，1110，1111，…

このとき，次の問に答えなさい。

(1)　16番目の数字は [アイウエオ] である。

(2)　101101は [カキ] 番目の数字である。

(3)　2023番目の数字は [クケコサシスセソタチツ] である。

[4]　図 1 のように，2 つの関数 $y=\frac{4}{9}x^2$ と $y=\frac{a}{x}$ のグラフが点A（3，4）で交わっている。

図1

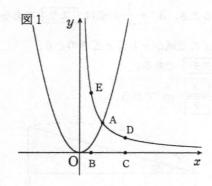

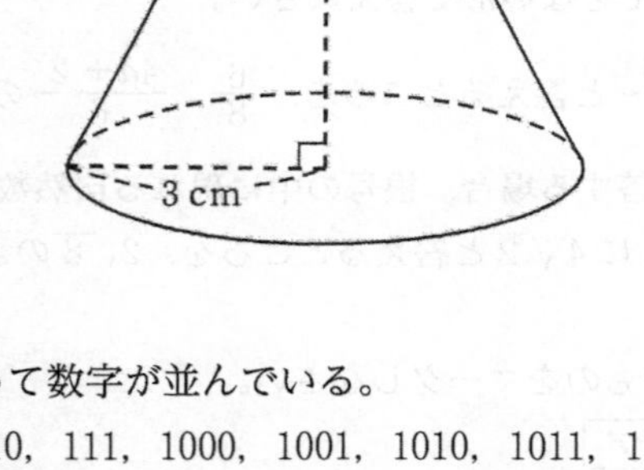

前のページの図1で点B（1，0），点C（6，0）とし，$y=\dfrac{a}{x}$ 上の x 座標が6である点をD，1である点をEとする。このとき，次の問に答えなさい。

(1) a の値は [アイ] である。

(2) 直線DEの方程式は $y=$ [ウエ] $x+$ [オカ] である。

(3) 図2において，影のついた部分の周および内部に x 座標と y 座標がともに整数となる点は全部で [キク] 個ある。

図2

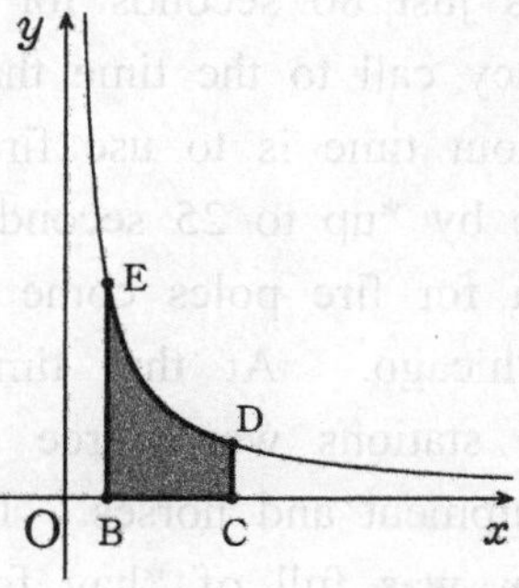

【英　語】（40分）＜満点：100点＞

I　次の英文を読んで，以下の問に答えなさい。

When you are fighting fires, every second is important. *The National Fire Protection Association (N.F.P.A.) in the U.S. says that a *firefighter should arrive at the scene of a fire *within 5 minutes and 20 seconds of getting the emergency phone call. This includes just 80 seconds for "*turnout time." Turnout time is the time from an emergency call to the time that the firefighters leave the station. One way to improve turnout time is to use fire poles. It is said that using fire poles can cut turnout time by *up to 25 seconds.

But where did the idea for fire poles come from? The first official fire pole was built in 1878 in Chicago. At that time, horses were used to pull the *firetrucks, and most fire stations were three stories high. The first floor was used for fire-fighting *equipment and horses. The firefighters lived on the second floor. And the third floor was full of *hay for the horses to eat. Fire stations had wide stairs that were easy to run down. This helped firefighters to get out of the station quickly, but the horses could also climb the stairs. They could smell the hay on the third floor, and sometimes they tried to climb up to get it. Horses are good at climbing up stairs, but they are not good at climbing down, so this was a problem. Many stations changed to *spiral staircases because horses could not climb them. However, the spiral staircases were harder for humans to run down quickly and so turnout time increased.

Then, in 1878, a firefighter named George Reid discovered something that changed everything. Reid was a member of *Engine Company 21, a fire company in Chicago. At that time, Engine Company 21 used a long pole to *lift hay up to the (①) floor. One day George Reid and another firefighter were *stacking hay on the (②) floor when the fire alarm rang. Reid saw that hay pole and had an idea. The other firefighters came down the stairs from the (③) floor. When they got downstairs, they were surprised to see Reid already on the (④) floor! He used the pole to slide down quickly from the (⑤) floor to the (⑥) floor. The Fire Captain of the company realized that using a pole could make turnout time much shorter and asked the Chicago Fire Department Chief to cut a hole in the second floor and make a *permanent pole. Then, the fire pole was born.

Firefighters from other fire companies thought the idea of using a pole for sliding down was "crazy." But then they noticed that Engine Company 21 always got to fires more quickly than other fire companies.

However, there are some problems with fire poles. For example, firefighters sometimes fall down the holes at night, or they go down the poles too quickly and get injured. Also, unhealthy *fumes from firetrucks on the first floor can come up through the holes into the second floor. And these days, many fire stations have only one floor, so there are not as many fire poles as before. Some people want to stop using fire poles, but the poles are still the fastest way to get to the first floor. It's amazing that we still use fire poles today thanks to the idea of a brave firefighter over 140 years ago.

*the National Fire Protection Association　全米防火協会　*firefighter　消防士　*within ～　～以内
*turnout　身支度　*up to ～　～まで　*firetruck　消防車　*equipment　備品　*hay　干し草
*spiral staircase　らせん階段　*Engine Company 21　シカゴの消防隊の名前
*lift ～ up　～を引き上げる　*stack ～　～を積み重ねる　*permanent　常設の
*fumes from firetrucks　消防車の排気ガス

問1　本文中の下線部の語の意味として最も適切なものを，次の①～④から一つ選び，その番号をマークしなさい。

①　話　②　筋　③　階　④　うわさ

問2　本文中の（①）～（⑥）に入る語が，first になるものをすべて選び，その番号をマークしなさい。一つの欄にすべての解答をマークすること。

問3　本文中の □ には，次の三つの文が入ります。正しい順番に並べたものを，次の①～⑥から一つ選び，その番号をマークしなさい。

ア　Finally, the Chicago Fire Department Chief decided to make poles in all Chicago fire stations, and eventually fire poles became standard equipment all over the United States and even in other countries.

イ　In 1888, a Chicago newspaper said that Engine Company 21 had a turnout time of just 11 seconds.

ウ　It was the fastest turnout time in Chicago. Little by little, other fire companies started using fire poles, too.

①　ア→イ→ウ　②　ア→ウ→イ　③　イ→ア→ウ　④　イ→ウ→ア
⑤　ウ→ア→イ　⑥　ウ→イ→ア

問4　本文に書いてある，fire pole を常設にしたことによる影響を，次の①～④から一つ選び，その番号をマークしなさい。

①　馬が階上に上がってくるようになった。
②　ポールを使うことによるけが人が減った。
③　夜間に時々人が穴に落ちるようになった。
④　消防車の排気ガスのにおいがしなくなった。

問5　アは □ に入るものを，イとウはそれぞれの問の答えを次のページの①～④から一つずつ選び，その番号をマークしなさい。

ア　According to the N.F.P.A., when a call about a fire comes, a firefighter has to get from the fire station to the scene of the fire □.

① within 80 seconds　② within 5 minutes and 20 seconds
③ within 5 minutes and 45 seconds　④ within 6 minutes and 40 seconds

イ Where did the firefighters live at that time?
① On the first floor.　② On the second floor.
③ On the third floor.　④ On the firetruck.

ウ Why did firefighters use spiral staircases instead of wide stairs?
① Because firefighters didn't want horses to climb upstairs.
② Because horses liked to climb spiral staircases.
③ Because firefighters could go down spiral staircases more quickly.
④ Because firefighters wanted to cut the turnout time.

Ⅱ 次の英文を読んで，以下の問に答えなさい。

After it appeared in a commercial in the 1980s, Japanese people fell in love with a little water animal with a cute face and a pink, *feathery crown. It looks like an *alien. It is called *wooper-looper* in Japan and it is a popular pet. Its English name is axolotl or "Mexican walking fish" and it can now be found in pet stores all over the world.

Axolotls are also popular with scientists. They are easy to *breed and they have some special features. Amazingly, axolotls have the *ability to あ regenerate their body. This means they can grow back body parts, like *tails and legs, and even hearts. い Scientists hope that one day they can learn enough about the process of regeneration to help humans who have (ア) arms or legs to (イ) new ones. Because they are so useful to science, there are axolotls in *labs all over the world. In fact, there are over one million axolotls in labs, pet stores and people's houses around the world.

But in the wild, axolotls are found only in Mexico City. For hundreds of years, they lived in two lakes, Lake Chalco in central Mexico City and Lake Xochimilco to the south of Mexico City. 【 ① 】 In fact, people didn't know about axolotls outside of Mexico until a French group went there in 1863. The French scientists collected strange animals to bring back to France, including 34 axolotls. 【 ② 】 When they got them back to Paris, the scientists discovered their amazing ability and started to grow them. 【 ③ 】 Soon, scientists from other countries wanted them, too. 【 ④ 】 Most of the axolotls in the labs all over the world today are from those original 34 axolotls.

Unfortunately, the axolotls in the wild have become an endangered species. As Mexico City grew, the water in Lake Chalco became too *dirty, so now Lake Xochimilco is the last natural (う) for axolotls on earth. And even there, they are not [A]. They are eaten by foreign fish like *carp and tilapia, and the water is becoming dirty now, so axolotls get sick [B]. If nothing is done to protect them, they will face [C].

The axolotl population in labs and pet stores is growing, but in nature they are endangered. Some people want to put lab-grown axolotls in Lake Xochimilco to breed with the native species, but the lab-grown axolotls have *evolved over the last 150 years and now look and act [D]. The axolotls in Lake Xochimilco are brown, or black with gold spots, but the axolotls living in the labs and pet stores don't look like that. They are usually pink or white with red crowns. Also, the lab-grown axolotls are always in an *aquarium, so they would probably die in nature. Scientists want to save the original axolotls. They don't want to make a new *hybrid. So, we have to make the water in the lake clean again and take the foreign fish species away. It is the only way to save them. It will take time, but hopefully the wild axolotl population can come back little by little.

*feathery 羽のような　*alien 宇宙人　*breed 繁殖する　*tail 尻尾
*lab=laboratory 研究室　*dirty 汚い　*carp and tilapia コイやティラピア（魚の名前）
*evolve 進化する　*aquarium 水槽　*hybrid 交配種

問1　本文中の下線部あの語の意味として最も適切なものを，次の①～④から一つ選び，その番号をマークしなさい。

① 遺伝する　② 治療する　③ 再生する　④ 通院する

問2　下線部いの（ア），（イ）に入るものとして最も適切な組み合わせを次の①～④から一つ選び，その番号をマークしなさい。

① ア lost　イ get　② ア found　イ sell
③ ア gotten　イ make　④ ア taken　イ hold

問3　次の文は本文中の【①】～【④】のうちのいずれかに入ります。最もあてはまるところを一つ選び，その番号をマークしなさい。

Then they quickly spread to labs around the world.

問4　本文中の(う)に入るものとして最も適切なものを，次の①～⑤から一つ選び，その番号をマークしなさい。

① species　② animal　③ scientist　④ fish　⑤ home

問5　本文中の [A] ～ [D] に入るものとして最も適切なものを，次の①～⑥からそれぞれ一つずつ選び，その番号をマークしなさい。それぞれの番号は一度しか使えません。

① the same　② easily　③ differently　④ extinction　⑤ dangerous
⑥ safe

問6　本文の内容と一致するものを，次の①～⑥から二つ選び，その番号をマークしなさい。解答は一つの欄に一カ所のみマークし，番号順でなくても良い。

① The number of axolotls is increasing these days, so we can find them in many lakes around the world.
② Even after axolotls became popular in the 1980s, most Japanese families didn't want them as pets.
③ Axolotls grown in labs may not survive in natural lakes.

④ There are over one million axolotls living in lakes around the world.
⑤ Pink or white axolotls are not usually found in Lake Xochimilco.
⑥ Making a hybrid axolotl is the only way to save them.

Ⅲ

A 次の英文のうち，**文法的に間違いがある文**を，次の①～⑨から四つ選び，その番号をマークしなさい。解答は一つの欄に一カ所のみマークし，番号順でなくても良い。

① Nick and I have been good friends for more than ten years.
② Please tell me which book should I read.
③ They stopped talking when Mr. Aichi entered the classroom.
④ I don't feel like to go to my friend's birthday party tonight.
⑤ Buses run between our school and the train station.
⑥ Which color does Sean like better, black or white?
⑦ This is one of the thing left on the bus.
⑧ Don't eat too much, or you will feel sick later.
⑨ There are some juice in the glass on the table.

B 日本語の意味に合うように［ ］内の語（句）を並べ替えた時，●と▲に入る語（句）を選び，その番号をそれぞれマークしなさい。ただし，文頭に来る語（句）もすべて小文字で始まっています。

(1) 濃いお茶をお入れしましょうか？

[① for / ② like / ③ make / ④ me / ⑤ strong tea / ⑥ to / ⑦ would / ⑧ you] you?

( )( )(●)( )( )(▲)( ) you?

(2) 妹が育てたヒマワリは，私が育てたものより背が高い。

The sunflower [① is / ② than / ③ of / ④ my sister / ⑤ taken / ⑥ taller / ⑦ mine / ⑧ has / ⑨ care].

The sunflower ( )( )( )(●)( )( )(▲)( )( ).

C 日本語の意味に合うように［ ］内の語を並べ替えた時，一語だけ不要な語があります。**不要な語を一つ選び**，その番号をマークしなさい。ただし，文頭に来る語もすべて小文字で始まっています。

何かあってからでは遅いよ。

[① there / ② late / ③ it / ④ be / ⑤ something / ⑥ too / ⑦ will / ⑧ happens / ⑨ if].

( )( )( )( )( )( )( ).

【理　科】（社会と合わせて60分）　＜満点：50点＞

【注意】　例えば 2 の問１【マーク：ア】と表示のある問に対して②と解答する場合は，次の例１のように問題番号 2 のアの解答欄②にマークしなさい。また，１つのマークに複数解答する場合は例２のように対象となる番号を全てマークしなさい。

例１【マーク：ア】に②と答えたいとき

2	問１	ア	⓪	①	●	③	④	⑤	⑥	⑦	⑧	⑨
	問２	イ	⓪	①	②	③	④	⑤	⑥	⑦	⑧	⑨
	問３	ウ	⓪	①	②	③	④	⑤	⑥	⑦	⑧	⑨

例２【マーク：ア】に①，③と複数答えたいとき

2	問１	ア	⓪	●	②	●	④	⑤	⑥	⑦	⑧	⑨
	問２	イ	⓪	①	②	③	④	⑤	⑥	⑦	⑧	⑨
	問３	ウ	⓪	①	②	③	④	⑤	⑥	⑦	⑧	⑨

問題の文中の アイ ． ウ などには例３のようにそれぞれ一つの数字（０～９）が入ります。ただし，例４，例５のように数字が入ることもあります。

例３ アイ ． ウ に12.3と答えたいとき

問１	ア	⓪	●	②	③	④	⑤	⑥	⑦	⑧	⑨
	イ	⓪	①	●	③	④	⑤	⑥	⑦	⑧	⑨
	ウ	⓪	①	②	●	④	⑤	⑥	⑦	⑧	⑨

例４ アイ ． ウ に2.3と答えたいとき

問１	ア	●	①	②	③	④	⑤	⑥	⑦	⑧	⑨
	イ	⓪	①	●	③	④	⑤	⑥	⑦	⑧	⑨
	ウ	⓪	①	②	●	④	⑤	⑥	⑦	⑧	⑨

例５ アイ ． ウ に12と答えたいとき

問１	ア	⓪	●	②	③	④	⑤	⑥	⑦	⑧	⑨
	イ	⓪	①	●	③	④	⑤	⑥	⑦	⑧	⑨
	ウ	●	①	②	③	④	⑤	⑥	⑦	⑧	⑨

1　滑車やロープを使った実験を行った。次の各問に答えなさい。ただし，滑車，ロープ，ひもの質量，摩擦力や空気抵抗，ひもが途中で切れることなどは考えないものとする。

問１　同じ重さの物体にひもをつけ，定滑車を使って図１のように静止させた。Ｂを瞬間的に手で下方向におした直後，Ａ，Ｂは動き出した。その後Ａ，Ｂはそれぞれどのように運動するか。①～⑤から一つ選びなさい。【マーク：ア】

①　Ａ，Ｂともに等速で運動する。

②　Ａは減速し，Ｂは加速する。

③　Ａは加速し，Ｂは減速する。

④　ＡもＢも加速する。

⑤　ＡもＢも減速する。

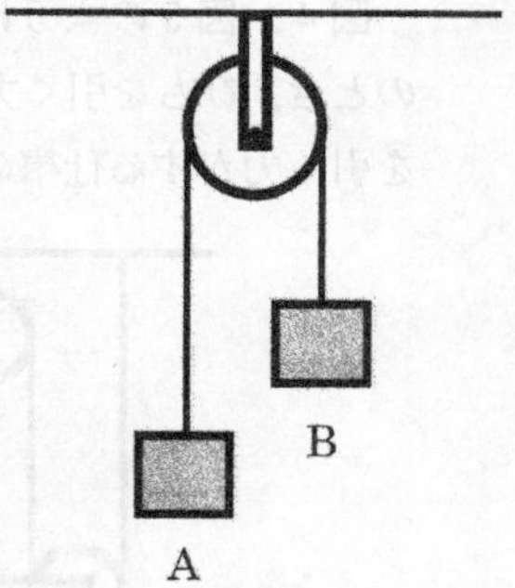

図1

問２　次のページの図２のように棒にロープをかけてロープの一端を握った。

(1)　ロープに乗っている人の重さを300Nとすると，人を支えるためにロープを何Nで引く必要があるか答えなさい。

【マーク：イ，ウ，エ】

イウエ N

(2) (1)の状態から人が20cm上昇するためにはロープを何cm引く必要があるか答えなさい。

【マーク：オ，カ】

[オカ] cm

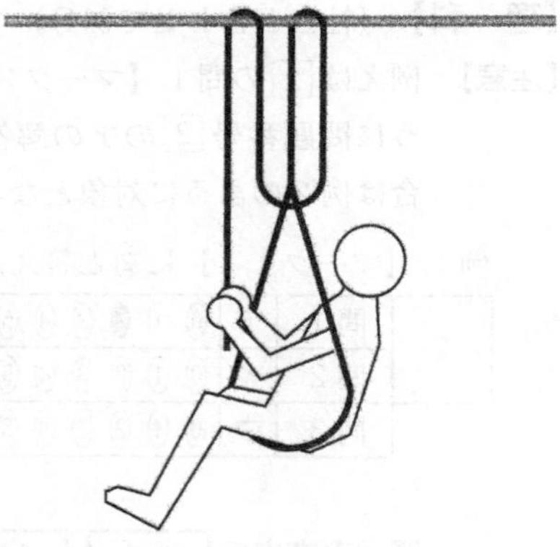

図2

問３　図３のように動滑車と定滑車にひもをつないで４Nの物体を15cm引き上げたい。

(1) ひもを引く力F［N］の大きさを求めなさい。

【マーク：キ，ク】

[キ].[ク] N

(2) ひもを引く力F［N］がした仕事の大きさを答えなさい。

【マーク：ケ，コ】

[ケ].[コ] J

(3) ひもを３秒かけて引き下げたときの仕事率を答えなさい。

【マーク：サ，シ】

[サ].[シ] W

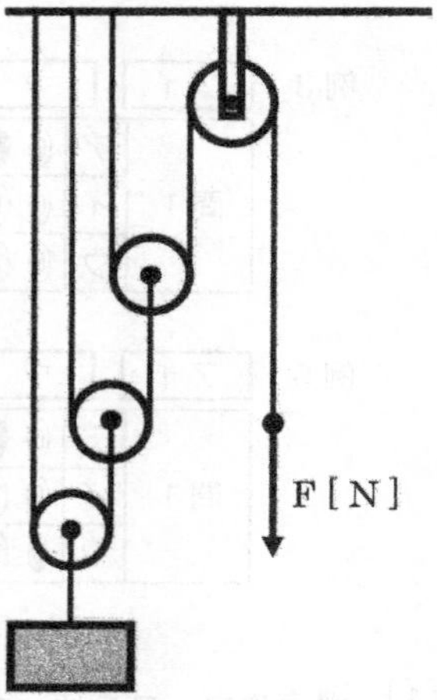

図3

問４　次の文中（ス），（セ）に入る語句を次のページの①～③からそれぞれ一つずつ選びなさい。

図４，図５のように定滑車と動滑車をつなぎ，同じ重さの物体を同じ長さだけ引き上げた。このとき，ひもを引く力F_1，F_2［N］の大きさを比べると，（　ス　）なる。また，それぞれのひもを引く力がする仕事の大きさは（　セ　）なる。

図4

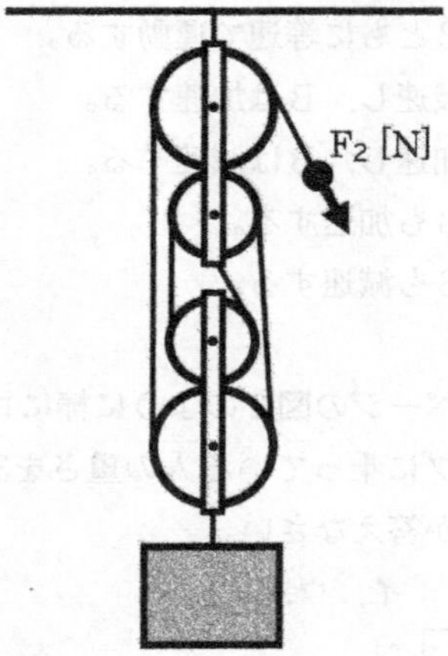

図5

【マーク：ス】

①　どちらも同じに　　②　F_1の方が大きく　　③　F_2の方が大きく

【マーク：セ】

①　どちらも同じに　　②　F_1のする仕事の方が大きく　　③　F_2のする仕事の方が大きく

2　塩酸（Ａ液）15mLにBTB溶液を加え，これに水酸化ナトリウム水溶液（Ｂ液）を少量ずつ加えていった。加えた水酸化ナトリウム水溶液（Ｂ液）が10mLになったとき，溶液の色の変化から中性になったことがわかった。さらに10mLの水酸化ナトリウム水溶液（Ｂ液）を少しずつ加えていった。これについて，次の各問に答えなさい。

問１　塩酸（Ａ液）に水酸化ナトリウム水溶液（Ｂ液）を加えていくと，ビーカー内の溶液の色はどのように変化するか。次の①～⑥から一つ選びなさい。【マーク：ア】

①　青色→黄色→緑色　　②　青色→緑色→黄色　　③　黄色→青色→緑色

④　黄色→緑色→青色　　⑤　緑色→青色→黄色　　⑥　緑色→黄色→青色

問２　中和反応が起こっているのはいつか。最も適切なものを次の①～④から一つ選びなさい。

【マーク：イ】

①　加えた水酸化ナトリウム水溶液（Ｂ液）が10mLになるまで。

②　加えた水酸化ナトリウム水溶液（Ｂ液）が10mLになったとき。

③　加えた水酸化ナトリウム水溶液（Ｂ液）が10mLを超えたあと。

④　水酸化ナトリウム水溶液（Ｂ液）を加え始めてから加え終わるまで。

問３　水酸化ナトリウム水溶液（Ｂ液）と同じアルカリ性の水溶液を，次の①～⑨から二つ選びなさい。

【マーク：ウ】

①　炭酸水　　②　エタノール水溶液　　③　石灰水　　④　ウスターソース

⑤　レモン汁　　⑥　セッケン水　　⑦　タバスコ（チリペッパーソース）

⑧　塩化ナトリウム水溶液　　⑨　食酢

問４　水酸化ナトリウム水溶液（Ｂ液）を加えていったときの，水溶液中の水素イオン，ナトリウムイオンの数の変化をグラフで表すと，どのような形になるか。それぞれ最も適切なものを次の①～⑤から一つ選びなさい。

・水素イオンについてのグラフ【マーク：エ】

・ナトリウムイオンについてのグラフ【マーク：オ】

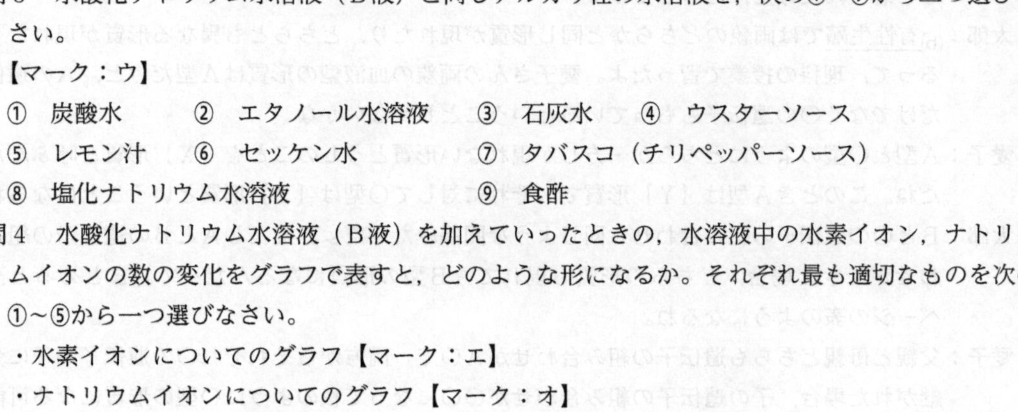

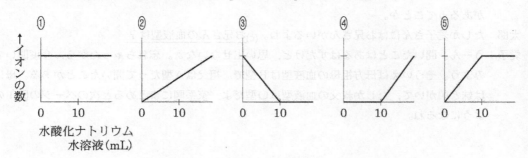

問５　水酸化ナトリウム水溶液（Ｂ液）を５mL加えたとき，水溶液中にある最も多いイオンは何か。次の①～④から一つ選びなさい。【マーク：カ】

①　水素イオン
②　塩化物イオン
③　ナトリウムイオン
④　水酸化物イオン

問６　塩酸（Ａ液）とは異なる濃度の塩酸（Ｃ液）５mLに，水酸化ナトリウム水溶液（Ｂ液）を加えたところ，10mL加えたところで中性となった。次に塩酸（Ｃ液）９mLに水酸化ナトリウム水溶液（Ｂ液）を22mL加えた。塩酸（Ａ液）をさらに加えて中性にするには塩酸（Ａ液）を何mL加えればよいか答えなさい。【マーク：キ，ク，ケ】

キク . ケ mL

3　次の文章を読み，各問に答えなさい。

中学校で血液について学んだ太郎さんと愛子さんは，ヒトのABO式血液型について興味をもった。以下は太郎さんと愛子さんとの会話である。

≪会話≫

太郎：ヒトのABO式血液型は(a)血液に含まれている赤血球の構造に関わっているんだね。どの血液型になるかは遺伝によって決まるらしいよ。

愛子：私の血液型はO型だけど，両親はどちらともＡ型だよ。血液型が遺伝するなら私もＡ型になると思うんだけど，どうしてかな。

太郎：(b)有性生殖では両親のどちらかと同じ形質が現れたり，どちらとも異なる形質が現れたりするって，理科の授業で習ったよ。愛子さんの両親の血液型の形質はA型だけど，Ａの遺伝子だけでなくOの遺伝子ももっているということじゃないかな。

愛子：Ａ型とO型のようにどちらか一方しか現れない形質どうしのことを〔X〕形質と呼ぶんだったね。このときA型は〔Y〕形質で，それに対してO型は〔Z〕形質ということになるね。

太郎：ＢとOの遺伝子の組み合わせも同じような関係みたいだよ。ただしＡとＢの遺伝子の組み合わせができた場合，どちらの形質も現れてＡＢ型の形質になるんだって。まとめると次のページの表のようになるね。

愛子：父親と母親どちらも遺伝子の組み合わせがＡOで，両方からそれぞれOの遺伝子が子に受け継がれた場合，子の遺伝子の組み合わせがOOになって私のようにO型の形質になる可能性があるってことか。

太郎：たしか愛子さんにはお兄さんがいるよね。(c)お兄さんの血液型は？

愛子：うーん。聞いたことはあるはずだけど，思い出せないなぁ。忘れちゃったから，今度聞いてみよう。そういえば母方祖母の血液型はＢ型で，祖父はＡ型だって聞いたことがある。母には妹と弟がいて，たしか叔父の血液型はO型だよ。家系図にまとめると次のページの図１のようになるね。

血液型（形質）	遺伝子の組合わせ
A	AA　AO
B	BB　BO
O	OO
AB	AB

表

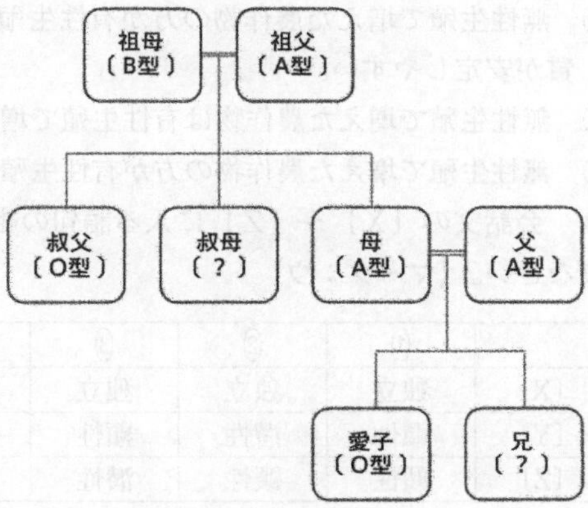

図1

問１　下線部(a)について，図２のＡ～Ｃはヒトの血液の固形成分を模式的に示したものである。またＤ～Ｆは血液の固形成分のはたらきに関する説明である。赤血球の図として最も適切なものをＡ～Ｃから，はたらきとして適切なものをＤ～Ｆからそれぞれ選び，その組み合わせとして正しいものを次の①～⑨から一つ選びなさい。【マーク：ア】

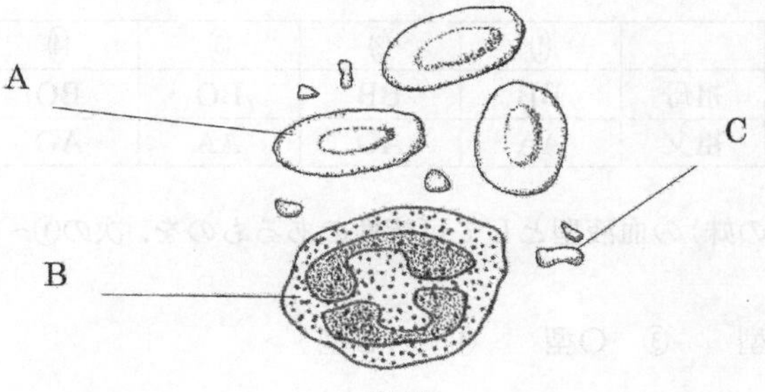

図２

≪はたらき≫

Ｄ：肺で取り入れた酸素を運搬する。

Ｅ：出血したときに血液を固める作用のある物質を放出する。

Ｆ：体に入った細菌やウイルスなどの病原体を分解する。

	①	②	③	④	⑤	⑥	⑦	⑧	⑨
図	A	A	A	B	B	B	C	C	C
はたらき	D	E	F	D	E	F	D	E	F

問２　下線部(b)について，多くの植物は有性生殖だけでなく無性生殖でも子孫を増やすことができる。無性生殖を利用して株を増やす農作物の利点として適切なものを，次の①～⑤から一つ選びなさい。【マーク：イ】

①　無性生殖で増えた農作物の方が有性生殖で増えた農作物よりも，遺伝的多様性が高く，病気による被害が広がり難い。

②　無性生殖で増えた農作物の方が有性生殖で増えた農作物よりも，新しい特徴をもった品種を発見できる可能性が高い。

③ 無性生殖で増えた農作物の方が有性生殖で増えた農作物よりも，形質のばらつきが少なく品質が安定しやすい。

④ 無性生殖で増えた農作物は有性生殖で増えた農作物よりも，大きく成長する。

⑤ 無性生殖で増えた農作物の方が有性生殖で増えた農作物よりも，希少価値が高い。

問３　会話文の〔X〕～〔Z〕に入る語句の組み合わせとして適切なものを次の①～⑧から一つ選びなさい。【マーク：ウ】

	①	②	③	④	⑤	⑥	⑦	⑧
〔X〕	独立	独立	独立	独立	対立	対立	対立	対立
〔Y〕	顕性	潜性	顕性	潜性	顕性	潜性	顕性	潜性
〔Z〕	顕性	顕性	潜性	潜性	顕性	顕性	潜性	潜性

問４　下線部(c)について，愛子の兄の血液型がＡ型である確率は何％か求めなさい。

【マーク：エ，オ】

エオ ％

問５　愛子の母方の祖母と祖父の血液型に関して，遺伝子の組み合わせとして適切なものを次の①～④から一つ選びなさい。【マーク：カ】

	①	②	③	④
祖母	BB	BB	BO	BO
祖父	AA	AO	AA	AO

問６　愛子の叔母（母の妹）の血液型として可能性のあるものを，次の①～④からすべて選びなさい。

【マーク：キ】

①　A型　　②　B型　　③　O型　　④　ＡＢ型

4 次の文章を読み，各問に答えなさい。

月は地球からおよそ38万キロメートル離れた軌道を周回する衛星です。月の起源については諸説あり，「親子説（地球の一部からできた）」「兄弟説（地球と同時にできた）」「他人説（他の場所で形成された）」などと呼ばれており，現在では「ジャイアントインパクト説（地球と他の天体が衝突してできた）」が有力とされています。これを確かめるためには，月の質量や比重を計算したり，月の石を分析する必要があります。

問１　以下の文章のうち下線部に間違いのある文を次の①～⑦から一つ選びなさい。

【マーク：ア】

①　地球と月の間の距離は年に3.8㎝ずつ離れている。

②　地球から見える大きさは，月と太陽でほぼ同じである。

③　月にも規模は小さいが地震（月震）が起きている。

④　月には人類が残した人工物がある。

⑤　日食は必ず新月の日に起きる。

⑥　月食は必ず満月の日に起きる。

⑦　潮の満ち引き（潮汐）の原因は月の重力であり，太陽の重力は関係しない。

問２　太陽が気体でできている証拠として正しいものを次の①～⑤から一つ選びなさい。

【マーク：イ】

①　太陽の周辺部の黒点は潰れて見える。

②　コロナが日食時に観測できる。

③　オーロラの原因となる太陽風を観測することができる。

④　黒点は太陽の自転によって移動するが，その速さが黒点の位置（緯度）によって異なる。

⑤　金環日食になるときと，皆既日食になるときがある。

問３　地球以外にも衛星を持つ惑星はたくさんあり，木星は地球からも観測可能な衛星を持つ。この衛星のうち特に大きな４つの衛星は発見者の名をとり（　ウ　）衛星と呼ばれる。

（ウ）に当てはまるイタリアの学者の名を次の①～⑥から一つ選びなさい。

【マーク：ウ】

①　ユークリッド　　②　グレゴリオ　　③　ダヴィンチ　　④　アルキメデス

⑤　ガリレオ　　⑥　ユリウス

問４　以下の４つの図は地球から見た木星と，その４つの衛星（Io，Callisto，Europa，Ganymede），恒星（HIP20417）を時系列に並べたものである。この図からわかることを書いた以下の文中の（エ），（オ）に入る語句をそれぞれ選択肢から一つずつ選びなさい。Aでは恒星HIP20417は画角の右外にあるので見えていない。

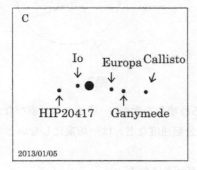

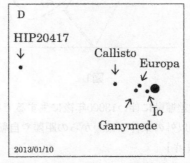

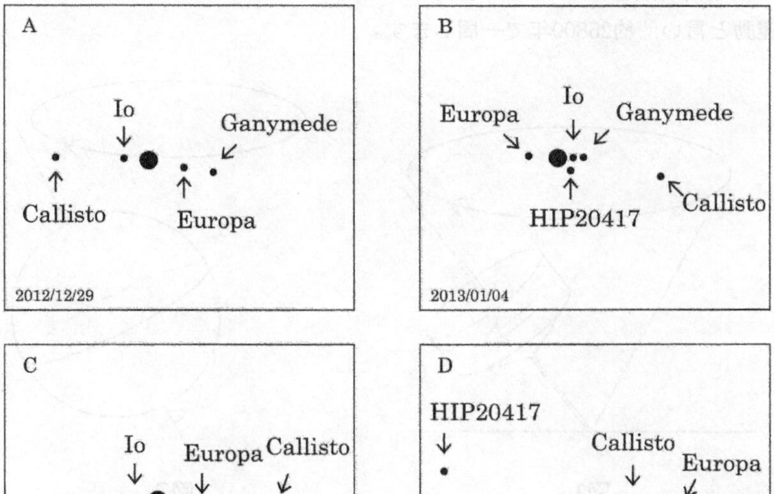

この図は日にちをずらして木星周辺の星を観察したものである。12日間（12/29～１/10）では恒星はその位置をほとんど変えないので，木星が位置を変えたことになる。木星とその４つの衛星は地球から見て（　エ　）へと移動している。４つの衛星は互いに位置を変えながら木星を周回しているが，このうち公転半径が最も大きいのは（　オ　）である。

【マーク：エ】

① 左から右　② 右から左

【マーク：オ】

① Io　② Callisto　③ Europa　④ Ganymede

問5　天体望遠鏡は倍率が高いので視野が狭く，日周運動によって星がすぐに視野から出てしまい，長い時間同じ星を観測することが困難です。そのため星の日周運動と合わせて天体望遠鏡を動かす赤道儀という装置が装着されています。実際に天体望遠鏡を設置し観測する際にはこの赤道儀を調整する必要があります。

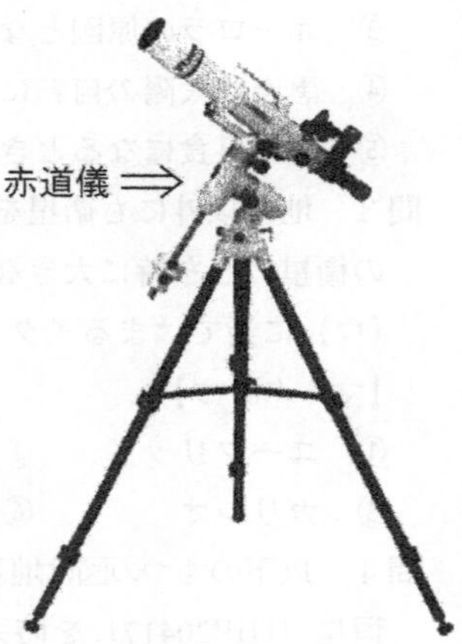

赤道儀を調整する際に，何を基準にしなければならないか，星の日周運動の特徴を考え次の①～⑥から一つ選びなさい。

【マーク：カ】

① 天頂　② 北極星　③ 月

④ 時刻　⑤ 地面からの高さ　⑥ 地平線

問6　コマを回すと，地面との接点が移動していない場合でも，その軸がゆっくりと回転しています（図1）。同じことが地球の自転でも生じています。地球の公転面に対し地軸は23.4°傾いていますが，この地軸の傾き23.4°はそのままに，ゆっくりと回転する運動をしています（図2）。これを歳差運動と言い，約25800年で一周します。

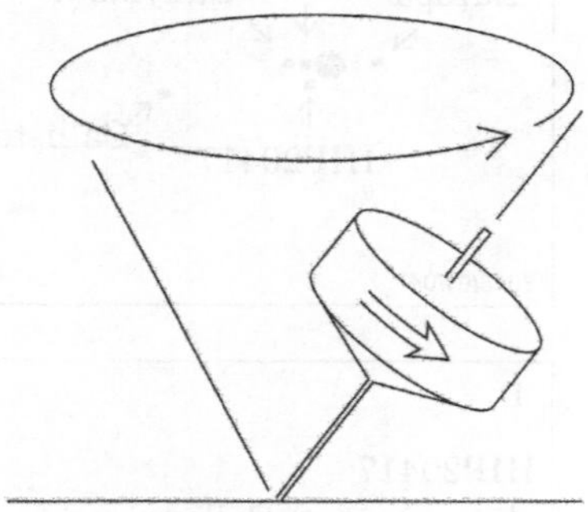

図1

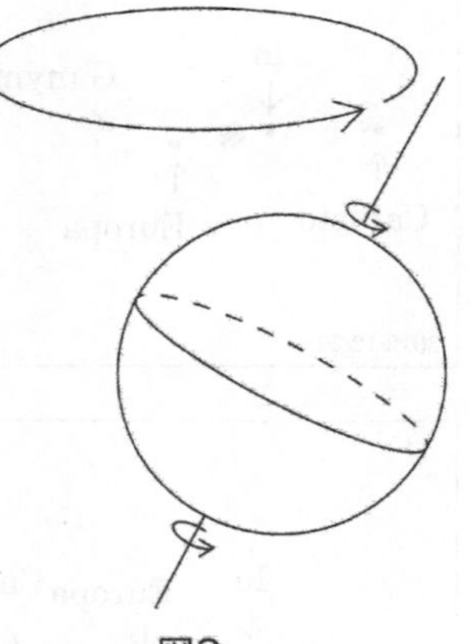

図2

この歳差運動に伴い13000年後に生ずるであろう事象を次の①～⑤から二つ選びなさい。なお，歳差運動以外の条件（太陽からの距離や自転・公転速度など）は一切変化しないとする。

【マーク：キ】

① 地球の公転軌道での位置が同じならば，季節が逆になる。

② 北極星と天の北極とのずれが大きくなる。

③ 北極と南極が入れ替わる。

④ 月の裏側が見えるようになる。

⑤ 日本から南十字星が観測できるようになる。

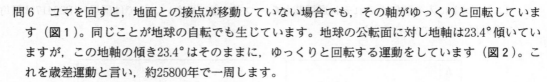

【社　会】（理科と合わせて60分）　　＜満点：50点＞

1　次の文章と資料をもとに，1から10の問に答えなさい。

2022年は「文化財の不法な輸入，輸出及び所有権移転を禁止し及び防止する手段に関する条約」が1972年に発効してから50年にあたります。そこで，愛知高校では歴史総合の授業で文化財について話し合い，それをきっかけに，生徒たちは夏の課題として文化財について調べ活動を行いました。そして夏休み明けにそれぞれが調べたテーマについて発表することになりました。以下のⅠ・Ⅱは，その活動の記録です。

Ⅰ　歴史総合の1学期の授業で，文化財について次のような話し合いがありました。

先　生　：今から10年前，イギリスの大英博物館に行きました。そのとき，世界中の貴重な文化財を目の前にして気持ちが高揚するのと同時に，複雑な感情も抱《いだ》きました。

梶原さん：それはなぜですか。大英博物館は，一度に世界中の文化財を見ることのできる素晴らしい博物館だと思いますが。

先　生　：例えば，大英博物館で知名度の高い文化財としてロゼッタストーン(注)があります。しかし「ロゼッタストーンはイギリスの持ち物ではなくエジプトにゆかりのあるものなのでエジプトに返還されるべきだ」という要求があるのを知っていますか。同様に「パルテノン神殿の彫刻群はギリシャに返すべきだ」「モアイ像もチリのラパヌイ（イースター）島に返すべきだ」という要求があがっています。そうしたことを考えると，世界の文化財が大英博物館で堂々と展示されていることに，少し違和感を覚えるのです。

（注）　ロゼッタストーン：古代エジプトの神聖文字《しんせいもじ》（ヒエログリフ）が刻まれた石碑。ⓐナポレオンによってヨーロッパにもたらされエジプトのヒエログリフを解読する重要な資料となった。

和田さん：どうして貴重な文化財が他国に持ち出されてしまったのですか。

先　生　：それには沢山《たくさん》の理由が考えられます。ⓑ植民地時代に関係している場合や民間人の間で売買された場合，さらに盗掘《とうくつ》などの犯罪行為で持ち出される場合や，国家間の外交政策が絡《から》んでいる場合などがあります。

梶原さん：そうだったのですね。これまで私はそんなことを意識せずに博物館の展示を見てきました。では，文化財の返還に向けた動きは何かないのですか。

先　生　：もちろんあります。2010年には，エジプトのカイロで文化財返還を求める国際会議が開かれました。そうした活動を経て，近年では文化財の返還について国際的な関心が高まってきています。ですが，今から50年前の1972年に発効した文化財の違法取引を禁止する国際条約では，そこから過去にさかのぼって適用されない決まりになっており，国際的な文化財の返還実現に向けての道のりは厳しいと言わざるを得ません。それに，文化財については返還以外にも様々な問題があります。戦乱の中で奪《うば》われたり破壊されたり，天災や人災《じんさい》で失われたりといった問題や，さらには管理費の問題などもあります。

三浦さん：ウクライナの紛争でも，文化財に被害が出ているということをニュースで知りました。

大江さん：文化財はその国の人々にとって単に文化的・歴史的な価値以上の価値を持っていると思います。ⓒ文化についてどう考えるかは，国民のアイデンティティにも関わってくる問題ではないでしょうか。

先　生：そうです。色々な角度から文化財を見ていくことで，さらに関心が高まったり，その価値に気づいてもらったりできると思います。そこで，今度の夏休みには，皆さんに文化財について調べてもらいたいと思います。身近な文化財について調べてもらっても良いし，演劇・音楽・工芸技術などの無形文化財について調べてもらっても構《かま》いません。文化財を調べることでⓓ私たちの文化や歴史に対する意識もきっと変わってくると思います。

Ⅱ　夏休みが明け，生徒たちが文化財に関する調べ活動の成果を発表することになりました。生徒たちは設定したテーマと発表の見出しをカードにまとめました。以下のカードはその一例です。

梶原さんのカード

テーマ：「世界を魅了《みりょう》したUKIYOE」
～海外に流出した日本の文化財「浮世絵」～
〈発表の見出し〉
（1）浮世絵が与えたインパクト
　ヨーロッパの印象派とジャポニスム
（2）世界の美術館が所蔵《しょぞう》する浮世絵コレクション
（3）アメリカ・ボストン美術館が保有する浮世絵
　～戦災を免《まぬが》れ日本で里帰《さとがえ》り企画展を開催～

三浦さんのカード

テーマ：「戦争で失われた文化財の数々」
〈発表の見出し〉
（1）首里城・・・［　X　］が建国した琉球王国の王府《おうふ》
　→アメリカ軍による激しい攻撃で焼失
（2）名古屋城・・・天守閣として国宝第1号に選定
　→1945年5月の空襲で焼失
（3）ハンムラビ法典・・・最古の法典「目には目を」
　→イラク戦争による混乱で一部紛失

和田さんのカード

テーマ：「私のおすすめ世界文化遺産」
〈発表の見出し〉
（1）ギザの三大ピラミッドとスフィンクス
（2）ヌビア遺跡群とアブシンベル神殿
　→ナイル川の巨大ダム建設で水没《すいぼつ》の危機に
　→神殿を移築して世界遺産第1号に！
（3）パルテノン神殿
　→エンタシスの柱は視覚効果抜群《ばつぐん》！

大江さんのカード

テーマ：「国宝建造物の数日本一・奈良県の魅力」
〈発表の見出し〉
（1）法隆寺・・・国宝建造物の件数が堂々の第1位
　→世界遺産に登録された世界最古の木造建築
（2）唐招提寺・・・唐から日本に仏教の教えを伝えた［　Y　］のために建立された寺
（3）興福寺・・・イケメンの阿修羅《あしゅら》像が人気！
　→奈良時代のエリート貴族が建立した寺

問１　文化財・文化遺産を保護する活動に取り組んでいる国際機関にユネスコ（UNESCO）があります。ユネスコのように世界各地で活動している国際機関について述べた文として**誤っているもの**を，次の①～④の中から一つ選びなさい。

①　国際労働機関（ILO）は，世界各地の労働者を保護し，その地位の向上や労働条件の改善に努めている。

②　世界保健機関（WHO）は，戦時において敵味方の区別なく傷病兵《しょうびょうへい》や捕虜《ほりょ》などの救護活動にあたっている。

③　国連難民高等弁務官事務所（UNHCR）は，紛争や迫害などによって故郷《こきょう》を追われた難民の保護にあたっている。

④　国連児童基金（UNICEF）は，世界各地の子どもの権利を確立し，子どもたちの生存と穏《おだ》やかな成長を支援する活動をしている。

問２　下線部ⓐについて説明した次の文ア～ウの正誤の組み合わせとして正しいものを，次の①～⑥の中から一つ選びなさい。

ア　大統領に就任した直後に国を南北に二分する内乱が起きたが，黒人奴隷の解放や「人民の人民による人民のための政治」を唱えて内乱に勝利し，国の再統一を果たした。

イ　国民の絶大な人気を得て皇帝に即位し革命の原理を法典にまとめると，革命に反対するヨーロッパ諸国を武力で制圧し，その原理を周辺国に定着させた。

ウ　隣接《りんせつ》するオーストリアやフランスとの戦いを通じて小国に分立していた国を統一し，帝国を建国して富国強兵に努め，近代化を成功させた。

	①	②	③	④	⑤	⑥
ア	○	○	○	×	×	×
イ	○	○	×	○	×	○
ウ	○	×	×	○	○	×

問３　下線部ⓑについて，ヨーロッパ列強諸国による帝国主義政策は，アジアにも及びました。その結果，特に東南アジアの大半の地域が植民地となりました。右の図のＡ～Ｃは，1910年の東南アジアにおける，イギリス・オランダ・フランスの大まかな支配領域を表したものです。各国と支配領域Ａ～Ｃの正しい組み合わせを，次の表の①～⑥の中から一つ選びなさい。但し，国境線は2022年現在の状態で表しています。

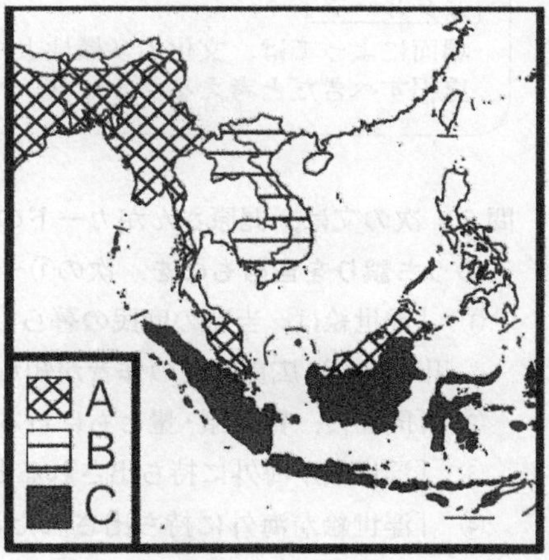

	①	②	③	④	⑤	⑥
イギリス	A	A	B	B	C	C
オランダ	B	C	A	C	A	B
フランス	C	B	C	A	B	A

問４　下線部ⓒ・ⓓについて，「文化の多様性」について考えるときにはさまざまな意見があります。次のア～エの考え方を Ａグループ と Ｂグループ の二つに振り分けたときに適当な組み合わせを，次のページの表の①～⑥の中から一つ選びなさい。

ア　私は，企業の中に世界中の人材を幅広く採用するべきだと考えます。様々な文化的背景を持つ人たちが一緒に働くことは，差別や偏見のない社会づくりにつながると思います。また，企業にとっても新たなアイデアが生み出されたり，顧客《こきゃく》の新規開拓につながったりするなど，利益があると思うからです。

イ　日本を訪れる外国人観光客の中には，出身国の文化やファッションなどの理由で入れ墨をしている人も少なくありません。私は，入れ墨をしている人の入浴を断っている公共浴場において，外国人だからといって特別扱いをする必要はないと考えます。誰もが安心して入浴を楽しむためにも，入れ墨をしている人の入浴禁止は，これからも維持すべきルールだと思います。

ウ　イスラム教徒の女性たちは顔を覆うスカーフを着用しますが，私は学校の中ではその着用を控えてもらうべきだと考えます。素顔が明かされないことで本人確認がしにくかったり，表情が読み取れなかったりと，教育上の不都合が発生すると考えられるからです。学校は公の場であるので，統一した基準の中で生活するのは当たり前だと思います。

エ　日本を訪れる外国人観光客の中には，宗教上の理由や信条の問題などで食べられない食材がある人も少なくありません。私は，観光地の飲食店では，料理にどんな食材が使われ，どんな調理が行われているかを開示すると良いと思います。色々な食文化があることをお互いに理解しあい，安心して食事を楽しんでもらえる環境をつくるべきです。

Aグループ
文化の多様性を尊重することを主張するグループ

Bグループ
場面によっては、文化の多様性よりも共通のルールを重視すべきだと考えるグループ

	Aグループ	Bグループ
①	ア・イ	ウ・エ
②	ア・ウ	イ・エ
③	ア・エ	イ・ウ
④	イ・ウ	ア・エ
⑤	イ・エ	ア・ウ
⑥	ウ・エ	ア・イ

問５　次の文は，梶原さんがカードの波線部《はせんぶ》について発表するために準備した原稿の一部です。このうち**誤りを含むもの**を，次の①～④の中から一つ選びなさい。

①「浮世絵は，当時の庶民の暮らしや風景，人気役者の肖像などを描いた絵画で，尾形光琳や歌川（安藤）広重などの作者が知られています。」

②「開国後，貿易額・量ともに日本一となった横浜の港から多くの浮世絵が持ち出されました。」

③「浮世絵が海外に持ち出されると，ゴッホやモネなどの画家に大きな影響を与えました。」

④「浮世絵が海外に持ち出されたことで，第二次世界大戦による被害を免れて多くの作品が保存されました。」

問６　三浦さんのカードの「ハンムラビ法典」は，今からおよそ3800年前（紀元前18世紀中ごろ）にまとめられたとされています。そのころの日本列島の様子について説明した文として適当なものを，次の①～④の中から一つ選びなさい。

①　日本列島は大陸とつながっており，人々がナウマンゾウなどの大型動物を追って移動してきた。

②　有力者は大型の墳丘《ふんきゅう》を持つ墓に青銅器や鉄器などの副葬品とともに埋葬され，墳丘の周囲には埴輪が並べられた。

③　周囲を濠《ほり》で囲まれた大型の集落が出現し，貯蔵のための高床倉庫などが建てられた。

④　人々は木の実や魚貝などを採集し，厚手の土器で煮炊《にた》きをしたり貯蔵したりして生活していた。

問７　和田さんのカードの「パルテノン神殿」がある地域の気候は，次のページの左のグラフで表される気候区に属しています。この気候区に当てはまる場所として適当なものを，地図の①～⑧の中から四つ選びなさい。

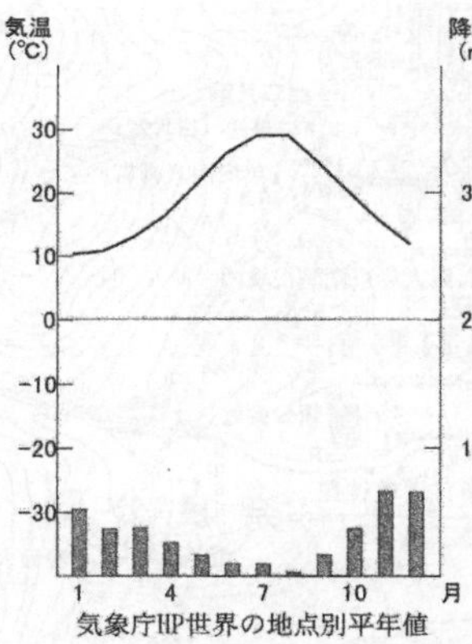

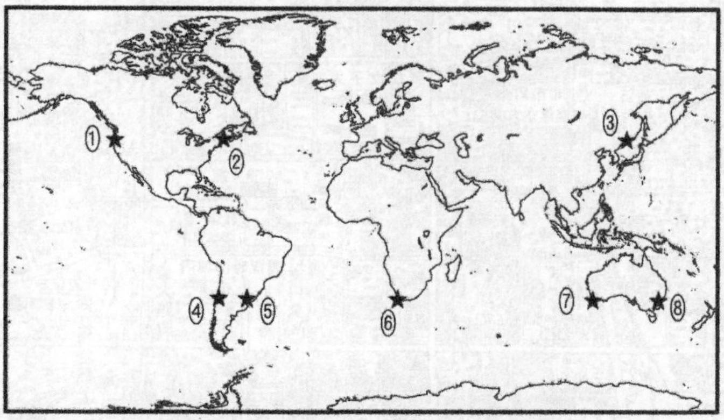

https://www.data.jma.go.jp/cpd/monitor/nrmlist/index.html（2022．7．26閲覧）より作成

問８　大江さんは，奈良の魅力を発信するために，夏休みに奈良市内でフィールドワークを行いました。次の①～⑥の文は，大江さんがフィールドワーク中に見た風景や通った道路を説明した文で，それぞれ次の<経路>**ア**～**カ**のいずれかに当てはまります。次のページの地形図を参考にして①～⑥の文を順番通りに並べたとき，**ウ**と**オ**に該当するものを，それぞれ①～⑥の中から一つずつ選びなさい。なお，<経路>に出てくる 宿 は，旧大乗院《だいじょういん》庭園の敷地に位置しています。

<経路>

宿	→	白毫《びゃくごう》寺	→	新薬師寺	→	元興《がんごう》寺（塔跡）	→	宿	→	興福寺	→	JR奈良駅
	ア		イ		ウ		エ		オ		カ	

①　狭い道を北に進み，三条本町から東に伸びる広い道路に出て，東に進んだ。この道路は，旧大乗院《だいじょういん》庭園のあたりで，鍵《かぎ》の手《て》状（クランク状）に曲がっている。

②　進行方向左手に猿沢《さるさわ》池を見て西に進む。進行方向右側には開化《かいか》天皇陵がある。JR駅の高架の手前で左折するとJR奈良駅があった。

③　高畑町付近を東の方角に進むときは，広い道路・狭い道路どちらを通ることも可能である。いずれの道も，なだらかな傾斜の登り坂である。

④　先ほど通った鍵の手状の道路を戻り，図書館を左手に見つつ北向きに進むと，JR奈良駅のすぐ北側を東西に走る道路を横断する。

⑤　ほぼ全区間狭い道路を北方向に進む。周囲は住宅地もしくは水田である。

⑥　西の方角に進み，東大寺の南から伸びる広い道路を横切った。

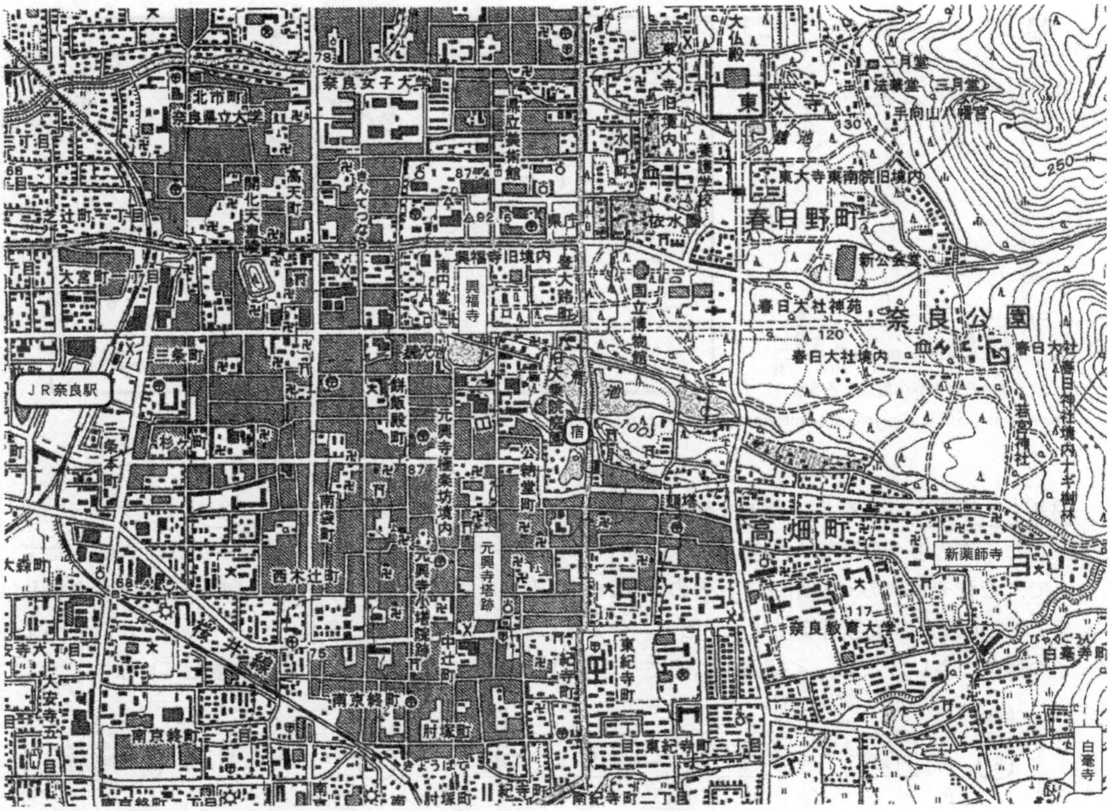

＜地形図＞　国土地理院発行25000分の１地形図より愛知高校作成（原寸よりやや拡大して表示しています）。

問９　三浦さんのカードの空欄 X と大江さんのカードの空欄 Y に当てはまる人物の正しい組み合わせを，次の①～⑥の中から一つ選びなさい。

①　X：李成桂　Y：道元　②　X：李成桂　Y：鑑真

③　X：尚巴志　Y：鑑真　④　X：尚巴志　Y：最澄

⑤　X：コシャマイン　Y：最澄　⑥　X：コシャマイン　Y：道元

問10　次のレポートは，文化財保護に関する活動について調べた八田知哉《はったともや》さんのレポートです。レポートを読み空欄 Z に当てはまる語句としてもっとも適当なものを，次のページの①～⑤の中から一つ選びなさい。

法隆寺を維持管理するための努力・工夫

法隆寺は，近年のコロナ禍《か》の影響で参拝者が減ってしまい，収入が落ち込んでしまいました。そのため，施設の維持管理を十分にできない状況になりました。そこで，関係者の方たちは Z によってその費用を集めるプロジェクトを立ち上げました。プロジェクトは2022年６月15日から実行され，８日間で１億円の支援が集まったとニュースになりました。

私は，小学校の時に奈良に修学旅行に行き，法隆寺を見学して感動したことを覚えています。また， Z とは，インターネットなどを通じて社会運動などの資金を集める新しい方法のことです。そうした新しい取り組みを利用して，歴史的な文化財が守られ継承されていくことは，とても良いことだと感じました。

報告者：八田知哉

① デジタルデバイド　② マイクロクレジット　③ フェアトレード
④ セーフティーネット　⑤ クラウドファンディング

2 次の会話文と資料をもとに，1から6の問に答えなさい。

穂高《ほたか》さん：2022年は，「青春18きっぷ」が発売されてちょうど40年の年でしたね。

岸辺《きしべ》先生：この40年の間に，当初この切符を売り出した日本国有鉄道は民営化されてＪＲとなり，全国の鉄道路線網も大きく変わりました。

穂高さん：ⓐ新規に開通した路線がある一方で，廃線になる路線もありました。乗りたいと思っていた路線や以前に乗った路線が廃線になってしまうと，悲しいですね。

岸辺先生：先生もそう思います。では，どこか次に乗ってみたい路線はありますか？

穂高さん：東海地方の路線はほぼ制覇したので，次は遠隔地の路線に乗ろうと思っています。先生，どこかおすすめの路線はありますか？

岸辺先生：そういえば，ここに私が最近乗車した路線の乗車記録がありますよ。

メモⅠ

新幹線の終着駅でもある始発駅を発車すると，数駅は市街地が続き，路面電車と並走する場面や，高架区間もみられた。進行方向左側に見える桜島が今日は噴煙を上げている。朝，駐車場の車のボンネットやフロントガラスに火山灰が積もっていた。2022年７月末に桜島は大規模な噴火を起こし，一時期噴火警戒レベルが大幅に引き上げられた。この路線は錦江《きんこう》湾に沿っていて，途中の駅の近くには大規模なⓑ石油の備蓄基地がある。この路線はこの先も続くが，砂むし温泉で有名なこの地域の中心駅で下車した。

メモⅡ

始発駅は東西南北から線路が集結し，新幹線も停車する交通の要衝《ようしょう》である。ここから西側に向かう路線に乗車した。しばらくは住宅地や工業団地も見られたが，やがて水田が広がり，上り勾配《こうばい》に差し掛かった。最初は安達太良山《あだたらやま》が進行方向右手にあり，やがて磐梯山《ばんだいさん》の麓《ふもと》を走った。車窓の反対側には，ⓒ磐越自動車道が並走する。そして，北側から回り込むようにこの地域の中心都市に到着した。この都市では幕末に激しい戦闘が行われ，白虎《びゃっこ》隊少年兵士のエピソードもある。

メモⅢ

始発駅は，新幹線の開通から取り残された城下町である。しばらく車窓の左側に見えていた浅間山は後方に移り，今度は右側に八ヶ岳《やつがだけ》が見えるようになる。この地域は農業が盛んで，水田や果樹園の他，ⓓ高原野菜の生産が盛んであるようだ。新幹線との乗り換え駅を過ぎると，路線は千曲《ちくま》川と並走し山の中に入る。JR路線の中で最も標高が高い地点を通過し，県境を越える。避暑《ひしょ》地・別荘地として名高い駅では乗客がどっと増え，通勤列車のような光景になった。そこから数駅で，釜無《かまなし》川沿いのJR中央本線との乗換駅に着いた。

徳高さん：3つのメモには，火山が近くにあるという共通点がありますね。

岸辺先生：その通りです。日本は地震が多く，ⓔ火山も集中しています。これは4つのプレートの境界が集中しているためです。

穂高さん：先生はどのような共通点に注目していますか。

岸辺先生：メモⅠ～Ⅲ全てにⓕ新幹線が交差・発着する駅が含まれています。

穂高さん：「青春18切符」では原則乗車できませんが，ⓖ新幹線の存在は大きいですね。

岸辺先生：そうですね。穂高さんもこの夏新しい路線に乗車したら，自分なりの乗車記録を残すと良いですよ。

夏休みに入り，穂高さんは自分が乗車した路線のメモを作成しました。二学期に入ったらメモを見つつ，先生といろいろと話をするつもりです。

穂高さんが作成したメモ

2022年9月23日開通の新幹線停車駅である始発駅を出ると，市街地の中を走り，数駅で水田が広がる風景へ変化した。「干拓《かんたく》の里」駅付近で，進行方向左手に水門が見えた。やがて車窓には，1991年に大規模な噴火を起こした雲仙普賢岳が現れ，反対側には有明海が広がった。駅によってはホームのすぐ近くに海岸線が迫《せま》る。また，有明海を横断するフェリーの港の看板もあった。以前は半島の西側まで路線が通じていたが，末端《まったん》部分は廃線になり，港近くの終着駅で列車を降りた。

＜参考文献＞・鉄道ジャーナル2022年9月号　第56巻9号
・岐阜新聞　2022年3月23日「青春18きっぷ　旅の相棒40年」

問1　メモⅠ～Ⅲとそれに該当する路線を表した図1のX～Zの正しい組み合わせを，下の①～⑥の中から一つ選びなさい。

＜図1＞

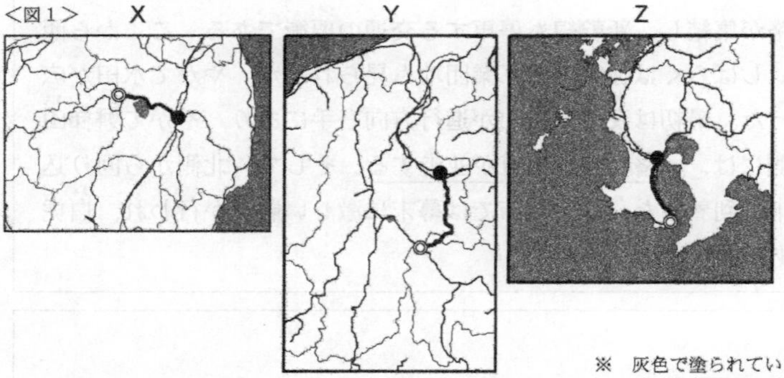

※　灰色で塗られている部分は海面または内水面を指す。
※　●：乗車駅　◎：降車駅

	①	②	③	④	⑤	⑥
Ⅰ	X	X	Y	Y	Z	Z
Ⅱ	Y	Z	X	Z	X	Y
Ⅲ	Z	Y	Z	X	Y	X

問2　下線部ⓑについて，次のページの図2はエネルギー資源の産出と輸出の国別割合を表したもので，A・Bには天然ガスと原油のいずれかが，X～Zにはアメリカ・中国・ロシアのいずれかが当てはまります。原油と中国の正しい組み合わせを，右の①～⑥の中から一つ選びなさい。但し，表中に特に指定のない数値の単位はすべて％で示してあります。

	①	②	③	④	⑤	⑥
原油	A	A	A	B	B	B
中国	X	Y	Z	X	Y	Z

出典：2022データブックオブザワールドvol. 34（二宮書店）より愛知高校作成。

＜図２＞

順位	Ａの産出（2019年）計393203万ｔ		Ｂの産出（2019年）計40887億㎥	
1	X	15.4	X	23.4
2	Y	13.4	Y	18.3
3	サウジアラビア	12.4	イラン	5.7
4	イラク	5.9	Z	4.3
5	Z	4.9	カナダ	4.3
	その他	48.0	その他	44.0

順位	Ａの輸出（2018年）計225598万ｔ		Ｂの輸出（2018年）計46062千兆Ｊ	
1	サウジアラビア	16.3	Y	18.3
2	Y	11.5	カタール	11.0
3	イラク	8.4	ノルウェー	10.2
4	カナダ	7.0	X	8.6
5	アラブ首長国連邦	5.1	オーストラリア	7.3
	その他	51.7	その他	44.6

問３　下線部ⓓについて，図３は冷涼な気候を好むある高原野菜の，東京中央卸売《おろしうり》市場における月別入荷割合（2018年）を表しており，Ｘ・Ｙは図３を解釈した文章です。Ｘ・Ｙのうち正しい文章と，農作物Ａ～Ｃのうち同じ出荷傾向を示す作物の正しい組み合わせを，次の①～⑥の中から一つ選びなさい。

＜図３＞

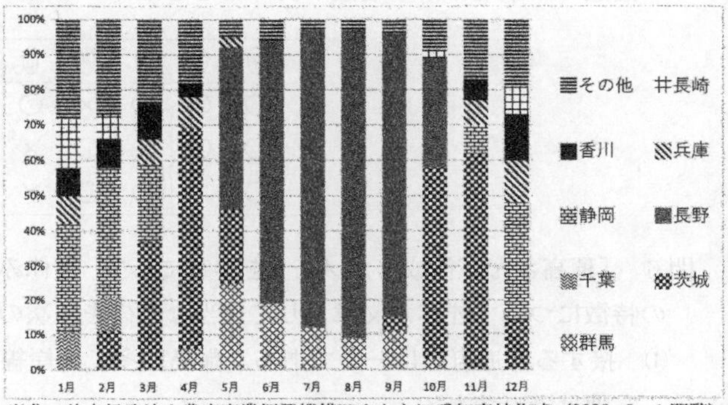

出典：独立行政法人農畜産業振興機構HPをもとに愛知高校作成（2022．8．1閲覧）。
（https://vegetable.alic.go.jp/yasaijoho/yasai/1911_yasai1.html）

	①	②	③	④	⑤	⑥
正しい文章	X	X	X	Y	Y	Y
農作物	A	B	C	A	B	C

＜文章＞

Ｘ　春と秋には，茨城県産が多く入荷している。これはビニールハウスで栽培され，大消費地である東京に近く輸送費が安いという利点を生かして栽培しているためである。

Ｙ　夏には，長野県産が多く入荷している。これは露地で栽培され，夏に気温が高くなる関東近郊の産地と収穫・出荷時期をずらし，値崩《ねくず》れを防ぐためである。

＜農作物＞　Ａ　トマト　　Ｂ　なす　　Ｃ　キャベツ

問４　下線部ⓔについて，図４は世界の火山が分布する地域のいくつかを表しています。このうち火山が分布する地域として誤っているものを，図の①～⑥の中から一つ選びなさい。

＜図４＞

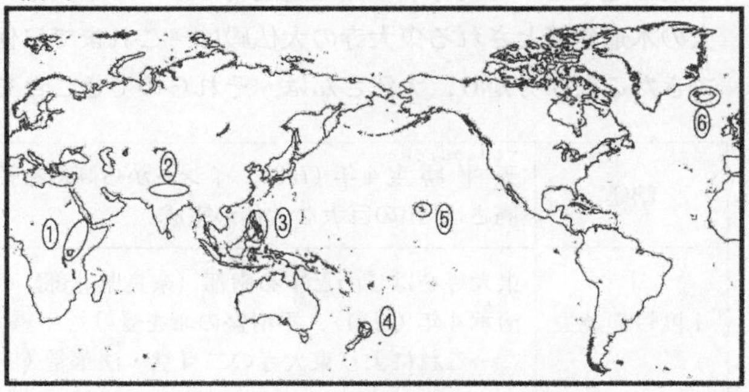

問5　下線部ⓐ・ⓒ・ⓕ・ⓖについて，新幹線や高速道路の新規開通が人々の生活に与える影響について述べたX～Zの文の正誤の組み合わせとして正しいものを，下の①～⑧の中から一つ選びなさい。

X　新幹線の新規開通により，並行する全ての在来線の経営がJRから移され，運賃の値下げ及び運転本数の増加が行われ，在来線沿線の利便性が向上した。

Y　大都市と地方を結ぶ新幹線や高速バスが整備されると，移動時間の短縮により地方の商業活動が活発化するとともに，新幹線を利用した通勤や，地方から大都市への人口流出が促進されるようになった。

Z　高速道路の新規開通により，トラックでの輸送条件が大きく改善され，過密であった大都市周辺の工業地帯から地価が安く用地を確保しやすい周辺部への工場移転が促進された。

	①	②	③	④	⑤	⑥	⑦	⑧
X	○	○	○	×	○	×	×	×
Y	○	○	×	○	×	○	×	×
Z	○	×	○	○	×	×	○	×

問6　「穂高さんが作成したメモ」を参考にして，夏休みに穂高さんが乗車した路線がある都道府県の特徴について述べた文章として適当なものを，次の①～④の中から一つ選びなさい。

①　接する都道府県は一つである。離島が多く海岸線の距離が長い。果樹栽培が盛んで，県庁所在地は港町である。

②　二つの都道府県と接している。石灰石を産出しセメント工業が盛んである。県庁所在地は室町時代に栄え，京の都を模した街づくりが行われた。

③　二つの都道府県と接している。果樹栽培が盛んで，2021年に世界文化遺産にも登録された縄文時代を代表する遺跡がある。県庁所在地は港町である。

④　二つの都道府県と接している。窯《よう》業が盛んで，製品は江戸時代には海外にも輸出されている。弥生時代を代表する大規模な環濠集落の遺跡があり，県庁所在地は城下町である。

3　次の文章と表をもとに，1から6の問に答えなさい。

古都奈良の文化財に興味を持った大江さんは，夏休みに奈良県を訪れました。奈良県は第二次世界大戦の空襲による被害が少なく，多くの伝統的建造物が保存されたため，国宝の指定を受けた建造物の数が日本一であり，とりわけ，現存する世界最古の木造建築とされる法隆寺など，奈良時代以前に建てられて現存する国宝建造物はすべて奈良県にあることも知りました。ところが，世界最大の木造建築とされる東大寺の大仏殿は，これまでに何度も戦乱などによる荒廃と再建をくり返してきたことが分かり，大江さんは，それらのできごとを，次の表にまとめました。

創建	天平勝宝《てんぴょうしょうほう》4年(752)、インドから高僧を招き大仏の開眼供養《かいげんくよう》(注1)。 高さ16 mの巨大な大仏が完成。
1度目の焼失	東大寺をはじめとする南都《なんと》（奈良県北部）の寺院勢力は平氏政権と対立。 治承《じしょう》4年(1181)、平清盛の命を受けた平重衡《しげひら》らが南都を焼きはらう。 →これにより東大寺の二月堂・法華《ほっけ》堂（三月堂）・転害《てがい》門・正倉院以外が焼失。

再建	平清盛の死後、後白河上皇が東大寺の再建を命じる。 大勧進《だいかんじん》(注2)に任命された重源《ちょうげん》が、民衆の支持と中国の技術者の協力を得て再建に成功。 →文治《ぶんじ》元年（1185）に大仏の開眼供養。5年後の建久《けんきゅう》元年（1190）に大仏殿が完成。
2度目の焼失	永禄《えいろく》10年（1567）、戦国大名の松永久秀《まつながひさひで》が東大寺に陣を構え敵対する三好勢《みよしぜい》を攻撃。 大仏殿をはじめとする多くの建造物が焼失し、大仏は溶けて喪失する。
再建	焼失直後にⓐ織田信長や徳川家康も勧進の許可を出すが、再建は進まず。 貞享《じょうきょう》元年（1684）、公慶《こうけい》が大仏の修理のための勧進（資材や資金集め）を本格的に始める。 →江戸や上方などの都市部で「出開帳《でがいちょう》(注3)」を行い民衆から多額の募金を集める。 貞享3年（1686）に大仏の修理を開始、6年後の元禄《げんろく》5年（1692）に大仏の開眼供養。 元禄6年（1693）、公慶は将軍ⓑ徳川綱吉に東大寺復興を願い出る。 →江戸幕府主導の国家事業として大仏殿を再建。宝永6年（1709）に現在の姿となる。
荒廃	幕末には老朽化が進み大仏殿は崩壊寸前の状態になる。 慶応《けいおう》4年（1868）、明治政府は神道を重んじる方針を示す。 →全国的に廃仏毀釈《はいぶつきしゃく》の動きが広まり、仏像などは海外に売られたり破壊されたりした。 フェノロサと岡倉天心は、奈良の寺院・仏像の荒廃ぶりを見て文化財保護運動を開始。 →明治30年（1897)、「古社寺《こしゃじ》保存法」が制定され国が寺院や仏像の修理を行うことになる。 →ⓒ明治36年（1904）から大正2年（1913）にかけて大仏殿の大規模な修理を実施。
国宝指定	戦後に「文化財保護法」が制定され、昭和27年（1952）に大仏殿が国宝の指定を受ける。 →昭和49年（1974）から昭和55年（1980）にかけて「昭和の大修理」が行われる。
世界遺産登録	1998年に古都奈良の文化財の一部として、ユネスコより世界文化遺産に登録される。

(注1)開眼供養：仏像や仏画などが完成したとき僧侶がお経《きょう》を読み、その建立された仏像などに魂《たましい》を入れる法要《ほうよう》のこと。

(注2)大勧進：寺院建設のための資金や資材集めを任される僧侶の役職のこと。

(注3)出開帳：寺院の本尊《ほんぞん》を別の場所に移して人々に披露すること。自由に旅行ができなかった時代に多くの参詣《さんけい》者を集め寺院の収益につながった。

問1　次の文Ⅰ～Ⅳを読み，創建時に東大寺の大仏造立を命じた天皇に関わる政策と文化の説明として正しい文の組み合わせを，下の①～④の中から一つ選びなさい。

Ⅰ　貴族や僧の権力争いで政治が乱れたため都を山城《やましろ》（京都府）に移し，政治を刷新《さっしん》するため班田収授の実施や地方役人の不正の取り締まりに力を入れた。

Ⅱ　東北地方で抵抗を続ける蝦夷《えみし》を従わせるために多賀城《たがじょう》（宮城県）を築き，耕作されずに荒れてしまった口分田に対して人々に開墾を勧める命令を出した。

Ⅲ　この天皇にゆかりのある品々が収められた正倉院には，シルクロードを通って伝わったとされるインドや西アジアの影響を受けた文物が含まれ，この時代の国際色豊かな文化を象徴している。

Ⅳ　遣唐使の派遣が行われなくなり，この天皇の命で紀貫之が『古今和歌集』を編纂するなど，中国の文化を日本の風土や生活に合わせて独自に改良した，日本固有の文化が栄えるようになった。

①　ⅠとⅢ　②　ⅠとⅣ　③　ⅡとⅢ　④　ⅡとⅣ

問2　次に挙げた源頼朝の業績のうち，東大寺大仏殿の1度目の焼失から再建（大仏殿の完成）までのできごととして**誤っているもの**を，次のページの①～④の中から一つ選びなさい。

① 源義経らに命じて平氏を西国に追いつめ，壇ノ浦《だんのうら》（山口県）で平氏を滅亡させた。

② 後鳥羽天皇から征夷大将軍に任命され，全国の武士を従えた。

③ 対立した源義経を捕らえる口実《こうじつ》で，全国の国ごとに守護を，荘園・公領には地頭を置くことを朝廷に認めさせた。

④ 対立した源義経をかくまったとして奥州藤原氏を攻め，滅亡させた。

問３ 下線部ⓐの二人の人物にかかわりのないできごとを，次の①～⑥の中から二つ選びなさい。

① 物差《ものさ》しや升《ます》を統一して全国の田畑の広さや良し悪しを調べ直し，収穫高を石高で表す新しい帳面をつくらせた。

② 岐阜や安土の城下町に楽市令を出し，市《いち》での税を免除して自由な商工業を奨励した。

③ 征夷大将軍に任じられて全国の大名を従えると，親藩《しんぱん》・譜代《ふだい》大名は要地に，外様《とざま》大名は遠隔地にそれぞれ配置した。

④ 初め天領《てんりょう》に，翌年からは全国に対してキリスト教の禁止を命じ，バテレン（宣教師）を国外に追放するとともに，キリシタン（キリスト教徒）を迫害した。

⑤ 敵対する延暦寺《えんりゃくじ》を焼き討ちし，長きにわたる戦いののち一向《いっこう》一揆を屈服させるなど，宗教勢力を一掃した。

⑥ 百姓が刀や槍《やり》などの武器を持つことを禁止して，武士と百姓の身分の違いを明確にした。

問４ 下線部ⓑの人物にもっともかかわりの深い資料を，次の①～④の中から一つ選びなさい。

①

一、文武弓馬《ぶんぶきゅうば》の道（学問と武道）に励《はげ》むこと。
一、諸国の大名は、領地と江戸に交替で住むこと。毎年四月中に江戸へ参勤すること。
一、五百石積み以上の船をつくることは禁止する。

②

一、関所を通らずに山を越えたものは、その場で磔《はりつけ》とする。
一、足軽であっても、町人や百姓から身分をわきまえない扱いを受けた場合、その者を切り捨ててかまわない。

③

一、もし捨て子を見つけたら、すぐにその子を養《やしな》うか、養子を希望する者に直《ただ》ちに預けなさい。
一、犬に限らず、すべての生類《しょうるい》を、いつくしむ心をもって憐《あわ》れみなさい。

④

一、外国へ、日本の船を派遣することを禁止する。
一、外国に暮らす日本人が帰国したら、死罪を命じる。
これ以降は、ポルトガル船の来航を禁止する。

問５ 下線部ⓒの時期の外交と社会の様子についてまとめた次の文Ⅰ～Ⅳを読み，空欄 A と B に当てはまる文の正しい組み合わせを，あとの①～④の中から一つ選びなさい。

1904年は，三国干渉《さんごくかんしょう》で日本と対立した国々と日本との間で国際的な戦争が始まった年である。日本は，この戦争を利用して［ A ］。また，この戦争に前後して官営の製鉄所が操業を開始するなど工業生産が飛躍的な進歩を遂《と》げていた。その結果，この戦争ののち［ B ］。

Ⅰ ドイツが持つ山東省の権益を日本へ譲渡し，日本が持つ旅順・大連の租借《そしゃく》の期間を延長するといった内容の要求を中国政府に提出し，武力を背景にその要求の大半を中国政府に認めさせた。

Ⅱ　大韓帝国《だいかんていこく》（韓国）を保護国として外交権を奪い，やがて内政の実権も握って韓国を併合した。

Ⅲ　イギリスから輸入した紡績《ぼうせき》機を用いた大規模な工場が大阪で操業するなど，各地で製糸・紡績業などがさかんになり，日本でも軽工業を中心に産業革命が進んだ。

Ⅳ　義務教育の年限が６年に延長され，男女の教育格差がほぼ解消されて就学率も100％に近づくなど，教育の拡充が進んで産業や社会の発展につながった。

①　A－Ⅰ　B－Ⅲ　②　A－Ⅰ　B－Ⅳ　③　A－Ⅱ　B－Ⅲ　④　A－Ⅱ　B－Ⅳ

問６　東大寺の大仏殿が戦後に国宝の指定を受けてから「昭和の大修理」が終わるまでに起きた日本の経済や外交に関する次の出来事①～⑤について，下線部のこの年を古いものから順に並べたとき三番目にくるものを選びなさい。

①　日本では物価が乱高下《らんこうげ》するなど，オイルショックの影響が世界に及んだため，この年，フランスのランブイエで初の先進国首脳会議（サミット）が開催され，日本からは三木武夫首相が参加した。

②　この年，佐藤栄作首相とアメリカのニクソン大統領との間で沖縄返還協定が結ばれ，翌年の５月に沖縄の本土復帰が実現した。

③　保守政党が合同して自由民主党が結成され，鳩山一郎を首相として安定した政権運営が始まったこの年を，翌年の経済白書《はくしょ》は「もはや戦後ではない」と表現した。

④　特需景気で国内経済が沸《わ》き立つなかで，吉田茂首相が調印したサンフランシスコ平和条約が発効したこの年に，日本の国際復帰が実現した。

⑤　この年，岸信介首相は衆議院で強行採決を行い，国会での十分な審議がないまま日米安全保障条約が改定された。

4　31ページの新聞記事のとおり，2022年４月１日より成人年齢が20歳から18歳に引き下げられました。これに関連して，１から５の問にそれぞれ答えなさい。

問１　記事中の空欄 X には，憲法の改正要件が書かれています。X に入れる語句として適当なものを，次の①～④の中から一つ選びなさい。

①「衆参両院の総議員の３分の２以上の賛成で国会が発議し，国民投票で過半数の賛成を必要とする」

②「衆参両院の総議員の過半数の賛成で国会が発議し，国民投票で３分の２以上の賛成を必要とする」

③「衆議院議員の３分の２以上の賛成で国会が発議し，国民投票で３分の２以上の賛成を必要とする」

④「参議院議員の過半数の賛成で国会が発議し，衆議院議員と国民投票で過半数の賛成を必要とする」

問２　傍線部ⓐに関連して，成年の消費者に関連する法や制度について述べた文として**誤っているもの**を，次の①～⑤の中から一つ選びなさい。

①　消費者保護基本法は，2004年に改正されて消費者基本法となった。この法改正によって，消費者の権利の尊重とその自立支援に重点が置かれるようになった。

②　2009年には，政府全体の消費者政策を計画的かつ一体的に推進するため，消費者庁が設置された。

③　製品に欠陥《けっかん》があって消費者が損害を受けたとき，製品に欠陥があることが証明できれば，製造物責任法（ＰＬ法）にもとづいて製造業者に損害賠償を求めることができる。

④　商品の購入の際に，重要事項について事実とは異なることを告げられていた場合には，消費者契約法によって，契約を取り消すことができる。

⑤　自ら店舗《てんぽ》に出向いて購入した商品の内容が気に入らなければ，購入から経過した期間に関係なく，代金の返還を全額請求できる。

問３　傍線部ⓑに関連して，国会や国会議員について述べた文として**誤っているもの**を，次の①～⑤の中から一つ選びなさい。

①　衆議院や参議院は国の行政について調査を行い，証人を会議に出席させて供述《きょうじゅつ》させたり，記録の提出を要求したりする権限を持っている。

②　国会は，不適任だと訴えられた裁判官を辞《や》めさせるかどうかを決めるために，衆参両院の議員で構成される弾劾裁判所を設けることができる。

③　臨時会（臨時国会）は，衆議院の解散後の総選挙の日から30日以内に召集され，内閣総理大臣の指名が行われる。

④　国会議員には，国会の会期中は議院の許しがない限り現行犯以外では逮捕されない特権がある。

⑤　国会議員には，議院内の発言や表決について議院外で法的な責任を問われない特権がある。

問４　傍線部ⓒにあるように，改正公職選挙法によって18歳以上にも選挙権が認められるようになりました。次の会話は，2022年の参議院議員通常選挙が公示された６月22日に，すでに満18歳となっていた二人の高校生の間で交わされたものです。会話中の下線部①～④のうち，当時の法制度と照らし合わせて**誤っているもの**を一つ選びなさい。

和田：昨日で僕も18歳になったよ。これで親の同意がなくてもスマホの契約ができるし，選挙権も得たってわけだ。

三浦：おめでとう。じゃあ，今日が参議院議員選挙の公示日だから，私たちは二人とも今度の選挙で投票に行けるんだね。最初の投票ってなんだか緊張しない？

和田：うん，だけど僕は今度の投票日に部活の大会が重なって投票に行けないんだ。

三浦：それでも投票はできるよ。①仕事などで投票日に投票できない場合でも，期日前投票はできることになっているんだよ。

和田：そうなんだ，知らなかった。今度，期日前投票制度について調べてみるよ。ところで，僕たちの同級生でも，17歳の子たちには選挙権はないんだよね？

三浦：そう，②同じ学年でも年齢の違いで選挙権のある子とない子がいることになるね。

和田：そう考えると，友達の分まで自分の１票を大切にしないといけない気がしてきた。あと，僕のＳＮＳに昨日こんなメッセージが届いたんだけど，見てみてよ。

三浦：君と同い年の子からの投票の依頼だね。③満18歳になったら選挙運動も認められているから，法的に問題はないね。

和田：このメッセージをくれた友達は，親戚に政治家が何人もいて，将来は自分自身も県議会議員に立候補するつもりらしいよ。

三浦：政治に関心が強い子もいるもんだね。④県議会の議員の被選挙権は18歳以上だから，その子は県議会の議員に立候補できる年齢に達したってことだね。

※　会話をしている二人は，いずれも投票日にいたるまでに10年以上住民票を移していないものとします。

問５　記事から読み取れることを述べた文として適当なものを，次の①～④の中から一つ選びなさい。

①　1950年代に，憲法改正の要件になっている国民投票の手続きについて定めた国民投票法が成立した。

②　民法の改正で成人年齢が20歳から18歳に引き下げられる以前に，選挙権年齢は20歳以上から18歳以上に引き下げられていた。

③　民法の成人年齢を引き下げることについての議論が法制審議会で行われ，高校生や有識者，教育関係者などからは賛成が相次ぎ，反対の声はほとんど上がらなかった。

④　満18歳以上は成年と規定されたため，デート商法による契約は，原則として取り消すことができなくなった。

きょう改正民法施行

改正民法が1日に施行され、「大人の入り口」となる成人年齢が20歳から18歳に引き下げられる。同日にちょうど20歳になる人に加え、計約200万人に上るとみられる18、19歳も一斉に新成人となり、自らの判断と責任で自立した生活を送ることが可能になる。大人の仲間入りをする若者が増えることで社会に活力が生まれると期待される一方、ⓐ消費者被害に巻き込まれる懸念も指摘される。【山本将克、遠藤修平】

社会の活力 自立促す

CU クローズアップ

松野博一官房長官は31日の記者会見で「146年ぶりの成年年齢変更で歴史的な節目だ」としたうえで、「若者の積極的な社会参加を促し、主体的な役割を果たしてもらうことは、社会に大きな活力をもたらす」と意義を強調した。

近代の日本で「20歳成人」は、大人と子どもを線引きする基準として社会で受け入れられ、定着してきた。その見直しは、戦後の国の在り方が問い直される中で議論が本格化した。きっかけは憲法だった。

1947年施行の憲法は、安定性を保ちながら時代の変化に適合させるため、改正要件について　X　と厳格に定めた。しかし、国民投票の手続き法は50年代に案として示されたことがあるだけで、長く放置されてきた。

国際情勢や国民の意識の変化もあり、戦後60年の節目となった2005年になって、衆院憲法調査会が国民投票法を整備すべきだとする方向性を打ち出した。国の最高法規である憲法の改正に関わる国民の範囲をどう定めるかがⓑ国会論戦の焦点として浮上した。

憲法改正の影響は大きいため、若い世代も手続きに参加するべきだとする意見や、海外では18歳選挙権が主流となっていたことも踏まえ、07年に成立した国民投票法は、投票権年齢を「18歳以上」と明記した。その上で、社会生活のルールを定める民法の成人年齢を連動させるべきかを「宿題」として投げ掛け、議論の舞台は法制審議会（法相の諮問機関）に移った。

法制審での審議は白紙の状態からスタートした。ただ、参政権とは別物の成人年齢を引き下げる積極的な理由は乏しく、高校生や有識者、教育関係者からは「マルチ商法が高校内で広まる危険性がある」「社会のことを学んだ上でないと成人の自覚は生まれない」「高校の指導、教育に支障が出るおそれがある」――などと反対意見が相次ぎ、賛否は最終盤まで拮抗《きっこう》した。

このため、法制審は、引き下げのデメリットを解消する環境整備をセットにして求め、法整備の時期も国会の判断に委ねることで、もつれた議論を決着させた。09年の答申では、成人年齢は18歳に引き下げるのが適当としつつ、若者の自立や消費者被害拡大の解決につながる施策が実現されることが必要だとした。

ⓒ国会では、選挙権年齢が先だって審議され、20歳以上から18歳以上に引き下げる改正公職選挙法が15年に成立した。それを追う形で成人年齢を引き下げる改正民法が成立したのは、法制審の答申から9年後の18年になってのことだった。

ある法務省幹部は「法制審の議論を契機に、法教育や消費者教育の重要性が一層認識された。教育現場での実践的な取り組みにつながり、若者が大人として飛び立つための滑走路の整備が進んだ。社会の活力の源として若い世代が活躍できるよう、社会全体で考えていく必要がある」と指摘する。

「18歳成人」を巡る主な経緯

2005年4月	衆院憲法調査会が最終報告書を決定
07年5月	投票権年齢を18歳以上とした国民投票法が成立
08年2月	成人年齢引き下げの是非を法制審議会に諮問
09年10月	法制審が成人年齢の18歳への引き下げを答申①
15年6月	選挙権年齢を18歳以上に引き下げる改正公職選挙法が成立
16年6月	改正公選法施行
18年3月	政府が成人年齢を18歳とする民法改正案を閣議決定
6月	改正民法が成立②
19年6月	デート商法による契約を取り消せるとした改正消費者契約法施行
22年4月	改正民法施行

①

②

記事の見出し

『18歳　期待担い大人に』

出典：「毎日新聞」２０２２年４月１日朝刊
（問題文作成のため一部改稿）

㋓　猫の正体が前世から縁のある大切な方だとわかったから。
㋔　自分たちのそばにいることを望んで姿を現してくれたことを知ったから。

【問七】『更級日記』は平安時代を代表する日記文学ですが、平安時代の文学についての説明として正しいものを一つ選び、記号をマークしなさい。

㋐　最初の勅撰《ちょくせん》和歌集である『万葉集』が編まれた。
㋑　最古の物語である『平家物語』が書かれた。
㋒　『枕草子』は紫式部によって書かれた随筆である。
㋓　清少納言の影響を受けて『徒然草』が書かれた。
㋔　『源氏物語』のような女性による文学が盛んであった。

a　おどろきて

㋐　いらいらして　㋑　大騒ぎをして　㋒　目を覚まして
㋓　感動して　㋔　がっかりして

b　いみじう

㋐　少し　㋑　わけもなく　㋒　しみじみと
㋓　たやすく　㋔　たいそう

【問二】　傍線部①「かく」の指す内容として適切なものを次から選び、記号をマークしなさい。

㋐　筆者の姉
㋑　猫
㋒　侍従の大納言殿の御むすめ
㋓　筆者
㋔　あてにをかしげなる人

【問三】　傍線部②「ただしばしここにある」とありますが、この理由として最も適切なものを次から選び、記号をマークしなさい。

㋐　前世から深い縁で結ばれていた侍従の大納言殿の御むすめが、夢の中でも筆者のことをいとおしく思っているから。
㋑　前世からの因縁だと思い込んでいる侍従の大納言殿が、筆者の姉のことを今もいとおしく思い続けているから。
㋒　前世からの因縁で結ばれていた筆者が、病気で亡くなった姉をしきりに思い出しては嘆き悲しんでいたから。
㋓　前世からかわいがってくれていた筆者が、侍従の大納言殿の猫のことをしきりに思い出してくれていたから。
㋔　前世から縁のあった筆者が、侍従の大納言殿の御むすめのことをしきりにいとおしいと思い出してくれていたから。

【問四】　傍線部③「あてにをかしげなる人」とありますが、ここでは誰の姿のように見えたと考えられますか。適切なものを次から選び、記号をマークしなさい。

㋐　筆者の姉
㋑　侍従の大納言殿
㋒　侍従の大納言殿の御むすめ
㋓　筆者
㋔　下仕えの者たち

【問五】　傍線部④「詰りたまふ」、⑤「聞く」の主語を次から一つずつ選び、記号をマークしなさい。

㋐　筆者の姉
㋑　猫
㋒　侍従の大納言殿の御むすめ
㋓　筆者
㋔　下仕えの者たち

【問六】　傍線部⑥「この猫を北おもてにも出ださず思ひかしづく」とありますが、筆者たちがこうすることにした理由として適切でないものを次から一つ選び、記号をマークしなさい。

㋐　猫の正体が高貴な方とわかった以上、下仕えの者と一緒にはできないから。
㋑　下仕えの者たちには、猫の正体を隠しておかなければならなかったから。
㋒　下仕えの者たちと一緒にされるのはつらいことだと訴えられたから。

あり、お点前さえ作法通りにこなしていれば、茶室の仕掛けや音などに注意を向けることもできる。

㋑　茶道には厳格な作法があり、それ自体は自由がないに等しいが、それ以外は何の制約もない。そのため、お茶を分かるまでどれだけ時間を使ってもよく、また答えも教えられないために、どの答えが正しくて、どれが間違っているということもない。茶道にはそのように、一人一人の答えを受け入れる自由がある。

㋒　茶道には厳しい作法があると考えていたが、それは自分が未熟であるために起こってしまう誤解であった。作法自体には多くの決まりがあるものの、その正確さはどこまでも追究できるものである。その意味で茶道には自由があると言え、先生がお点前のことしか言わないのはそれが理由であった。

㋓　茶道の作法は細かいというイメージを多くの人が持っているだろうが、実際に経験すると想像以上のものであることがわかる。しかし、茶道とは生きる上で絶対に必要ということはないため、途中でやめることも自由である。そのため茶道をする人は、いつでもやめられるという決定権を持っていると言える。

㋔　茶道を支えているのは不自由なまでの作法であり、お茶を習うことはそのまま作法を習うことだと言える。そのため、茶道とは創造性もなく、不自由なものだと考えられてしまう。しかし逆に言えば、不自由であることを強いられるために、茶道以外のことがいかに自由であるかを知ることができるのである。

三　次の古文は菅原孝標女《すがわらのたかすえのむすめ》が書いた『更級《さらしな》日記』の一部です。これを読んで後の問に答えなさい。ただし、設問の都合で本文を一部省略・改変しています。

親しい人を次々に亡くし、悲しい気持ちでいた筆者（中の君）のもとに、かわいらしい猫がやってきた。猫は下仕えの者たちには決して寄り付かず、筆者とその姉のそばにぴったりとくっついてくる。筆者たちもかわいがっていたが、姉が病気になり、猫は下仕えの者たちが使用する北側の部屋（北おもて）に移された。

わづらふ姉《病気の姉が》 aおどろきて「いづら《どうしたの》、猫は。こちゐてこ《こちらへ連れて来て》」とあるを、「など《なぜ》」と問へば、「夢にこの猫のかたはらに来て、『おのれは《私は》侍従《じじゅう》の大《だい》納言殿《なごんどの》の御むすめの、①かくなりたるなり《こういう姿になったものです》。さるべき縁のいささかあり《前世の因縁が多少あって》て、この中の君のすずろに《しきりに》あはれと思ひ出《い》でたまへば、②ただしばしここにあるを《ほんのしばらくの間こちらにおりますのに》、このごろげすの中にありて《下仕えの者たちのなかにいて》、bいみじうわびしきこと《情けない思いをしております》』といひて、いみじうなくさまは、③あてにをかしげなる人《上品で美しい人》と見えて、うちおどろきたれば、この猫の声にてありつるが、いみじくあはれなるなり《かわいそうなのです》」と④語りたまふを《おっしゃるのを》⑤聞くに《聞いて》、いみじくあはれなり《心を打たれた》。そののちは⑥この猫を北おもてにも出ださず思ひかしづく《たいせつに世話をした》。

（吉岡曠『更級日記』より）

【問一】　傍線部a、bの本文における意味として最も適切なものを後から一つずつ選び、記号をマークしなさい。

㋐ 先生がお点前以外のことに興味がないのはなぜか。
㋑ 茶道において最も重要なものとは何か。
㋒ 先生がお点前以外のことを教えないのはなぜか。
㋓ 完璧にお点前ができるのはいつになるのか。
㋔ 茶道のお点前にどのような理由があるのか。

【問七】 傍線部④「出口のない内なる思いに、少し目頭が熱くなった」とありますが、ここでの「私」の様子を説明したものとして最も適切なものを次から選び、記号をマークしなさい。

㋐ 雨の日に、「聴雨」の掛け軸を見たことをきっかけとして、それまでのお茶会にいくつもの仕掛けがあったことに気づいたが、言葉にするべきではないと思い沈黙するしかなかった。そして、その沈黙こそが茶道の本質であると考えた。
㋑ 雨の日に、「聴雨」の掛け軸が掛けてある理由に気づいた喜びを、誰かと分かち合いたいという気持ちが大きくなったが、その場の誰も理解を示してくれず、沈黙するしかなかった。そして、それを上手に表現できない自分の無力さを知った。
㋒ 雨の日に、「聴雨」の掛け軸を見た感想は、あくまで個人的なものでしかないため、他の誰にも理解できないだろうと思い沈黙するしかなかった。しかし、それに気づくことができた自分の経験と、茶道への理解に自信が持てるようになった。
㋓ 雨の日に、「聴雨」の掛け軸を見たときに感情を揺さぶられる体験をしたが、お点前のときは言葉を発することができないため、沈黙するしかなかった。しかし、沈黙していたからこそ、先生とその感動を分かち合えたのだと悟った。
㋔ 雨の日に、「聴雨」の掛け軸を見たときの感動を誰かに伝えたい衝動と、言葉にできないやるせなさとが自分の中で葛藤してしまい沈黙するしかなかった。しかし、その沈黙とは多くの感動と感情がうずまくものであることに気づいた。

【問八】 傍線部⑤「先生は『余白』を残してくれたのだ」とありますが、「余白」の内容を説明したものとして最も適切なものを次から選び、記号をマークしなさい。

㋐ お茶事の中で自分を成長させ、茶道において重要なことに気づくようになるまでの時間。
㋑ 茶道を通して成長した人にしか気づくことができない、お茶事における演出や仕掛け。
㋒ お茶事のときに茶室や道具の他に、お点前をする人がそろって初めて生み出される調和。
㋓ 内面が成長することにより、お茶事のテーマや調和に自分で気づく喜びや感動を得る機会。
㋔ お点前という長い過程を全て終えた末にたどり着くことができる、茶道の本質的な美学と哲学。

【問九】 傍線部⑥「それは、私たちを自由に解き放つことでもあった」とありますが、本文全体を踏まえると、この後にどのような筆者の考えが展開していくと考えられますか。最も適切なものを次から選び、記号をマークしなさい。

㋐ 茶道の作法は厳しく、お茶事では自由に振る舞える場面が全くない。それでも年月を重ねることで、心に余裕が出てくるために様々なことを考えることができるようになった。つまり頭の中は自由で

❷判で押したように
㋐常識であるかのように
㋑意味を変えないように
㋒細かい点を指示するように
㋓いつもと同じように
㋔それしか知らないかのように

❸血や肉になった
㋐知識や経験として身についた
㋑考えを大きく変えるものになった
㋒忘れられない記憶となった
㋓足りないものを補充した
㋔有益な情報に変化した

【問三】傍線部①「妙な気がした」とありますが、このときの「私」の心情を説明したものとして最も適切なものを次から選び、記号をマークしなさい。

㋐物事には答えや理由があるのが普通だと考えていたが、茶道の動きに意味がないことを知り、違和感を覚えている。
㋑自分がこれまでの人生で教わったことや、それに基づく考え方が茶道では通じないことに戸惑いを感じている。
㋒学校の先生は質問に答えてくれたが、「武田のおばさん」は作法の由来や理由を教えてくれないため不信感を抱いている。
㋓伝統を重んじるには作法の由来や理由まで理解していなければならないが、それがわからないため焦燥感に駆られている。
㋔自分が未熟であるために、茶道の本質に気づくことができないことを自覚し、この先上達できるのかと不安に思っている。

【問四】空欄 C 、 D にそれぞれあてはまる語の組み合わせとして最も適切なものを次から選び、記号をマークしなさい。

㋐C 質　D 量
㋑C 体　D 技
㋒C 感性　D 理性
㋓C 形　D 心
㋔C 器　D お茶

【問五】傍線部②「日本の『悪しき伝統』の鋳型にはめられる気がして」とありますが、そのような気がした理由として最も適切なものを次から選び、記号をマークしなさい。

㋐茶道は、伝統を重んじる保守的な雰囲気のものであり、現代の生活に合う作法を創り出すことができないため。
㋑茶道は、言われたことをその通りにするだけに過ぎず、理由も考えさせないことから、単調作業のように思えたため。
㋒茶道は、初め興味をそそられるものであったが、自由にできない点ばかりが目につき、興味をなくしてしまったため。
㋓茶道は、細かい作法ばかりを気にしなければならないものであり、茶道自体を楽しむ心の余裕がなくなってしまったため。
㋔茶道は、理由もわからない作法を押し付けているようで、人間を規則で縛って無個性にしてしまうもののように思えたため。

【問六】傍線部③「さかのぼること十年も前から、疑問に思っていた」とありますが、その「疑問」の内容として最も適切なものを次から選び、記号をマークしなさい。

私なら、演出した仕掛けをすべて言いたくなるだろう。だけど、言葉で言ってしまっては、伝わらないものがある。

先生は、私たちの内面が成長して、自分で気づき、発見するようになるのを、根気よくじっと待っているのだった。

お稽古を始めたばかりのころ、私が「なぜ?」「どうして?」と質問を連発すると、先生はいつも「理屈なんか、どうでもいいの。それがお茶なの」と言った。

理解できないことがあったら、わかるまで質問しなさいと学校で教育されてきた私は、面食らったし、それがお茶の封建的な体質のように思えて反発を感じた。

だけど今は、そのころわからなかったことが、一つ、また一つと、自然にわかるようになった。十年も十五年もたって、ある日、不意に、

「あ～! そういうことだったのか」

と、わかる。答えは自然にやってきた。

お茶は、季節のサイクルに沿った日本人の暮らしの美学と哲学を、自分の体に経験させながら知ることだった。

本当に知るには、時間がかかる。けれど、「あっ、そうか!」とわかった瞬間、それは、私の❸血や肉になった。

もし、初めから先生が全部説明してくれたら、私は、長いプロセスの末に、ある日、自分の答えを手にすることはなかった。⑤先生は「余白」を残してくれたのだ……。

「もし私だったら、心の気づきの楽しさを、生徒にすべて教える」……

それは、自分が満足するために、相手の発見の歓《よろこ》びを奪うことだった。

先生は手順だけ教えて、何も教えない。教えないことで、教えようとしていたのだ。

⑥それは、私たちを自由に解き放つことでもあった。

※注

雪野さん……筆者と同じ茶道教室に通う生徒。

お点前……茶道において、主催者側の茶をたてる作法・所作。

お茶事……茶道における正式な茶会。

「聴雨」の掛け軸……「聴雨」と書かれた掛け軸。

つくばい……茶室に入る前に、手を清めるために置かれた手水鉢。

水指・棗……いずれも茶道の道具。

【問一】 空欄 A 、 B にあてはまる漢字を含んでいる熟語として最も適切なものを後から一つずつ選び、記号をマークしなさい。

A ㋐改築 ㋑裂傷 ㋒描写 ㋓抱腹 ㋔暴力

B ㋐越境 ㋑迫真 ㋒破壊 ㋓解読 ㋔絶対

【問二】 傍線部❶～❸の語句の意味として最も適切なものを後から一つずつ選び、記号をマークしなさい。

❶鵜呑みにして

㋐言葉尻をとらえて
㋑よく考えずに受け入れて
㋒そのまま放置して
㋓自分なりの解釈をして
㋔その後のことを予想して

（私が先生だったら絶対、心の気づきの話をするけどなあ～）

しかし、十三年目に「※お茶事《ちゃじ》」を勉強し、多少なりとも自分の習ってきたお茶の全体像が見え始めたころから、時おり、時間が止まったような静けさの中で、

（もしかすると先生は、思っていても、言わないだけなのかもしれない……）

と、思うことがあった。

何かに耳をすますように軽く目を閉じ、動かなかった先生の体がわずかに揺れる。目を開けた瞬間、今にも何か言いそうな表情をすることがある。だけど、先生はそのまま、フーッと静かに息を吐いて、目元で微笑《ほほえ》んでいるだけなのだ。

（先生は、なぜ言わないんだろう？）

その理由《わけ》がわかった気がしたのは、あの六月の土曜日、どしゃぶりの雨の中で、※「聴雨」の掛け軸を見た日だった。

私も、何も言えなかったのだ……。

言えばきっと、言葉の空振りになるのがわかる。思いや感情に、言葉が追いつかないのだ。

だから無言のまま、わが身と同じ大きさのたぎる思いを、ぐっと飲み込んで、座っているしかなかった。そして、④出口のない内なる思いに、少し目頭が熱くなった。

「………」

その時、痛いほど思った。人の胸の内は、こんなにも外からは見えない。

茶道の風景を外から見れば、ただ黙って座っているにすぎない。しかし、見えない場所で、同時に、別のことが起こっているのだ。

その静けさは濃密だ。

「………」

走って誰かに伝えに行きたいような胸の熱さと、言葉が追いつかない虚《むな》しさと、言いたいけど言えないやるせなさが、せめぎあう沈黙。

沈黙とは、こんなに熱かったのか……。

静かに並んで座ったまま、私は、先生と気持ちを共有したような気がした。

先生は、言わないのではない。言葉では言えないことを、無言で語っているのだった。

本当に教えていることは、目に見えるお点前の外にある。

先生の家の玄関を開けると、いつも真っ先に、下駄箱《げたばこ》の上の花や色紙が目に入る。暑い日は、※つくばいの水が多めに流れている。菓子器の蓋《ふた》をとると、そこに美しい和菓子が並んでいる。床の間には、今朝摘んだばかりの花、そして掛け軸。※水指《みずさし》、棗《なつめ》、茶碗、蓋置き……。

どれ一つ見ても、そこに季節があり、その日のテーマと調和がある。

それが、お茶のもてなしだった。

けれど先生は、それを口にしない。だから私は最初、一つかせいぜい二つしかわからなかった。それが、二十年たつうちに、三つ、四つと自分で見つけられるようになった。気づいてみて初めて、いつ気づくか知れない私たちのために、先生が毎週、どれほど心を尽くして季節のもてなしを準備してくれていたのかを知った。

いや、今だって先生は、私たちにはわからない仕掛けをいっぱいしているのだろう。

言われるままに、茶碗の「前」からお湯を注ぐ。空になった柄杓から雫《しずく》がポタッ、ポタッと落ちる。その雫を早く切ろうと、柄杓をちょんちょんと振った。

「あっ、それをしちゃだめ。雫が落ちるのをじっと待つの」

やることなすこと、いちいち細かく注意され、イライラしてくる。どこもかしこも、がんじがらめ。自由に振る舞える場面など一つもない。

(「武田のおばさん」て、意地悪！)

私は、四方八方から剣が刺さってくる小さな箱の中で、小さく縮こまっている手品師の助手になったような心境だった。

「お茶はね、まず『C』なのよ。先に『C』を作っておいて、その入れ物に、後から『D』が入るものなの」

(でも、『D』の入ってないカラッポの『C』を作るなんて、ただの形式主義だわ。それって、人間を鋳型《いがた》にはめることでしょ？　それに、意味もわからないことを、一から十までなぞるだけなんて、創造性のカケラもないんじゃないの)

私は②日本の「悪《あ》しき伝統」の鋳型にはめられる気がして、反発で爆発しそうだった。

文章Ⅱ

十五年目の秋、私は※雪野さんと一緒に、「盆点《ぼんてん》」という※お点前《てまえ》を習った。

入門してから十四年間、「習い事」→「茶通箱《さつうばこ》」→「唐物《からもの》」→「台天《だいてん》目《もく》」と、一つ一つ階段を上がるように習ってきたお点前のファイナル・ステージだった。

だけど、お茶に卒業はなかった。

お稽古に行けば、相変わらず、

「右手で持って、左手に持ち変えるのよ」

「畳の目、二つ目の所に置きなさい」

と、❷判で押したように、お点前を繰り返すのだった。

実は、③さかのぼること十年も前から、疑問に思っていた……。

先生は、お点前のことしか言ってくれない。

もちろん習い始めのうちは、それも致し方なかった。しかし、三年、五年と過ぎ、何とか手順が身についてきても、相変わらず言うことは、

「お湯は、底の方からくみなさいね」

「あ、もうちょっと、上から注いだほうがいいわ」

ずっと具体的な動きや順序のことばかりなのだ。

(お茶って、ただお点前をするだけなの？)

今まで感じなかった季節を感じるようになったり、五感が変わっていたことに気づいたりといった「変化」が起こるようになると、私はますます思った。

(先生は、なぜお点前のことしか言わないんだろう。手順がそんなにだいじなの？　完璧にお点前ができたからって、なんだっていうの？)

そんな私の思いをよそに、先生は、

「年月がたって慣れてくると、つい細かいところを略したり、自分の癖が出てきたりしますからね。お稽古を始めたころと同じように、細かいところにまで心を入れて、きちんとお点前をすることが大切ですよ」

と、十年一日のごとく、お点前の細部を注意し続けた。

先生には、心の気づきなど興味がないように思えた。

と茶筅をまわしながら、鼻先まで持ち上げたり、奇妙な動作を三度繰り返した。

「はい、やってごらんなさい」

私たちも、茶筅で弧を描いて手首をくるりと返したり、茶筅を鼻先に持ち上げたりした。なんだか「お焼香」しているみたいな妙な気分だった。

「……これ、なんですか?」

「ん? 穂先が折れてないか、確かめてるの」

「でも、なぜ手首をくるりとやるんですか?」

「なぜでも、いいの。とにかくこうするの」

「……?」

おばさんは、白い麻布を持ってきた。

「これは『茶巾』よ。見てて」

そう言うと、小さくたたんだ茶巾を、茶碗の縁にかけて指で挟み、三度回しながら拭いた。一周全部拭き終えると、茶巾を茶碗の真ん中に置いてごちょごちょ動かした。

「最後に、お茶碗の底に、ひらがなの『ゆ』の字を書くのよ」

「なんで?」

「なんでもいいの。いちいち『なぜ?』って聞かれると、私も困るのよね。とにかく、意味なんかわからなくてもいいから、そうするの」

①妙な気がした。学校の先生たちは、

「今のは、いい質問だ。わからないことを❶鵜呑《うの》みにしてはいけない。わからなかったら、その都度、理解できるまで何度でも聞きなさい」

と、言ったものだった。だから私は、「なぜ?」と疑問を持つのは、いいことなのだとずっと思っていた。

ところが、なんだかここでは勝手がちがった。

「わけなんか、どうでもいいから、とにかくこうするの。あなたたちは反発を感じるかもしれないけど、お茶って、そういうものなの」

あの「武田のおばさん」の口から、こんな言葉を聞くなんて、意外だった。

けれども、そういう時、「武田のおばさん」は、なぜかとても懐かしいものでも眺めるようなまなざしをする。

「それがお茶なの。理由なんていいのよ、今は」

【中略】

お茶には、うるさい作法があると噂《うわさ》に聞いてはいた。しかし、その細かさは想像を[B]していた。

たとえば、釜《かま》から柄杓《ひしゃく》で湯を一杓《しゃく》くみ上げて、茶碗に注ぐという、たったそれだけのことにも、たくさんの注意があった。

「あっ、あなた、今、お湯の表面をすくったでしょ。お湯は、お釜の下の方からくみなさい。お茶ではね、『中水《なかみず》、底湯《そこゆ》』と言って、水は真ん中、お湯は底の方からくむのよ」

(同じ釜からくむんだから、上だって、底だって、同じお湯じゃないの)と思いながらも、言われた通り、柄杓をドブンと釜の底深く沈めた。すると、

「ドブンと、音をさせないように」

「はい」

くみ上げた湯を、茶碗に注ごうとすると、

「あー、お茶碗の『横』からじゃなく『前』から注ぎなさい」

はどういうことですか。最も適切なものを次から選び、記号をマークしなさい。

㋐ 体力や判断力を必要とする登山において、少しでも精神面に負担がかからないよう、入山前に気の合う者同士であるかどうかよく話し合わなくてはならないということ。

㋑ 同行者の技術面や体力面、装備などを互いに考慮し、少しでも不安があれば予定を変更するなど、全員で安全に下山する責任を一人ひとりが負うということ。

㋒ 都市での生活と比べて大きなエネルギーを注ぎ込むことになる登山において、一度でも行動をともにした人間関係は、下山後もずっと続いていくものであるということ。

㋓ パーティのうち誰かが体力面や装備の都合で先へ進むのが難しくなったとしても、登頂という共通の目的を達成するため、個よりも全体を優先しなくてはならないということ。

㋔ 技術面や体力面、装備などに差があると、パーティ全体を危険な目に遭わせてしまうことがあるため、あらかじめ訓練して相手に合わせておかなくてはならないということ。

【問九】 空欄 X にあてはまる、「互いの気持ちが合うこと」という意味の四字熟語として最も適切なものを次から選び、記号をマークしなさい。

㋐ 付和雷同　㋑ 遠交近攻　㋒ 異口同音
㋓ 勧善懲悪　㋔ 呉越同舟　㋕ 意気投合

【問十】 本文の論の進め方についての説明として最も適切なものを次から選び、記号をマークしなさい。

㋐ 登山者のSNS利用の具体例を挙げ、それについて賛成か反対かをはっきり述べることで、筆者自身の立場を明らかにしている。

㋑ 死亡事故につながる極端な事例なども取り上げながら、現代人が承認欲求を持つことに疑問を感じ、強く批判している。

㋒ さまざまなSNSの機能を一つずつ検証しながら、問題点と解決策を明らかにし、SNSの将来性にまで言及している。

㋓ 実際に起こった事例を挙げ、登山における他人からの評価方法の変遷やSNSの普及による利点と問題点を挙げている。

㋔ 登山中に気をつけなければならないことなど、登山技術の解説を中心に、登山者へのSNS普及に警鐘を鳴らしている。

二

次の 文章Ⅰ と 文章Ⅱ は森下典子の随筆『日日是好日―「お茶」が教えてくれた15の幸せ―』の一部です。文章Ⅰ は「私」（典子）が「武田のおばさん（先生）」から茶道を習い始めた二十歳のとき、文章Ⅱ はそれから十五年後を回想したものです。これを読んで後の問に答えなさい。ただし、設問の都合で一部省略・改変しています。

文章Ⅰ

二回目のお稽古《けいこ》で初めて、例の「シャカシャカ」かきまわす泡立て器に触った。

「これは『茶筅《ちゃせん》』というのよ」

細く分かれた竹の穂先が、内巻きにカールしている。

おばさんは、お湯を少しだけ入れた茶碗《ちゃわん》の中で、茶筅で弧を A くと、手首をくるりと返して、茶碗の縁にコトリと置いたり、ゆっくりかったため評価しにくかったが、スピードというルールを設けることで登山者同士を比べやすくなり、登山者が評価される機会となった。

【問五】傍線部③「独学」とありますが、登山における「独学」に対する筆者の考え方として最も適切なものを次から選び、記号をマークしなさい。

㋐ 自分の力量を独学で見極めることは難しいため、SNSによる人からの評価を判断基準にするのがよい。

㋑ 登山技術を独学することには限界があるため、十分な知識や技術を持つ人から直接教わるべきだ。

㋒ 難易度の高い山の登頂に必要な登山技術を独学するには、思っているよりも長い時間が必要だ。

㋓ もともと備わっている登山者の技量によって、独学が可能な人とそうでない人がいる。

㋔ 登山技術の独学には情報の信頼性が大切であり、専門家のSNSを頻繁に閲覧しなくてはならない。

【問六】傍線部④「登山において、他人からの評価を意識することはとても危険だ」とありますが、これはなぜですか。適切なものを次から二つ選び、記号をマークしなさい。（解答の順番は問いません。）

㋐ 他人からの評価を求める気持ちが強いと、遭難につながる危険な状況を危険だと判断する意識が薄れてしまうことがあるから。

㋑ 他人からの評価を気にして行動を制限し、自分らしい登山ができなくなることは、本来の登山の目的を見失うことでもあるから。

㋒ 危険な状況に身をさらす姿をSNSに投稿すると、安全に配慮できない登山者だと思われ、他人からの評価が下がってしまうから。

㋓ 危険な行動をとることは、登山における危険を人々に伝えることになるが、一人の登山者による情報発信では客観性に欠けるから。

㋔ 危険だとわかっていても、その危険を乗り越えた先にある他人からの評価を優先して、安全な行動を選択できないことがあるから。

【問七】傍線部⑤「そういった記事ほど検索上位に表示されやすい」とはどういうことですか。最も適切なものを次から選び、記号をマークしなさい。

㋐ 目標とする山々を厳しいスケジュールで歩き通したことがわかる記事は、個人の体験に基づいて書かれた重要なページとして上位に表示されるということ。

㋑ 気軽な文句で基礎知識のない初心者に安心感を与えるような記事は、多くの登山初心者にクリックされることで重要なページとして上位に表示されるということ。

㋒ 多くの登山者の興味や関心をひきつけるような内容の記事は、SNSを利用する多くの人に閲覧されることで重要なページとして上位に表示されるということ。

㋓ 頻繁に更新される登山初心者向けの記事は、山の本が出版された当時よりも最新の登山記録が残されている重要なページとして上位に表示されるということ。

㋔ 投稿者の承認欲求が表れたスピード自慢とも読み取れる記事は、SNSを利用する多くの登山者に危険性を訴える重要なページとして上位に表示されるということ。

【問八】傍線部⑥「登山では、パーティを組む、という意味は重い」と

❶ケンチョ
㋐ケンショウに当選する
㋑ケンメイな判断を下す
㋒倍率２００倍のケンビキョウ
㋓ケンキョに耳を傾ける
㋔労働者をハケンする

❷ケツジョ
㋐調査対象からジョガイする
㋑作物の発育をジョチョウする
㋒日本国憲法のジョブン
㋓トツジョとして黒雲が現れる
㋔景気がジョジョに回復する

❸ユウハツ
㋐ユウチョウに構えている
㋑オリンピックをユウチする
㋒ユウカンな青年
㋓事実がユウベンに物語っている
㋔国の将来をユウリョする

❹シテキ
㋐教師としてのテキセイ
㋑プロにヒッテキする腕前
㋒不正をテキハツする
㋓予想がテキチュウする
㋔栄養剤のテンテキをする

❺ボシュウ
㋐唐の長安をモした平城京
㋑ふるさとをシタう
㋒仕事に明けクれる
㋓ハカ参りをする
㋔不安がツノる

【問四】 傍線部②「それを変えたのがＳＮＳ、特にヤマレコだ」とありますが、ここでの変化についての説明として最も適切なものを次から選び、記号をマークしなさい。

㋐ 歩いたコースや通るのが難しかった場所などを写真付きで報告できるようになり、登山の技量よりも投稿の仕上がり具合に対する「いいね！」やコメントを得ることで登山者が評価される機会となった。

㋑ 登山を始めたばかりの初心者には評価される機会がないが、目標とする山の難易度が上がると、登頂する様子を見届けるため一緒に山を登ろうとする人が増え、評価される機会を得るようになった。

㋒ 登山は徒歩による山地旅行であるという考え方から、登山はスポーツであるという考え方が主流になってきたため、多くのスポーツと同様、登山者にも評価の機会を与えようとする動きが出てきた。

㋓ これまで評価しにくかった登山を、山の標高、地形などの難易度や登頂スピード、ＳＮＳ投稿への「いいね！」の数などによって数値化することで客観性が増し、登山者が評価される機会となった。

㋔ 登山にはスポーツクライミングのような定められたルールがな

たものの、相手の技術が不足していたり、装備が中途半端だったりして、危険な思いをしたという話は多い。

SNSは登山の報告をするには適しているが、仲間をボシュウするには手軽すぎて、逆にアクシデントの原因を引き寄せてしまうともいえる。

⑥登山では、パーティを組む、という意味は重い。パーティで入山する場合は、下山まで行動を共にするという暗黙の了解があるからだ。もし、同行者に技術や体力、装備などの不安があって、予定どおりの行動がとれない見込みが高まったとしたら、その時点で引き返すことや、エスケープルートからの下山を考えなければならない。どうしても下山できない場合には、一緒に※ビバークすることも必要だ。

一緒の行動が難しいと解った時点で、話し合ってパーティを分けるということもできない。たとえば3人で散歩に出かけ、その最中に1人が気分が悪くなり、そこから1人で帰ったとしてもまったく問題ない。しかし登山中にパーティを離れて1人で帰路につき、その途中で遭難したとしたら、残った2人の責任が追及される。警察からの事情聴取に加え、法的な罰則が科される可能性もある。

したがってパーティ登山では、相手の体力や技術を知っておく必要がある。SNSで X したとしても、それですぐ登山に向かうのではなく、事前に顔を合わせて、経験や技術など伝え合う機会を持つべきだ。

(木元康晴『IT時代の山岳遭難』より一部省略・改変)

※注

登攀……山や高所によじ登ること。

Facebook……SNSの一種。実名での登録を前提としており、写真や文章を投稿できる。投稿を見た人は「いいね!」やコメントをすることができる。

センシティブ……慎重に扱われるべきであるさま。

山行……山の中を歩いて行くこと。

お鉢巡り……火山の噴火口周縁をまわること。富士山が代表的。

YouTube……動画共有サービスの一種。

パーティ……登山で、行動をともにする仲間。

ビバーク……登山で、野宿すること。

【問一】 傍線部①「大なり小なり」の本文における意味として最も適切なものを次から選び、記号をマークしなさい。

㋐ 念のため言っておくと　㋑ 誰が何と言おうとも

㋒ 一般的に考えると　㋓ 程度の差はあるにしても

㋔ 小さな問題ではあるが

【問二】 空欄 A ～ C にあてはまる語として最も適切なものを後から一つずつ選び、記号をマークしなさい。

A

㋐ または　㋑ そこで　㋒ したがって

㋓ しかし　㋔ つまり

B

㋐ そして　㋑ けれども　㋒ なぜなら

㋓ だから　㋔ すなわち

C

㋐ それゆえ　㋑ つまり　㋒ ところで

㋓ または　㋔ ただし

【問三】 傍線部❶～❺のカタカナと同じ漢字を含むものを後から一つずつ選び、記号をマークしなさい。

と、安全よりも、本来得られるはずだった評価を優先する判断を下してしまう。また、ときには、目に入った危険を危険ではないものとして、意識から押しやってしまう。その結果、本来ならば回避可能だった危険な状況に身をさらし、遭難する。

第三者の目からすると、そういった流れがより明らかに見える。自ら危険の中に進んでいくようにすら思える遭難者の行動には、無念さを感じる。

SNSでのスピード自慢的な投稿は、自分自身の承認欲求に関わるだけでなく、ほかの登山者にも悪影響を及ぼすことがある。特に目につくのが、登山の初心者ほど、そのスピード自慢の登山者の時間を見て、その時間で歩けるのだと勘違いしてしまうことだ。

たとえば登山に興味を持つようになった若者が、山の本などを読むこともなく、ネットだけで情報収集するというのは今では普通だ。そこに「南アルプスの広河原《ひろがわら》から白峰三山《しらねさんざん》、日帰りでサクッと縦走してきました！」などと書いてある投稿を見ると、つい信じてしまう。しかも悪いことに、⑤そういった記事ほど検索上位に表示されやすい。多くの登山者は、本当にそんなことが可能なのかと思ってついクリックするのだろう。そのクリック回数の多さが検索エンジンのシステムに、「重要なページ」との判断を与えることになり、検索上位に上がるのだと推測される。そのようなページを基礎知識のない初心者が見ると、検索上位にあるページなので正しく、一般的な情報だと勘違いしてしまうのだ。そして初心者が、本当に白峰三山を日帰りで縦走するようにプランニングしたりする。

「日帰りの縦走は無理だよ」

と忠告をしても。

「いや、だってネットに書いてあるから大丈夫ですよ」

という返事が返ってくる。特に若い人ほど、インターネット上の情報を疑うこともせずに、そのまま信じやすい傾向があるように感じる。

SNSに起因する危険としては、ときに冷静さを欠いた行動を❸ユウハツしてしまうことも挙げられる。たとえば私の知人で、秋の連休にある山の頂上を難コースから目指す計画を立てた人がいた。途中の山小屋に宿泊し、そのことをその場でSNSに投稿すると、SNS上の知人が、一般コースから同じ山の頂上を目指す予定だというコメントを書き込んだ。そのままコメントでのやり取りが始まり、翌日はその山の頂上で落ち合う約束をしたという。それまでSNSでは何度もやり取りしていたものの、実際に会ったことはない2人だ。翌日に頂上で会ったとしたら、そこで初対面となるはずだった。

しかし、その初対面は実現しなかった。難コースに向かった私の知人が転落、死亡したからだ。一連の様子を、ほぼ同一行動をとりつつ見ていた別の知り合いからは、山頂での待ち合わせ時刻が、難コースから向かうにはずいぶん早い時刻だったため、それに間に合わせようと急ぎすぎたことが原因のひとつではなかったかと、伝えられた。

SNSの知り合い同士によって構成された即席※パーティが引き起こす、危険な登山が目立つというシ❹テキもある。２０１８年3月21日、奥多摩《おくたま》の三頭山《みとうさん》に向かった10代から40代の日本人と中国人合計13人のパーティが下山できなくなって消防隊員に救助された遭難は、大きく報道されたために記憶に残っている人も多いだろう。そこまでの例ではなくても、山好きがSNSで仲間を❺ボシュウし、一緒に行くことになっの心理が働いている。

　そのようにSNS上で承認欲求が生じること自体は、悪いことではない。かつて登山は、誰にも見られることがなく、自己完結することで終わっていた。しかし、たとえ一般ルートであったとしても、都市生活を送っている人がチャレンジするには、大きなエネルギーを注ぎ込むことになる。その行動が可視化されることによって、評価され得る対象になった場合、他人に認めてもらいたいと思う気持ちを持つのは自然なことだ。私自身、※Facebookを活用し始めてからの数年間は、より多くのいいねとコメントをもらおうと考えて行動した経験を持っているので、その気持ちはよく解る。

　[C]、そういった承認欲求も、ささやかな楽しみの範疇《はんちゅう》でとどまるうちはいいが、度が過ぎると危険となる。

　山岳救助関係者に話を聞くと、実力以上に背伸びをした山やコースを目指したことによって遭難に至った登山者たちの、背伸びをすることになったきっかけの多くは、おそらくSNSでの評価を高めようという考えにある、という。

　実際の遭難に関わる※センシティブな問題であり、詳細は省くが、ある救助関係者が❶ケンチョな例として挙げたのは、数年前に残雪期の八ヶ岳《やつがたけ》で行方《ゆくえ》を絶った男性だ。その男性は難易度の高いルートを、通常以上のスピードで登ることを自分のスタイルとしていて、その※山行報告をSNSに掲載。多くの称賛が得られるにつれ、目指すコースの難易度は少しずつ上がっていったという。しかしこの男性は、登山技術を③独学していたらしい。最後に赤岳《あかだけ》近くの稜線《りょうせん》でその男性を目撃した人によれば、とても目指したコースを歩ける技量や体力があるようには見えなかったという。結局は、行方を絶って数ヶ月が経過してから、登山道を離れた沢筋で遺体が発見されている。おそらく下山の途中に滑落したものと考えられている。

　度を過ぎた承認欲求が原因とみられる遭難では、２０１９年10月28日のものが大きな話題になり、記憶にも新しい。47歳の男性が、装備不十分のまま新雪期の富士山の吉田口頂上に立ち、そこから※お鉢巡りをする途中に滑落、死亡したものだ。一連の行動は、本人が動画共有サービス『ニコニコ生放送』でリアルタイムで中継。滑落の瞬間までもが映っている、衝撃的な内容だった。

　滑落の瞬間とその少し前までは※YouTubeで閲覧できるため、私も何度か確認したが、雪の富士山を登るにはあまりにも貧弱な装備や、安全に下山するための行動プランのケツ❷ジョなどに唖然《あぜん》とする思いだ。その後の報道などによると、生活や健康にさまざまな問題を抱えていたというこの人は、富士登山の様子を配信することと、それに対して書き込まれるコメントを心の拠《よ》りどころにしていた節がある。だからといって、遭難に直結するような登山を行なうことは、容認できるものではない。

　④登山において、他人からの評価を意識することはとても危険だ。登山を行なう間、登山者は目の前に現れるさまざまな状況に対して、判断を下すことになる。コースが簡単で、天気がよく、行程に余裕があれば、楽しく登ることを優先して判断すればいい。しかしそうではない場合、特に危険が迫る場合には、その危険を確実に察知。自分の安全を最優先とした判断に切り替えなければいけない。

　そういった危険が迫る状況でも、他人の評価を意識する気持ちが強い

【国語】（四〇分）〈満点：一〇〇点〉

一 次の文章を読んで後の問に答えなさい。

登山者の間でSNSが普及することにより、それ以前には意識することが少なかった、登山のある一面が可視化されるようになってきた。

それは登山の持つ、スポーツ的な一面だ。登山がスポーツなのか、それとも徒歩による山地旅行なのかは意見が分かれるところで、昔からその登山者がどのようなインセンティブ（動機づけ）で登山に取り組むかによって、それぞれ考えを持っていた。ただし①大なり小なり、登山はスポーツ的な要素を内在していることは間違いない。特にクライミングはほぼスポーツと呼んで差《さ》し支《つか》えない内容だし、高所登山もその傾向が強い。とはいっても、一般のスポーツとは大きく異なる面もある。それは、観客が存在しないことだ。

現在のスポーツクライミングに代表される、ボルダリングも含めたフリークライミングは、観客、またはそれに近い目撃者がいる場合がほとんどだ。ところが、もっと山岳地帯に入り込んで行《おこ》なう登山では、そのような観客は存在し得ない。自己申告に近い形で報告をまとめ上げて発表するか、でなければ、すれ違った登山者に、足が速いですね、すごいですねと声をかけてもらう程度だ。難易度の高い岩壁の※登攀《とうはん》や、高峰の登頂であれば報告も注目される。しかし一般登山者、アマチュア登山者に対する観客は存在せず、したがって評価される機会というのもなかった。

②それを変えたのがSNS、特にヤマレコだ。GPSアプリを動作させたスマートフォンを持って歩けば、歩いたコースと時間、それと同時に歩いた速さも解《わか》る。通過困難な険しい箇所も、たくさんの写真で撮り、記録として残すことが可能だ。それらのログや写真をそのまま、誰もが閲覧できる形で公開できる。

ほかの人が歩くスピードや、コース上の険しい難所の様子を把握できることは、本来はとてもよいことだと思う。［A］そういった記録が蓄積し、多くの登山者に閲覧されることによって、本質的には競うものではないはずの登山に、競争的な要素が付け加えられることになった。

解りやすい例が、脚自慢、スピード自慢の人の存在だ。登山は競うものではないと言っても、体力のある健康な登山者であれば、ほかの人よりも速く歩きたい、より難しい場所を登ってみたいという気持ちを持つ人は多い。［B］そういう気持ちが強くても、自分がほかの人の記録と比べて、速いか遅いかを確かめる分には問題はない。ところがそれが、他人からの評価の対象になったのだ。「いいね！」の数とコメントが、その評価の方法だ。SNSの発達により、登山行為が、直接ではなくてもデータの形で可視化され、バーチャルな形での観客を得ることになった。

とはいえ、多くの登山者にとっては「いいね！」もコメントも、自分の登山に対するささやかな励みになる程度だろう。

ところが一部の登山者は、その「いいね！」や自分を高く評価するコメントを重視するようになった。そして登山内容を、よりエスカレートさせる人も現《あら》われた。

SNSを利用している人であれば誰もが、多くの「いいね」を集めたり、自分の投稿内容を肯定するコメントが書き込まれると、嬉《うれ》しく感じるはずだ。ここには他人に自分を認めてもらいたいという「承認欲求」

MEMO

大切なことはメモしておこうネ！

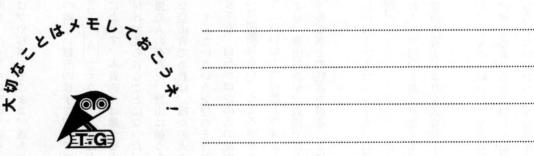

2023年度

解　答　と　解　説

《2023年度の配点は解答欄に掲載してあります。》

＜数学解答＞

1　(1)　ア　1　イ　1　ウ　5　(2)　エ　3　オ　8　カ　8　キ　8　ク　8　ケ　5　(3)　コ　8　サ　4　(4)　シ　1　(5)　ス　1　セ　8　(6)　ソ　0　タ　1　チ　8　(7)　ツ　1　テ　2　(8)　ト　4　ナ　0　(9)　ニ　5　ヌ　2　ネ　7　ノ　3

2　(1)　ア　2　イ　7　(2)　ウ　1　エ　8　オ　1　カ　2

3　(1)　ア　1　イ　0　ウ　0　エ　0　オ　0　(2)　カ　4　キ　5　(3)　ク　1　ケ　1　コ　1　サ　1　シ　1　ス　1　セ　0　ソ　0　タ　1　チ　1　ツ　1

4　(1)　ア　1　イ　2　(2)　ウ　－　エ　2　オ　1　カ　4　(3)　キ　3　ク　5

○推定配点○

1　(5)・(7)～(9)　各6点×4　他　各5点×5　**2**　(1)　6点　(2)　7点

3　(3)　7点　他　各6点×2　**4**　(3)　7点　他　各6点×2　計100点

＜数学解説＞

1　（数・式の計算，平均値，平方根，数の性質，式の値，2次関数，三平方の定理，面積の計量，場合の数，連立方程式）

(1)　$\frac{7x-3}{5}-\frac{4x-2}{3}=\frac{3(7x-3)-5(4x-2)}{15}=\frac{21x-9-20x+10}{15}=\frac{x+1}{15}$

重要　(2)　$56789+67895+78956+89567+95678=(50000+6000+700+80+9)+(60000+7000+800+90+5)+(70000+8000+900+50+6)+(80000+9000+500+60+7)+(90000+5000+600+70+8)=55555+66666+77777+88888+99999=11111\times(5+6+7+8+9)=11111\times35=388885$

(3)　5人の平均点が71点であることより，合計点で式を作ると，$58+65+72+x+76=71\times5$　$271+x=355$　$x=84$

基本　(4)　$\sqrt{56-8n}=\sqrt{4\times2(7-n)}=2\sqrt{2(7-n)}$であるから，$m$を自然数として，$7-n=2\times m^2$となればよい。$m=1$のとき，$n=5$　$m\geqq2$のとき，$n<0$となってしまい不適。よって，nの個数は，1個。

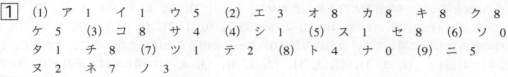

重要　(5)　$2=\sqrt{4}<\sqrt{5}<\sqrt{9}=3$より，$\sqrt{5}$の整数部分は2なので，小数部分は$a=\sqrt{5}-2$　$\frac{1}{a}=\frac{1}{\sqrt{5}-2}\times\frac{\sqrt{5}+2}{\sqrt{5}+2}=\frac{\sqrt{5}+2}{(\sqrt{5})^2-2^2}=\frac{\sqrt{5}+2}{5-4}=\sqrt{5}+2$だから，$a+\frac{1}{a}=\sqrt{5}-2+\sqrt{5}+2=2\sqrt{5}$　よって，$a^2+\frac{1}{a^2}=\left(a+\frac{1}{a}\right)^2-2\times a\times\frac{1}{a}=\left(a+\frac{1}{a}\right)^2-2=(2\sqrt{5})^2-2=20-2=18$

基本　(6)　関数$y=2x^2$のグラフは，下に凸の放物線であり，xの変域に原点を含むので，yの最小値は0である。また，最大値は，$x=3$のときで，$y=2x^2$に$x=3$を代入すると，$y=2\times3^2=2\times9=18$

重要　(7)　線分ABに対して，点Cと対称な点をDとする。△ABCと△ABDにおいて，BC＝BD，AB＝AB，

$\angle ABC = \angle ABD = 90°$より，2組の辺とその間の角がそれぞれ等しいので，$\triangle ABC \equiv \triangle ABD$　合同な図形の対応する辺や角は等しいので，$AD = AC = 2$，$\angle BAD = \angle BAC = 15°$　点Cから辺ADに下した垂線の足をHとする。$\angle CAH = 15 + 15 = 30°$だから，$\triangle ACH$において，三平方の定理より，$CH : AC : AH = 1 : 2 : \sqrt{3}$となるので，$CH = 1$　よって，$\triangle ACD = \frac{1}{2} \times AD \times CH = \frac{1}{2} \times 2 \times 1 = 1$　$\triangle ABC \equiv \triangle ABD$より，$\triangle ABC = \triangle ABD$だから，$\triangle ABC = \frac{1}{2}\triangle ACD = \frac{1}{2} \times 1 = \frac{1}{2}$

基本　(8)　3桁の整数が3の倍数となるとき，各位の数の和は3の倍数となる。0，1，2，3，4，5のカードうち3枚を使って，3の倍数となる組み合わせは，(0，1，2)，(0，1，5)，(0，2，4)，(0，4，5)，(1，2，3)，(1，3，5)，(2，3，4)，(3，4，5)である。(0，1，2)，(0，1，5)，(0，2，4)，(0，4，5)の組み合わせに関しては，百の位の数に0のカードを使うことはできないので，それぞれ，$2 \times 2 \times 1 = 4$(個)　(1，2，3)，(1，3，5)，(2，3，4)，(3，4，5)に関しては，それぞれ，$3 \times 2 \times 1 = 6$(個)であるから，全部で，$4 \times 4 + 6 \times 4 = 16 + 24 = 40$(個)

やや難　(9)　x，y，m，nはすべて素数であるから，$x + y = m$…①，$x - y = n$…②とすると，$x - y = n \neq 0$より，$x \neq y$　①，②と併せて，x，y，m，nは，すべて異なる素数であることがわかる。①＋②より，$2x = m + n$…③　①－②より，$2y = m - n$…④　③，④より，$m + n$，$m - n$は偶数である。よって，m，nは偶奇が一致する。しかし，偶数の素数は2しかないので，m，nは奇数である。また，x，yが共に奇数，もしくは，共に偶数だとすると，①，②より，m，nが偶数になってしまうので，x，yは偶奇が一致しない。②より，$x - y = n > 0$より$x > y$であり，2が最小で唯一の偶数の素数であることから，$y = 2$　①，②より，$m = x + 2$，$n = x - 2$となるので，$n < x < m$は連続する3つの奇数であることがわかる。1は素数でないから，$n = 3$とすると，$x = 5$，$m = 7$となり，問題に適する。

2　(円錐の展開図，三平方の定理，長さ・面積の計量)

基本　(1)　三平方の定理より，母線$= \sqrt{(6\sqrt{2})^2 + 3^2} = \sqrt{72 + 9} = \sqrt{81} = 9$(cm)　側面積＝母線×底面の半径×$\pi = 9 \times 3 \times \pi = 27\pi$(cm²)

重要　(2)　展開図で，側面のおうぎ形の中心角＝底面の$\frac{半径}{母線} \times 360 = \frac{3}{9} \times 360 = 120°$であるから，側面の展開図は，図のおうぎ形OABのようになる。その周上を半径3cmの円が一周したときの円の中心が通ったあとは，図の実線のようになる。斜線部分のおうぎ形を矢印の方向に平行移動し，3つのおうぎ形をくっつけると，半径3cm，中心角$360 - 120 = 240°$のおうぎ形になることがわかる。

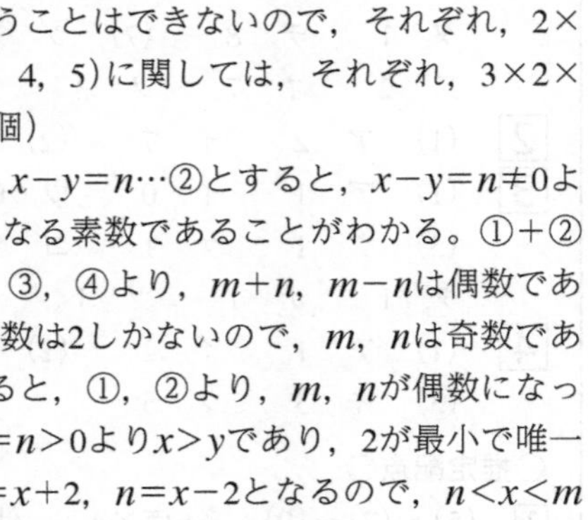

よって，求める長さは，9cmを2つ分，半径$9 + 3 = 12$(cm)，中心角120°のおうぎ形の弧の長さ，半径3cm，中心角240°のおうぎ形の弧の長さを合わせたものになるので，$9 \times 2 + 2 \times 12 \times \pi \times \frac{120}{360} + 2 \times 3 \times \pi \times \frac{240}{360} = 18 + 8\pi + 4\pi = 18 + 12\pi$(cm)

やや難　3　(2進数)

各位に0と1しか現れない2進数の問題である。これは，1，2^1，2^2，2^3，…を使って表すことができる。例えば，並んでいる数字の中の$\underline{110}$は，$2^2 \times \underline{1} + 2^1 \times \underline{1} + 1 \times \underline{0}$であることを表していて，計算すると，6番目の数字であることがわかる。また，$11 = 2^3 \times \underline{1} + 2^2 \times \underline{0} + 2^1 \times \underline{1} + 1 \times \underline{1}$であるから，11番目の数字は，$\underline{1011}$である。

(1)　$16=2^4\times\underline{1}+2^3\times\underline{0}+2^2\times\underline{0}+2^1\times\underline{0}+1\times\underline{0}$なので，16番目の数字は，<u>10000</u>

(2)　$2^5\times\underline{1}+2^4\times\underline{0}+2^3\times\underline{1}+2^2\times\underline{1}+2^1\times\underline{0}+1\times\underline{1}=32+0+8+4+0+1=45$なので，<u>101101</u>は45番目の数字である。

(3)　$2023=2^{10}\times\underline{1}+2^9\times\underline{1}+2^8\times\underline{1}+2^7\times\underline{1}+2^6\times\underline{1}+2^5\times\underline{1}+2^4\times\underline{0}+2^3\times\underline{0}+2^2\times\underline{1}+2^1\times\underline{1}+1\times\underline{1}$なので，2023番目の数字は，<u>11111100111</u>である。

4　**(比例関数と放物線，直線の方程式，格子点の個数)**

(1)　$y=\frac{a}{x}$にA(3，4)を代入すると，$4=\frac{a}{3}$　$a=12$

基本　(2)　$y=\frac{12}{x}$に$x=6$，1をそれぞれ代入すると，$y=\frac{12}{6}=2$，$y=\frac{12}{1}=12$　よって，D(6，2)，E(1，12)である。直線DEの傾きは，$\frac{2-12}{6-1}=\frac{-10}{5}=-2$　求める直線の方程式を$y=-2x+b$とおいて，D(6，2)を代入すると，$2=-2\times6+b$　$2=-12+b$　$b=14$　したがって，直線DEの方程式は，$y=-2x+14$

重要　(3)　求める点は，x座標が1のときy座標が0から12までの13個，x座標が2のときy座標が0から6までの7個，x座標が3のときy座標が0から4までの5個，x座標が4のときy座標が0から3までの4個，x座標が5のときy座標が0から2までの3個，x座標が6のときy座標が0から2までの3個の合計$13+7+5+4+3+3=35$(個)

★ワンポイントアドバイス★

本年度から解答がマークシートになったこともあり，全体的には難易度は高くなく，解きやすい。しかし，普段見慣れないような思考力を問う問題も含まれていることから，問題の取捨選択と時間配分が重要となる。

＜英語解答＞

Ⅰ　問1　③　　問2　④，⑥　　問3　④　　問4　③　　問5　ア　②　イ　②　ウ　①

Ⅱ　問1　③　　問2　①　　問3　④　　問4　⑤　　問5　A　⑥　B　②　C　④　D　③　　問6　③，⑤

Ⅲ　A　②，④，⑦，⑨　　B　(●，▲の順)　(1)　④，⑤　　(2)　⑨，⑥　　C　①

○推定配点○

各4点×25(ⅢB各完答)　　計100点

＜英語解説＞

Ⅰ　**(長文読解問題・説明文：語句解釈，語句補充，文整序，英問英答，内容吟味)**

(全訳)　消火活動をしているときは1秒1秒が大切である。合衆国の全米防火協会(N.F.P.A.)は，消防士は緊急電話から5分20秒以内に火災の現場に到着すべきであると言っている。これには「ターンアウトタイム」のためのほんの80秒を含む。ターンアウトタイムとは，緊急電話から消防士たちが署を出るまでの時間である。ターンアウトタイムを速めるための1つの方法は滑り棒を使うことである。滑り棒を使うとターンアウトタイムは25秒まで短縮できると言われている。

しかし，滑り棒のアイデアはどこから生まれたのだろうか？　最初の正式な滑り棒は1878年にシカゴで作られた。当時は消防車を引くのにウマが使われていて，ほとんどの消防署は3階の高さだった。1階は消火活動用の備品とウマのために使われた。消防士は2階で暮らしていた。そして3階はウマが食べるための干し草でいっぱいだった。消防署には走り下りやすい広い階段があった。これは消防士たちがすばやく消防署から出るのに役立ったが，ウマも階段を上ることができた。それらは3階の干し草のにおいをかぎつけることができたので，ときどきそれを取りに上っていこうとしたのだ。ウマは階段を上るのが上手だが，降りるのは上手ではないので，これは問題であった。多くの消防署は，ウマが上ることができないので，らせん階段に変えた。しかし，らせん階段は人間がすばやく走り下りるのがより難しかったので，ターンアウトタイムが増えてしまった。

それから1878年に，ジョージ・レイドという名の消防士がすべてを変えるものを見出した。レイドはシカゴの消防隊，エンジン・カンパニー21の隊員だった。当時，エンジン・カンパニー21では干し草を①3階に引き上げるために長い棒を使っていた。ある日，ジョージ・レイドと他の消防士は，火災警報が鳴ったときに②3階で干し草を積み重ねていた。レイドは干し草用の棒を見て考えが浮かんだ。他の隊員たちは③2階から階段を下りた。彼らが下の階に着いたとき，彼らはレイドがすでに④1階にいるのを見て驚いた！　彼は⑤3階から⑥1階まですばやく滑り下りるために棒を使ったのだ。隊の消防隊長は棒を使えばターンアウトタイムをはるかに短くすることができることを知って，シカゴ消防庁長に2階の床に穴を開けて常設の棒を作るように頼んだ。そのとき，滑り棒が生まれたのだ。

他の消防隊の消防士たちは，滑り下りるのに棒を使う考えは「ばかげている」と思った。しかし，それから彼らはエンジン・カンパニー21が他の隊よりも早く火災現場に到着することに気づいた。

イ1888年に，あるシカゴの新聞がエンジン・カンパニー21が11秒ちょうどのターンアウトタイムを出したと書いた。ウそれはシカゴで最速のターンアウトタイムだった。少しずつ，他の消防隊も滑り棒を使うようになった。アついには，シカゴ消防庁長はすべてのシカゴの消防隊に棒を作ることに決めて，結局滑り棒は合衆国全体，そして他の国々でも標準的な備品となった。

しかし，滑り棒にはいくつか問題があった。例えば，消防士が夜中に穴から落ちることがあったり，棒を速く降りすぎてけがをすることがあったりした。また，体に良くない1階の消防車の排気ガスは穴を通じて2階に上がってくることもある。そして最近では，多くの消防署は1階しかないので，滑り棒は以前ほど多くない。滑り棒を使うのをやめたい人も中にはいるが，滑り棒は今でも1階に行くのに最速の方法である。140年以上前の勇敢な消防士のアイデアのおかげで今日も滑り棒を使っているというのは驚くべきことである。

基本　問1　下線部を含む文では，当時の消防署の建物の高さを述べている。直後の文で，消防署の1階は消火活動用の備品とウマを置く用，2階は消防隊員が生活する用，3階はウマが食べるための干し草を置く用に使われていたと3つの階の使い道が具体的に述べられていることから，当時の消防隊の建物が3階建てだったことがわかる。③が正解。

問2　全訳を参照。第2段落第4～6文から，消防署の1階は消防用の備品とウマのために使われ，2階には消防士たちが暮らし，3階にはウマ用の干し草が置かれていたことを押さえる。空所①は干し草が引き上げられた階，②はジョージ・レイドともう1名の隊員が干し草を積み上げていた階，③は干し草を積み上げていなかった他の隊員たちがいた階，④は階段で降りた隊員たちが先に着いていたレイドを見た階，⑤と⑥はレイドが棒を使って移動した階である。

重要　問3　全訳を参照。ウの主語Itはイで述べられている，エンジン・カンパニー21が出した11秒というターンアウトタイムの時間を指すので，イの後にウがくる。アは，滑り棒を使うことでターンアウトタイムが短縮できることが明らかになったことを受けてのシカゴ消防庁の判断によって，滑り棒が広まったことを述べているので，ウの後に入れる。

問4　滑り棒が常設されたことによる影響は，第6段落第2文以下に，「消防士が夜中に穴から落ちた」，「棒を速く降りすぎてけがをした」，「1階の消防車の排気ガスは穴を通じて2階に上がってきた」と述べられており，③が当てはまる。①はまだ滑り棒を使っていない頃のことなので不適切。

問5　ア　「N.F.P.A. によると，火災に関する電話が来た後，消防士は消防署から火災現場まで5分20秒以内に到着しなければならない」　第1段落第2，3文を参照。N.F.P.A. は，消防士は緊急電話から5分20秒以内に火災の現場に到着すべきであると言っており，この時間にはターンアウトタイムのための80秒が含まれていることがわかるので，②が正解。　イ　質問は，「消防士たちは当時どこで暮らしていましたか」という意味。第2段落第5文から，当時消防士たちは消防署の2階で暮らしていたことがわかる。　ウ　質問は，「消防士たちはなぜ幅の広い階段ではなくらせん階段を使ったのですか」という意味。第2段落第8文以降に，幅の広い階段だとウマが干し草を食べに階段を上ってしまうために，らせん階段を使うようになったことが述べられているので，①「消防士たちはウマが上の階に上ることを好まなかったから」が正解。②は「ウマはらせん階段を上ることが好きだったから」，③は「消防士たちはもっとすばやくらせん階段を下りることができたから」，④は「消防士たちはターンアウトタイムを短縮したかったから」という意味。

Ⅱ　（長文読解問題・説明文：語句解釈，語句選択補充，文補充，内容吟味）

（全訳）　1980年代にあるコマーシャルに出た後，日本の人々はかわいらしい顔をした，ピンク色の羽のようなとさかがついた小さな水生の動物に恋をした。それは宇宙人のように見える。それは日本ではウーパールーパーと呼ばれ，人気のペットである。その英語名はアホロートル(axolotl)または「メキシカン・ウォーキング・フィッシュ」で，今では世界中のペットショップで見られる。

アホロートルは科学者たちにも人気がある。それらは繁殖しやすく，独特な特徴がいくつかある。驚くべきことに，アホロートルには自分の体を$_{あ}$再生する能力があるのだ。これは，尻尾や脚，そして心臓のような部位でさえも元の状態に戻すことができるということだ。$_{い}$科学者たちは，腕や脚を$_{(ア)}$失った人が新しい部位を$_{(イ)}$得るのに役立てるために，いつか再生の過程について十分に知ることができることを願っている。それらは科学にとても役立つので，アホロートルは世界中の研究室にいる。実際，世界中の研究室，ペットショップ，家庭に100万匹を超えるアホロートルがいるのだ。

しかし野生の状態では，アホロートルはメキシコシティーでしか見つからない。何百年もの間，それらはメキシコシティー中央部のチャルコ湖とメキシコシティーの南部にあるソチミルコ湖に生息していた。実のところ，1863年にフランス人のグループが行くまで，メキシコの外ではアホロートルについて知られていなかった。フランスの科学者たちがフランスに持ち帰るために34匹のアホロートルを含めて変わった動物を集めたのだ。それらをパリへ持ち帰ると，科学者たちはそれらの驚くべき能力を発見してそれらを育て始めた。間もなく，他の国々の科学者たちもそれらをほしがった。$_{【4】}$それから，それらは世界中の研究室に急速に広まった。今日の世界の研究室のアホロートルのほとんどは，それら元々の34匹が祖先である。

不幸にも，野生のアホロートルは絶滅危惧種になっている。メキシコシティーが大きくなるにつれて，チャルコ湖の水があまりにも汚くなり，そのため今ではソチミルコ湖がアホロートルにとって地球上で最後の自然の$_{(う)}$生息地である。そしてそこでさえも，それらは$_{A}$安全ではない。それらはコイやティラピアのような外来種の魚に食べられてしまい，今では水が汚くなってきているので，アホロートルは$_{B}$簡単に病気になってしまうのだ。それらを守るために何もされなければ，それらは$_{C}$絶滅の危機に直面するだろう。

研究室やペットショップにいるアホロートルの個体数は増えているが，それらは自然界では絶滅の危機にあるのだ。自然の種と繁殖するために研究室で育ったアホロートルをソチミルコ湖に入れたいと思う人もいるが，研究室で育ったアホロートルはこの150年にわたって進化して，今では見た目も行動もD違っている。ソチミルコ湖のアホロートルは茶色か金色の斑点のある黒だが，研究室やペットショップにいるアホロートルはそのようには見えない。それらは普通は赤いとさかがあってピンクか白である。また，研究室で育ったアホロートルはいつも水槽にいるので，自然の中ではおそらく死んでしまうだろう。科学者たちは元のアホロートルを守りたいと思っている。彼らは新しい交配種を作ることを望んでいない。だから，私たちは湖の水を再びきれいにして外来種の魚を駆除しなくてはならない。それがそれらを救う唯一の方法である。時間はかかるだろうが，うまくいけば野生のアホロートルの個体数は少しずつ回復できる。

問1　下線部を含む文は，「驚くべきことに，アホロートルには自分の体を～する能力がある」という文。このアホロートルの能力について，直後で「これは，尻尾や脚，そして心臓のような部位でさえも元の状態に戻すことができるということだ」と述べて，アホロートルには失った体の部位を再び作り出す能力があると別の表現で述べている。下線部は，体の部位などを再び作り出すことを表すので，③が正解。

問2　下線部は，「科学者たちは，腕や脚を～人が新しい部位を…のに役立てるために，いつか再生の過程について十分に知ることができることを願っている」という文。〈help ＋人＋(to)＋動詞の原形〉で「(人)が～するのに役立てる[～するのを手伝う]」という意味を表し，ここでは humans who have（　）arms or legs が「人」に当たる部分。失われた部位を再生することについて科学者たちが願っていることを述べているので，(ア)に lost，(イ)に get を入れると文脈に合う文になる。

重要　問3　本文中に入れる英文は，「それから，それらは世界中の研究室に急速に広まった」という意味。主語の they を「アホロートル」と考えると，最初にフランスの科学者たちがアホロートルを国に持ち帰ってから，他の国々の科学者たちもアホロートルをほしがるようになったことを述べた後の【4】に入れると，多くの国の研究室にアホロートルが広まっていった過程を述べる流れになり，【4】の前に書かれている内容とつながる。

問4　第3段落第2文から，野生の状態でアホロートルが生きている場所がメキシコシティーのチャルコ湖とソチミルコ湖しかないことが述べられ，さらに第4段落第2文で，チャルコ湖の水があまりにも汚くなり，今ではソチミルコ湖がアホロートルにとって地球上で最後の自然の～であると述べている。今では自然の状態でアホロートルが生きている場所がソチミルコ湖だけであるという内容なので，生きる場所，つまり「生息地」の意味の⑤が正解。

問5　全訳を参照。　A　空所を含む文の後に，それら(＝アホロートル)が外来種の魚に食べられてしまうことと，今では水が汚くなってきていることが述べられているので，⑥「安全だ」を入れて，「そこ(＝ソチミルコ湖)でさえアホロートルにとって安全ではない」という文にする。

B　直前でソチミルコ湖の水が汚くなっていることが述べられ，so「だから」でつながれているので，②「簡単に」を入れて，「アホロートルは簡単に病気になってしまう」という文にすると論理的につながる。　C　空所を含む文の前半が「それら(＝アホロートル)を守るために何もされなければ」という条件を表している。このまま湖の水が汚くなり，外来種の魚がいるままでは，ということなので，その結果アホロートルが直面するのは④の「絶滅」である。　D　空所を含む文の後で，研究室で育ったアホロートルとソチミルコ湖のアホロートルの色の違いと，いつも研究室の水槽にいるアホロートルは自然の環境では死んでしまうだろうという予測が述べられているので，③を入れて，研究室のアホロートルとソチミルコ湖のアホロートルは見た目も行動も異なるという内容の文にする。

問6　①「最近ではアホロートルの数が増えているので，私たちは世界中の多くの湖でそれらを見つけることができる」(×)　第3段落第1文に，野生のアホロートルはメキシコシティーでしか見つからないと述べられている。　②「アホロートルが1980年代に人気になった後でも，ほとんどの日本の家庭はそれらをペットとしてほしがらなかった」(×)　第1段落第3文に，アホロートルは日本でも人気のペットになったことが述べられている。　③「研究室で育てられたアホロートルは，自然の湖では生き残れないかもしれない」(○)　第5段落第5文で，常に水槽にいるアホロートルは自然の中では死んでしまうだろうという予測が述べられている。　④「世界中の湖に，100万匹を超えるアホロートルが生きている」(×)　第2段落最終文に，世界中の研究室，ペットショップ，家庭に100万匹を超えるアホロートルがいると述べられているが，世界中の湖にいるのではない。また，野生のアホロートルはメキシコシティーにしか生息していないので一致しない。　⑤「ピンクか白のアホロートルは普通，ソチミルコ湖では見つからない」(○)　第5段落第3，4文に，ソチミルコ湖のアホロートルは茶色か金色の斑点のある黒だが，研究室やペットショップにいるアホロートルは，普通はピンクか白だと述べているので，一致する。　⑥「交配種のアホロートルを作ることがそれらを救う唯一の方法である」(×)　最終段落最後の4文で，科学者たちは新しい交配種を作ることを望んでいないこと，湖の水を再びきれいにして外来種の魚を駆除することがアホロートルを救う唯一の方法であると述べている。

Ⅲ　**(正誤問題，語句整序問題：現在完了，間接疑問文，動名詞，前置詞，比較，接続詞，不定詞，関係代名詞)**

重要　A　①　正しい英文。have been は継続を表す現在完了。more than ～ は「～よりも多く」という意味。英文は，「ニックと私は10年を超える間，仲の良い友達だ」という意味。

②　文中に疑問文の内容が入る間接疑問文。〈疑問詞(＋名詞)＋主語＋動詞〉の語順なので，which book I should read が正しい語順。英文は，「どの本を読むべきか私に教えてください」という意味。

③　正しい英文。〈stop ＋～ing(動名詞)〉で「～することをやめる」という意味。英文は，「アイチ先生が教室に入ったとき，彼らは話すのをやめた」という意味。

④　feel like ～ing で「～したい気分だ」という意味なので，to go を going とする。英文は，「私は今夜，友達の誕生パーティーに行きたい気分ではない」という意味。

⑤　正しい英文。between は「(2つ[人])の間で」というときに用いる。英文は，「私たちの学校と駅の間をバスが走っている」という意味。

⑥　正しい英文。like ～ better で「～の方が好きだ」という意味で，その後に A or B の形で2つ[人]を示す。英文は，「ショーンは黒と白とではどちらの色が好きですか」という意味。

⑦　〈one of ＋名詞の複数形〉で「～の中の1つ[人]」という意味を表すので，thing を things とする。left は leave「置き忘れる」の過去分詞で，直前の things を修飾している。英文は，「これはバスに置き忘れられた物の1つだ」という意味。

⑧　正しい英文。〈命令文, or ～〉で「…しなさい，さもないと～」という意味を表す。英文は，「食べ過ぎてはいけません，さもないと後で気分が悪くなります」という意味。

⑨　There is[are] ～.「～がある[いる]」の文では，be動詞の後にくる名詞に合わせてbe動詞の形が決まる。ここでは some juice に合わせるが，juice は数えられない名詞で単数として扱うのでbe動詞は is が正しい。英文は，「テーブルの上にジュースがある」という意味。

重要　B　(1)　Would you like me to make strong tea for (you?)　〈would like ＋人＋ to ＋動詞の原形〉で「(人)に～してほしい」という意味を表す。直訳すると，「あなたは私にあなたのために濃いお茶を入れてほしいですか」となる。「お茶を入れる」は make tea で表す。

(2)　(The sunflower) my sister has taken care of is taller than mine(.)　「妹が育てたヒマワ

リ」を，The sunflower の後に my sister has taken care of を続けて表す。take care of ～ は「～の世話をする」という意味で，ここでは「(花を)育てる」の意味で用いられている。

やや難 C　It will be too late if something happens.「(時期が)遅い」は It is late. で表す。ここでは「何かあってからでは遅すぎる」という内容を表して late の前に too がある。「何かあってからでは」は，「もし何かが起こったら」と考えて if something happens と表す。there が不要。

★ワンポイントアドバイス★

[1] 問3の文を並べかえる問題では，空所の前後の内容をつかむことが重要だが，並べかえる3つの文の中で代名詞が指すものや，文頭の Finally「ついに」などの前後の関係を示す語句に注意してつながりを推測するのがコツである。

＜理科解答＞

[1]　問1　ア　①　　問2　(1)　イウエ　⓪⑦⑤　　(2)　オカ　⑧⓪　　問3　(1)　キク　⓪⑤
(2)　ケコ　⓪⑥　　(3)　サシ　⓪②　　問4　ス　③　　セ　①

[2]　問1　ア　④　　問2　イ　①　　問3　ウ　③⑥　　問4　エ　③　　オ　②
問5　カ　②　　問6　キクケ　⓪⑥⓪

[3]　問1　ア　①　　問2　イ　③　　問3　ウ　⑦　　問4　エオ　⑦⑤　　問5　カ　④
問6　キ　①②③④

[4]　問1　ア　⑦　　問2　イ　④　　問3　ウ　⑤　　問4　エ　①　　オ　②　　問5　カ　②
問6　キ　①②

○推定配点○

[1]　問1・問2　各1点×3　　他　各2点×5　　[2]　問1　1点　　他　各2点×6
[3]　各2点×6　　[4]　各2点×6(問4完答)　　計50点

＜理科解説＞

[1]　(力のはたらき－滑車を使った装置)

重要　問1　同じ重さの物体どうしなので，力はつりあっている。慣性の法則から，静止していれば静止し続けるが，動いていれば等速直線運動を続ける。Bを瞬間的に下向きに押したので，その後はAは上向き，Bは下向きに，等速直線運動を行う。

問2　(1)　胴体を支えているロープは，上で3本になっており，そのうちの1本が手の方につながっている。これら計4本のロープはひと続きのロープなので，どこも力の大きさは等しい。人の重さ300Nを4本のロープで支えると考えて，引く力は300÷4＝75Nである。

(2)　人が20cm上昇したとき，4本のロープすべてが20cm短くなる。そのぶんを手で引く必要があるので，20×4＝80cm引けばよい。

問3　(1)　動滑車が1つあると，力の大きさは半分になる。図3では動滑車が3つ直列につながっているので，力Fは4÷2÷2÷2＝0.5Nとなる。

重要　(2)　動滑車が1つあると，ひもを引く長さは2倍になる。図3では動滑車が3つ直列につながっているので，長さは15×2×2×2＝120cm，つまり1.2m引くことになる。よって，仕事は0.5N×1.2m＝0.6Jとなる。あるいは，仕事の原理により，動滑車を使っても使わなくても仕事の大きさは変わらないので，直接持ち上げる仕事を4N×0.15m＝0.6Jと求めてもよい。 (3) 仕事率は1秒あたりの仕事なので，0.6J÷3秒＝0.2Wとなる。

問4　図4の場合，物体の重さを6本のひもで引き上げていると考えて，F_1の大きさは物体の重さの6分の1である。図5の場合，物体につながっている動滑車は下から2つ分であり，その両側の4本のひもで引き上げていると考えて，F_2の大きさは物体の重さの4分の1である。よって，力の大きさを比べるとF_1＜F_2である。また，仕事の原理により，どちらの場合も仕事の大きさは同じである。なお，持ち上げる長さに比べてひもを引っ張る長さは，図4では6倍，図5では4倍になる。

2 (中和—塩酸と水酸化ナトリウム水溶液の中和)

基本　問1　塩酸(A液)は酸性なので，BTB溶液は黄色になる。ここにアルカリ性の水酸化ナトリウム水溶液(B液)を加えていくと，10mL加えて中性になったときBTB溶液は緑色になり，さらに加えてアルカリ性になるとBTB溶液は青色になる。

問2　水酸化ナトリウム水溶液(B液)を10mL加えたときに，ちょうど中性になったので，そこまでは中和反応が起こっている。10mL以降は，水酸化ナトリウムを過剰に入れただけで，何の反応も起こっていない。

問3　選択肢のうちアルカリ性の水溶液は，石灰水(水酸化カルシウム水溶液)とセッケン水である。炭酸水，ウスターソース，レモン汁，タバスコ，食酢は酸性で，エタノール水溶液，塩化ナトリウム水溶液(食塩水)は中性である。

重要　問4　塩酸HClには水素イオンH^+と塩化物イオンCl^-が含まれる。これに，水酸化ナトリウム水溶液NaOHを加えると，ナトリウムイオンNa^+と水酸化物イオンOH^-が入ってくる。H^+とOH^-は結びついてH_2Oになるので，H^+の数は減少し，OH^-の数は中和が終わるまで0のまま増えない。また，Cl^-とNa^+は水溶液中ではイオンのままなので，Cl^-の数は変わらず，Na^+の数は入れた分だけ増えていく。よって，H^+は③，Cl^-は①，Na^+は②，OH^-は④となる。

問5　問4のグラフから，5mLのときに数が最も多いのは塩化物イオンCl^-である。

やや難　問6　塩酸(A液)と水酸化ナトリウム水溶液(B液)は，体積比が15mL：10mLのとき過不足なく中和する。また，塩酸(C液)と水酸化ナトリウム水溶液(B液)は，体積比が5mL：10mLのとき過不足なく中和する。よって，塩酸(C液)9mLと過不足なく中和する水酸化ナトリウム水溶液(B液)は5：10＝9：xより，x＝18mLである。そこに22mL加えたので，22－18＝4mL余っている。これを塩酸(A液)で中和するのだから，15：10＝y：4　より，必要な塩酸(A液)は，y＝6mLである。

3 (遺伝—ABO式血液型)

問1　Aは赤血球で，ヘモグロビンを持ち酸素を運ぶ。Bは白血球で，病原体などを攻撃する。Cは血小板で，血液を固める。

問2　無性生殖では，同じ遺伝子を持つものが増えるので，農業においては同じ品種の作物を多数栽培するのに都合がよい。ただし，病気や環境の変化に対しては，被害が広がり全滅しやすい。一方，有性生殖では遺伝子が多様なので，病気や環境の変化に対し全滅しにくいが，農作物としては品種がばらばらになってしまう。なお，新しい特徴，大きさ，希少価値などは，農業においては品種改良などで実現しており，良いものができたら無性生殖で増やす。

問3　一組の形質である対立形質のうち，両方の遺伝子を持った時に現れる形質を顕性，現れない形質を潜性という。かつては，優性，劣性という語が使われていた。

重要　問4　A型どうしの母と父からO型の愛子が生まれているので，遺伝子型は，母，父ともにAOであり，愛子はOOである。AOどうしの母と父から生まれる子の割合は，遺伝子型がAA：AO：OO＝1：2：1であり，血液型はA型とO型が3：1となる。よって，兄の血液型の確率は，A型が75%，O型が25%である。

問5　B型の祖母とA型の祖父から，O型の叔父が生まれているので，遺伝子型は，祖母がBO，祖父がAO，叔父がOOである。

問6　遺伝子型がBOの祖母とAOの祖父から生まれる子の割合は，AO：BO：AB：OO＝1：1：1：1である。つまり，どの血液型も同じ確率で生まれる。

4（太陽系一太陽系の天体）

問1　誤りは⑦である。潮汐を起こす力は月の引力の影響が大きいが，太陽の引力の影響もある。満月や新月のときは，両方の引力が強め合うので，満潮と干潮の差が大きい大潮になる。

問2　太陽が気体である証拠は④である。もし太陽が固体ならば，黒点が太陽のどこにあっても，同じ日数で一周するはずである。しかし，実際は赤道付近では一周の日数が短く，極付近では長い。場所によって自転の速さが違うのは，固体ではありえない。なお，①は太陽が球形だから，②は強い光の光球が隠されるから，⑤は地球と月の距離が一定ではなく少し変化するからである。また，③で太陽風は陽子や電子など電気を持った粒子である。

問3　イタリアのガリレオ・ガリレイは，自作で望遠鏡を開発し，木星の衛星のほか，金星の満ち欠けや月面の凹凸など，天文学的な事象をいくつも発見した。

問4　A～Dでは，恒星HIP20417は動いておらず，木星やその衛星の方が動いている。Bで木星はHIP20417の近くにあるが，CやDで木星はHIP20417の右側にあり，Dの方が遠い。よって，木星は左から右へ動いている。また，4つの衛星は木星のまわりを公転しているので，地球から見ると木星に近づいたり遠ざかったりしているが，木星から最も遠く離れて見えるのはCallistoである。

やや難　問5　望遠鏡を固定すると，星は日周運動で動くために，視野の中の星はすぐに視野から外れてしまう。そこで，望遠鏡を星の日周運動と同時に動かして，星を追尾する装置が赤道儀である。赤道儀の設置では，赤道儀が回転する軸が，正確に天の北極を向いている必要があるため，北極星を基準にする。

問6　地軸がコマのように動くと，図2で右上にある北極が，やがて左上にくる。すると，太陽光の当たり方が変わる。例えば，図2の右に太陽があるとすれば北半球は夏だが，太陽がそのままで北極が左上に来ると，北半球は冬になる。また，現在北極星とよばれている星は，北極とは離れた位置になってしまう。なお，③⑤は南北（図の上下）が入れ替わるわけではない。④で月の動きは変わらない。

★ワンポイントアドバイス★

充分な問題練習で基礎的な考え方を身につけるとともに，広く科学の話題に触れて知識を増やしていこう。

＜社会解答＞

1　問1 ②　問2 ⑥　問3 ②　問4 ③　問5 ①　問6 ④
　問7 ①，④，⑥，⑦　問8 ウ ⑥　オ ④　問9 ③　問10 ⑤

2　問1 ⑤　問2 ③　問3 ⑥　問4 ②　問5 ⑦　問6 ①

3　問1 ③　問2 ②　問3 ①，⑥　問4 ③　問5 ④　問6 ⑤

4　問1 ①　問2 ⑤　問3 ③　問4 ④　問5 ②

〇推定配点〇

[1]　問7～問10　各2点×5　　他　各1点×6　[2]　各2点×6　[3]　各2点×6　[4]　各2点×5
計50点

＜社会解説＞

[1]　(地理・歴史・公民の総合問題)

基本　問1　世界保健機関(World Health Organization：WHO)は1948年4月7日に，すべての人々の健康を増進し保護するため互いに他の国々と協力する目的で設立された。したがって，②は誤りとなる。

問2　アはリンカン，ウはビスマルク，それぞれを説明した文章なので，誤りである。

問3　当時はタイが独立国であり，それより東のインドやビルマ(現ミャンマー)がイギリスの植民地であり，西のインドシナ半島はフランスの植民地であった。さらに南のインドネシアなどはオランダの植民地であった。

やや難　問4　アは多様な文化的背景を持つ人々が一緒に働いた時の効用を説明している。エは多様な食文化を理解し合うことを奨励している。したがって，ア，エは文化の多様性を尊重した文章である。それに対して，イは公共浴場のルール重視の必要性を強調している。ウは教育上のルールを重視している。したがって，イ，ウは共通のルール重視の考え方である。

問5　尾形光琳は装飾画，安藤広重は風景画，それぞれに優れているので，①は誤りである。

問6　ハンムラビ法典がまとめられた約3800年前の日本は，縄文時代であったと考えられる。したがって，縄文時代の採取や土器を説明した④が正解となる。

問7　パルテノン宮殿があるアテネは，雨温図に示された地中海性気候である。この気候は，アメリカ合衆国の東海岸である①，チリの東海岸である④，南アフリカのケープタウン周辺である⑥，オーストラリアの東海岸である⑦，それぞれの地域が該当する。

問8　地形図を注意深く考察すると，東の方にある新薬師寺から西に向かい元興寺に行くには，東大寺の南から延びる道路を横切らなければならないことがわかる。また，宿に戻り，そこから興福寺に行くには，JR奈良駅の北を通り奈良公園に向かうメイン道路を横切らなければならないことがわかる。

問9　首里城を建設したのは尚巴志。唐招提寺を建設したのは鑑真。

問10　クラウドファンディングとは，資金を調達したい人が，プロジェクトを公開し，不特定多数が支援を行うシステムのことである。

[2]　(地理－日本と世界の諸地域の特色，地形，産業，交通・貿易，その他)

問1　メモⅠは桜島などの記述から，九州南部のZと考えられる。メモⅡは磐梯山などの記述から東北地方の福島県周辺のXと考えられる。メモⅢは浅間山，八ヶ岳，千曲川，釜無川などの記述から，中部地方の長野県周辺のYと考えられる。

問2　Xはアメリカ，Yはロシア，Zは中国，Aは原油，Bは天然ガス。

重要　問3　中央高地の長野県産のすずしい気候を利用したキャベツなどの野菜は，ほかの産地の野菜が少ない夏の時期に収穫して市場へ出荷できるため，高い価格で販売することができる。

問4　②のチベット高原周辺には火山は見あたらない。

やや難　問5　高速道路の開通によって工場移転が促進されている。新幹線の開通は，在来線の利便性を向上させている事実はないので，Xは誤りである。新幹線や高速バスの整備によって，地方の商業活動が活発化するとは限らないので，Yも誤りとなる。

問6　このメモに出てくる都道府県は長崎県で，接する都道府県は佐賀県のみである。また，海岸線の距離が長く，離島も多い。

3 （日本と世界の歴史―政治・外交史，社会・経済史，文化史）

問1　東大寺大仏造立を命じたのは聖武天皇である。彼は多賀城を築いたり，墾田永年私財法を出したりした。東大寺正倉院には，彼の遺品を集めているが，インドや西アジアの文物も多く含まれている。

問2　②は後鳥羽天皇というところが誤りである。

問3　①は太閤検地，⑥は刀狩，それぞれを説明した文章である。両方とも秀吉の政策である。

問4　③は「末期養子の禁止を緩和したこと」と「生類憐みの令」であり，徳川綱吉の政策である。①は武家諸法度，②は公事方御定書，④は段階的な鎖国政策，それぞれを示すものである。

問5　この戦争とは日露戦争である。日露戦争後に結ばれたポーツマス条約では，日本は韓国に対する優越権を得た。また，この戦争後，義務教育の年限が6年に延長された。

問6　④：サンフランシスコ平和条約締結(1951年)→③：鳩山一郎内閣発足(1954年)→⑤：新安保条約(1960年)→②：沖縄返還(1972年)→①：初のサミット開催(1975年)。

4 （公民―憲法，経済生活，政治のしくみ，その他）

基本　問1　憲法改正の手続，その公布については，憲法96条に定められている。

問2　⑤は「購入から経過した期間に関係なく」というところが，「8日以内であれば」の誤りである。

問3　③は「臨時会(臨時国会)」が「特別会(特別国会)」の誤りである。

重要　問4　県議会の議員の被選挙権は25歳以上であるので，④が誤りとなる。

問5　成人年齢の引き下げ以前に，選挙権年齢の引き下げは行われていた。

★ワンポイントアドバイス★

3問3　太閤検地と刀狩によって，兵農分離が完成した。秀吉のもう一つの政策として，2度にわたる朝鮮侵略がある。　4問2　この文章は，クーリング・オフ制度のことである。

＜国語解答＞

一　問一　エ　問二　A　エ　B　ア　C　オ　問三　❶　ウ　❷　エ　❸　イ　❹　ウ　❺　オ　問四　エ　問五　イ　問六　ア，オ　問七　ウ　問八　イ　問九　カ　問十　エ

二　問一　A　ウ　B　オ　問二　❶　イ　❷　エ　❸　ア　問三　イ　問四　エ　問五　オ　問六　ウ　問七　オ　問八　エ　問九　イ

三　問一　a　ウ　b　オ　問二　イ　問三　オ　問四　ウ　問五　④　ア　⑤　エ　問六　イ　問七　オ

○推定配点○

一　問一～問三・問九　各2点×10　問六・問十　各4点×2(問六完答)　他　各3点×4

二　問一・問二　各2点×5　問七～問九　各4点×3　他　各3点×4

三　問七　2点　他　各3点×8　計100点

＜国語解説＞

一 （論説文－大意・要旨，内容吟味，文脈把握，脱語補充，漢字の書き取り，四字熟語）

基本 問一　傍線部①は，大きくても小さくても，程度の差こそあれ，という意味なのでエが適切。

問二　空欄Aは直前の内容とは相反する内容が続いているのでエ，Bは直前の内容に付け加える内容が続いているのでア，Cは直前の内容の補足的な説明が続いているのでオがそれぞれあてはまる。

問三　傍線部❶「顕著」，ア「懸賞」　イ「賢明」　ウ「顕微鏡」　エ「謙虚」　オ「派遣」。❷「欠如」，ア「除外」　イ「助長」　ウ「序文」　エ「突如」　オ「徐々」。❸「誘発」，ア「悠長」　イ「誘致」ウ「勇敢」　エ「雄弁」　オ「憂慮」。❹「指摘」，ア「適性」　イ「匹敵」　ウ「摘発」　エ「的中」　オ「点滴」。❺「募集」，ア「模」　イ「慕」　ウ「暮」　エ「墓」オ「募」。

問四　傍線部②は，評価される機会がなかった登山者が，ヤマレコなどに記録したコースや時間をSNSで公開できるようになり，登山行為がデータの形で可視化されて評価の対象になったということなのでエが適切。②前後の内容をふまえ，「データの形で可視化され」たことを説明していない他の選択肢は不適切。

重要 問五　「実力以上に背伸びをした山やコースを目指したことによって遭難に至った」例として，傍線部③の「男性」を挙げ，「たとえば……」で始まる段落でも，登山の初心者に直接忠告をしてもネットの情報を信じてしまう例を挙げているので，これらの内容からイが適切。「SNSによる」とあるア，「独学」には限界があることを説明していない他の選択肢は不適切。

問六　ア・オは「そういった危険……」で始まる段落で述べている。イの「自分らしい登山ができなくなること」，ウ，エの「客観性に欠ける」はいずれも述べていないので不適切。

重要 問七　傍線部⑤直後で⑤の説明として，⑤の「記事」を確かめるために，多くの登山者がクリックすることで「重要なページ」として検索上位に上がることを述べているのでウが適切。「安心感を与えるような記事」とあるイ，「クリック回数の多さ」を説明していない他の選択肢は不適切。

問八　傍線部⑥から続く2段落で⑥の説明として，登山のパーティでは下山まで行動を共にし，同行者を互いに考慮する必要があり，パーティを離れて遭難した場合，残りの同行者の責任が追及されることを述べているので，このことをふまえたイが適切。⑥から続く2段落内容をふまえていない他の選択肢は不適切。

問九　他の四字熟語の意味は，アは安易に他の人の意見に同調すること。イは遠い国と親交を結び，近くの国を両方から攻める政策や戦略。ウは多くの人の意見が一致すること。エは善を勧め，悪を懲らしめること。オは敵味方が同じ場所にいる，また協力し合うことのたとえ。

やや難 問十　本文はSNSなどの普及によって，励みになるなどの利点とともに，過度な承認欲求や安易にネットの情報を信じることに起因する危険を，具体例を通して述べているのでエが適切。アの「賛成か……述べる」，イの「強く批判」，ウの「一つずつ……言及」，オの「中心に」はいずれも不適切。

二 （随筆文－大意・要旨，内容吟味，文脈把握，脱語補充，漢字の書き取り，語句の意味）

基本 問一　空欄Aの「弧を描く」は曲線を描くことを表す。Bの「想像を絶する」は想像をはるかに超えているさまを表す。

問二　傍線部❶は，鵜はつかまえた魚をかまずに丸ごと飲み込むことから。❷は判で押すと同じものができることから。❸の「血や肉」は知識や経験のたとえ。

問三　武田のおばさんが，茶道の所作では「『意味なんかわからなくてもいい』」と話すことに傍線部①のように「私」が感じたのは，学校で教えられたように「疑問を持つのは，いいことなのだとずっと思っていた」が「ここでは勝手がちがった」からなので，このことをふまえたイが適切。「意味がないことを知り」とあるア，①直後の「私」の心情をふまえていない他の選択肢は不適切。

問四　空欄C・Dのことを，内容よりも形式を重んずる立場という意味の「形式主義」と「私」は思っているので，Cには「形」，Dには「心」があてはまる。

問五　傍線部②直前で，「茶道」に対し「意味もわからないことを，一から十までなぞるだけなんて，創造性のカケラもない」という「私」の心情が描かれているのでオが適切。②直前の「私」の心情をふまえていない他の選択肢は不適切。

問六　傍線部③の「疑問」は，「(先生は……)」で描かれている「先生は，なぜお点前のことしか言わないんだろう」ということなのでウが適切。この部分の「私」の心情をふまえていない他の選択肢は不適切。

重要　問七　傍線部④の「出口のない内なる思い」は，「雨の中で，『聴雨』の掛け軸を見た日」に「思いや感情に言葉が追いつかい」思いのことで，このことを「走って誰かに伝えに行きたいような胸の熱さと，言葉が追いつかない虚しさと，言いたいけど言えないやるせなさが，せめぎあう沈黙」と「私」が感じているのでオが適切。④前後の「私」の心情をふまえていない他の選択肢は不適切。

重要　問八　先生が「その日のテーマと調和」を「口にしな」かったのは，「私たちの内面が成長して，自分で気づき，発見するようになるのを，根気よくじっと待っている」からであることを，傍線部⑤は表しているのでエが適切。「どれ一つ……」から続く5段落の「私」の心情をふまえていない他の選択肢は不適切。

やや難　問九　傍線部⑥前で，「お茶の封建的な体質」に反発を感じていたが，「わからなかったこと」の「答えは自然にやってき」たこと，お茶を「本当に知るには，時間がかかる」が，「初めから先生が全部説明してくれたら，私は，長いプロセスの末に……自分の答えを手にすることはな」く，「……生徒にすべて教える」ことは「相手の発見の歓びを奪うことだった」という「私」の心情が描かれているので，お茶を分かるために時間をかけて自分で自分の答えを手にするという自由が茶道にはあるということを説明しているイが適切。時間を使ってお茶に対する自分の答えを見つけ，それぞれの答えを受け入れる自由が茶道にはあるということを説明していない他の選択肢は不適切。

三　(古文一情景・心情，内容吟味，文脈把握，指示語，口語訳，文学史)

〈口語訳〉　病気の姉が目を覚まして，「どうしたの，猫は。こちらへ連れて来て」と言うので，「なぜ」と尋ねると，「夢にこの猫が私のそばに来て，『私は侍従の大納言殿の御むすめが，こういう姿になったものです。前世の因縁が多少あって，こちらの妹君がしきりに(私を)いとおしいと思い出してくださるので，ほんのしばらくの間こちらにおりますのに，このごろは下仕えの者たちのなかにいて，たいそう情けない思いをしております』と言って，たいそう泣く様子は，上品で美しい人と見えて，はっと目を覚ましたところ，この猫の声であったのが，たいそうかわいそうなのです」とおっしゃるのを聞いて，たいそう心を打たれた。その後はこの猫を北面にも出さずたいせつに世話をした。

重要　問一　傍線部aはウが適切。現代語の「びっくりする」の意味もあるが，この後で夢の話をしていることから「目を覚ます」の意味と判断する。bは，程度のはなはだしいことを表すのでオが適切。

問二　傍線部①は，姉の夢の中に出てきた「猫」が自分のことを話している。

やや難　問三　前世の因縁があった「中の君」すなわち筆者が，侍従の大納言殿の御むすめのことをしきりにいとおしいと思い出してくれたため，傍線部②のようにしているのでオが適切。②直前の猫の話をふまえていない他の選択肢は不適切。

問四　傍線部③は，猫の姿になっている「侍従の大納言殿の御むすめ」のことである。

問五　傍線部④は，病気である「筆者の姉」がおっしゃる，ということ。⑤は「筆者」が姉の話を聞いて，ということ。

問六　傍線部⑥のようにした理由として，イは述べていないので適切でない。

基本　問七　オの『源氏物語』の作者は女性である紫式部。アの「最初の勅撰和歌集」は『古今和歌集』で，『万葉集』は奈良時代の最古の歌集。イの「最古の物語」は『竹取物語』で，『平家物語』は鎌倉時代の成立。ウの『枕草子』の作者は清少納言で, 紫式部の代表作は『源氏物語』。エの『徒然草』の成立は鎌倉時代。

★ワンポイントアドバイス★

随筆文では，個人的な体験を通して筆者が感じたさまざまな思いを読み取っていこう。

MEMO

大切なことはメモしておこうネ！

2022年度

★★★★★★★★★★★★★★★★★★★★★★

入 試 問 題

2022年度

愛知高等学校入試問題

【数　学】（45分）　　＜満点：100点＞

【注意】 1．円周率π，無理数$\sqrt{2}$，$\sqrt{3}$などは近似値を用いることなく，そのままで表し，有理化できる分数の分母は有理化し，最も簡単な形で答えなさい。

2．答えが分数のときは，帯分数を用いない最も簡単な分数の形で答えなさい。

3．計算機を使用してはいけません。

1　次の各問に答えなさい。

(1)　$\{-4^2-7\times(-2)^3\}\div(-5^2)$を計算しなさい。

(2)　$(\sqrt{7}-1)^2+\dfrac{14}{\sqrt{7}}$を計算しなさい。

(3)　yはxに反比例し，$x=-21$のとき，$y=\dfrac{2}{7}$である。$y=3$のときのxの値を求めなさい。

(4)　x，yについての連立方程式 $\begin{cases}3ax-by=10\\bx+2ay=-6\end{cases}$ の解が $\begin{cases}x=1\\y=-2\end{cases}$ であるとき，aとbの値をそれぞれ求めなさい。

(5)　2桁《けた》の正の整数がある。これを8倍すると3桁になり，さらに8倍してもまだ3桁だった。最初の2桁の整数として考えられるものをすべて求めなさい。

(6)　2次方程式$x^2-ax+36=0$の2つの解がともに自然数であるとき，aの値を小さい順にすべて求めなさい。

(7)　右の図において，点A，B，C，D，E，F，G，H，I，Jは円周を10等分する点である。
このとき，$\angle x$の大きさを求めなさい。

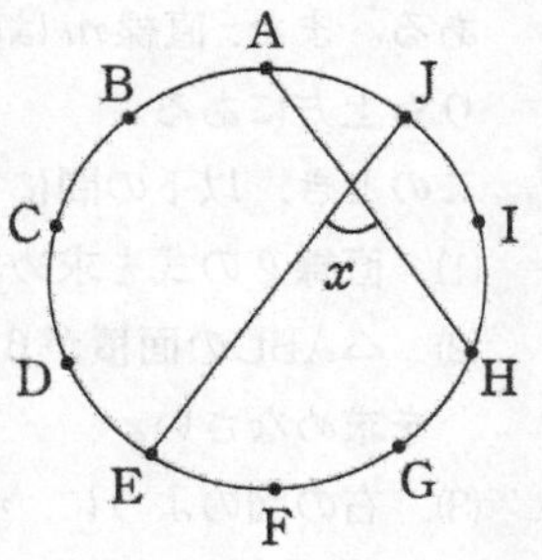

(8)　右の図のような，1辺20㎝の正五角形の内側に，各頂点を中心として各辺を半径とする円弧を描いたとき，図の斜線部分の周の長さを求めなさい。

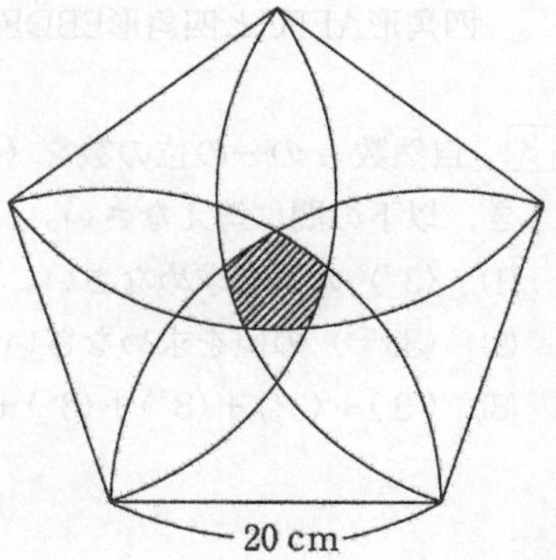

⑼　下の表は，35人のクラスで10点満点のテストを行った結果である。

7点の生徒が9点の生徒のちょうど3倍いるとき，得点の中央値を求めなさい。

得点(点)	0	1	2	3	4	5	6	7	8	9	10
人数(人)	0	0	2	5	0	8	1		3		4

⑽　向かい合った面の目の和が7になるサイコロが5つある。このサイコロを接する面の数の和が6になるように下の図のように貼り合わせた。このとき，Xの目はいくつか答えなさい。

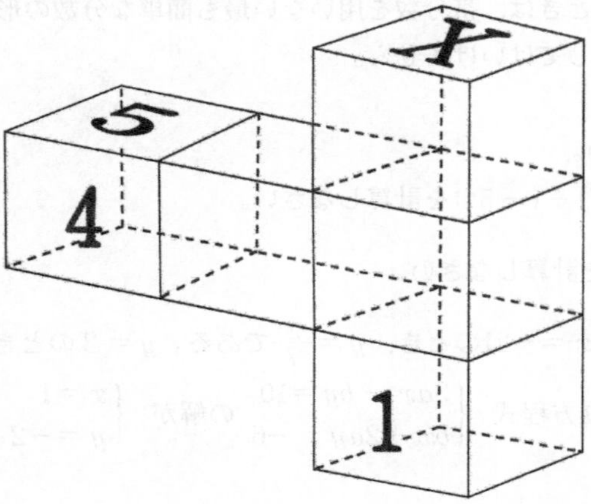

2　右の図のように，放物線 $y=2x^2$ は直線 ℓ と2点A，Bで，直線 m と2点C，Dで交わっていて，点A，Bの x 座標はそれぞれ $-\frac{1}{2}$，1である。また，直線 m は直線 ℓ に平行で，直線 ℓ よりも上方にある。

このとき，以下の問に答えなさい。

⑴　直線 ℓ の式を求めなさい。

⑵　△ABDの面積が6であるとき，直線 m の式を求めなさい。

⑶　右の図のように，y 軸と直線 ℓ，m の交点をそれぞれE，Fとする。

四角形AEFCと四角形EBDFの面積比が3：4になるとき，直線 m の式を求めなさい。

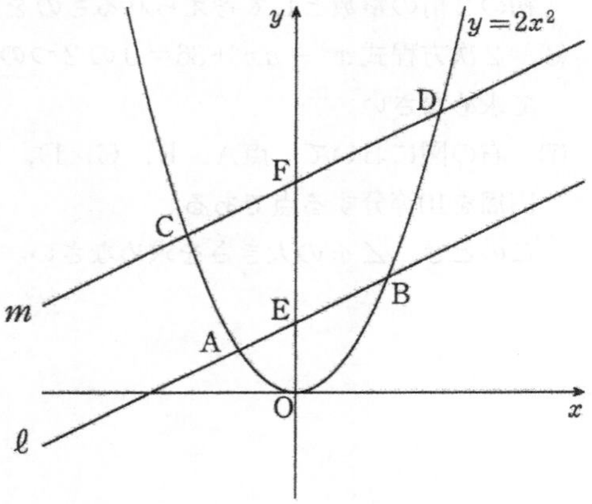

3　自然数 n の一の位の数を〈n〉で表すと約束する。例えば，〈13〉＝3，〈3^3〉＝7である。このとき，以下の問に答えなさい。

⑴　〈3^{13}〉の値を求めなさい。

⑵　〈33^{2022}〉の値を求めなさい。

⑶　〈3〉＋〈3^2〉＋〈3^3〉＋〈3^4〉＋……＋〈3^{2021}〉＋〈3^{2022}〉の値を求めなさい。

4　図1のように1から10までの数が1つずつ書かれた10枚のカードがあり，また図2のような片方の面が白でもう片方の面が黒の円板が何枚かある。これらのカードから何枚かを同時に引き，カードに書かれた数の和を求め，下の【操作】を行う。ただし，1枚だけカードを引くときは，カードに書かれた数を和として考えるものとする。

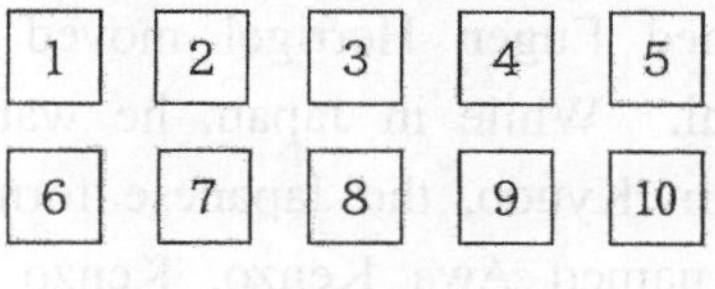
1
2
3
4
5
6
7
8
9
10
図1

図2

【操作】

最初にすべての円板を白が上になるように横一列に並べる。カードに書かれた数の和の枚数だけ，円板を左端から右へ順に1枚ずつ裏返していく。ただし，右端の円板まで裏返しても，裏返すべき枚数に足りないときは，左端の円板に戻って裏返しを続けるものとする。
※円板の色とは，円板の上の面の色を意味すると約束する。

例えば，右の図3のように，円板が5枚あり，3と4のカードを引いたときは，7枚の円板を裏返すことになる。

【操作】が終了すると，
円板は左から2番目までは白で，他は黒になる。

図3

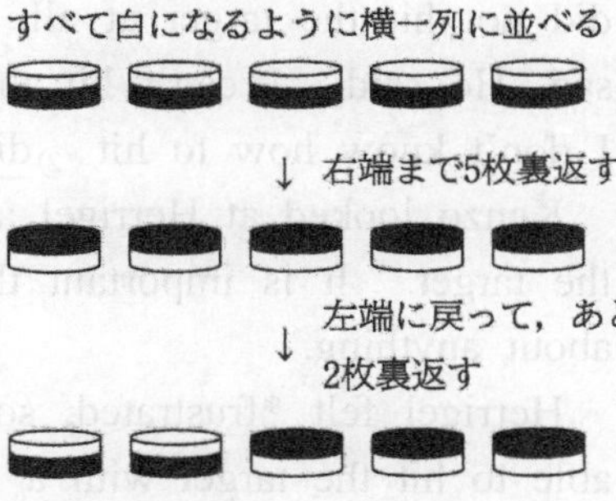
すべて白になるように横一列に並べる
↓ 右端まで5枚裏返す
左端に戻って，あと
↓ 2枚裏返す

(1)　円板が全部で5枚あるとき，以下の問に答えなさい。

(a)　カードを1枚引いて【操作】を行う。【操作】が終了したとき，4枚の円板が黒である確率を求めなさい。

(b)　カードを2枚引いて【操作】を行う。
【操作】が終了したとき，円板は右の図4のようになった。2枚のカードにそれぞれ書かれている数として，考えられるものを2組答えなさい。

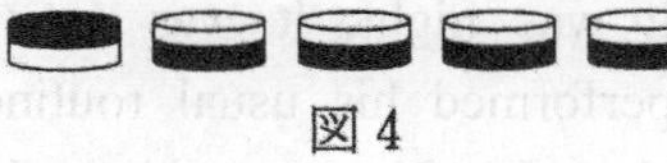
図4

(2)　Aさんは円板を10枚，Bさんは円板をx枚もっている。Aさんがカードを何枚か引いて，AさんとBさんそれぞれが【操作】を行う。
例えば，Aさんが引いたカードの数の和が3であるとき，AさんもBさんも3枚自分の円板を裏返すことになる。このとき，以下の問に答えなさい。

(a)　Aさんは右端の円板を白から黒にちょうど2回裏返したところで【操作】が終了した。また，Bさんは左端から2番目の円板を白から黒にちょうど3回裏返したところで【操作】が終了した。このとき，xの値を求めなさい。

(b)　【操作】が終了したとき，Aさん，Bさんともにすべての円板が黒になった。考えられるxの値をすべて求めなさい。ただし，xは10より小さい自然数とする。

【英　語】（45分）　＜満点：100点＞

Ⅰ　次の英文(A)(B)を読んで，あとの問に答えなさい。

(A)

In the 1920s, a German professor named Eugen Herrigel moved to Japan to teach *philosophy at a university in Sendai. While in Japan, he wanted to learn about Japanese culture. He decided to learn Kyudo, the Japanese form of archery. Then, he found a famous Kyudo teacher named Awa Kenzo. Kenzo thought that beginners should learn the basic form of Kyudo before they tried to shoot at real targets. In fact, for his first four years of training, Herrigel could only shoot at *a roll of straw two meters away.

Herrigel thought that Kenzo's style of teaching was too (ア). But, Kenzo said, "It isn't important how long it takes to reach a goal. The important thing is the way you reach a goal."

Finally, the day came! Herrigel had a chance to shoot at a real target which was about thirty meters away. Herrigel tried to shoot at the target, but his *arrows did not hit the target at all. After trying for several days, Herrigel became very sad. He said, "I can't hit the target because I only practiced on ①close targets. I don't know how to hit ②distant targets!"

Kenzo looked at Herrigel and said, "The important thing is not that you can hit the target. It is important that you shoot with a good *posture without thinking about anything."

Herrigel felt *frustrated, so he said, "Well, if that is true, then you should be able to hit the target with a *blindfold over your eyes!"

Kenzo listened quietly, and then he said, "Please come to see me this evening."

In the evening, when it was dark, Herrigel went to see Kenzo again. Because it was night, it was (イ) to see the target in the dark. The Kyudo master performed his usual routine. He stood quietly, pulled the *bow string *tight, and shot the first arrow into the darkness.

Herrigel knew from the sound that the arrow had hit the target.

Kenzo drew a second arrow and shot it into the black night, like the first one. This time, it made a funny sound.

Herrigel ran across the yard to look at the target though Kenzo didn't move at all. He was surprised to see the arrows. In his book, *Zen in the Art of Archery*, Herrigel wrote, "When I turned on the light, I was surprised to find that the first arrow was *stuck just in the middle of the target, while the second arrow had *split the first arrow and stuck in the target." Kenzo had hit a double *bull's-eye without seeing the target.

Archery masters say that Kyudo is not done only with (ウ). You should use *the whole body—the way you stand, the way you hold the bow and the way you *breathe. All of these things are as important as seeing.

philosophy 哲学　a roll of straw からを巻いたもの　arrow 矢　posture 姿勢
frustrated いらいらした　blindfold 目隠し（布）　bow string 弓の糸　tight しっかりと
stuck ＜ stick ～を突き刺す，突き刺さる　split ～を裂く　bull's-eye 的の中心
the whole body 全身　breathe 呼吸する

問１ （ア）～（ウ）に入る最も適切な語を，次のあ～くからそれぞれ一つずつ選び，記号で答えなさい。ただし，それぞれの選択肢は一度しか使えません。

あ beautiful　い fast　う the eyes　え impossible
お early　か slow　き possible　く fingers

問２ 本文から推測して，下線部①，②の意味の組み合わせで最も適切なものを次のあ～えから一つ選び，記号で答えなさい。

あ ①小さい－②大きい　い ①近い－②大きい
う ①本物の－②遠い　え ①近い－②違い

問３ 次のａ）～ｅ）の文を，本文の内容に合うように時系列に正しく並べ替えたものを，次のあ～えから一つ選び，記号で答えなさい。

ａ）Herrigel practiced shooting at the target which was two meters away.
ｂ）One evening, Kenzo shot two arrows in the dark.
ｃ）Herrigel couldn't hit the target which was thirty meters away.
ｄ）Herrigel started to learn Kyudo.
ｅ）Herrigel came to Japan as a professor.

あ ｄ）→ｅ）→ｂ）→ａ）→ｃ）
い ｅ）→ｄ）→ｃ）→ｂ）→ａ）
う ｄ）→ａ）→ｃ）→ｅ）→ｂ）
え ｅ）→ｄ）→ａ）→ｃ）→ｂ）

問４ 次の⑴～⑶の各組の英文において，本文の内容と一致しているものをあ～うからそれぞれ一つずつ選び，記号で答えなさい。

⑴ あ Herrigel came to Japan to learn Kyudo.
い Kenzo thought that before trying to shoot at real targets, beginners should learn the basic form of Kyudo.
う Herrigel was happy about Kenzo's way of teaching.

⑵ あ Herrigel decided to learn Kyudo because he met a famous Kyudo teacher.
い Kenzo thought that the important thing is to shoot with a good posture.
う Herrigel could shoot at the target easily after learning the basic form of Kyudo.

⑶ あ One evening, Kenzo's arrows couldn't hit the target at all.
い Herrigel was sad because he couldn't see the target in the dark.
う Herrigel heard a strange sound after Kenzo's second shot.

(B)

Do you know the Japanese word *Zanshin*? It is a word used in *martial arts like Karate, Judo and Kyudo. You pay attention to everything in a match. Even after the match, you should continue to be *focused as your body *cahns down. This is *Zanshin*!

For example, in Kendo, *Zanshin* means you should always be focused and ready for your opponent to attack. In Kyudo, it means you should keep the shooting posture, both in your mind and in your body, even after the arrow is released, and you should focus your eyes on the place struck by the arrow.

This idea is also part of Japanese culture. In tea ceremony, after the ceremony is over and the guests go home, you should remember what you have done during the day. It is a kind of *Zanshin* in tea ceremony to think about the guests even after they say good-by. It is similar to the spirit of OMOTENASHI.

There is a famous Japanese *proverb that says, "After you win the battle, you should tighten your helmet." It means "Do not let your guard down after a victory." Don't stop paying attention when you win. The battle does not end. The point is to be focused before AND after you *achieve a goal. You may think this proverb is similar to *Zanshin*.

martial arts　武道　focused　集中した　calm down　落ち着く　proverb　ことわざ
achieve　～を達成する

問5　弓道における「残心（残身）」を英語で表した時，（　）に入る最も適切なものを次の**あ**～**え**から一つ選び，記号で答えなさい。

After you shoot the arrow, (　　　　　　　　　　).

あ　you go to check the targets
い　you go to your coach to ask for his/her advice
う　you go to the targets to pick up your arrow
え　you keep looking at the target without moving

問6　下線部の意味を表す日本語のことわざを，次の**あ**～**え**から一つ選び，記号で答えなさい。

あ　軍（いくさ）に花を散らす　　**い**　軍を見て矢を矧（は）ぐ
う　勝って兜（かぶと）の緒を締めよ　　**え**　勝ちを千里の外に決す

問7　次の日本文は，ある中学生が(B)の英文を読んで，内容を一部要約したものです。（ａ）～（ｅ）に入る最も適切なものを，あとの**あ**～**つ**からそれぞれ一つずつ選び，記号で答えなさい。ただし，それぞれの選択肢は一度しか使えません。

「残心（残身）」という言葉は，武道においては，試合が終わった後も，落ち着いた状態で集中しているべきだという意味になります。例えば，剣道では，対戦相手がいつ（　ａ　）してきてもいいように準備をしておくことを意味します。

茶道においては，茶会が終わって（　ｂ　）が帰った後，その日の出来事を思い返します。（　ｃ　）後でもなお（　ｂ　）のことを考えること，これが茶道でいう「残心」です。また，これは日本の「おもてなし」の精神に似ています。

また「残心」の考えと同じような意味の日本のことわざもあります。その意味は，勝った後も（　d　）ことをやめてはいけないというもので，（　e　）を達成する前も後も，集中力を切らさないことが大切なのです。

あ　注意する	い　疲れた	う　夢	え　緊張	お　別れた
か　出会った	き　敵	く　先生	け　目標	こ　満腹になった
さ　降参	し　握手	す　客	せ　感謝する	そ　喜ぶ
た　攻撃	ち　悲しむ	つ　茶		

問８　(B)の英文から推測して，柔道における「残心（残身）」で，当てはまらないものを次のあ～うから一つ選び，記号で答えなさい。

あ　After you throw your opponent, you think about the next attack.
い　You jump for joy soon after you win an IPPON.
う　You are always careful during and after your match.

Ⅱ　次の英文を読んで，以下の問に答えなさい。

If someone asks you to do something, do you always say yes? Then, later, do you feel too busy because you have too much to do? You should ask yourself a question: "Do I really want to do all the things that I say yes to?" Sometimes your answer is "No." But, it may be difficult to say no. For example, a friend asks you to take care of her three cats for two weeks while she goes to America in the summer. You find that saying yes is (①) than saying no because your friendship is important and you can enjoy seeing your friend's smile. But when you are going to her house for her cats, you may think that it is a big job! Maybe you ask yourself, "Why did I say yes?"

Think about the difference between yes and no. When you say no, it means you say no to only one choice. But when you say (②), you have to say (③) to many other choices. For example, if you say that you will take care of a friend's cats for two weeks, it means that during that time you can't get much sleep, you can't stay home even on a rainy day, and you can't go on your own vacation. You can't do a lot of things!

Of course, you shouldn't always say no. If you always say no to everything, people will not want to work with you. However, learning to say no can sometimes (④) you! When you say no, you can use your time for you. If you say no to working late on Friday night, then you can spend the night at home with your family. So, you should only say yes to the things that you really want to do. The next time someone asks you to do something, think about the difference between saying yes and no. Your time is very important, so it's best to spend it doing things that you really want to do.

問１　(①) に入る語を，次の四つの中から一つ選び，最も適切な形に書き換えて答えなさい。

much / little / difficult / easy

問２　(②)(③)に入る語の組み合わせとして，最も適切なものを次のあ～えから一つ選び，記号で答えなさい。

あ　② yes　③ yes

い　② yes　③ no

う　② no　③ no

え　② no　③ yes

問３　(④)に入る，h で始まる語を本文に合う形で書きなさい。

問４　本文の内容に合うものを，次のあ～おから二つ選び，記号で答えなさい。

あ　For friendship, people sometimes say yes to things that they don’t want to do.

い　Taking care of your friend’s pets is a good way to spend your time.

う　If you want to make a lot of friends, you must say yes to everything that you are asked to do.

え　If you don’t want to do something later, you should do it today.

お　If you say no to working on Friday night, you can spend your time freely.

問５　次の会話文を読み，以下の(1)，(2)に答えなさい。

A：I’m not good at saying（ ア ）to people, so I always just say yes.

B：You mean you only say（ イ ）to your parents and teachers?

A：Yeah, but also to friends. For example, last Sunday I had a lot of homework to do, but a friend invited me to go and see a movie and I said（ ウ ）!

B：Were you able to finish your homework?

A：Yeah, but I had to work hard to finish it and I was really tired the next day at school. Speaking of homework, I have another friend who always forgets to do his homework and then asks to copy mine.

B：And, what do you say?

A：Of course, I say（ エ ）. Do you think I should tell him（ オ ）?

B：Yeah. If you always show him your homework, he won’t learn to do it by himself. Also, your friends may think you are a “（ カ ）guy” and other people will ask you to do things, too.

A：Actually, a member of the tennis club just asked me to do something today!

B：Really? What did he ask you to do?

A：He asked me to go with him to sing karaoke on Tuesday, but the tests start from Thursday. <u>What should I say?</u>

B：If I were you, I would say（ yes / no ）because [　　　　　　　　].

(1)　(ア)～(カ)には yes または no が入ります。yes が入る（　）はいくつありますか。その数を<u>算用数字</u>で答えなさい。

(2)　あなたがＢの立場なら，会話文の下線部の質問に対してどのように答えますか。解答用紙の yes または no のどちらかに○をつけ，そう考える理由を [　　] にあてはまるように<u>6語以上12語以内の英文を一文</u>で書きなさい。

・解答用紙の下線部に一語ずつ書くこと。
・コンマなどの記号を使う場合は，語数に数えず，下線部と下線部の間に書くこと。
【解答記入例】

I would say (yes / no) because
※どちらかを選んで○をつける。
○○ △△ □□ ○○ △△ □□ 6
○○ △△ □□ ＿＿ ＿＿ ＿＿. 12

Ⅲ 日本語の意味に合うように，[ ] 内の語（句）を並べ替えたとき，(●) と (▲) に入る語（句）を書きなさい。ただし，文頭に来る語もすべて小文字になっています。

⑴ 新幹線で旅行に出かけるのは７か月ぶりです。
It has [time / traveled / by / been /last / seven months / we / since] Shinkansen.
It has ( )( )(●) the ( )( )(▲)( )( ) Shinkansen.

⑵ その銀行はここから約５分歩いたところにあると思います。
I think [about / walk / here / that bank / a five-minute / is / from].
I think ( )( )(●)( )(▲)( )( ).

⑶ 彼らはメールアドレスを教え合うほど親しくなりました。
They [friendly / each other / became / tell / to / their / enough] e-mail address.
They ( )( )(●)( )( )(▲)( ) e-mail address.

⑷ この地域の人は地元愛が強い。
[who / their / here / hometown / love / live / the people].
( )(●)( )( )(▲)( )( ).

⑸ 庭園が有名なあのお寺は，室町時代に建てられました。
The [garden / in / built / famous / has / was / temple / which / a] the Muromachi period.
The ( )( )(●)( )( )( )(▲)( )( ) the Muromachi period.

Ⅳ 次の英文の組み合わせで，文法的に間違いがあれば，間違いのある英文の記号を答えなさい。また，二文とも正しければ う，二文とも間違いがあれば え と答えなさい。

⑴ あ I have few water in my bottle.
い Rena had a little tea after dinner.

⑵ あ I don't know what she likes color.
い The man asked me where is the station.

⑶ あ Brian is the tallest student of the three.
い My town is near long river.

(4) あ The woman teaching French for Anne is my sister.
い They looked like happy.

(5) あ The place which I want to visit is Hakodate.
い I'll buy the book Tim talked about at school yesterday.

【理　科】（社会と合わせて60分）　＜満点：50点＞

1　図１のように力を加えていないときの長さが10㎝の同じばねを３本用意した。次の(Ⅰ)，(Ⅱ)，(Ⅲ)に関する各問に答えなさい。

ただし，ばねの質量は考えないものとし，100ｇの物体にはたらく重力の大きさを１Ｎとする。

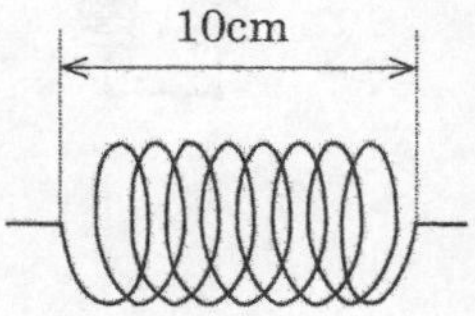

図1

(Ⅰ)　**図２のようにばねをつるし，ばねの先端に様々な質量のおもりをつけた。図３はばねにつけたおもりの重さとばねののびの関係をグラフに表したものである。**

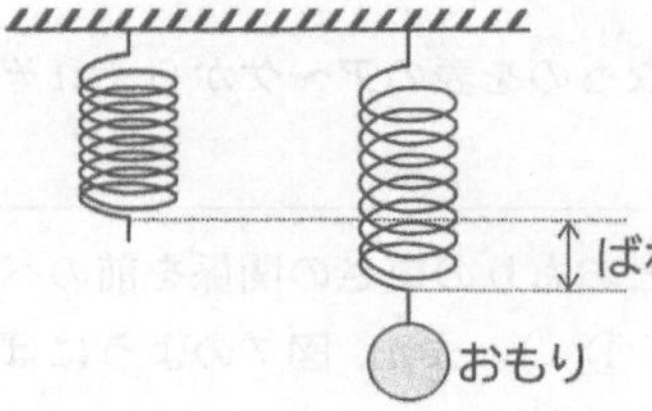

図2

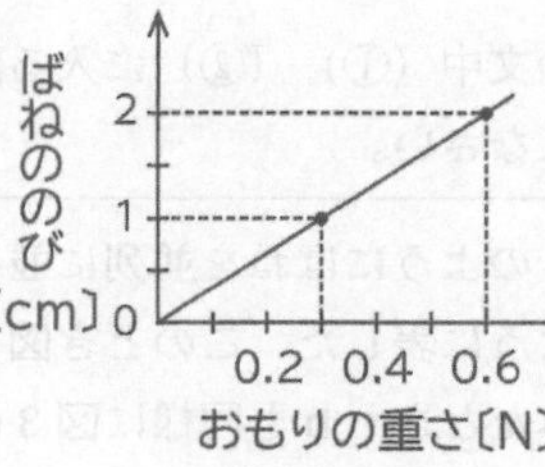

図3

問１　図３からばねののびは，ばねにはたらく力に比例することがわかった。この法則を何というか。また，120ｇのおもりをつけたときのばねののびを求めなさい。

問２　このばねを用いて図４のようにおもりをばねの両端につけた。このときのばねののびは何㎝か。

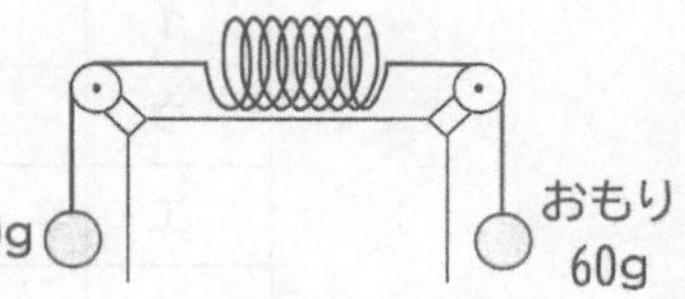

図4

問３　ばねに２本の糸Ａ，Ｂをつけ，図５の①のように糸をつなげて引っ張った。次にばねののびと，ばねの向きを変えないようにしながら，糸Ａの角度は変えずに糸Ｂの角度を変え，図５の②のようにした。①と比べたとき糸Ａ，Ｂがばねを引く力はそれぞれどのようになるか。次のア～ウからそれぞれ選び，記号で答えなさい。

ア　大きくなる。　　イ　変わらない。

ウ　小さくなる。

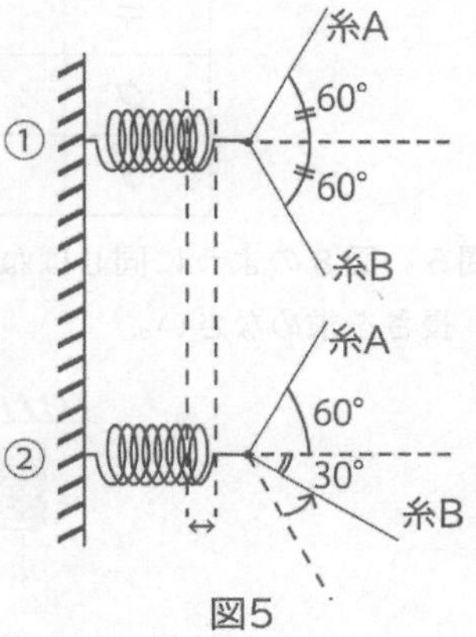

図5

(Ⅱ)　**次のページの図６，図７のようにばねを並列（横並び），直列（縦並び）につなぎ，おもりをつけてばねののびａ，ｂの長さを調べた。**

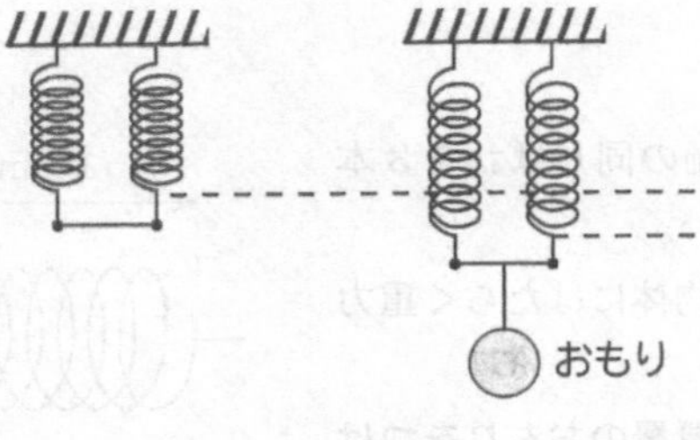

図6

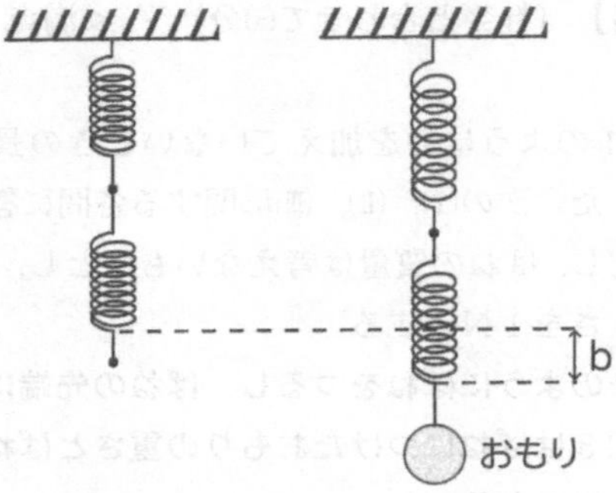

図7

問４　次の文中（①），（②）に入る語句として最も適切なものを表のア～ケからそれぞれ選び，記号で答えなさい。

図６のようにばねを並列に並べたときのａの長さとおもりの重さの関係を前のページの図３のように表した。このとき図３のグラフと比べ（　①　）。また，図７のようにばねを直列に並べたとき，ｂも同様に図３のグラフと比べると（　②　）。

	①	②
ア	傾きが大きくなる	傾きが大きくなる
イ	傾きが大きくなる	傾きが小さくなる
ウ	傾きが大きくなる	傾きは変わらない
エ	傾きが小さくなる	傾きが大きくなる
オ	傾きが小さくなる	傾きが小さくなる
カ	傾きが小さくなる	傾きは変わらない
キ	傾きは変わらない	傾きが大きくなる
ク	傾きは変わらない	傾きが小さくなる
ケ	傾きは変わらない	傾きは変わらない

問５　図８のように同じばねを並列に３本並べた。その下端に270ｇのおもりをつけたときのｃの長さを求めなさい。

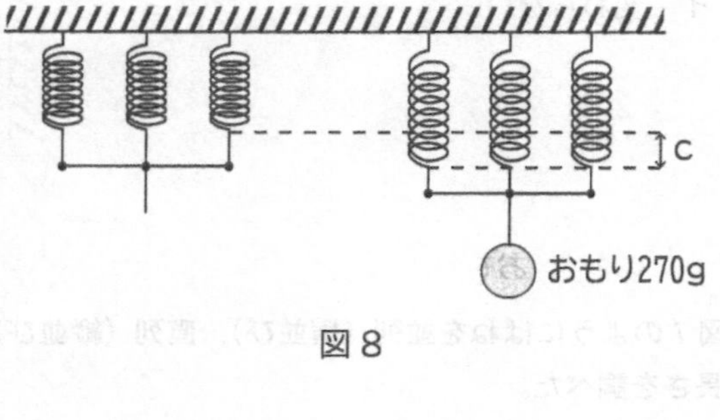

図８

(Ⅲ) このばね３本を2.5㎝２本，５㎝２本，7.5㎝２本に切り分けた。これらのばねを用いてばねののびとおもりの重さの関係を調べたところ，図９のグラフが得られた。2.5㎝のばねをばねＡ，５㎝のばねをばねＢ，7.5㎝のばねをばねＣとする。

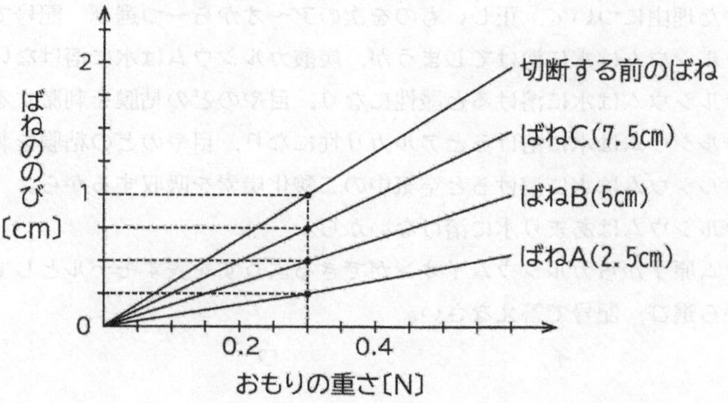

図9

問６　切断する前のばね１本と同じ長さののびになるようにばねＡ，Ｂ，Ｃを接続する。図10と図11のように接続する場合，①～⑤につなげるばねＡ，Ｂ，Ｃの組み合わせとして正しいものを次のア～ケから選び，記号で答えなさい。
ただし，切断する前のばねにつけたおもりと同じ重さのおもりを使用するものとする。

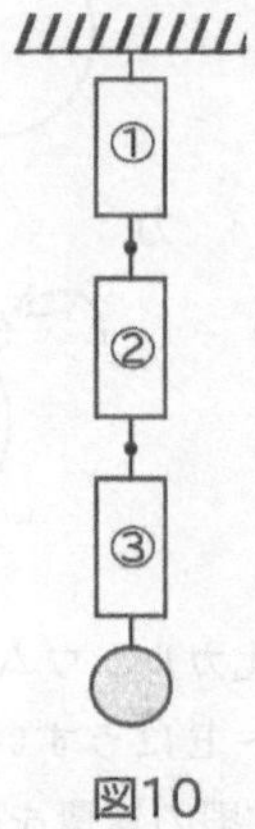

図10

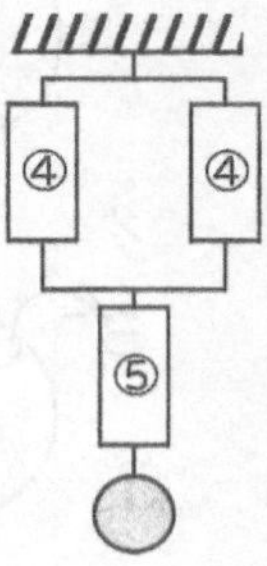

図11

	①	②	③	④	⑤
ア	ばねA	ばねA	ばねB	ばねA	ばねC
イ	ばねA	ばねA	ばねB	ばねC	ばねA
ウ	ばねA	ばねA	ばねB	ばねB	ばねC
エ	ばねA	ばねB	ばねC	ばねB	ばねA
オ	ばねA	ばねB	ばねC	ばねA	ばねB
カ	ばねA	ばねB	ばねC	ばねA	ばねC
キ	ばねB	ばねB	ばねA	ばねC	ばねA
ク	ばねB	ばねB	ばねA	ばねB	ばねC
ケ	ばねB	ばねB	ばねA	ばねA	ばねB

2 次の問に答えなさい。

問１　運動場に線を引くラインカーに入れる白い粉は，以前は水酸化カルシウム（消石灰）が使われていましたが，今は炭酸カルシウム（石灰石や卵の殻の主成分）が使われています。使われる物質が変わった理由について，正しいものを次の**ア〜オ**から一つ選び，記号で答えなさい。

ア　水酸化カルシウムは水に溶けてしまうが，炭酸カルシウムは水に溶けないから。

イ　水酸化カルシウムは水に溶けると酸性になり，目やのどの粘膜を刺激するから。

ウ　水酸化カルシウムは水に溶けるとアルカリ性になり，目やのどの粘膜を刺激するから。

エ　水酸化カルシウムは水に溶けると空気中の二酸化炭素を吸収するから。

オ　水酸化カルシウムはあまり水に溶けないから。

問２　カルシウム原子からカルシウムイオンができるようすを表すモデルとして最も適切なものを次の**ア〜ク**から選び，記号で答えなさい。

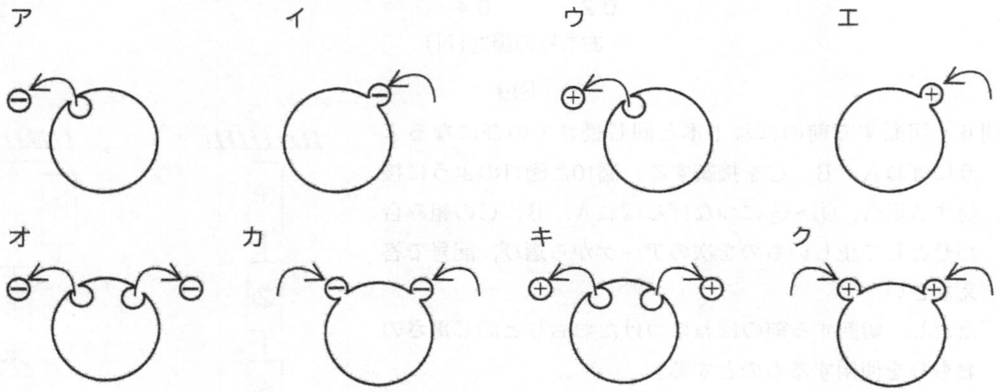

うすい硫酸に水酸化カルシウム水溶液を加えると白い沈殿が生じる。

５つのビーカーＡ～Ｅにうすい硫酸を50mLずつとり，同じ濃度の水酸化カルシウム水溶液をそれぞれ加え，生じた沈殿の質量を調べた（**表１**）。それぞれのビーカーには一定の電圧をかけた電極を入れ，水溶液中を流れる電流の変化を測定した。

表１

	A	B	C	D	E
水酸化カルシウム水溶液〔mL〕	10	20	30	40	50
沈殿〔mg〕	27.2	54.4	81.6	102	102

問３　白い沈殿は何か。化学式で答えなさい。

問４　うすい硫酸や水酸化カルシウム水溶液のように，水溶液にしたときに電流が流れる物質を何といいますか。

問５　50mLのうすい硫酸が，完全に中和されるのは水酸化カルシウム水溶液を何ｍＬ加えたときか。

問６　電流の変化を表すグラフとして最も適切なものを次のページの**ア〜オ**から選び，記号で答えなさい。

ア

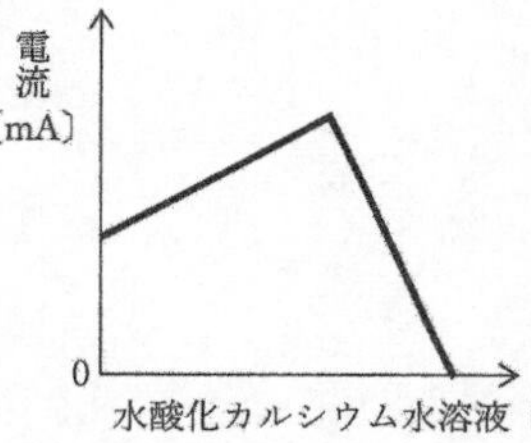

イ

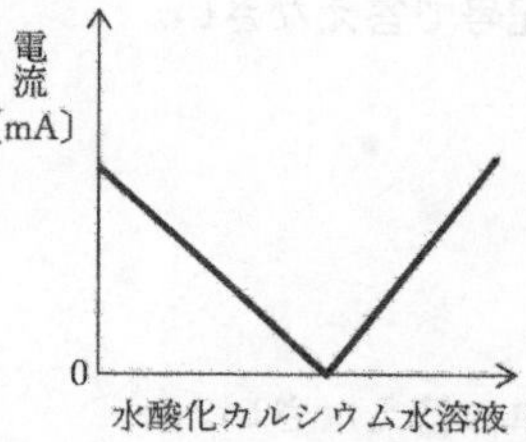

ウ

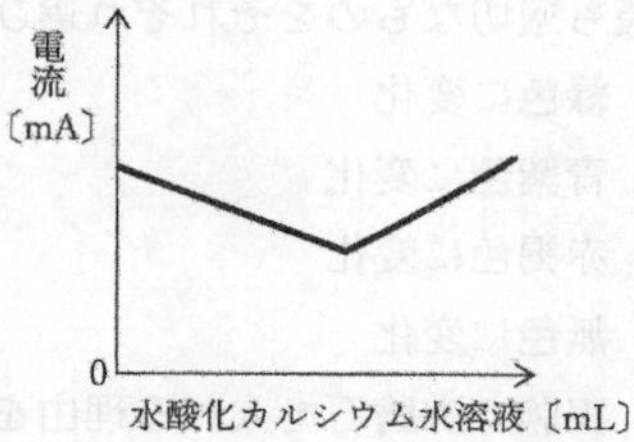

エ

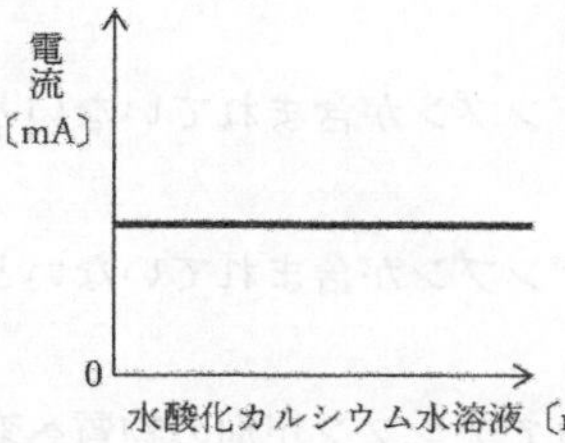

オ

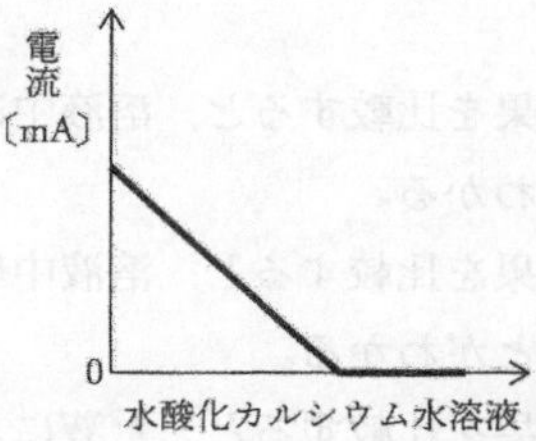

3 だ液のはたらきを調べるために，次の実験を行った。

【実験】４本の試験管Ａ～Ｄを用意し，試験管ＡとＢには水でうすめたデンプンのり６mLを入れ，試験管ＣとＤには水６mLを入れた。次に，試験管ＢとＣに水でうすめただ液２mLを入れ，試験管ＡとＤに水２mLを入れ，それぞれ試験管を振りまぜた。そして，４本の試験管を40℃のお湯を入れたビーカーに入れて10分間あたためた。

10分後，試験管Ａ～Ｄの溶液を別の試験管ａ～ｄにそれぞれ４ｍＬずつ取り分けた。試験管Ａ～Ｄにはそれぞれヨウ素溶液を入れて，溶液の色の変化を調べた。また，試験管ａ～ｄにはそれぞれベネジクト溶液と沸騰《ふっとう》石を入れて加熱し，溶液の色の変化を調べた。結果は下の**表１**のようになった。

試験管		試験管内の溶液
A	a	デンプンのり＋水
B	b	デンプンのり＋だ液
C	c	水＋だ液
D	d	水＋水

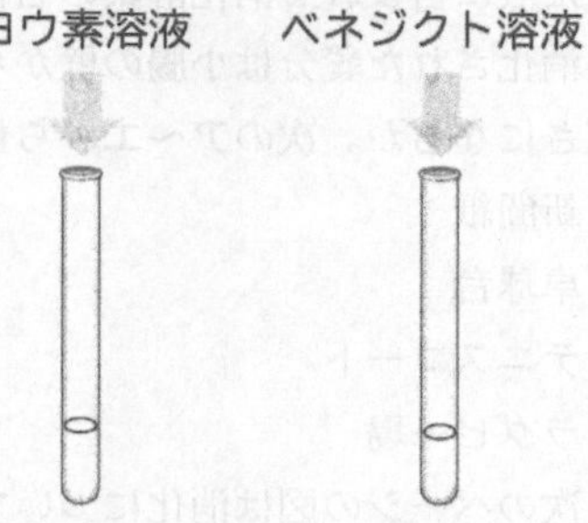

表１

試験管	色の変化	試験管	色の変化
A	＋	a	−
B	−	b	＋
C	−	c	−
D	−	d	−

＋：変化あり　−：変化なし

問1　前のページの表1の試験管Aとbはどのような変化であったと考えられるか。次のア～エから最も適切なものをそれぞれ選び，記号で答えなさい。

ア　緑色に変化

イ　青紫色に変化

ウ　赤褐色に変化

エ　無色に変化

問2　実験で沸騰石を入れる理由を簡単に答えなさい。

問3　表1の結果をもとに述べた次のア～キの考察の中から正しいものを二つ選び，記号で答えなさい。

ア　試験管AとDの結果を比較すると，溶液中にデンプンが含まれていないとヨウ素溶液の反応が起こらないことがわかる。

イ　試験管aとcの結果を比較すると，溶液中にデンプンが含まれていないとベネジクト溶液の反応が起こらないことがわかる。

ウ　試験管AとBの結果を比較すると，だ液によってデンプンが別の物質へ変化したことがわかる。

エ　試験管Bとbの結果を比較すると，だ液によってデンプンから麦芽糖ができたことがわかる。

オ　試験管aとbの結果を比較すると，溶液中にデンプンが含まれていないとベネジクト溶液の反応が起こらないことがわかる。

カ　試験管Aとbの結果を比較すると，だ液によってデンプンが別の物質へ変化したことがわかる。

キ　試験管bとcの結果を比較すると，だ液によってデンプンから麦芽糖ができたことがわかる。

問4　だ液に含まれる消化酵素の名称を答えなさい。

問5　消化された養分は小腸の壁から吸収される。ヒトの小腸の壁をのばして広げるとどのくらいの広さになるか。次のア～エから最も適切なものを一つ選び，記号で答えなさい。

ア　新聞紙

イ　卓球台

ウ　テニスコート

エ　ラグビー場

問6　次のページの図は消化についてノートにまとめたものです。先生に見てもらうと間違いがあることがわかりました。次のページの①～⑪の中で間違っている箇所の番号を三つ選び，その番号を答えなさい。

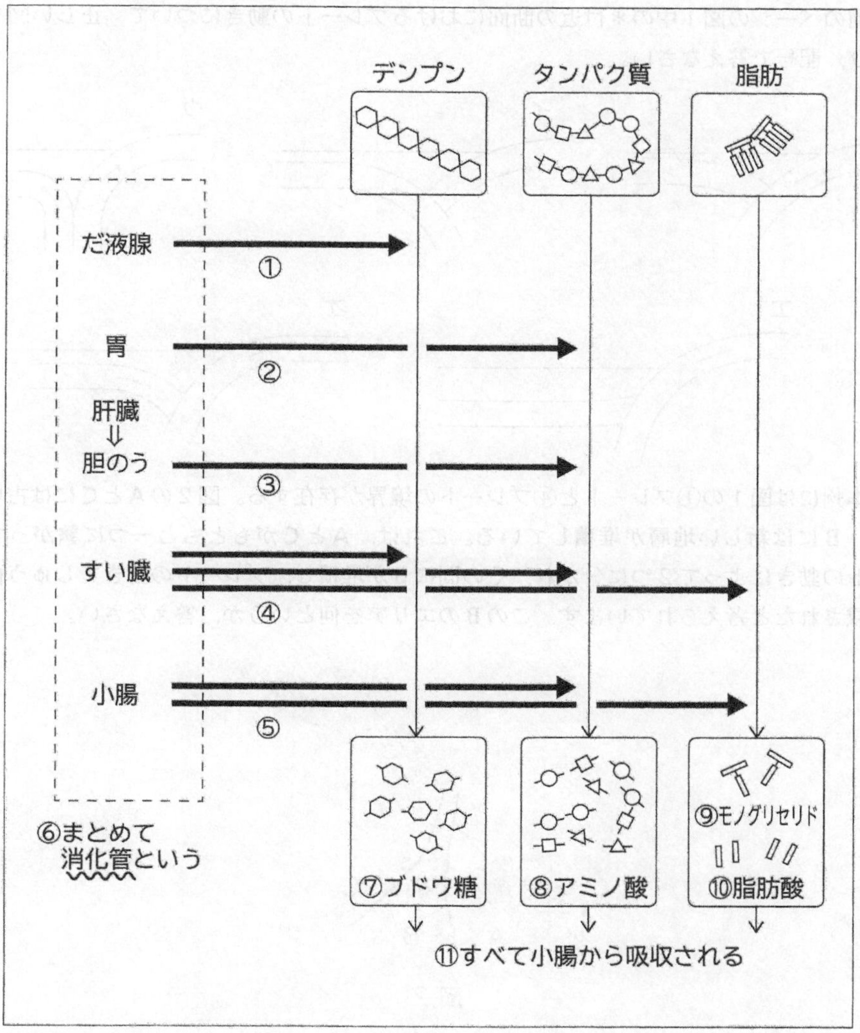

4 愛知高校では２年生の研修旅行で北海道を訪れます。そのコースに，有珠山の西山山麓火口散策があり，2000年３月の噴火の爪痕が生々しく残る活火山を見学します。日本にはこのような活火山を含む多くの火山や温泉があり，地震も多く発生します。

問１　ウェゲナー（Alfred Wegener 1880～1930ドイツ）が「大陸移動説」を提唱して以来，地殻の変動をプレートで説明できるようになりました。このように，プレートの動きに伴って地殻の変動を説明する考え方を何というか，答えなさい。

問２　図１は日本付近のプレートを図示したものである。①のプレートの名前を答えなさい。

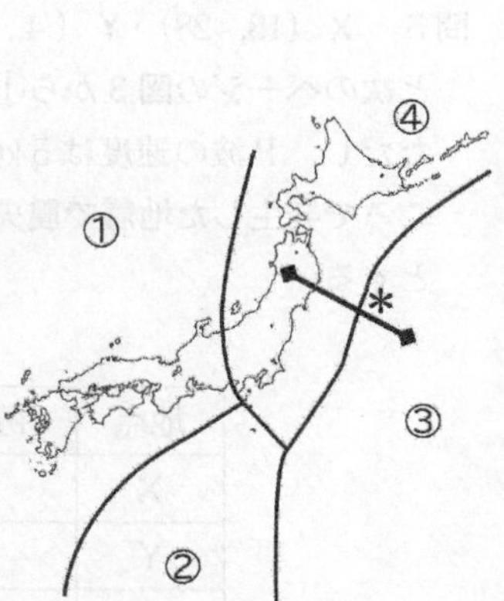

図１

問３　前のページの図１中の＊付近の断面におけるプレートの動きについて，正しい図を下のア～オから選び，記号で答えなさい。

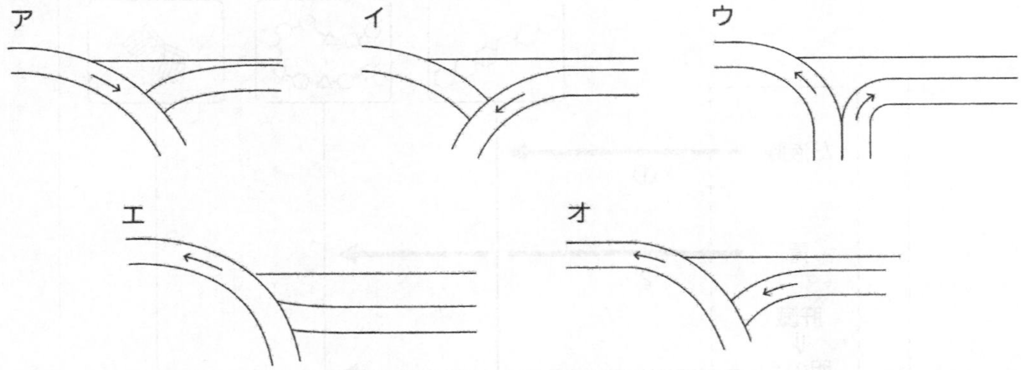

問４　本州には図１の①プレートと④プレートの境界が存在する。図２のAとCには古い地層が堆積し，Bには新しい地層が堆積している。これは，AとCがもともと一つに繋がっており，プレートの動きによって２つに分かれ，その間にBが堆積し，プレートの動きでしゅう曲して山脈が形成されたと考えられています。このBのエリアを何というか，答えなさい。

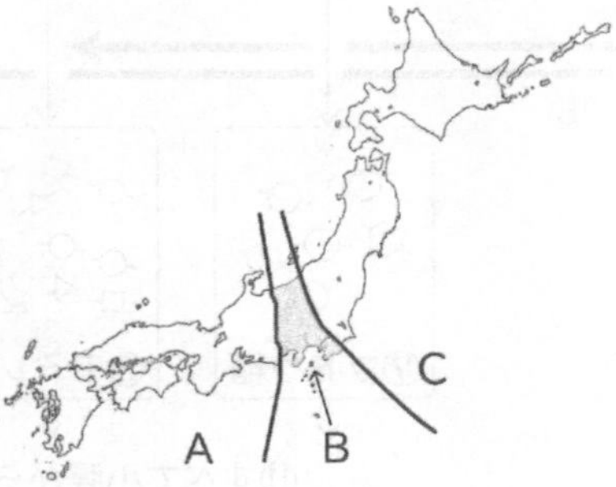

図２

問５　X（13, 28）・Y（４，22）・Z（13, 4）の３地点で，同じ地震の地震波を観測しました。表と次のページの図３から①地震発生時刻と②震源の座標を答えなさい。
ただし，P波の速度は５㎞/秒，S波の速度は３㎞/秒の一定速度とし，この地震はごく浅いところで発生した地震で震央と震源はほぼ同一と考えてよいものとし，図３の１マスの一辺は５㎞とする。

表

地点	初期微動継続時間（秒）	主要動開始時刻
X	4	18時25分12秒
Y	6	不明
Z	12	不明

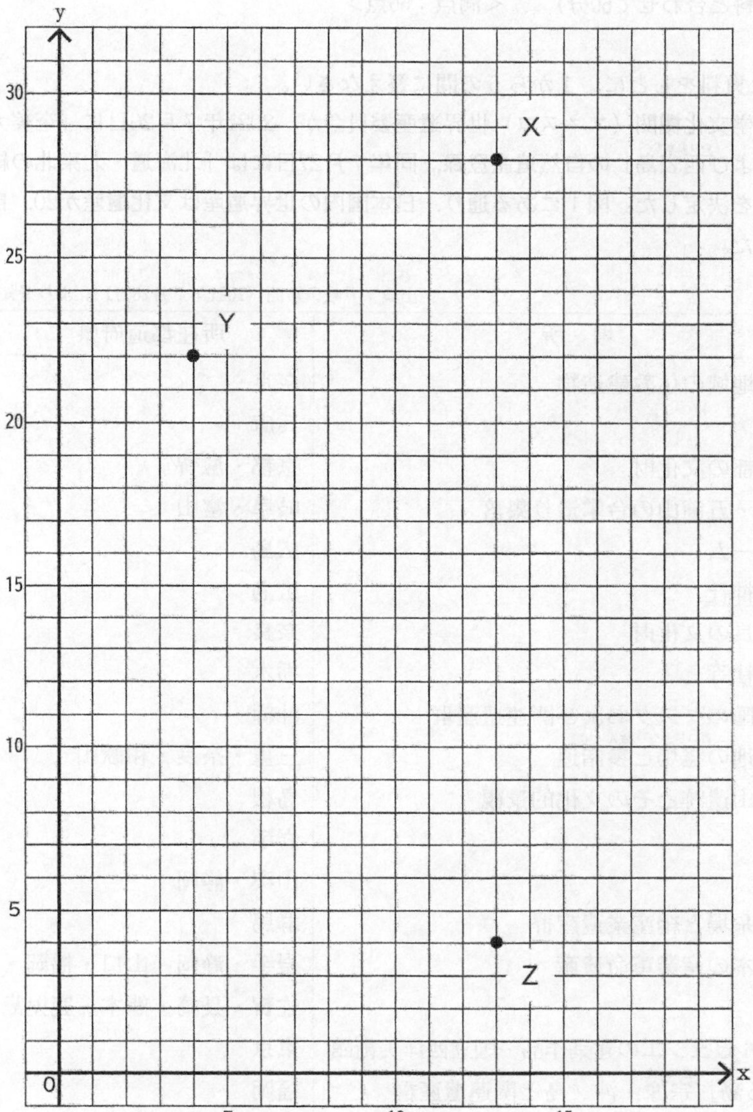

図３

【社　会】（理科と合わせて60分）　　＜満点：50点＞

1　次の文章と資料をもとに，１から５の問に答えなさい。

国連教育科学文化機関（ユネスコ）世界遺産委員会が，2021年７月26日に「奄美大島・徳之島・沖縄島北部および西表《いりおもて》島」の自然遺産登録，同年７月27日には「北海道・北東北の縄文遺跡群」の文化遺産登録を決定した。図１にある通り，日本国内の世界遺産は文化遺産が20，自然遺産が５の計25件となった。

＜図１＞　　出典：「岐阜新聞（2021年７月28日）」より愛知高校作成。

	場　所	所在都道府県	年
文化遺産	法隆寺地域の仏教建造物	奈良	1993
	姫路城	兵庫	1993
	古都京都の文化財	京都・滋賀	1994
	白川郷・五箇山の合掌造り集落	岐阜・富山	1995
	原爆ドーム	広島	1996
	①厳島神社	広島	1996
	古都奈良の文化財	奈良	1998
	日光の社寺	栃木	1999
	琉球王国のグスクおよび関連遺産群	沖縄	2000
	紀伊山地の霊場《れいじょう》と参詣《さんけい》道	三重・奈良・和歌山	2004
	石見《いわみ》銀山遺跡とその文化的景観	島根	2007
	平泉	岩手	2011
	富士山	山梨・静岡	2013
	富岡製糸場と絹産業遺産群	群馬	2014
	明治日本の産業革命遺産	岩手・静岡・山口・福岡・佐賀・長崎・熊本・鹿児島	2015
	ル・コルビュジエの建築作品～国立西洋美術館	東京	2016
	「神宿る島」宗像《むなかた》・沖ノ島と関連遺産群	福岡	2017
	②長崎と天草地方の潜伏キリシタン関連遺産	長崎・熊本	2018
	百舌鳥《もず》・古市古墳群	大阪	2019
	北海道・北東北の縄文遺跡群	③北海道・青森・岩手・秋田	2021
自然遺産	白神山地	青森・秋田	1993
	屋久島	鹿児島	1993
	知床	北海道	2005
	小笠原諸島	東京	2011
	奄美大島・徳之島・沖縄島北部および西表島	鹿児島・沖縄	2021

問１　次のページ図２の**Ａ**～**Ｃ**は，鹿児島市・甲府市・函館市のいずれかの，月平均気温及び降水

量です。各都市とA～Cの組み合わせとして正しいものを，ア～カの中から一つ選び，記号で答えなさい。

	ア	イ	ウ	エ	オ	カ
鹿児島市	A	A	B	B	C	C
甲府市	B	C	A	C	A	B
函館市	C	B	C	A	B	A

＜図２＞　出典：データブックオブ・ザ・ワールド2020　vol.32より愛知高校作成。

A

月（月）	1	2	3	4	5	6	7	8	9	10	11	12
気温（℃）	-2.6	-2.1	1.4	7.2	11.9	15.8	19.7	22.0	18.3	12.2	5.7	0
降水量（mm）	77.2	59.3	59.3	70.1	83.6	72.9	130.3	153.8	152.5	100.0	108.2	84.7

B

月（月）	1	2	3	4	5	6	7	8	9	10	11	12
気温（℃）	2.8	4.3	8.0	13.8	18.3	21.9	25.5	26.6	22.8	16.5	10.4	5.0
降水量（mm）	40.2	46.1	87.9	77.7	86.3	122.5	132.6	149.5	180.3	125.2	54.9	32.1

C

月（月）	1	2	3	4	5	6	7	8	9	10	11	12
気温（℃）	8.5	9.8	12.5	16.9	20.8	24.0	28.1	28.5	26.1	21.2	15.9	10.6
降水量（mm）	77.5	112.1	179.7	204.6	221.2	452.3	318.9	223.0	210.8	101.9	92.4	71.3

問２　図１中の下線部①は平氏によって崇敬《すうけい》されていました。また，平氏は日宋貿易のために現在の神戸港にあたる港を整備しました。その港を，当時の名称で答えなさい。

問３　図１中の下線部②をはじめ，世界遺産の中には，宗教とのかかわりが深いものが多くあります。これについて，以下の問に答えなさい。

⑴　図３は，世界の主な宗教人口割合であり，A～Cは図３中X～Zのいずれかに当てはまる宗教の説明文です。宗教X～Zと説明文A～Cの組み合わせとして正しいものを，次のア～カの中から一つ選び，記号で答えなさい。

＜図３＞　世界の主な宗教人口割合（2015年推定）
出典：米国CIA"The World Factbook"(https://cia.gov/the-world-factbook/field/religions)
（2021年９月６日閲覧）をもとに愛知高校作成。

	ア	イ	ウ	エ	オ	カ
X	A	A	B	B	C	C
Y	B	C	A	C	A	B
Z	C	B	C	A	B	A

A　主に三つの宗派に分かれる。ヨーロッパやアメリカ大陸に信者が多い。日曜日に礼拝をおこなう。

B　偶像崇拝を認めない一神教であり，一日に５回，聖地の方角に向かい礼拝を行う。この宗教の教えが書かれた聖典に使われている言語を話す地域に多く見られる他，東南アジアにも信者が多い。

C　多神教であり，他の宗教に取り入れられた神もいる。牛を神聖視し，牛肉を食べることはタブーであるが，乳製品は多く食べられている。

⑵　20ページの図１中の下線部②に関連して，江戸時代は幕府がキリスト教について禁教政策を実施していました。現代の日本社会においては，憲法第20条で信教の自由を保障しているため，政府が個人に対して特定の宗教の信仰を禁止することはありません。この信教の自由は，憲法が保障する自由権の中の何に分類されるか，解答欄の形式に合わせて答えなさい。

問４　図１中の年表で，1993年～2007年に起こった世界の出来事について述べた文として正しいものを，次のア～エの中から一つ選び，記号で答えなさい。

ア　ＥＣがＥＵに発展し，経済や外交・防衛政策など，ヨーロッパの国々が独立して政治を行うことを進めている。

イ　アメリカで同時多発テロ事件が起こり，「対テロ戦争」を宣言したアメリカは犯行組織をかくまっているとして，アフガニスタンを攻撃した。

ウ　世界経済のグローバル化が進むなか，国際的な貿易の規則を定めるＷＨＯが結成された。

エ　大量破壊兵器を保有しているとして，アメリカを主力とする多国籍軍がクウェートを攻撃した。

問５　図１中の下線部③に関連して，北海道には古くからアイヌ民族が暮らしています。アイヌ民族と日本との関わりについて述べた文Ｘ～Ｚについて，その正誤の組み合わせとして正しいものを，次のア～エの中から一つ選び，記号で答えなさい。

Ｘ　明治時代，政府は北海道旧土人《きゅうどじん》保護法を施行《しこう》して，アイヌ民族に農耕用の土地をあたえたり，医療費の補助などを行ったが，アイヌ民族の文化の独自性を十分に尊重するものではなかった。

Ｙ　1990年代後半，アイヌ文化振興法が制定され，この法律の理念を深めるため2000年代後半には国会で，アイヌ民族を先住民族とすることを求める決議が可決された。

Ｚ　アイヌ文化振興法は2010年代後半にはアイヌ民族支援法にかわり，アイヌ民族が先住民として法的に位置付けられたが，この法律には，アイヌ民族への差別の禁止や，観光・産業振興などへの支援が盛り込まれなかった。

ア　Ｘ－正　Ｙ－正　Ｚ－誤　　イ　Ｘ－正　Ｙ－誤　Ｚ－正

ウ　Ｘ－誤　Ｙ－正　Ｚ－誤　　エ　Ｘ－誤　Ｙ－誤　Ｚ－正

2　次の文章と資料をもとに，１から６の問に答えなさい。

1967年７月より放送されているＦＭラジオ番組「①JET STREAM（ジェット・ストリーム）」がある。映像化もなされている，54年以上続く長寿《ちょうじゅ》番組である。

テレビ番組では，「世界の車窓から」という番組があり，世界各国の鉄道や沿線風景，歴史・文化を紹介している。一昨年より続くコロナ禍《か》で，旅行が思うようにできない世の中ではあるが，このような番組や，現地で撮りためた写真や記録を音楽とともに振り返ることが，最近の楽しみの一つとなっている。

ドイツは周囲を多くの国に囲まれていて，オーストリアはドイツを囲む国の一つである。この国の公用語はドイツ語であり，首都のウィーンは「音楽の都」とも呼ばれている。ここに発着する夜行列車の愛称は，かつて音楽家の名前が付けられていた。例えば，ウィーンとポーランドの首都・ワルシャワ間を結ぶ列車には，「ショパン」という愛称がつけられていた。

ショパンについて触れておこう。1830年，ワルシャワからウィーンに到着したショパンはワルシャワ蜂起《ほうき》の報に触れ，ロンドンに向かおうとした。その最中，蜂起失敗の報に接し，エチュード（練習曲）《革命》を作曲したとされている。結局，ショパンはロンドンに行かず，パリで演奏活動をすることになった。なお，ポーランドが独立するのは，②1918年のことである。

③一時期衰退《すいたい》傾向にあった夜行列車だが，近年ヨーロッパにおいては復活の兆《きざ》しを見せた。様々な要因があるが，一つにはヨーロッパを中心とした「Flygskam（フリグスカム・飛び恥）」運動の広がりが考えられる。これは，環境に悪い航空機の利用を恥じ，極力《きょくりょく》鉄道を利用しようという運動である。しかし，新型コロナウイルスの流行により，ロックダウンの実施などで国をまたぐ移動が厳しく制限されるようになると，夜行列車も運転停止を余儀《よぎ》なくされる。

2016年にドイツに行く機会があり，首都のベルリンと，北部のハンブルクを見て回ることができた。ベルリン中央駅は壁面《へきめん》にふんだんに使われたガラスが印象的であった。高架鉄道のホームがある一方で，地下には地方都市や外国へ向かう国際列車が発着するホームがある。地下ホームから，ドイツ北部の都市・ハンブルク行きのＩＣ（インターシティ・日本の特急列車にあたる）に乗車した。④北ドイツ平原を北進する経路で，車窓風景は森や平原が目立った。同じような風景は，⑤別の機会に国際列車「ユーロスター」でロンドンからフランスを通過し，フランスの隣国へ行ったときにも見ることができた。両者に共通する特徴は，土地の起伏《きふく》が少ないため，山を越えるためのトンネルが少ないことである。

ハンブルクはエルベ川の河口《かこう》近くに位置する街である。良港があり，工業都市としても発展している。ハンブルクで乗り換えた列車は，途中で海を渡りデンマークの首都・コペンハーゲンに向かうが，2016年当時は，列車をそのまま船に積み込む方式がとられ「渡り鳥ライン」とよばれていた。コペンハーゲンからは空路にて⑥フィンランドの首都・ヘルシンキに向かった。

参考文献：・鉄道ジャーナルNo. 650　2020年12月号　・中川右介（2017）『クラシック音楽の歴史』
・ジェットストリーム公式ＨＰ　https://tfm.co.jp/jetstream　（2021年12月１日閲覧）

＜図１＞

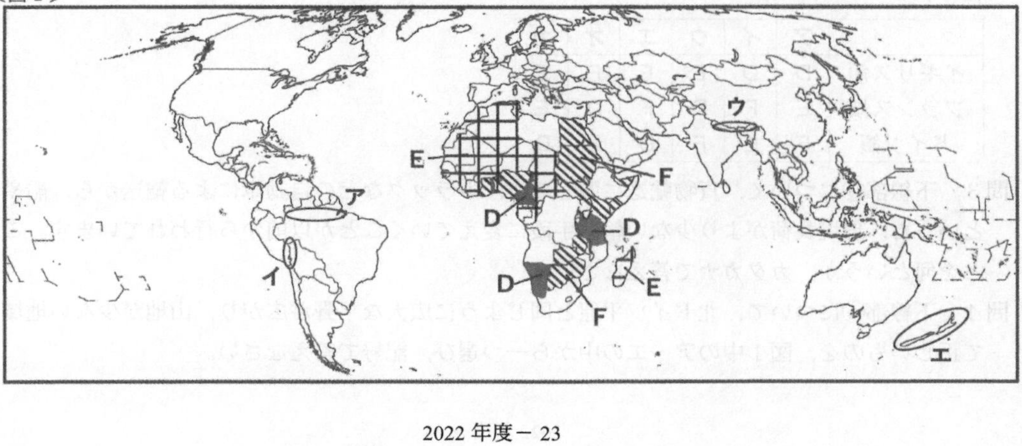

＜図２＞

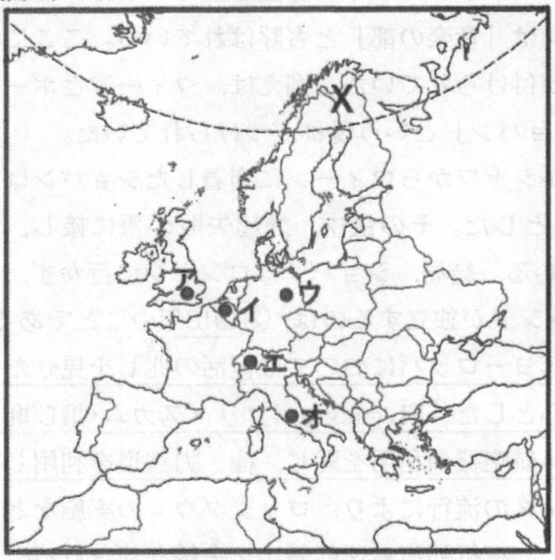

＜図３＞

出典：図１～３はともに愛知高校作成。

問１　下線部①の言葉はジェット気流とも言い，偏西《へんせい》風の中でも高度8000～13000m付近を吹く強風のことを指します。ヨーロッパの気候は偏西風が暖流により暖められて吹き込むことで，気温や降水量の季節変化が小さく，高緯度の割には温暖な気候となります。この気候に当てはまる雨温図をア～エの中から一つ選び，記号で答えなさい。

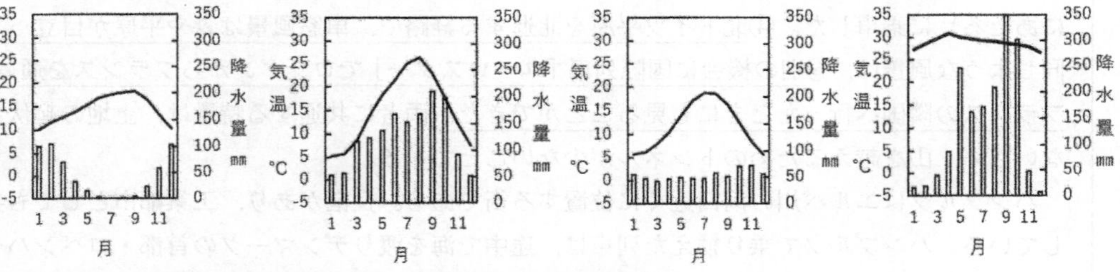

出典：データブックオブ・ザ・ワールド2020　vol.32より愛知高校作成。

問２　下線部②の時期，ヨーロッパ列強諸国によるアフリカ分割により，アフリカ大陸は大半の地域が植民地となっていました。前のページの図１のＤ～Ｆは，1914年当時のアフリカ大陸に於ける，イギリス・フランス・ドイツの大まかな植民地の領域を表したものです。各国とＤ～Ｆの組み合わせとして正しいものを，ア～カの中から一つ選び，記号で答えなさい。但し，国境線は現在の状態で表されています。

	ア	イ	ウ	エ	オ	カ
イギリス領	D	D	E	E	F	F
フランス領	E	F	D	F	D	E
ドイツ領	F	E	F	D	E	D

問３　下線部③について，貨物輸送に関しても，トラックなどの自動車による輸送から，船や鉄道といった，環境負荷がより少ない輸送手段に変えていくことが以前から行われています。このことを何というか，カタカナで答えなさい。

問４　下線部④について，北ドイツ平原と同じように広大な平野が広がり，山地が少ない地域として正しいものを，図１中のア～エの中から一つ選び，記号で答えなさい。

問５　下線部⑤について，図３はヨーロッパのある国の首都の駅名標です。この国は複数の公用語が制定されており，首都は複数の言語が使われる「バイリンガルシティ」であるため，この駅の駅名は，英語以外の複数の言語で表記されています。この駅が存在する場所として正しいものを，図２中の**ア〜オ**の中から一つ選び，記号で答えなさい。

問６　下線部⑥について，下の文章はこの国の北部を含む，図２中の点線より北側の**X**の地域について述べた文章です。（**Y**）・（**Z**）に当てはまる語句を，前後の文脈を参考にしつつ，解答欄の形式に合わせて答えなさい。

> 地図中の**X**の地域を北極圏《けん》という。この地域は緯度が高いため，（　**Y**　）の変化による（　**Z**　）の差が大きくなり，夏は一日中太陽が沈まない白夜《びゃくや》，冬は一日中太陽が昇らない極夜《きょくや》となる。空が暗くなる夜間には，オーロラが見えることもある。

3　次の文章と資料をもとに，１から５の問に答えなさい。

> 修《おさむ》先生：「今日は愛知高校について学んでいきましょう。愛知高校は，1876年（明治９年）に曹洞宗専門学支校として開設されたのが始まりで，宗教の学校として知られています。そのため，禅宗の一派である曹洞宗の思想に基づいた教育を行っています。」
> 陽一君：「①宗教と聞くと，何だか遠い存在に思えますね。」
> 修先生：「確かに，宗教と聞くと少々遠い存在に感じるかもしれませんね。しかし，②縄文時代の人々はあらゆる自然物や自然現象に霊威《れいい》が存在するという考えを持っていましたし，今でも初詣《はつもうで》やお彼岸《ひがん》，七五三の時には神社や仏閣に行って参拝することがありますね。」
> 桜さん：「そう言われてみれば，初詣やお彼岸の時には神社やお寺に行きますね。」
> 修先生：「ですから，宗教は意外と私たちにとって身近な存在ともいえますね。ちなみに，現在にみられる初詣やお彼岸の形式は③江戸時代にできたと言われています。」
> 陽一君：「先ほど愛知高校は曹洞宗専門学支校として開設されたと聞きましたが，曹洞宗といえば，④鎌倉時代の学習で学んだ仏教の宗派の一つでしたね。」

問１　下線部①について，仏教に関する出来事**ア〜エ**を時系列順に並び変え，３番目になるものを，次の**ア〜エ**の中から一つ選び，記号で答えなさい。

ア　伝染病や災害などの社会の不安を除《のぞ》こうとするために，地方の国ごとに寺を建立《こんりゅう》した。
イ　個人の願いごとのためにも儀式や祈りを行うようになり，天皇や貴族の信仰を集めた。
ウ　仏教や儒教の教えをもとにした憲法をつくることで，役人の心構えを説いた。
エ　念仏を唱え，阿弥陀《あみだ》仏にすがれば，死後には極楽浄土に生まれ変わることができるという浄土の教えが広まった。

問２　下線部②について，以下の問いに答えなさい。

⑴　縄文時代について述べた文として正しいものを，あとの**ア〜エ**の中から一つ選び，記号で答えなさい。

ア　氷期で海面が下がり，日本列島は大陸と地続きになっていた。
イ　土地や水の利用をめぐる争いからムラどうしの戦いが起こり，力の強いムラが周辺のムラを従えた。

ウ　墓に埋葬する棺には，遺体とともに鏡や玉，武具などが一緒に納められ，墓の上には焼き物が並べられた。

エ　人々の住まいは地面を掘り下げた床に柱を立て，草や木の枝で屋根をふいたものだった。

⑵　縄文時代と同時期に世界で起きた内容として**誤っているもの**を，次の**ア～エ**の中から一つ選び，記号で答えなさい。

ア　南アジアのインダス川流域に発達した文明では，道路や排水溝などが計画的に配置された都市がみられた。

イ　朝鮮半島では伽耶《かや》諸国が滅ぶと，高句麗《こうくり》・百済《くだら》・新羅《しらぎ》の三国が争うようになった。

ウ　メソポタミアでは，月の満ち欠けをもとにした暦が発明された。

エ　ナイル川流域にできた国家では，国王を神としてあがめ，石造りの巨大なピラミッドなどがつくられた。

問３　下線部③について，江戸幕府が行った政策について述べた文として**誤っているもの**を，次の**ア～エ**の中から一つ選び，記号で答えなさい。

ア　徳川家光は大名に対して，１年おきに江戸に滞在して江戸城を守る役割を命じ，その大名の妻子は江戸に住まわせた。

イ　徳川綱吉は学問を重んじていて，忠孝や礼儀を説く政治を進めるために江戸の湯島に聖堂を建て，儒学を盛んにした。

ウ　徳川吉宗は財政を立て直すために，儒学者の新井白石を用いて，長崎の貿易を制限して金・銀の海外流出をおさえた。

エ　徳川慶喜は新たな政権の中で主導権を維持しようと考え，政権を朝廷に返すことを決めた。

問４　下線部④について，鎌倉時代について述べた文として**誤っているもの**を，次の**ア～エ**の中から一つ選び，記号で答えなさい。

ア　幕府には将軍の補佐役がおかれ，有力な守護大名が交替で就いた。

イ　交通の要所には，年貢や商品の輸送・取引を行う問丸が現れ，定期市が開かれた。

ウ　御家人に関わる裁判を公平に行うための基準や，守護や地頭の役割を定めた法が作られた。

エ　西日本を中心に，同じ田畑で米を収穫した後に麦などを栽培する二毛作が始まった。

問５　下の表は，愛知高校を運営する学校法人・愛知学院の歴史の一部です。次のページの問に答えなさい。

1876年（明治９年）	曹洞宗専門学支校開設【　A　】
1902年（明治35年）	曹洞宗第三中学林と改称【　B　】
1925年（大正14年）	中学校令による愛知中学校開設
1932年（昭和７年）	
〜	【　C　】
1941年（昭和16年）	
1950年（昭和25年）	愛知学院短期大学創設
1953年（昭和28年）	愛知学院大学創設

出典：AICHI HIGH SCHOOL　2022　SCHOOL　GUIDEより作成。

⑴　表の【A】と【B】の間で，日本が近代国家のしくみを整えたことを背景に，イギリスとの間に日英通商航海条約が結ばれました。これにより日本は治外法権が撤廃され，関税自主権の一部も認められました。この時の外務大臣は誰か，答えなさい。

⑵　【C】の間に起きた出来事ア～エを時系列順に並びかえ，３番目になるものを，次のア～エの中から一つ選び，記号で答えなさい。

ア　陸軍大臣が首相になると，政府はアメリカなどとの戦争の準備を進めた。
イ　国家総動員法が制定されると，議会の議決を経ずに，戦争遂行のために必要な人や物資を動員できるようになった。
ウ　海軍の青年将校らが首相官邸などを襲い，立憲政友会総裁の犬養毅を射殺した。
エ　陸軍の青年将校らが反乱を起こし，東京の中心部を一時占拠した。

4　次の文章と資料をもとに，１から５の問に答えなさい。

先生：「東海地方にはたくさんの①企業があることは知っていますか。」
光君：「はい。」
先生：「では，企業についてあなたが知っていることはありますか。」
光君：「複数の人が資金を出し合ってつくる法人企業の代表的なものとして，②株式会社について学校で習いました。」
先生：「企業は活動の規模が大きくなっていくにつれて，その活動が社会に大きな影響を及ぼすこともありますから，③現代の企業は利潤を追求するだけでは足りないと考えられるようになっています。」
光君：「私は将来，日本の人々の生活を便利にするサービスを提供できる企業に就職したいと考えています。」
先生：「今から将来のことも考えているのですね。では，企業などで働く労働者の権利については知っていますか。」
光君：「はい。④労働者は使用者である企業側に対して弱い立場にあるため，法律などで一定の権利が保障されています。」
先生：「そうですね。企業は，そこで働く人はもちろん，⑤多様な人々に配慮することや，人々の権利・各種法令を守ったうえで活動することが求められていますね。」

問１　下線部①について，日本の企業の99％以上は，次の表に書かれた条件の経営規模の企業が占めています。この経営規模の企業の呼称を，解答欄の形式に合わせて答えなさい。

＜表＞出典：https://www.chusho.meti.go.jp/faq/faq/faq01_teigi.htm#q1（2022年１月17日閲覧）
より愛知高等学校作成

	下のいずれかを満たすこと	
	資本金の額又は出資の総額	常時使用する従業員の数
①製造業、建設業、運輸業、その他の業種（②～④を除く）	３億円以下	300人以下
②卸売業	１億円以下	100人以下
③サービス業	5000万円以下	100人以下
④小売業	5000万円以下	50人以下

問2　下線部②について述べた文として正しいものを，次のア～エの中から一つ選び，記号で答えなさい。

ア　企業が発行した株式を購入して出資した者を株主といい，株式を発行した企業は，株主に対して必ず配当を行う。

イ　株主には，株主総会に出席し，その企業の経営方針などについての議決に参加する権利が保障されている。

ウ　株価は，株式を売買する人の期待によって変動するため，その企業の実際の利潤が株価の変動に影響することは絶対にない。

エ　一般に株主は企業を直接経営はせず，経営を専門的な経営者に任せる一方で，その企業が倒産した際には，株主は企業の借金などの全責任を負う。

問3　下線部③について，現代の企業は利潤を追求するだけでなく，企業として社会的責任を果たすべきであると考えられています。この企業の社会的責任の略語を何と呼ぶか，解答欄の形式に合わせて，アルファベット大文字で答えなさい。

問4　下線部④について，我が国の憲法・法律で認められた労働者の権利や近年の労働者を取り巻く環境について説明した文**X**・**Y**について，その正誤の組み合わせとして正しいものを，次の**ア**～**エ**の中から一つ選び，記号で答えなさい。

X　労働者は，労働組合を結成し労働条件の改善を使用者に要求できるほか，労働基準法では少なくとも週２日以上の休日が保障されるなど，法律で保護されている。

Y　少子高齢化と人口減少が進む現代の日本においては，労働力不足の解消は重要な課題であり，社会は外国人労働者を受け入れる方針に切りかえつつある。

ア　**X**－正　**Y**－正　　**イ**　**X**－正　**Y**－誤
ウ　**X**－誤　**Y**－正　　**エ**　**X**－誤　**Y**－誤

問5　下線部⑤について，以下の問に答えなさい。

⑴　現在の日本では，共生社会を築いていくために，様々な取り組みや努力がなされています。それらの取り組みについて述べた文として**誤っているもの**を，次の**ア**～**エ**の中から一つ選び，記号で答えなさい。

ア　男女雇用機会均等法が制定され，男女は同一賃金を原則とすることが定められた。

イ　男女共同参画社会基本法が制定され，男女が対等な立場で活躍できる社会を創ることが求められるようになった。

ウ　様々な違いを認め，関わる全ての人が参加して支え合うインクルージョンの実現には，バリアフリーの取り組みも重要であるとの指摘がある。

エ　育児・介護休業法に基づき，男女ともに育児休業を取得することや，保育所の整備を進めることで，育児と仕事が両立しやすい環境の整備が求められている。

⑵　企業もまた，国会における審議を経て定められた法律を守って活動しなければなりません。日本の国会や国会での法律の制定について説明した文**X**・**Y**について，その正誤の組み合わせとして正しいものを，次の**ア**～**エ**の中から一つ選び，記号で答えなさい。

X　法律案や予算は，分野別に国会議員でつくる委員会において審査され，質疑・討論などを行ったあとに採決が行われる。その後，法律案や予算は，議員全員からなる本会議に送られて採決されるが，法律案は，必ず先に衆議院で審議しなければならない。

Y　法律案や予算の審議，行政の監視などの役割を果たすため，国の政治について調査する国政調査権は，任期が短く解散があるために国民の意見と強く結びついている衆議院に対してのみ認められている。

ア　X－正　Y－正　　イ　X－正　Y－誤
ウ　X－誤　Y－正　　エ　X－誤　Y－誤

が失われるのは気の毒であるということ。

エ　火事を黙っていることに罪悪感を募らせており、この気持ちをBに分かってほしいと思っているということ。

オ　真相が判明したときに、Bが自分に隠し事をされていたと失望することを懸念《けねん》しているということ。

【問三】　傍線部③「何ぞ早く言はざる」の解釈として最も適切なものを次から選び、記号で答えなさい。

ア　どうして早く言わなかったのか。

イ　どうして早く言ったのか。言って良いはずがない。

ウ　なんと早く言ってくれたことか。

エ　なぜ本当のことを言わなかったのか。

オ　なぜ本当のことを言ってくれたのか。

【問四】　傍線部④「然り」は「そのようであった」という意味ですが、指示内容を具体的にして解釈したものとして、最も適切なものを次から選び、記号で答えなさい。

ア　あなたが火事に気がつかなかったために、すっかり着物が燃えてしまいましたね。

イ　あなたが言ったように、私は火事のことを早く知らせていれば良かったですね。

ウ　私が予想していた通り、あなたは火事のことを知ってすぐに怒り出しましたね。

エ　あなたは火事の被害に遭った腹いせに、私に八つ当たりをしているのですね。

オ　私が正直に真相を伝えることで、被害を最小限に抑えることができましたよ。

【問五】　人物Aの説明として最も適切なものを次から選び、記号で答えなさい。

ア　自分の意見に絶対の自信を持つ人物。

イ　並外れてのんきで分別に欠ける人物。

ウ　相手の性格を見抜くことに優れた人物。

エ　細かい点まで心配してしまう気弱な人物。

オ　人に非難されてもくじけない気丈な人物。

し、設問の都合で本文を一部省略・改変しています。

冬日《とうじつ》、人と共に炉を囲み、人の裳尾《しやうび》の火の焼く所と為るを《ある人（B）の着物の裾が火に焼かれているのを》見て、乃《すなは》ち曰《い》はく《そこで（Aが）言ったのは》、「①有《リ》㆓一事㆒、見《ルコト》㆑之《ヲ》已《すでニ》久《シ》《長い間これを見ていました》。言はんと欲するも《言おうと思うけれども》、君の性の急なるを《あなたが短気な性格であること》恐る。然《しか》らざれば《言わなければ》、又②君を傷つけんことを恐る。然らば《そうであるなら》則《すなは》ち言ふこと是なるか《正しいのか》、言はざること是なるか。」と。

人何事ぞと問へば、曰はく《（Aが）言ったのは》、「火君が裳を焼かんとす《あなたの着物を焼いています》。」と。其の人遽《には》かに《急いで》衣を収めて怒りて曰はく、「③何ぞ早く言はざる。」と。曰はく、「我は君が性急なりと道《おも》ふに《思っていたが》、果《はた》して④然り。」と。

（大木康　他『中国古典小説選12　笑林・笑賛・笑府他〈歴代笑話〉』より）

【問一】　傍線部①「有㆓一事㆒、見㆑之已久」について後の問に答えなさい。

⑴　書き下し文として最も適切なものを次から選び、記号で答えなさい。

ア　之を見ること已に久し、一事有り。

イ　之を見ること一事有り、已に久し。

ウ　一事有り、已に之を見ること久し。

エ　一事有り、已に見ること之を久し。

オ　一事有り、之を見ること已に久し。

⑵　「有㆓一事㆒」とは「あることがあった」という意味ですが、ここでAが内容を具体的に述べていないのはなぜですか。最も適切なものを次から選び、記号で答えなさい。

ア　その内容をありのまま説明しても、短気なBに信じてもらえるはずがないと思ったから。

イ　その内容をBに説明することがはばかられるほど、恐ろしいことが起こっているから。

ウ　その内容を説明すると短気なBが動揺してしまい、結果としてBに不利益が生じるから。

エ　その内容をはっきりと説明すると、短気なBの怒りに触れて叱られると思ったから。

オ　その内容の危険度が低いため、Bに説明する必要があるか疑問に感じているから。

【問二】　傍線部②「君を傷つけんことを恐る」とは、どういうことですか。最も適切なものを次から選び、記号で答えなさい。

ア　火がついていることをBに気づかせないまま、火傷《やけど》を負わせてしまうことが心配であるということ。

イ　明確に真実が伝わらないために、Bが早合点《はやがてん》をして自分に濡《ぬ》れ衣《ぎぬ》を着せてくる恐れがあるということ。

ウ　Bの着物は高価なものであるため、これ以上燃えてしまって価値

オ　自分でもうまくいくかわからず不安で、相手からの賛同を求めたいと思っている。

カ　相手が自分に意見しようとしているのを察し、それに従おうとしていることを示している。

【問六】傍線部④「頭を下げながら、千秋はデスクの下に押し込んであったバッグに手を伸ばし、同時に社内用の楽な靴から、外回り用のヒール靴へと急いで履き替えた」とありますが、この表現からは**読み取れないもの**を一つ選び、記号で答えなさい。

ア　相手に見えなくてもしぐさで感謝を表現する千秋の律義《りちぎ》さ。

イ　デスクの下の奥深くにバッグをしまい込む千秋の慎重さ。

ウ　一刻の猶予も許されない状況に置かれた千秋の焦り。

エ　外回りの際の身だしなみに気をつかう千秋の礼儀正しさ。

オ　必要なことを瞬時に判断し、行動できる千秋の器用さ。

【問七】傍線部⑤「手帳の陰でちらりと腕時計に目を走らせた」とありますが、このあとに続くやりとりもふまえると、ここには千秋のどのような心情が表れていると考えられますか。最も適切なものを次から選び、記号で答えなさい。

ア　じっくり言葉を選び、考えて話す恵美子の様子がじれったい。時計を見ることで自分が急いでいることをそれとなく伝えたい。

イ　協力的な恵美子ではあるが、会社で追い込まれている自分の状況は隠したい。時間を確認しているだけと思っていてほしい。

ウ　急いでいる以上時間は確認したいが、恵美子に気を遣わせたくない。他のことを気にせず、しっかり意見を伝えてほしい。

エ　恵美子は肯定的な意見を述べてくれているが、いよいよ時間が限られてきた。現実的な厳しい意見も率直に伝えてほしい。

オ　必死に手帳に記録する自分の姿を示したい。重要で緊急性の高い調査であるので、恵美子にも真剣に答えてほしい。

【問八】二重傍線部X「ふっと脳裏に浮かんだ顔があった」とありますが、千秋が恵美子を思い浮かべたのは、恵美子がどういう力を備えた人物だからですか。本文から三十一字で抜き出し、最初と最後の三字を答えなさい。

【問九】波線部（あ）～（お）は登場人物に関する表現ですが、これらについて述べた次の文のうち、本文から読み取れるものを一つ選び、記号で答えなさい。

ア　波線部（あ）からは、あらゆる難局を切り抜けてきた経験に支えられた、さと美の強い自信が感じられる。

イ　波線部（い）には、難しい仕事でも短時間で効率よく進めることが全てだという鷹田課長の信念が表れている。

ウ　波線部（う）には、上司に言いたいことがあっても遠慮し、自分の胸の内にしまいこむ千秋の慎み深さがみられる。

エ　波線部（え）からは、相手の望むことを先回りして想像し、快く協力しようとする串田店長の配慮がうかがえる。

オ　波線部（お）からは、懸命に努力する人を評価し、微笑みとともに励ます恵美子の深い思いやりが伝わってくる。

三

次の漢文（書き下し文）は、一人の人物（Aとします）が別のある人（Bとします）と冬の日に炉（火を入れて暖をとるための場所）を囲んでいたときの話です。これを読んで後の問に答えなさい。ただあの皮肉な笑い……以前に千秋が串田店長のスーパーでパスタソースのフェアを実施した際、展示方法に対して率直に考えを述べる千秋を、串田店長がからかったことがあった。

【問一】傍線部❶「センネン」、❷「ヒカク」を漢字に直しなさい。

【問二】空欄 A にあてはまる慣用句として最も適切なものを次から選び、記号で答えなさい。

ア 竹馬の友　イ 鬼に金棒
ウ 思う壺《つぼ》　エ 火の車
オ 地獄で仏

【問三】傍線部①「その調子」とありますが、さと美は千秋のどのような様子に対してこう言ったのですか。最も適切なものを次から選び、記号で答えなさい。

ア 周囲からの助言を素直に受け入れ、「泣き言を言わずに仕事に取り組もう」と冷静に事態をとらえる様子。
イ すぐに気持ちを切り替え、「弱気になっているなどとは言わせまい」という負けん気の強さを取り戻した様子。
ウ 同僚からの厳しい指摘にむきになり、「仕事では絶対に負けたくない」と意地を張っている様子。
エ 自分に対する誤解をそのままにできず、「自分はその程度の人間ではない」と論理的に説明しようとする様子。
オ 自分の状況を客観的に分析しながら、「動揺していたのは誰だったか」ととぼける余裕も出てきた様子。

【問四】傍線部②「こんなことでいいのだろうか」とありますが、千秋の疑問を具体的にしたものとして最も適切なものを次から選び、記号で答えなさい。

ア あえて小さな変化にとどめて従来の客を大切にしようとした商品なのに、無理に新規の客を取り込もうとしていいのだろうか。
イ 上司の都合でスケジュールが早まったのに上司からは何のアイディアももらえず、部下だけが無理な仕事をしていいのだろうか。
ウ 今回の商品は新鮮味に欠けるのに、今ここで準備できるデータや数字を大急ぎで整えるだけで、相手を納得させられるだろうか。
エ 上司から信頼されて自分に任された仕事なのに、周囲の力を借りて作った資料で、自信をもって相手に説明できるだろうか。
オ 独創的なアイディアをじっくりと練り上げたいのに、周囲からやり方や期限を決められて、柔軟に考えることができるだろうか。

【問五】傍線部③「怪訝そうな顔の彼女に、とりあえず頷いてみせる」とありますが、ここでさと美と千秋の二人が互いに思っていることとして適切なものを後から一つずつ選び、記号で答えなさい。

(1) さと美　(2) 千秋

ア 一刻を争う状況で、想定外の行動をとる相手の意図がわからず、不思議に思っている。
イ あたたかい気持ちで見守りつつも、相手の焦りや不安を想像し、心配に思っている。
ウ 相手の行動の必要性が理解できたわけではないが、信頼して様子を見ようと思っている。
エ 相手の心配も理解したうえで、自分でも確信は持てないものの、任せてほしいと思っている。

ほうが、みたいな」

「そりゃ、お宅によって経済事情はそれぞれでしょうけど……」田丸恵美子は考え考え言った。「客層という意味で言うなら、ここのお店のお客さんは、わりとお財布に余裕のある人が多いようなのね。比べてみて、どっちかがむやみに高ければ迷うけど、わずかな値段の差だったら、子どものために少しでも安心できるもののほうがとか、見た目におしゃれなもののほうがとか、そういう部分ってけっこう大きく作用してると思うわよ。商品を選ぶ上で」

「なるほど」

「もちろん、お味もね。ふだんから化学調味料に慣れてしまうと感じないけど、しばらく無添加のものだけ使っていると、もう戻れないのよ。やっぱり自然のものがいちばん」

うなずきながら手帳に、〈価格差わずか→子どもに安心、おしゃれなほう、無添加〉と書きつける。

注がれる視線を感じ、ふと顔を上げると、田丸恵美子と目が合った。慈愛に満ちあふれた眼差《まなざ》しだ。

「……あの、何か？」

戸惑いながら訊く千秋に、彼女はふふふ、と微笑んだ。

「よく頑張ってるなあって思って」

「え」

「失礼な言い方してごめんなさい。でもきっと、あっちからもこっちからも勝手なこと言われて、無理難題押しつけられて、さぞかし大変なんだろうなって」

びっくりした。思わず、どうしてわかるんですかと訊くと、ころころと笑われた。

「そりゃわかるわよう。私の若い頃も似たようなものだったもの。昔、食品じゃないけど営業の仕事をしていたことがあってね」

「そうだったんですか！」

ああ、だからか、と思った。恵美子の観察眼の鋭さや、こちらの知りたいことに答えてくれる言葉の的確さは、過去に営業の経験があってこそのものだったのか。いっぺんに、胸に落ちるものがあった。だからこそ自分は、追い詰められた時にこのひとの顔を思い浮かべたのだ。

「しんどかったわよう」昔を懐かしむようにふと遠くへ目を投げて、恵美子は言った。「ほら、会社の損得と、お客さんの損得って、しょっちゅうすれ違うじゃない？ お客さんに対して親身になり過ぎると上司からお説教くらうし、かといって目先の損得だけ考えてるとお客さんは離れていくし」

「ほんとにそうですね」

「でも、大丈夫」（お）目尻にあたたかな皺《しわ》を刻んで千秋を見上げてくる。

「自信持っていいわよ。お宅の商品はどれも、味では一番だから。わかる人にはちゃーんとわかる」

「……ありがとうございます」

心から頭を下げる。『銀のさじ』を選んで入社した初心を、今ここへ来て肯定してもらえた気がした。

「頑張ってね。きっともう、充分過ぎるくらい頑張ってると思うけど」

うなずいて、千秋は手帳を閉じた。

（村山由佳『風は西から』より一部省略・改変）

※注　マイナーチェンジ……小さな手直し。

今、ちょっとだけよろしいですか、と訊《き》くと、串田《くしだ》店長は面倒くさそうに言った。

「手短にならね」

無理もない。あのスーパーが店を開けるのは朝九時半。今はちょうど、開店して間もない慌ただしい時間帯だ。

「すみません、ありがとうございます」携帯を耳に当てながら頭を下げる。「先日は、便宜を図って頂いて本当に助かりました。それでですね、あの時にご紹介頂いた、売り場の女性責任者の、田丸《たまる》さん……あの方は、今日はお店にいらっしゃってますでしょうか」

「えーと、どうだったかな」何かを確認する様子の間があって、再び声がした。「来てるようだけど、それが何か？」

思わず安堵《あんど》の息がもれる。

「ええ、じつはちょっとまた別件で、現場を詳しく見てらっしゃる方のご意見をお聞きしたかったものですから」

「(え)え、なに。つまり、彼女を探して呼んでこいってこと？」

「いえ、まさか。私のほうから伺います。お忙しいのは存じておりますので、お邪魔しない程度に少しだけ」

「来るって、いつ」

「今からすぐ出ます。三十分後には伺いますので」

すみません、よろしくお願いします！　とまた④頭を下げながら、千秋はデスクの下に押し込んであったバッグに手を伸ばし、同時に社内用の楽な靴から、外回り用のヒール靴へと急いで履き替えた。

売り場の女性責任者の名前をはっきり覚えていたのは、先日、パスタソースを陳列する際に手伝ってくれたその人が別れぎわに名乗ってくれたせいばかりではない。店のスタッフお揃《そろ》いのエプロンの胸に大きな名札がついていて、作業の間じゅう何度もそれを目にしていたからだ。田丸恵美子《えみこ》。几帳面《きちょうめん》な手書き文字だった。

千秋は恵美子が勤務するスーパーに駆け付ける。恵美子は、『銀のさじ』の調味料はボトルのデザインがおしゃれなこと、塩分を含まない粉末状のため使い勝手がいいことなど、商品の魅力を丁寧に説明してくれた。

千秋は、⑤手帳の陰でちらりと腕時計に目を走らせた。もうすでに十時半を回ってしまった。急がなくては間に合わない。

「あの、ごめんなさい。あともう少しだけ、お時間頂いていいですか？」

「はいはいどうぞ。……なんだかそうしてメモ取ってると、若い女刑事さんみたいね」

「ええ、大事な聞き込み調査です」千秋は笑ってみせた。「『銀の和風だし』ですけど、塩分以外のお味についてはいかがですか？」

「そうねえ。上品で味わい深くて、私はとても気に入ってます。あと、シリーズ揃って言えることだけど、化学調味料が無添加っていうのもポイント高いと思うの。こんな時代だから、お客さんはそういうところすごく敏感よ。安いだけのものには飛びつかない」

「でも、現実には……」千秋は棚を見回し、すぐ隣に並んでいる他社の類似商品を指さした。「たとえばこちらを選ぶ人のほうが、やっぱり多かったりしませんか？　昔からあるぶんポピュラーだし、しょっちゅう特売をしているでしょう？　毎日使うものだけに、少しでも安上がりな

「でも、さと美のほうは？」

「今んとこは大丈夫。私のは正真正銘、明日までだから」（あ）ベリーショートの形良い頭をふりたてて、さと美はきびきびと言った。「ほら、やれることから何かやんなきゃ。泣いてたってどうにもなんないじゃん」

彼女の言うとおりだ。

「だ、誰が泣いてるって？」

「よし、①その調子」

千秋は、急いで今の状況をさと美に説明した。同僚の頭の回転の速さ、理解のスピードが、こんなにありがたく思えたことはない。

まずは、そろえるべき資料のうち、すでに準備できていたいくつかのプリントアウトをさと美に頼む。鷹田課長と自分と、それに訪問先の人数ぶん、各資料に表紙をつけた上でホッチキスで綴《と》じ、社の封筒に入れてゆくだけでも、千秋一人ではかなりの時間を取られてしまう。さと美にそちらを任せられれば、その間に別の、作りかけだった資料のほうに❶センネンできる。

「ほんとに助かる。［A］ってこのことだよ」

腕まくりでパソコンに向かいながら言うと、

「いっこ貸しね。Cランチ三日分でいいよ」

笑って返された。

けれど、②こんなことでいいのだろうか。とりあえず商品そのもののデータや、他社の競合品との❷ヒカク資料は用意できても、それだけで相手を説得することができるようには思えない。ただ紙の上に数字を並べて訴えても、商品の持ち味や魅力がいったいどれだけ伝わるだろう。しかも今回アピールしなければならないのは、鳴り物入りで発売される新商品などではない。いくらパッケージが変わり、味わいも※マイナーチェンジして以前より美味しくなったとはいえ、商品名は以前と同じ『銀の和風だし』のまま変わっていないのだ。

このままでは、鷹田課長からの課題をクリアできない。

〈（い）先方に、『わざわざ時間を割いたのはこの程度の説明を聞かされるためか』と思わせたら負けだからな〉

それなら自分だって何か考えてよ！　とは、（う）どんなに言いたくても言えない。パソコンのキーボードに走らせる指がふるえ、ミスタッチばかり多くなる。どうしよう、いいアイディアなんか何も考えつかないよ。ああ、本当にどうしたら……！。

と、その時、Xふっと脳裏に浮かんだ顔があった。いや、顔より先に声だ。

〈たくさん売れるといいわね〉

開店前のだだっ広い売り場の情景がひろがる。

〈っていうか、頑張って売らせてもらいます。このソースが美味しいってことは私もよく知ってるから、胸を張ってお客さんに勧められるわ〉

デスクに置いていた携帯を手に取ると、千秋は名前を検索し、通話ボタンを押した。※あの皮肉な笑いを思い出すとまったく気は進まないが、背に腹はかえられない。

デスク越し、さと美と目が合う。③怪訝《けげん》そうな顔の彼女に、とりあえず頷《うなず》いてみせる。

ようやく電話が繋《つな》がった。

「……あ、おはようございます、『銀のさじ』の伊東です」

ネルギーが人々の「絆」をより強いものにし、「感動」が生まれる源泉となることを再認識した。

文化がウイルスに屈したかに見える現在において、すべての人に芸術を分け与えるために、「外」と「内」の境界領域を作り、新たな表現方法を探っていくことを筆者は提案している。読経の光景が「ふさわしい」のは、コロナ禍という不安な状況においてともに祈りながら、新しい形での音楽の楽しみ方をつくりだすという人々の希望になり得るからである。

【問九】 文章Ⅰ と 文章Ⅱ の構成に関する説明として最も適切なものを次から選び、記号で答えなさい。

ア 文章Ⅰ では、文化と芸術の間に密接な関わりがあることを複数の観点から述べ、文章Ⅱ では、それらの論をふまえてコロナ禍だからこそ考えられる芸術の新たな表現方法を探ろうとしている。

イ 文章Ⅰ では、コロナ禍において自粛が求められているものに共通する本質を指摘し、文章Ⅱ では、それを含めた複数の考察をふまえてコロナ禍における芸術のあり方の可能性を提示している。

ウ 文章Ⅰ では、「文化」と「風俗」として区分されているものに共通する起源があることを説明し、文章Ⅱ では、それをもとに困難に陥った人々に対して芸術が与える影響の大きさを論じている。

エ 文章Ⅰ では、文化の成立には多くの人が集まることが不可欠であると指摘し、文章Ⅱ では、その論を受けてコロナ禍の現在においても芸術が多くの人に共有されるべきであると再確認している。

オ 文章Ⅰ では、非常時に「文化」と呼ばれるものが自粛を強いられる要因を考察し、文章Ⅱ では、それを受けてさまざまな方法で多くの人に芸術の魅力を伝えていくべきであると述べている。

二 次の文章を読んで後の問に答えなさい。

主人公の伊東《いとう》千秋《ちあき》は、食品加工会社『銀のさじ』に営業職（客に自社製品をアピールして売り上げに貢献する職）として勤務している。千秋は、自社の製品である風味調味料『銀の和風だし』の取引先を開拓するため、商品の魅力を伝えるプレゼンテーションの準備を進めていた。しかしある朝、上司の鷹田《たかだ》課長から突然「今日の午後にプレゼンテーションに行く」と言われてしまう。

「……秋。……ちょっと、ねえ千秋ってば！」

はっと我に返って見やると、さと美が向かいの席からこちらを見ていた。

「どうしたの、大丈夫？」

「……ぜんぜん大丈夫じゃないよ」

思わず、情けない声がもれる。

同じ営業部内のあちこちからも、だいたいの事情を察した同情的な視線がちらほらと注がれているのを感じる。なおさら焦りがこみ上げる。

「なんか、細かいことまではよくわかんないけど、かなりヤバいってことだけはわかるわ」さと美は言った。「しっかりしなよ、千秋らしくもない。私にできることがあったら言って、手伝うから」

ぜですか。最も適切なものを次から選び、記号で答えなさい。

ア　自分が内面に抱えている不安を、他人とかかわり合うことで解消できる場だから。

イ　周囲から隔てられた空間へ、ある物事のために多くの人が集まっているから。

ウ　多くの人が、誰かとかかわることを目的として集まっている場だから。

エ　実行するにあたっての制約が厳しく、誰もが体験できるわけではない特別なものだから。

オ　今日まで続く芸能やスポーツの多くは、神々への奉納が起源とされているから。

【問五】傍線部④「どちらも同じ『聖』の領域にルーツをもっているのである」とありますが、次の例のうち筆者の述べる「『聖』の領域」に**あてはまらないもの**を一つ選び、記号で答えなさい。

ア　図書館での読書　イ　雪山でのスキー

ウ　映画館での試写会　エ　自宅での試験勉強

オ　レストランでの食事

【問六】空欄 ⑤ にあてはまる語として最も適切なものを次から選び、記号で答えなさい。

ア　民主　イ　博愛　ウ　資本　エ　利他　オ　軍国

【問七】傍線部⑥「ルネサンスにおいては劇場に屋根で蓋がされ」とありますが、これはどのようなことを示していますか。最も適切なものを次から選び、記号で答えなさい。

ア　従来神々への奉納だけであった芸術の目的が、ルネサンス以降に多様化してきたことで、その表現方法がさまざまに進化していったということ。

イ　以前は屋外で行われてきた芸術活動が伝統に反して屋内でなされるようになったことで、その表現の幅が大きく広がり、人間の空間認識をも変容させたということ。

ウ　芸術活動が行われる場が屋外から屋内へ移ったことで、神々だけが鑑賞するものであった芸術を、人間もその場を神々と共有して楽しむようになったということ。

エ　それまで神聖なものとされてきた芸術が世俗化したことで、劇場に屋根を設け、周囲の目につかないように包み隠す必要が生じてきたということ。

オ　従来は神々に捧げるために屋外で行われてきた芸術活動が人間のためのものと考えられるようになったことで、芸術活動の場から神々の存在が排除されていったということ。

【問八】傍線部⑦「それはこういうときに最もふさわしい『音楽』と思えた」とありますが、筆者が「ふさわしい」と考える理由を説明した次の文章から、**誤った内容**を含む一文を抜き出し、最初の五字を答えなさい。

　感染症対策で三密を避けざるを得ず、未知の病気に対して人々の不安が増大しつつある中、さまざまな場面で自粛を強いられている状況で、多くの音楽イベントも中止になっていた。こうしたとき、筆者は開放されたお堂で僧侶たちがお経をあげている光景に出会った。その光景を通して筆者は、音楽は本来神々へ奉納するものであったことに気づかされた。また、音楽が生み出す強いエだが音楽イベントがほぼ全面的に中止になっていた三月から六月半ばまでの間に、実は一度だけわたしは生の音楽を耳にしている。四月はじめのことである。勤務先への道すがら、まさに「通りすがり」の寺のお堂（百萬遍知恩寺《ひゃくまんべんちおんじ》）で、扉が開け放たれ、僧侶たちがお経をあげていたのである。あまりに荘厳な響きに胸をうたれ、近づいてみると「感染症終息平癒祈願別時念仏　どうぞご自由におあがりくださいましてお念仏をお唱えください」と貼り紙があった。一週間にわたり毎日午後一時から三時までやっているようであった。わたしは時も忘れてお堂の外でしばらく聴き惚《ほ》れていた。⑦それはこういうときに最もふさわしい「音楽」と思えた。こういう営みこそが音楽の原点なのだと強く感じた。やがてその場を立ち去ろうとすると、中から僧侶の一人が出てきてわたしを呼び止め、お札を渡してくれた。「奉修大祈願　除病除災家内安全」と書いた護符であった。

この出来事はわたしに多くのことを考えさせた。そもそも音楽とは「絆《きずな》」を確認したり、「感動」を消費したりするようなものだったのだろうか？　むしろ天へのお供え物のようなものではなかったか？　「分け隔てなく通りすがりの人すべてに分け与える音楽」というものもあるのではないか？　件《くだん》のお堂のように「閉じているのだけれど、隙間も空いていて、外から中をうかがえる空間」があっていいのではないか？

これらのことを今のライブハウスやホールにどう応用するかについては、いろいろ解決困難な現実的問題もあるだろう。しかし密閉空間に少しだけ隙間を穿《うが》ち、「閉じているのだが開いている」という風通しの部分、つまり「外」と「内」の境界領域を作ることは、まったく別の表現を切り開く端緒になると思う。そう、こんなときだからこそ、パソコンという端末の前に座しているだけではなく、こんなときでなければ考えられなかった新しい「音楽をする場」を探そうではないか。

※注　エリアーデ……ルーマニアの宗教学者。
峻別……きびしく区別すること。
第一章……［文章Ⅰ］を含む章を指す。
スクエア……四角形。正方形。
パッラーディオ……イタリアの建築家。
嚆矢……物事のはじまり。最初。
一見さん……なじみのない初めての客。
三月七日……ここで述べられているのは二〇二〇年の出来事である。

【問一】　空欄［A］、［B］にあてはまる語として、最も適切なものを次からそれぞれ選び、記号で答えなさい。

ア　なお　　イ　つまり　　ウ　例えば　　エ　ところで
オ　あるいは　　カ　しかし　　キ　なぜなら　　ク　それとも

【問二】　傍線部①「端的に」の本文における意味として最も適切なものを次から選び、記号で答えなさい。

ア　すばやく正確に　　イ　率直にはっきりと
ウ　それとなく遠回しに　　エ　主張の一部を示して
オ　要点を手短にまとめて

【問三】　傍線部②「人類学的な遠い過去の記憶」とありますが、これを具体的に述べている一文を［文章Ⅱ］の中から抜き出し、最初の五字を答えなさい。

【問四】　傍線部③「わたしが右に広い意味での『文化』と呼んだものは、ほぼ聖俗理論でいう『聖』の領域に属する」とありますが、それはなといった言い方があるように、文化は神聖なものであって、対するに遊興・賭博《とばく》の類は「俗」なものというわけだ。しかし聖俗理論に照らすと、面白いことがわかる。平時において人々が「文化」と思っているものの多く、そして同じく平時において（大なり小なり蔑《さげす》みをもって）「風俗（娯楽、遊興、芸能など）」のレッテルを貼っているものの多くが、文化人類学的にいえば④どちらも同じ「聖」の領域にルーツをもっているのである。

文章Ⅱ

いうまでもないが、従来のコンサートホールもライブハウスも、ただの通りすがりは入れない。外から覗《のぞ》くわけにはいかない。密閉空間だからである。入るにはチケットという名の許可証が要る。一体なぜ？　もちろん理由の一つは、※第一章で述べた「三密空間」に固有の宗教共同体的なものの名残りだろう。志を同じくする者だけが集う場ということだ。それは人類が地上で最もか弱き動物の一種だった遠い過去の記憶、洞穴の中で恐怖に震えながら互いに身を寄せるしかなかった時代の思い出だ。それに対して「三密」の二つ目の理由は、おそらく宗教的なもののおよそ対極、つまり［⑤］主義の論理と想像される。すでに示唆したように、※スクエア空間に詰め込めるだけ人を詰め込んで金をとり、利潤をあげるということだ。金を払わないやつは入らせない――身も蓋もないが、これは否定しようがない。

そして三つ目の理由として、「近代にあって芸術は人間のための鑑賞物となった」ということがある。「芸術が人間のため」とは当たり前に聞こえるかもしれないが、しかしかつては違った。これまた第一章で示唆したように、芸術やスポーツの起源の多くは奉納だった。ギリシャ悲劇も日本でいえば能も、屋外で行われるものだった。それらは雲に乗って通りかかった神々《かみがみ》に捧《ささ》げるものであって、人間はそこに立ち会うだけだったとすらいえるのだ。ルネサンスは古代ギリシャの半円劇場を再興しようとした。しかし一つだけ決定的な違いがあった。それは、⑥ルネサンスにおいては劇場に屋根で蓋がされ、その天井には星と雲が「描かれた」ということだ。芝居は雲に乗った神々に見せるものではなくなった。イタリアのヴィチェンツァにある※パッラーディオ設計のテアトロ・オリンピコは、こうした「人間のための劇場」の※嚆矢《こうし》である。

いうまでもなく「新しい生活様式」においては、「換気」が強く要請されている。ただし休憩時間に扉を開けるといったことだけでは、そこにはまだ衛生学的な意味しか存在していない。扉を少し開けることで人間の空間感覚がどう変わるかを、もっと突き詰めて考えたい。※一見《いちげん》さんお断り的な気配が漂う小料理屋であっても、換気のために少し扉が開いていて中が覗けると、密閉時とはまったく違う印象が生じないか？

音楽をする空間も同じだ。文字通り風通しがよくなる。部外者が「なんだろう？」と覗く隙間ができる。もちろん密閉することによってしか得られない、人の集いの圧縮エネルギーというものはある。［B］外と内の空気がまじりあうことで、それまでにはなかった音楽空間が生まれることも間違いない。例えばライブの一部、苦情などが来ない静かな曲などで、扉をあけ放って外から覗き見できるようにすれば、新しいファン獲得のための格好の誘い水にもなると思うのだが。

本書の「まえがき」でわたしは、※三月七日のびわ湖ホールの『神々の黄昏《たそがれ》』以来四ヵ月近く、一度もライブの音楽を聴かなかったと書いた。

【国　語】（四五分）〈満点：一〇〇点〉

【注意】字数制限がある記述問題においては、句読点は字数に数えることとします。

一　次の 文章Ⅰ と 文章Ⅱ は、岡田暁生氏が新型コロナウイルスの流行下における音楽を中心とした文化・芸術のあり方について述べた『音楽の危機』の一部です。これを読んで後の問に答えなさい。ただし、設問の都合で一部省略・改変しています。

文章Ⅰ

今回の事態を①端的にいうなら、それは「文化」がウイルスとそれについての衛生学的知見の前に屈したということなのだと思う。猛獣と違って人間は一人では生きてはいけない。「三密空間」はこの人間存在の核心にかかわる事柄だ。人は特別な場所に集って肩を寄せ合うことを通して、これまでなんとか生き延びてきたのであり、今でも何か危機が迫ってくると反射的に狭いところで肩を寄せ合おうとする。それはまさに広い意味での「ともに祈る」行為であったはずだ。

コロナ禍で自粛要請が出された職種には、わたしたちのこうした②人類学的な遠い過去の記憶がかすかに残っているものが少なくない。劇場も図書館もカラオケも、たとえ現代においてどんなに世俗化されてわかりづらくなっていようとも、「特別な場所に集ってともに祈る」という人の古い本能と深くかかわっているだろう。芝居もライブハウスも競馬も野球観戦も、人が恋しくて集まる空間という一面があり、ファンが全員でともに祈る空間でもあっただろう。こうしたものの総体をわたしたちは「文化」と呼んできた。しかるにコロナによってわたしたちは、よりによって最も不安で人恋しいときに、その不可欠の前提である三密空間を手放さざるを得なかった。

文化人類学に「聖と俗」という二分法がある。人間社会の起源についての根本理論として「聖／俗」は、今まで多くの人類学者の中心的関心事となってきた。それは「聖＝宗教的なもの」と「俗＝日常的なもの」の二分法であって、前者を俗世界（日常世界）から分離され聖別されたものと考える。例えば※エリアーデは、「俗」の世界が均質かつ中性的でどこまでも広がる幾何学的なものであるのに対して、「聖」の世界は不均質で周囲から断絶されているという言い方をする。周囲から切り取られ、囲い込まれている。まさに「三密」である。③わたしが右に広い意味での「文化」と呼んだものは、ほぼ聖俗理論でいう「聖」の領域に属する。

例えば特別な儀式に際してのみ開帳される秘仏のようなものを考えればいいだろう。それらをみだりに見たり触ったりしてはいけない。特別な機会にしか目にしてはならない。あるいは、秘儀と違って一見開かれているとみえる祭りもまた、特定の時間／空間への人々《ひとびと》の囲い込みだ。だから縁日の射的を平日のオフィス街（もちろんこれは「俗」の均質で中性的な世界である）でやったりしたら、 A 日常世界の中へ持ち込めば、おかしな目で見られることにもなる。聖なるものは禁止＝タブーの対象であり、日常から分離された特別な時間／空間においてだけ、経験を許される。そして密閉された時空の中で人々は、肩を寄せ合いながら特別な場の空気を共有する。

今日のわたしたちは、いわゆる「文化」を芸能や風俗や遊興から※峻《しゅん》別《べつ》する。「美術館はゲームセンターとは違う」と考える。「文化の殿堂」

MEMO

大切なことはメモしておこうネ！

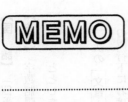

2022年度

解　答　と　解　説

《2022年度の配点は解答欄に掲載してあります。》

＜数学解答＞

1　(1)　$-\frac{8}{5}$　(2)　8　(3)　-2　(4)　$a=2$, $b=2$　(5)　13, 14, 15

(6)　12, 13, 15, 20, 37　(7)　72°　(8)　$\frac{20}{3}\pi$ (cm)　(9)　7(点)　(10)　6

2　(1)　$y=x+1$　(2)　$y=x+9$　(3)　$y=x+15$

3　(1)　3　(2)　9　(3)　10112

4　(1)　(a)　$\frac{1}{5}$　(b)　1と10, 2と9, 3と8, 4と7, 5と6のいずれか2組

(2)　(a)　7　(b)　2, 6

○推定配点○

各5点×20　　計100点

＜数学解説＞

1　(正負の数, 平方根, 反比例, 連立方程式, 数の性質, 角度, 平面図形, 資料の整理)

基本　(1)　$\{-4^2-7\times(-2)^3\}\div(-5^2)=(-16+7\times8)\div(-25)=(-16+56)\div(-25)=40\div(-25)=-\frac{8}{5}$

基本　(2)　$(\sqrt{7}-1)^2+\frac{14}{\sqrt{7}}=7-2\sqrt{7}+1+2\sqrt{7}=8$

基本　(3)　$y=\frac{a}{x}$に$x=-21$, $y=\frac{2}{7}$を代入して, $a=-21\times\frac{2}{7}=-6$　$y=-\frac{6}{x}$に$y=3$を代入して, $3=-\frac{6}{x}$　$x=-2$

基本　(4)　$3ax-by=10$, $bx+2ay=-6$にそれぞれ$x=1$, $y=-2$を代入して, $3a+2b=10$…①, $-4a+b=-6$…②　①－②×2より, $11a=22$　$a=2$　これを②に代入して, $-8+b=-6$　$b=2$

(5)　$999\div8=124.875$より, 最初の2桁の整数を8倍した数は124以下である。$100\div8=12.5$, $124\div8=15.5$より, 最初の2桁の整数は13, 14, 15

基本　(6)　$36=1\times36=2\times18=3\times12=4\times9=6\times6$より, $a=6+6=12$, $4+9=13$, $3+12=15$, $2+18=20$, $1+36=37$

基本　(7)　円の中心をOとする。三角形の内角と外角の関係より, $\angle x=\angle AEJ+\angle EAH=\frac{1}{2}\angle AOJ+\frac{1}{2}\angle EOH=\frac{1}{2}\times360°\times\frac{1}{10}+\frac{1}{2}\times360°\times\frac{3}{10}=18°+54°=72°$

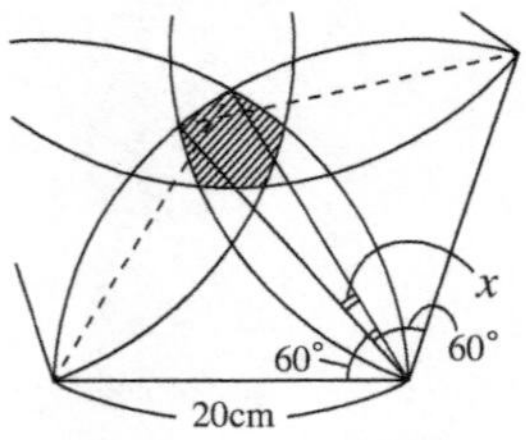

重要 (8) 正五角形の1つの内角の大きさは，$180^\circ\times(5-2)\div5=108^\circ$ 右の図で，$\angle x=60^\circ+60^\circ-108^\circ=12^\circ$ よって，求める周の長さは，$\left(2\pi\times20\times\frac{12}{360}\right)\times5=\frac{20}{3}\pi$ (cm)

基本 (9) 9点の生徒の人数をx人とすると，7点の生徒の人数は$3x$人だから，$2+5+8+1+3x+3+x+4=35$ $4x=12$ $x=3$ 中央値は得点を低い順に並べたときの18番目の値だから，$2+5+8+1=16$より，7点

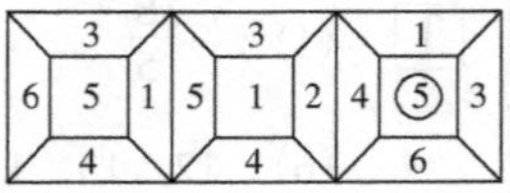

(10) 横に3つ並んだサイコロの目の配置は，上から見て，右の図のようになる。縦に並んだ一番上のサイコロのXの面に向かい合った面の数は⑤に接するから1となり，Xの目は6

2 (図形と関数・グラフの融合問題)

基本 (1) $y=2x^2$に$x=-\frac{1}{2}$，1を代入して，$y=\frac{1}{2}$，2 よって，$\mathrm{A}\left(-\frac{1}{2},\ \frac{1}{2}\right)$，B(1, 2) 直線$\ell$の式を$y=ax+b$とすると，2点A，Bを通るから，$\frac{1}{2}=-\frac{1}{2}a+b$，$2=a+b$ この連立方程式を解いて，$a=1$，$b=1$ よって，$y=x+1$

重要 (2) 直線ℓ，mとy軸との交点をそれぞれE(0, 1)，F(0, c)とすると，$\mathrm{EF}=c-1$ AB//CDだから，$\triangle\mathrm{ABD}=\triangle\mathrm{ABF}=\triangle\mathrm{AEF}+\triangle\mathrm{BEF}=\frac{1}{2}\times(c-1)\times\frac{1}{2}+\frac{1}{2}\times(c-1)\times1=\frac{3}{4}(c-1)$ よって，$\frac{3}{4}(c-1)=6$ $c-1=8$ $c=9$ したがって，直線mの式は，傾きが1で，切片が9だから，$y=x+9$

重要 (3) C(s, $2s^2$)，D(t, $2t^2$)とする，直線CDの傾きは，$\frac{2t^2-2s^2}{t-s}=\frac{2(t+s)(t-s)}{t-s}=2(t+s)$ よって，$2(t+s)=1$より，$t+s=\frac{1}{2}$…① 四角形AEFCと四角形EBDFの面積比が3：4であるから，(CF＋AE)：(FD＋EB)＝3：4 $\left(-s+\frac{1}{2}\right):(t+1)=3:4$ $3(t+1)=4\left(-s+\frac{1}{2}\right)$ $4s+3t=-1$…② ①×4−②より，$t=3$ よって，D(3, 18) 直線mの式を$y=x+d$とすると，点Dを通るから，$18=3+d$ $d=15$ したがって，$y=x+15$

3 (約束記号)

(1) $3^1=3$，$3^2=9$，$3^3=2\underline{7}$，$3^4=8\underline{1}$ $13\div4=3$余り1より，$3^{13}=(3^4)^3\times3^1$だから，$\langle3^{13}\rangle=\langle3^1\rangle=3$

(2) $33^1=3\underline{3}$，$33^2=108\underline{9}$，$33^3=3593\underline{7}$，$33^4=118592\underline{1}$ $2022\div4=505$余り2より，$33^{2022}=(33^4)^{505}\times33^2$だから，$\langle33^{2022}\rangle=\langle33^2\rangle=9$

(3) $\langle3^1\rangle+\langle3^2\rangle+\langle3^3\rangle+\langle3^4\rangle=3+9+7+1=20$ $2022\div4=505$余り2より，$\langle3^1\rangle+\langle3^2\rangle+\langle3^3\rangle+\langle3^4\rangle+\cdots+\langle33^{2021}\rangle+\langle33^{2022}\rangle=20\times505+3+9=10112$

4 (確率，方程式の利用，数の性質)

基本 (1) (a) カードの引き方は全部で10通り。このうち，題意を満たすのは，4と6のカードを引くときの2通りだから，求める確率は，$\frac{2}{10}=\frac{1}{5}$

基本 (b) 題意を満たすのは，引いた2枚のカードの数の和が11のときであるから，1と10，2と9，3と8，4と7，5と6の5通りの組み合わせがある。このうちの2組を答えればよい。

(2) (a) 題意を満たすのは，Aさんが引いたカードの数の和が30のときである。このとき，Bさん

の【操作】の回数は，$4x+2$と表せるから，$4x+2=30$　$4x=28$　$x=7$

（b）　1から10までのカードの数の総和は，$1+2+\cdots+9+10=(1+10)\times10\div2=55$　題意を満たすのは，Aさんが引いたカードの数の和が10，30，50のときである。このとき，Bさんの【操作】の回数は，xの奇数倍となる。よって，$x\times$（奇数）$=10$，30，50を満たす10より小さい自然数xは2と6

★ワンポイントアドバイス★

出題構成に大きな変化はないが，見慣れないタイプの問題もあり，できるところはミスのないように解くことを心がけたい。

＜英語解答＞

Ⅰ　問1　（ア）か　（イ）え　（ウ）う　問2　え　問3　え
問4　（1）い　（2）い　（3）う　問5　え　問6　う
問7　（a）た　（b）す　（c）お　（d）あ　（e）け　問8　い

Ⅱ　問1　easier　問2　い　問3　help　問4　あ，お　問5　（1）4(つ)
（2）（例）yes：Singing karaoke is something you enjoy，and you can study on Wednesday

Ⅲ　（●，▲の順）（1）since，we　（2）about，walk　（3）enough，each other
（4）who，love　（5）has，was

Ⅳ　（1）あ　（2）え　（3）い　（4）え　（5）う

○推定配点○
Ⅰ問1　各2点×3　Ⅱ問5(2)　7点　他　各3点×29　計100点

＜英語解説＞

Ⅰ　**（長文読解問題・説明文：語句選択補充，語句解釈，内容吟味，要旨把握）**

（全訳）（A）1920年代に，オイゲン・ヘリゲルという名のドイツ人の教授が仙台の大学で哲学を教えるために日本に移り住んだ。日本にいる間，彼は日本の文化について学びたいと思った。彼は日本式のアーチェリー，弓道を学ぶことにした。それから，彼は阿波研造という名の有名な弓道の師匠を見つけた。研造は，初心者は実際の的を撃とうとする前に弓道の基本的な型を学ぶべきだと考えていた。実際，訓練の最初の4年間，ヘリゲルは2メートル離れたところにあるわらを巻いたものをめがけて撃つことしかできなかった。

ヘリゲルは研造の教え方はあまりに(ア)遅いと思った。しかし研造は，「目標に到達するまでにどれだけ時間がかかるかは重要ではありません。大事なことは目標への到達の仕方です」と言った。

ついにその日がやって来た！　ヘリゲルは約30メートル離れたところにある本物の的をめがけて撃つ機会を得た。ヘリゲルは的を撃とうとしたが，彼の矢はまったく的に当たらなかった。数日間努力して，彼はとても悲しくなった。彼は，「私は①近い的で練習しただけだから的に当てることができないんだ。私には②遠い的に当てる方法がわからないんだ！」と言った。

研造はヘリゲルを見て，「大事なことはあなたが的に当てることができることではありません。あなたが何も考えずによい姿勢で撃つことが大事なのです」と言った。

ヘリゲルはいらいらした気分になったので,「ええと,それが本当なら,あなたは目隠しをしても的に当てることができるはずです!」と言った。

研造は黙って話を聞き,そして「今晩私に会いに来てください」と言った。

その晩,暗いときにヘリゲルは再び研造に会いに行った。夜だったので,暗闇の中で的を見ることは(イ)不可能だった。弓道の師匠はいつもの日課を行った。彼は静かに立ち,弓の糸をしっかりと引き,暗闇の中へ最初の矢を撃った。

ヘリゲルには音から矢が的に当たったことがわかった。

研造は2本目の矢を引いて,1本目と同じように暗夜の中へと撃った。今度はおかしな音がした。

研造はまったく動かなかったが,ヘリゲルは的を見るために庭を走って渡った。彼はそれらの矢を見て驚いた。『弓術における禅』という著書の中に,彼は「明かりをつけたとき,私は1本目の矢が的の真ん中に突き刺さり,一方の2本目の矢が1本目の矢を裂いて的に突き刺さっているのを見て驚いた」と書いた。研造は的を見ないで的の中心に二重に当てていたのだった。

弓道の師匠たちは,弓道は(ウ)目だけでなされるものではないと言う。立ち方,弓の持ち方,そして呼吸の仕方と,全身を使うべきなのだ。これらのことすべてが見ることと同じくらい大切なのだ。

基本 問1 (ア) 空所を含む文は,直後の「目標に到達するまでにどれだけ時間がかかるかは重要ではありません」という発言内容と対照的な内容になるので,ヘリゲルは弓道の訓練に時間がかかり過ぎていると思っていたことになる。したがって,slow「遅い」が適切。 (イ) 空所を含む文は〈It is ~ to +動詞の原形〉「…することは~だ」の構文。暗闇の中で的を見ることは~だ」に合う語は impossible「不可能だ」。 (ウ) 空所を含む文の直後で,弓道は立ち方,弓の持ち方,呼吸の仕方など,全身を使って行うものであることが述べられている。阿波研造が的が見えない状況で矢を的の中心に当てたことと合わせ,the eyes「目」を入れると文脈に合う。空所の直前の with は「~を使って」という意味。

問2 第1段落最終文から,ヘリゲルは最初の4年間は2メートル離れたところにあるわらを巻いたものをめがけて撃つ訓練しかしていなかったことがわかる。また,第3段落第2,3文から,約30メートル離れた本物の的をめがけて撃ったところまったく当たらなかったことがわかる。これらのことから,ヘリゲルは近くの的を撃つ訓練しかしなかったせいで遠くの的を撃つことができないと思ったと考えられる。したがって,①の close は「近い」,②の distant は「遠い」という意味とすると文脈に合う。

問3 ヘリゲルは日本に来てから弓道を学び始め,最初は近くの的を撃つ訓練をしたが,実際の遠くの的に当てることができなかった。悲しむヘリゲルに師匠の阿波研造は夜,的が見えない中で2本の矢を続けて的の真ん中に当ててみせた,という流れ。a)「ヘリゲルは2メートル離れた的を撃つ訓練をした」,b)「ある晩,研造が暗闇の中で2本の矢を撃った」,c)「ヘリゲルは30メートル離れた的に当てることができなかった」,d)「ヘリゲルは弓道を学び始めた」,e)「ヘリゲルは教授として日本に来た」。

問4 (1) あ「ヘリゲルは弓道を学ぶために日本に来た」(×) 第1段落第1文から,ヘリゲルが日本に来た目的は仙台の大学で哲学を教えることであることがわかるので,一致しない。 い「研造は,初心者は本物の的を撃とうとする前に弓道の基本的な型を学ぶべきだと考えていた」(○) 第1段落第5文の内容と一致する。 う「ヘリゲルは研造の教え方について満足していた」(×) 第5段落第1文から,ヘリゲルが研造の教えに対して不満を抱いていたことがわかるので,一致しない。 (2) あ「ヘリゲルは有名な弓道の師匠に会ったので弓道を学ぶことにした」(×) 第1段落第2~4文から,ヘリゲルが有名な弓道の師匠に会ったのはヘリゲルが弓道を学ぶことにした後のことだとわかるので,一致しない。 い「研造は,大事なことはよい姿勢で撃つことだと考えていた」(○)　第4段落で，研造は本物の的にうまく矢を当てられないヘリゲルに，「あなたが何も考えずによい姿勢で撃つことが大事なのです」と言っているので一致する。う「ヘリゲルは弓道の基本的な型を学んだ後，簡単に的を撃つことができた」(×)　第3段落第2～3文から，ようやく本物の的に向かって矢を撃つ機会を得たヘリゲルがまったく的に当てることができなかったことが述べられているので，一致しない。　(3) あ「ある晩，研造の矢が的にまったく当たらなかった」(×)　研造は晩にヘリゲルを呼んだとき，2本の矢をいずれも的の真ん中に当てているので一致しない。　い「ヘリゲルは暗闇の中で的が見えなかったので悲しかった」(×)　第3段落第4文に「彼(＝ヘリゲル)はとても悲しくなった」とあるが，これは努力しても本物の的に矢を当てることができなかったためなので，一致しない。　う「ヘリゲルは研造が2回目に矢を撃った後，不思議な音を聞いた」(○)　第9段落第1文から，研造が2本目の矢を撃ったときにおかしな音がしたことが述べられているので，一致する。

(B)　日本語の「残心[残身]」という言葉をご存じだろうか。それは空手，柔道，弓道のような武道で使われる言葉である。試合ではあらゆることに注意を払う。試合の後でも，体が落ち着く間，集中し続けなくてはならない。これが「残心[残身]」なのだ！

例えば，剣道においては，「残心[残身]」は常に集中して相手の攻撃に備えなくてはならないことを意味する。弓道においては，矢が放たれた後も心身ともに矢を撃つ姿勢を保たねばならず，目を矢が突き刺さった場所に集中させなくてはならないことを意味する。

この考え方は日本文化の一部でもある。茶道では，茶会が終わって客が帰った後で，一日の間にしてきたことを思い出さなくてはならない。別れを告げた後でも客のことを考えることは，茶道における一種の「残心[残身]」なのだ。それは「おもてなし」の精神に似ている。

「勝って兜の緒を締めよ」という有名な日本のことわざがある。それは「勝利の後で守りを緩めてはならない」という意味だ。勝ったときも注意を払うことをやめてはならない。戦いは終わらない。重要なのは，目標を達成する前にも後にも集中することだ。このことわざは「残心[残身]」に似ていると思われるかもしれない。

問5　弓道については，第2段落最終文に「矢が放たれた後も心身ともに矢を撃つ姿勢を保たねばならず，目を矢が突き刺さった場所に集中させなくてはならないことを意味する」とある。この内容をまとめた，え「動かずに的を見続ける」が適切。あ「的を調べに行く」，い「助言を求めるために指導者のところへ行く」，う「矢を拾うために的のところへ行く」。

問6　下線部は直訳すると，「戦いに勝った後で，兜をしっかり締めるべきだ」となる。戦いに勝っても油断せずに集中し続けるべきだという内容なので，う「勝って兜の緒を締めよ」が適切。

重要　問7　(a)　剣道においての「残心[残身]」は，第2段落第1文に，「『残心[残身]』は常に集中して相手の攻撃に備えなくてはならないことを意味する」とあるので，「攻撃」が適切。

(b)・(c)　茶道においての「残心[残身]」は，第3段落第2，3文に，「茶会が終わって客が帰った後で，一日の間にしてきたことを思い出さなくてはならない。別れを告げた後でも客のことを考えることは，茶道における一種の『残心[残身]』なのだ」とある。(b)には「客」，(c)には「別れた」が適切。　(d)・(e)　第4段落第1～5文「『勝って兜の緒を締めよ』という有名な日本のことわざがある。それは『勝利の後で守りを緩めてはならない』という意味だ。勝ったときも注意を払うことをやめてはならない。戦いは終わらない。重要なのは，目標を達成する前にも後にも集中することだ」から，(d)には「注意する」，(e)には「目標」が適切。

問8　剣道においては，常に集中して相手の攻撃に備えること，「勝って兜の緒を締めよ」ということわざでは，戦いに勝った後でも気を緩めてはならないことが「残心[残身]」の精神と説明されている。これらに合わないのは，試合に勝った後で喜びを表すという内容の，い「一本勝ちをした後で喜んで飛び跳ねる」。あは「相手を投げた後，次の攻撃について考える」，うは「試合中も試合後も常に注意する」という意味。

Ⅱ （長文読解問題・説明文・会話文：語句選択補充，語句補充，内容吟味，条件英作文）

（全訳） だれかがあなたに何かしてくれるように頼んだら，あなたはいつも「はい」と言うだろうか。それから，後になって，自分がするべきことがたくさんありすぎるために，自分は忙しすぎると感じるだろうか。あなたは「私は本当に『はい』と言うすべてのことをしたいだろうか」と自問するべきである。あなたの答えが「いいえ」であることもある。しかし，「いいえ」と言うことは難しいかもしれない。例えば，友達があなたに，夏にアメリカに行っている間の2週間，3匹のネコの世話をしてくれるように頼むとする。友情が大切で友達の笑顔を見て楽しむことができるから，「いいえ」と言うよりも「はい」と言う方が①楽だと思う。しかし，ネコのために彼女の家に行く途中で，それは大変な仕事だと思うかもしれない！ たぶんあなたは「なぜ私は『はい』と言ったのだろう」と自問するだろう。

「はい」と「いいえ」の違いについて考えよう。「いいえ」と言うとき，1つの選択肢に対してのみ「いいえ」と言うことを意味する。しかし，②「はい」と言うときは，他のたくさんの選択肢に対して③「いいえ」と言わなくてはならない。例えば，友達のネコの世話を2週間すると言えば，その間はあまり眠れなかったり，雨の日も家にいることができなかったり，自分の休暇に出かけることができなかったりする。たくさんのことができないのだ！

もちろん，いつでも「いいえ」と言うべきではない。何に対してもいつも「いいえ」と言っていたら，人々はあなたと一緒に働きたいと思わないだろう。しかし，「いいえ」と言えるようになることはあなたを④助けることもあるのだ！「いいえ」と言うとき，あなたは自分のために自分の時間を使うことができる。金曜日の夜に遅くまで働くことに「いいえ」と言えば，あなたは家族とともに家で夜を過ごすことができる。だから，あなたは本当にしたいことに対してのみ「はい」と言うべきなのだ。次にだれかがあなたに何かを頼むとき，「はい」と言うことと「いいえ」と言うことの違いについて考えるのだ。あなたの時間はとても大切なので，あなたが本当にしたいことをしてそれを使うのが最良である。

問1 空所を含む文の後半，because 以下「友情が大切で友達の笑顔を見て楽しむことができるから」は，相手の頼みに対して「はい」と言って引き受ける場合のことである。「はい」と言うことで友情を損なわず，相手の笑顔を見ることができるのだから，「いいえ」と言って断るよりも「はい」と言って引き受ける方が easy「楽だ」とすると自然な文意となる。than saying no「『いいえ』ということよりも」と比較しているので，比較級 easier を入れる。

問2 空所を含む文の直後の文では，空所を含む文について例を挙げて詳しく説明している。友達のネコの世話を引き受けた場合には，あまり眠れなかったり，雨の日も家にいることができなかったり，自分の休暇に出かけることができなかったりすると否定的な側面があることを述べているので，「はい」と言って引き受けた場合は，他の多くのことができなくなる(＝他の多くのことに「いいえ」と言うことになる)という流れが適切。したがって，②には yes，③には no を入れる。

問3 空所を含む文は，直前の「何に対してもいつも『いいえ』と言っていたら，人々はあなたと一緒に働きたいと思わないだろう」という内容に対して However「しかし」でつながれているので，空所を含む文では「いいえ」と言うことの肯定的な側面を述べていることになる。さらに続く文では，具体的に「いいえ」と言えば自分のために自分の時間を使うことができると補っている。learning to say no「『いいえ』と言えるようになること」が you に対してすることができることを表す動詞で，h で始まる語として適切なのは，help「助ける」である。

問4 あ「友情のために，人々はしたくないことに対して『はい』と言うことがある」(○) 第1段落最後の3文を参照。友情のために友達のネコの世話を引き受けたという例えを用いて，引き受けた後でそれが大変な仕事であることがわかる場合があることを述べている。友情のために本当にしたいと思って引き受けたとは言えない状況を表しているので，合っている。い「あなたの友達のネコの世話をすることは，あなたの時間のよい使い方だ」（×） 友達のネコの世話をするというのは例えとして使っているのであり，それが自分が本当に望んだことならば「よい時間の過ごし方」と言えるし，そうでなければ「よい時間の過ごし方」とは言えないというのが筆者の主張なので合わない。う「たくさんの友達を作りたければ，してくれるように頼まれたすべてのことに『はい』と言わなければならない」（×） たくさんの友達を作るために頼みごとに対してすべて「はい」と言うべきだという主張は述べられていない。え「後になってあることをしたくなくなったら，それを今日するべきだ」（×） 第1段落第2文に，「後になって，自分がするべきことがたくさんありすぎるために，自分は忙しすぎると感じるだろうか」という記述があるが，一度引き受けたことが後になってしたくなくなったら，今日のうちにそれをするべきだという主張は述べられていない。お「金曜日の夜に働くことに『いいえ』と言えば，自分の時間を自由に使うことができる」（○） 第3段落第4文に，「『いいえ』と言うとき，あなたは自分のために自分の時間を使うことができる」とあり，次の文で例として「金曜日の夜に遅くまで働くことに『いいえ』と言えば，あなたは家族とともに家で夜を過ごすことができる」と述べていることと合う。

問5 （全訳）A：私は人に(ア)「いいえ」と言うことが得意ではないので，いつもただ「はい」と言います。

B：両親や先生たちに対して(イ)「はい」と言うだけということですか。

A：ええ，でも友達に対してもです。例えば，この前の日曜日に私はするべき宿題がたくさんあったのですが，友達が映画を見に行こうと誘って，私は(ウ)「はい」と言いました！

B：あなたは宿題を終わらせることができたのですか。

A：ええ，でもそれを終わらせるために一生懸命にやらなくてはならず，次の日は学校で本当に疲れていました。宿題と言えば，いつも宿題をし忘れて私のを写させてくれるように頼む別の友達がいます。

B：それで，あなたは何と言うのですか。

A：もちろん，(エ)「はい」と言います。私は彼に(オ)「いいえ」と言うべきだと思いますか。

B：ええ。あなたがいつも彼に宿題を見せれば，彼は自分でそれをできるようになりません。また，あなたの友人たちはあなたを「(カ)イエス男」だと思うかもしれませんし，他の人たちもあなたに物事をするように頼むでしょう。

A：実は，今日テニス部のある部員が私にあることをするように頼んできたところなんです！

B：本当ですか。彼はあなたに何をするように頼んだのですか。

A：彼は私に，火曜日に一緒にカラオケを歌いに行くように頼みましたが，木曜日から試験が始まります。私は何と言うべきでしょうか。

B：私があなたなら，カラオケを歌うことはあなたが楽しむことで，勉強は水曜日にできるから「はい」と言うでしょう。

重要 (1) 全訳を参照。カの yes guy は，人の頼み事などに『はい』と言って何でも引き受けてしまう人のことを表している。

やや難 (2) yes を選んだ場合は，解答例のように，水曜日に勉強できるからカラオケを楽しむことを理由とする。他に，he wants to sing with you「彼はあなたと歌いたがっている」などとしてもよい。no を選んだ場合は，Studying is more important and you can sing karaoke after the tests「勉強の方が大切で，カラオケは試験の後で歌える」のように，カラオケは試験の後でも行けることを加えるとよい。他に，you have little time before the tests start「試験が始まるまで時間がほとんどない」などとしてもよい。

重要 Ⅲ （語句整序問題：現在完了，不定詞，関係代名詞，受動態）

(1) (It has) been seven months since (the) last time we traveled by (Shinkansen.)「(時間が)～経過した」は〈It is ＋時間の長さ〉の形で，しばしば現在完了で表す。since「～以来」の後に the last time we traveled by Shinkansen「私たちが新幹線で旅行をした最後の時」と続ける。

(2) (I think) that bank is about a five-minute walk from here.「歩いて～分のところにある」は a ～ -minute walk「～分の徒歩」という表現を用いて表す。minute を複数形にしないことに注意。

(3) (They) became friendly enough to tell each other their (e-mail address.)〈形容詞[副詞] enough to ＋動詞の原形〉「～するのに十分なほど…」を用いて表す。tell の後は〈人＋もの〉の語順。

(4) The people who live there love their hometown.「この地域の人」を「ここに住んでいる人々」と考えて，関係代名詞を使って The people who live here と表す。「地元愛が強い」は「自分たちの故郷を愛している」と言いかえて表す。

(5) (The) temple which has a famous garden was built in (the Muromachi period.)「～は建てられた」という受動態の文。「庭園が有名なあのお寺」は「有名な庭園がある寺」と考えて，関係代名詞を使って The temple which has a famous garden と表す。

重要 Ⅳ （正誤問題：間接疑問文，比較，分詞，関係代名詞）

(1) あ water「水」は数えられない名詞で，few は数えられる名詞に使う。数えられない名詞について「少しの」の意味を表すのは little。「私のビンには水がほとんどない」という意味の文になる。 い「レナは夕食後に少しお茶を飲んだ」という意味の正しい英文。few や little に a をつけると「少しはある」，つけなければ「ほとんどない」という意味になる。

(2) あ「何色」は what color で表し，これで1つの意味のまとまりになるので離さずに what color she likes とする。「私は彼女が何色が好きなのか知らない」という英文になる。 い 疑問詞を含む疑問文が動詞の目的語になる間接疑問文。疑問詞以下は〈疑問詞＋主語＋動詞〉の語順なので，where the station is が正しい語順。「その男性は駅がどこにあるのか私に尋ねた」という英文になる。

(3) あ「ブライアンは3人の中で最も背が高い生徒だ」という意味の正しい英文。 い river は普通名詞なので，long の前に冠詞 a または the が必要。「私の町は(その)長い川の近くにある」という意味の英文になる。

(4) あ「(人)に(もの・こと)を教える」を〈動詞＋もの・こと＋前置詞＋人〉の形で表す場合，前置詞は to を使う。「アンにフランス語を教えている女性は私の姉[妹]だ」という英文になる。
い look like「～のように見える」の like の後には名詞がくる。様子や状態を表して「～に見える」という場合は〈look ＋形容詞〉で表すので like が不要。「彼らは幸せそうに見える」という英文になる。

(5) あ「私が訪れたい場所は函館だ」という意味の正しい英文。which は目的格の関係代名詞。visit the place の the place が先行詞として前に出た形。 い「私はティムが昨日学校で話した本を買うつもりだ」という意味の正しい英文。the book の後に目的格の関係代名詞が省略されている。talked about the book の the book が先行詞として前に出た形。

★ワンポイントアドバイス★

Ⅲ 問5(1)では，Aの最初の発言から，Aがyesと言いやすい人物かどうかを見極めることが重要。それを押さえることで，空所に入るのがyesかnoかはかなりわかりやすくなる。

＜理科解答＞

1 問1 フック(の法則)　ばねののび 4(cm)　問2 2(cm)
問3 糸A ウ　糸B ウ　問4 エ　問5 3(cm)　問6 ウ

2 問1 ウ　問2 オ　問3 $CaSO_4$　問4 電解質　問5 37.5(ml)　問6 イ

3 問1 A イ　b ウ　問2 突然沸騰するのを防ぐため　問3 ア・ウ
問4 アミラーゼ　問5 ウ　問6 ③・⑤・⑥

4 問1 プレートテクトニクス　問2 ユーラシアプレート　問3 イ
問4 フォッサマグナ　問5 ① 18(時)25(分)2(秒)　② (13, 22)

○推定配点○
1 各2点×7(問3完答)　2 各2点×6　3 各2点×6(問1・問3・問6各完答)
4 各2点×6(問5①②各完答)　計50点

＜理科解説＞

1 (力)

重要 問1 ばねののびとばねにはたらく力は比例するという法則を，発見者の名からフックの法則という。120g＝1.2Nなので，このときのばねののびは，0.3(N)：1(cm)＝1.2(N)：x(cm)より，4cmとなる。

重要 問2 ばねには，60g＝0.6Nの力がはたらいているので，ばねは2cmのびる。

基本 問3 ばねののびが等しいので，ばねに同じFの力がはたらいているとすると，右図のような分力となり，糸A，Bともに①と比べると②の方が引く力が小さくなる。

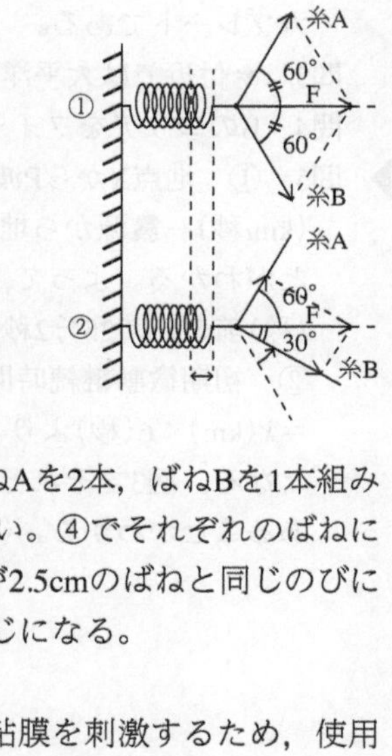

基本 問4 ① 並列につなぐとそれぞれのばねに重りの半分の力がはたらくため，図3のグラフと比べると傾きが小さくなる。
② 直列につなぐと上下のばねそれぞれのばねがおもりにはたらく力によって伸びるので，図3のグラフと比べると傾きが大きくなる。

基本 問5 それぞれのばねに，270(g)÷3＝90(g)＝0.9(N)の力がはたらくため，ばねののびは，0.3(N)：1(cm)＝0.9(N)：x(cm)より，3cmとなる。

やや難 問6 ①②③であわせて，ばねの元の長さが10cmになればよいので，ばねAを2本，ばねBを1本組み合わせればよい。④⑤であわせて，ばねの元の長さが10cmになればよい。④でそれぞれのばねにはたらく力の大きさが半分になるので，ばねBを入れると，元の長さが2.5cmのばねと同じのびになる。よって，⑤にばねCを入れると，全体の長さが10cmのばねと同じになる。

2 (酸とアルカリ・中和)

基本 問1 水酸化カルシウムは水に溶けるとアルカリ性になり，目やのどの粘膜を刺激するため，使用されなくなった。

問2　カルシウムイオンは電子が2個とれる。

問3　うすい硫酸に水酸化カルシウム水溶液を加えると，硫酸カルシウム($CaSO_4$)ができる。

問4　水溶液にしたとき，電流が流れる物質を電解質という。

やや難　問5　AとB，BとCでは水酸化カルシウム水溶液が10cm^{3}ふえると27.2mgの硫酸カルシウムが沈殿するが，CとD間では20.4mgしか沈殿しない。よって，CD間では，10(mL)：27.2(mg)＝x(mL)：20.4(mg)より，7.5cm^{3}の水酸化カルシウムと反応したことがわかる。よって，うすい硫酸50mLは水酸化カルシウム水溶液30(mL)＋7.5(mL)＝37.5(mL)と完全に中和したことがわかる。

問6　完全中和すると電気が流れなくなるので，イのグラフが正解である。

3　(ヒトの体のしくみ)

重要　問1　A　試験管Aはデンプンが残っているのでヨウ素溶液と反応して青紫色になる。

B　試験管bはデンプンが消化されて糖に変化しているので，ベネジクト溶液と反応して赤褐色に変化する。

重要　問2　沸騰石は突然沸騰するのを防ぐために入れる。

基本　問3　試験管AとDの結果を比較すると溶液中にデンプンが含まれていないとヨウ素溶液の反応が起こらないことがわかるので，アは正しい。試験管AとBを比べると，だ液によってデンプンが別の物質にかわったことがわかるので，ウは正しい。

重要　問4　だ液にふくまれる消化酵素はアミラーゼである。

問5　小腸には柔毛というひだがたくさんあり，表面積を広くして効率よく養分を吸収することができる。その腸を伸ばして広げると，テニスコートくらいの面積となる。

基本　問6　胆のうから出される胆汁は，脂肪を細かくするので，③は間違いである。小腸では，脂肪をモノグリセリドと脂肪酸に分解しない(分解する場所は十二指腸)ので，⑤は間違いである。肝臓，すい臓は直接食べ物が通らないので，消化器官ではあるが，消化管ではない。よって，⑥は間違いである。

重要　4　(大地の動き・地震)

問1　プレートの動きに伴って地殻の変動を説明する考え方をプレートテクトニクスという。

問2　①はユーラシアプレート，②はフィリピン海プレート，③は太平洋プレート，④は北アメリカプレートである。

問3　＊付近では太平洋プレートが北アメリカプレートの下に潜り込んでいる。

問4　Bのエリアをフォッサマグナという。

やや難　問5　①　地点XからP波とS波の到着時刻の差が4秒であることから，震源から地点Xまでの距離÷3(km/秒)－震源から地点Xまでの距離÷5(km/秒)＝4(秒)より，地点Xの震源距離は30kmであることがわかる。よって，主要動が始まったのが18時25分12秒なので，その30(km)÷3(km/秒)＝10(秒)前の18時25分2秒に地震が発生したことがわかる。

②　初期微動継続時間と震源距離は比例の関係にあるので，地点Yの震源距離は30(km)：4(秒)＝x(km)：6(秒)より45kmとなり，地点Zの震源距離は30(km)：4(秒)＝x(km)：12(秒)より90kmとなる。図3でそれぞれの地点での震源距離を半径とした円をかくと，震源の座標が(13，22)であることがわかる。(次ページ図)

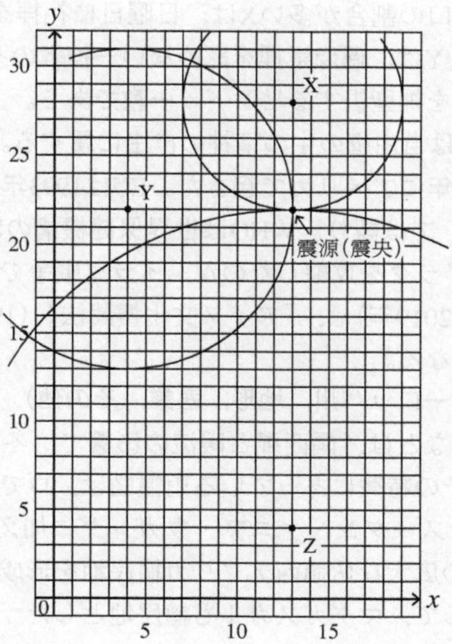

★ワンポイントアドバイス★

表や図のどこに注目するべきかを考える練習をしよう。

<社会解答>

1 問1 カ　問2 大輪田泊　問3 (1) ア　(2) 精神　問4 イ　問5 ア

2 問1 ウ　問2 カ　問3 モーダルシフト　問4 ア　問5 イ
問6 Y 季節[太陽高度]　Z 日照時間

3 問1 イ　問2 (1) エ　(2) イ　問3 ウ　問4 ア　問5 (1) 陸奥宗光
(2) イ

4 問1 中小　問2 イ　問3 CSR　問4 ウ　問5 (1) ア　(2) エ

○推定配点○

1 各2点×5(問3完答)　2 問6 4点　他 各2点×5　3 各2点×7
4 各2点×6　計50点

<社会解説>

1 (地理・歴史・公民の総合問題)

問1 気温と降水量の表を参考に考察すると，Aは，冬の寒さがきびしく，夏もすずしい北海道の気候で函館市にあたる。Bは，海から遠いため雨や雪の量が少なく，夏と冬の気温差が大きい内陸の気候で甲府市にあたる。Cは，季節風の風下になるために晴れることが多くなり，夏は，太平洋からふく湿った季節風のため降水量が多くなる太平洋側の気候で鹿児島市にあたる。

問2 大輪田泊は，現在の兵庫県神戸港の古い名称である。泊(とまり)とは，船が停泊するところという意味がある。

問3 (1) 世界で1番宗教人口の割合が多いXは，日曜日に礼拝をおこなうキリスト教である。2番目に宗教人口の割合が多いYは，偶像崇拝を認めない一神教のイスラーム教である。3番目に宗教人口の割合が多いZは，牛を神聖視するヒンドゥー教である。

(2) 信教の自由(第20条)は自由権の中の精神の自由に属する。

重要 問4 同時多発テロは，2001年にアメリカで起きた。EUは1993年に発足しているが，ヨーロッパの国々の連合体であるので，アは誤り。WHOは世界保健機構の略称なので，ウは誤り。アメリカを主力とする多国籍軍がイラクを攻撃したのが，イラク戦争であるので，エも誤りとなる。

やや難 問5 「アイヌ民族支援法」(2019年)は，「アイヌ文化振興法」(1997年)にかわるものとして制定されているので，Zは誤りとなる。

2 (地理―諸地域の特色：ヨーロッパ州，地形，産業，その他)

問1 ヨーロッパの大西洋岸などは，偏西風と暖流の影響で，冬と夏の気温・降水量の差が小さい西岸海洋性気候である。その特徴にあっている雨温図は，ウである。

問2 イギリスはエジプト・スーダン・ケニア・ウガンダに加え，ナイジェリアを植民地化した。フランスは，西アフリカの広大な仏領西アフリカ植民地を形成し，アルジェリア・チュニジアと仏領コンゴ，ジブチ，そして，マダガスカルも植民地とした。ドイツは，タンザニアを植民地化し，カメルーン，トーゴランド，ナミビアを次々に獲得した。

問3 モーダルシフトとは，トラック等の自動車で行われている貨物輸送を環境負荷の小さい鉄道や船舶の利用へと転換することをいう。

問4 アマゾン川流域は，北ドイツ平原のように，広大な平野が広がっている。

やや難 問5 ベルギーの首都ブリュッセルは，バイリンガルシティとして重要である。そこは，フランス語とオランダ語が両方とも使われている国際都市である。

重要 問6 北極圏では，冬至を中心に真冬は太陽が昇らず極夜となり，夏至を中心に真夏は太陽が沈まない白夜となる。このように，太陽高度に左右されて日照時間の差が極端に大きくなる。

3 (日本と世界の歴史―政治・外交史，社会・経済史)

基本 問1 ウ：十七条の憲法のことなので飛鳥時代→ア：国ごとに国分寺・国分尼寺，都に東大寺を建てた奈良時代→イ：天台宗と真言宗が開かれた平安時代初期→エ：浄土信仰がでてきた平安時代後期。

問2 (1) エの竪穴住居は縄文時代のものである。アは旧石器時代，イは弥生時代，ウは古墳時代のことである。 (2) 朝鮮半島で三国が争っていた頃の日本は，古墳時代から飛鳥時代であった。

問3 新井白石を用いたのは吉宗ではないので，ウが誤りとなる。。

基本 問4 有力な守護大名が登場したのは室町時代なので，アが誤りとなる。

問5 (1) 1894年7月，外相陸奥宗光によって，治外法権(領事裁判権)が撤廃されている。

(2) ウ：五・一五事件(1932年)→エ：二・二六事件(1936年)→イ：国家総動員法(1938年)→ア：東条英機が首相となる(1941年)。

4 (公民―経済生活，日本経済，政治のしくみ，その他)

問1 企業数では，日本全体の約99%が中小企業であり，この中小企業が全出荷額の約50%，全従業員数の80%近くを占めている。

問2 株式を購入した人(出資者)は株主と呼ばれ，株主総会に出席して経営方針や利潤の配分などに関する議決をしたり，利潤の一部を配当として受け取ったりする権利を持っている。

問3 CSRとは，Corporate Social Responsibilityの頭文字を取った略語で，日本語に直訳すると「企業の社会的責任」という意味である。

問4　労働基準法では，少なくとも週1日の休日を定めているので，Xは誤りとなる。

問5　(1)　男女同一賃金は，労働基準法によって，定められているので，アは誤りとなる。

(2)　衆議院の優越の中で，先議権があるのは予算についてであるため，Xは誤りである。国政調査権は，衆参両方に認められているので，Yも誤りとなる。

★ワンポイントアドバイス★

[2]問2　19世紀後半から20世紀前半にかけて，アフリカは，そのほとんどがヨーロッパ諸国の植民地として分割された。[3]問5　治外法権(領事裁判権)が撤廃されたのは，日清戦争が勃発する直前であった。

＜国語解答＞

[一]　問一　A　イ　B　カ　問二　オ　問三　それは人類　問四　イ　問五　エ
問六　ウ　問七　オ　問八　また，音楽　問九　イ

[二]　問一　❶　専念　❷　比較　問二　オ　問三　イ　問四　ウ　問五　(1)　ア
(2)　エ　問六　イ　問七　ウ　問八　(最初)　観察眼　(最後)　的確さ
問九　オ

[三]　問一　(1)　オ　(2)　エ　問二　ア　問三　ア　問四　ウ　問五　イ

○推定配点○

[一]　問一　各2点×2　他　各4点×8　[二]　問一　各2点×2　他　各4点×9

[三]　各4点×6　計100点

＜国語解説＞

[一]　(論説文―大意・要旨，内容吟味，文脈把握，段落・文章構成，接続語の問題，脱文・脱語補充，語句の意味)

問一　A「平日のオフィス街……でやったりしたら」を後で「日常生活の中へ持ち込めば」と言い換えているので，説明の意味を表す語があてはまる。　B「密閉することによってしか得られない，人の集いの圧縮エネルギーというものはある」という前に対して，後で「外と内の空気がまじりあうことで，それまでにはなかった音楽空間が生まれることも間違いない」と相反する内容を述べているので，逆接の意味を表す語があてはまる。

問二　「たんてき(に)」と読み，はっきりしている，要点を手短に言うという意味がある。ここでは，前の「今回の事態」を，後で「『文化』がウイルスとそれについての衛生学的知見の前に屈したということ」と言っていることから，オの「要点を手短にまとめて」の意味で用いられている。

問三　傍線部②「人類学的な遠い過去の記憶」は，直前の段落の「人は特別な場所に集って肩を寄せ合うことを通して，これまでなんとか生き延びてきた」ことを意味している。人類の「過去の記憶」について述べている部分を探すと，[文章Ⅱ]の冒頭の段落に「それは人類が地上で最もか弱き動物の一種だった遠い過去の記憶，洞穴の中で恐怖に震えながら互いに身を寄せるしかなかった時代の思い出だ」とある。

問四　「『聖』の領域」について，直前で「『聖』の世界は不均質で周囲から断絶されている……周

囲から切り取られ，囲い込まれている。まさに『三密』である」と説明している。この「三密」を多くの人が集まっていると言い換えて理由としているイが最も適切。他の選択肢は「周囲から断絶されている」と「三密」という説明に合わない。

問五　「『聖』の領域」について，直前の段落で「聖なるものは……日常から分離された特別な時間／空間においてだけ，経験を許される。そして密閉された時空の中で人々は，肩を寄せ合いながら特別な場の空気を共有する」と述べている。この「肩を寄せ合いながら特別な場の空気を共有する」に，一人で行うエの「自宅での試験勉強」はあてはまらない。

問六　前の「宗教的なもののおよそ対極」で，後の「スクエア空間に詰め込めるだけ人を詰め込んで金をとり，利潤をあげるということ」に通じる語があてはまる。「⑤主義」で，資本家が労働者を使って商品を生産することで利潤を得る経済体制という意味になる。

やや難　問七　直後の文「芝居は雲に乗った神々に見せるものではなくなった……テアトロ・オリンピコは，こうした『人間のための劇場』の嚆矢である」や，同じ段落の冒頭「近代にあって芸術は人間のための鑑賞物となった」の意味するところを読み解く。「神々に見せるもの」であった芸術が「人間のためのもの」になったと述べているオが適切。ア「表現方法がさまざまに進化していった」，イ「人間の空間認識をも変容させた」，エ「周囲の目につかないように包み隠す必要が生じてきた」とは述べていない。同じ段落の「ギリシャ悲劇も日本でいえば能も……神々に捧げるものであって，人間はそこに立ち会うだけだった」のが，「人間のためのもの」になったというのであるから，「人間もその場を神々と共有して楽しむようになった」とあるウも適切ではない。

重要　問八　傍線部⑦の「こういうとき」は，新型コロナウイルスの流行下を指し示している。感染症対策で三密を避けざるを得ない状況で，筆者は僧侶たちのお経を「最もふさわしい『音楽』」と考え，「この出来事はわたしに多くのことを考えさせた」で始まる直後の段落で，そう考える理由を述べている。僧侶たちのお経を「天へのお供え物」「分け隔てなく通りすがりの人すべてに分け与える音楽」とし，また，お堂を「閉じているのだけれど，隙間も空いていて，外から中をうかがえる空間」とする筆者の考えを述べているが，「音楽が生み出す強いエネルギーが人々の『絆』をより強いものにする」とは述べていない。この内容を含む一文を抜き出す。

重要　問九　文章Ⅰでは，一人では生きていけない人間にとって，感染症対策の「『三密空間』はこの人間存在の核心にかかわる事柄」であると指摘し，「三密」は「聖」の領域に通じていたことを説明している。文章Ⅱでは，芸術に「三密空間」が必要とされた三つの理由を挙げた後，筆者のお経を聞いた経験からの考察を述べ，最終段落に「こんなときでなければ考えられなかった新しい『音楽をする場』を探そうではないか」と新しい芸術のあり方を提示している。この構成を述べているイを選ぶ。アの「文化と芸術の間に密接な関わりがある」，ウの「共通する起源がある」，オの「自粛を強いられる要因を考察」の部分が適切ではない。エの「文化の成立には多くの人が集まることが不可欠」は，最終段落に筆者の提言に合わない。

二　（小説一情景・心情，内容吟味，文脈把握，指示語の問題，脱文・脱語補充，漢字の読み書き，ことわざ・慣用句）

問一　❶　一つのことに集中すること。「専」の訓読みは「もっぱ(ら)」。　❷　二つ以上のものを比べること。

基本　問二　本文の前の注釈にあるように，千秋が取引先開拓のプレゼンテーションの準備を進めていたところ，上司から突然「今日の午後にプレゼンテーションに行く」と言われたのである。千秋が焦っている時に，同僚のさと美が「手伝うから」と申し出てくれたというのであるから，ひどく困っているときに思いがけず助けられてよろこぶという意味の慣用句があてはまる。アは幼なじみ，イは強いものがさらに強くなる，ウは意図したとおり，エは家計が苦しいという意味。

問三　前の「だ，誰が泣いてるって？」という千秋の言葉に対して，さと美は「その調子」と言っている。千秋が負けん気の強さを取り戻し，気持ちを切り替えていることが読み取れる。「だ，誰が泣いてるって？」からは，アの「冷静に事態をとらえる」やエの「論理的に説明しようとする」，オの「とぼける余裕」はそぐわない。千秋とさと美の会話からは，二人の仲の良さが伺えるので，「厳しい指摘にむきになり」「意地を張っている」とあるウも適切ではない。

問四　直後で「とりあえず商品そのもののデータや，他社の競合品とのヒカク資料は用意できても，それだけで相手を説得することができるようには思えない。ただ紙の上に数字を並べて訴えても，商品の持ち味や魅力がいったいどれだけ伝わるだろう」と千秋の心情を具体的に述べている。この心情に適切なのはウ。ア・イ・オの選択肢は，この心情に合わない。エの「上司から信頼されて自分に任された仕事」であるという叙述はない。

問五　(1)　プレゼンテーション資料を作らなくてはならないのに，携帯電話をかけ始めた千秋に対して，さと美は「怪訝そうな顔」をしている。「怪訝」は納得がいかず不思議に思うという意味で，さと美が思っていることとして適切なものはア。　(2)　「頷いてみせる」から「怪訝そうな顔」のさと美に対して千秋が心配しないように伝えると同時に，「とりあえず」からは千秋がはっきりと自信があるわけではないことが読み取れる。この千秋が思っていることとして適切なものはエ。

問六　傍線部④の「頭を下げながら」という表現からは，アの「千秋の律義さ」が読み取れる。「デスクの下に押し込んであったバッグに手を伸ばし，同時に……急いで履き替えた」という表現からは，ウの「焦り」，エの「礼儀正しさ」，オの「器用さ」が読み取れる。イの「慎重さ」は読み取れない。

問七　傍線部⑤の「ちらりと腕時計に目を走らせた」は，千秋が「急がなくては間に合わない」と時間を気にする心情が表れているが，このあとに続く「もう少しだけ，お時間頂いていいですか？」という言葉には，恵美子に時間を気にせずしっかりと意見を聞きたいという心情が表れている。この心情を述べているウが適切。アの「恵美子の様子がじれったい」や，オの「自分の姿を示したい」という心情は読み取れない。イの「時間を確認しているだけと思ってほしい」や，エの「現実的で厳しい意見も率直に伝えてほしい」という心情を述べる描写は見られない。

重要　問八　恵美子について述べている部分を探す。後の「そりゃわかるわよう。私の若い頃も似たようなものだったもの。昔……営業の仕事をしていたことがあってね」という言葉の後に，「ああ，だからか，と思った。恵美子の観察眼の鋭さや，こちらの知りたいことに答えてくれる言葉の的確さは，過去に営業の経験があってこそのものだったのか」と，千秋の考えを述べている。ここから，恵美子の力に相当する部分を抜き出す。

やや難　問九　波線部(お)の「目尻にあたたかな皺を刻んで」は，恵美子が微笑んでいることを表している。また，波線部(お)の前後「でも，大丈夫」「自信持っていいわよ……わかる人にはちゃーんとわかる」という恵美子の言葉は，懸命に努力する千秋を励まそうとするもので，オの内容が読み取れる。他の選択肢の表現は，それぞれの登場人物の様子にそぐわない。

三　**(漢文一主題・表題，内容吟味，文脈把握，指示語の問題，口語訳)**

〈口語訳〉　ある冬の日に，(一人の人物(A)が)ある人(B)といっしょに炉を囲んでいると，ある人(B)の着物の裾が火に焼かれているのを見て，そこで(Aが)言ったのは，「あることがあって，長い間これを見ていました。言おうと思うけれども，あなたが短気な性格であることを恐れている。言わなければ，今度は君を傷つけることを恐れる。そうであるなら言うことが正しいのか，言わないことが正しいのか。」と。

ある人(B)がどういうことかと尋ねると，(Aが)言ったのは，「火があなたの着物を焼いています。」と。その人(B)は急いで，衣を引いて怒って言うには，「どうして早く言わなかったのか。」と。(その人Aが)言うには，「私はあなたが短気だと思っていたが，やはりそうだ。」と(答えたということだ)。

問一　(1)「一事」が一二点ではさまれているので，先に読む。「一事有り」となる。「見」の下にレ点があるので，「之」を先に読む。後はそのまま読むので，「之見る已に久し」となる。

(2)　直後の文の「言はんと欲するも，君の性の急なるを恐る」が理由にあたる。あなたが短気な性格であることを恐れているという意味なので，短気なBが怒るからという理由を述べているエが最も適切。この理由に，イは合わない。「恐る」に，アの「信じてもらえるはずがない」，ウの「動揺してしまい」，オの「疑問に感じている」が合わない。

問二　Bの着物の裾が火に焼かれているのを言わなければ，Bをどのように傷つけることになるのかを考える。Bに火傷を負わせてしまうとあるアが最も適切。イの「Bが濡れ衣を着せてくる」ことや，ウのBの着物の価値が失われてしまうこと，オの「Bが自分に隠し事をされていたと失望すること」を恐れているわけではない。エの「この気持ちをBに分かってほしい」とは述べていない。

問三「何ぞ」には，どうして〜か，という疑問の意味と，どうして〜か，いや，〜ではない，という反語の意味がある。ここでは，疑問の意味で用いられている。また，「ざる」は打消しの意味を表す助動詞であることから，どうして早く言わなかったのか，という解釈となる。

やや難　問四　直前の「我は君が性急なりと思ふ」が，指示内容にあたる。前で，Aは「言はんと欲するも，君の性の急なるを恐る」と言っており，AはBが火事のことを知ったらすぐに怒り出すと予想していたとあるウが適切。直前の「我は君が性急なりと思ふ」という指示内容に，他の選択肢はそぐわない。

重要　問五　Aは，Bの着物の裾が火に焼かれているのを見て「長い間これを見ていました」と言っている。さらに，Bの性格を考えてそのことを言おうかどうか迷っていることから，並外れてのんきな人物だとわかる。

★ワンポイントアドバイス★

選択肢は五択で，試験時間も限られている。それぞれの選択肢の文末に注目して，不適切なものをあらかじめ外すことで，時間短縮につなげよう。

2021年度

★★★★★★★★★★★★★★★★★★★★★★★

入　試　問　題

2021年度

2021年度

愛知高等学校入試問題

【数　学】（45分）　＜満点：100点＞

【注意】　1．円周率π，無理数$\sqrt{2}$，$\sqrt{3}$などは近似値を用いることなく，そのままで表し，有理化できる分数の分母は有理化し，最も簡単な形で答えなさい。

2．答えが分数のときは，帯分数を用いない最も簡単な分数の形で答えなさい。

3．計算機を使用してはいけません。

1　次の各問に答えなさい。

(1)　$\frac{7}{3^2}-\left(-\frac{1}{2}\right)\div\left(1-\frac{5}{2}\right)^2$ を計算しなさい。

(2)　$(\sqrt{6}+\sqrt{2})\left(\frac{1}{\sqrt{6}}-\frac{1}{\sqrt{2}}\right)$ を計算しなさい。

(3)　1から9までの自然数のうち異なる2つを選び，小さい方をa，大きい方をbとする。このとき，$\frac{1}{a}-\frac{1}{b}$の値が最も小さくなるときの値を求めなさい。

(4)　関数$y=ax^2$で，xの変域が$-2\leqq x\leqq 1$のとき，yの変域は$-2\leqq y\leqq 0$である。このとき，aの値を求めなさい。

(5)　$m+n=90$，$mn=2021$を満たす自然数m，n（$m<n$）を求めなさい。

(6)　5の数字が入った自然数を次のように小さいものから順に並べていく。

5，15，25，35，45，50，51，52，…

このとき，555は最初から数えて何番目の数字となるか答えなさい。

(7)　3直線$y=-2x-3$，$y=\frac{1}{2}x+2$，$y=ax$が三角形を作らないような定数aの値をすべて求めなさい。

(8)　右図のように，円が1辺の長さがa cmの正方形の4辺と接している。斜線部分の面積がb cm^{2}であるとき，この正方形の面積をbを用いて表しなさい。

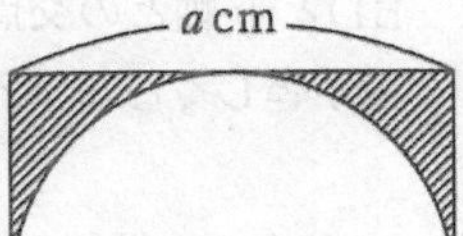

(9)　右図のようなおうぎ形がある。斜線部分の面積を求めなさい。

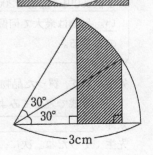

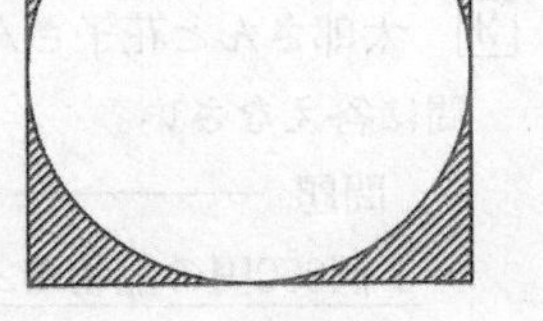

⑽　下図のように，A～Jの10人が10点満点のゲームを行い，点数表を作ったが汚れてしまい，G，Hの点数がわからなくなってしまった。点数は自然数であり，Hの点数がGの点数より低いことはわかっている。このとき，点数の中央値を求めなさい。

	A	B	C	D	E	F	G	H	I	J	平均値	範囲
点数	9	5	9	6	3	9			4	2	6.0	8

⑾　下図のように，同じ大きさの正方形を５個並べ，両端の正方形の一辺を延長した直線と各正方形の頂点を通る直線を結んで台形ABCDを作ったところ，辺ABの長さが12㎝辺CDの長さが４㎝となった。

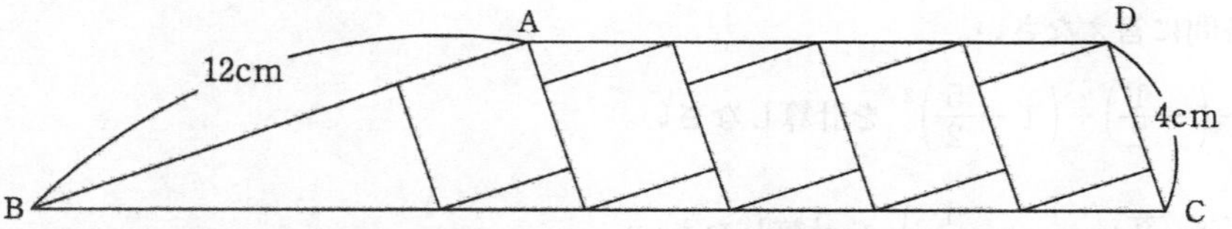

このとき，正方形の面積が [①] ㎝^{2}であるから，この台形ABCDの面積は正方形１個の面積の [②] 倍である。空欄①と②にあてはまる数値を答えなさい。

2　右図のように，放物線$y=ax^2$…①と直線$y=bx$…②が原点Oと点Aで交わっており，点Aのx座標は$\frac{1}{2}$である。放物線①上に点A以外の点Bをとり，直線ABとy軸との交点をCとする。点Cのy座標が１，∠AOC=45°であるとき，次の各問に答えなさい。

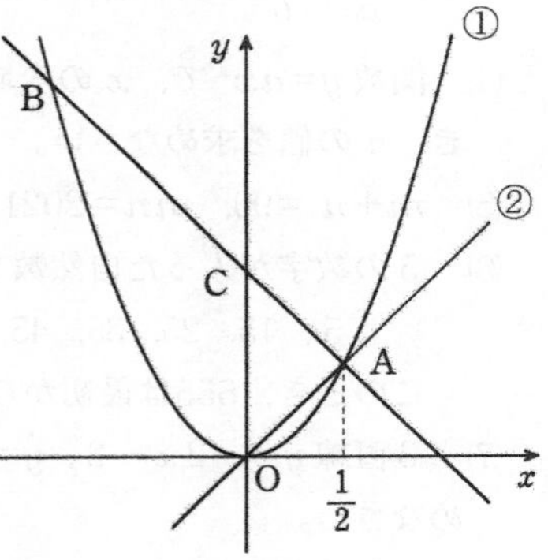

⑴　a，bの値をそれぞれ求めなさい。

⑵　点Bの座標を求めなさい。

⑶　線分OA上に２点O，Aとは異なる点Dをとり，直線BDとy軸との交点をEとする。△BCEと△ODEの面積が等しくなるような点Dの座標を求めなさい。

3　太郎さんと花子さんは，下の問題について先生と会話をしています。下の会話文を読み，後の各問に答えなさい。

問題

１個650円の品物を2000円の箱に入れて買うとき，合計の代金が10000円以下になるようにしたい。品物は最大で何個買うことができるか求めなさい。ただし，消費税については考えないものとする。

先生：まず，買った品物の数をx個として，問題文中にある下線部分の数量の関係をxを用いた不等式で表してみよう。

太郎：[①] と表すことができます。

先生：そうだね。次に，この不等式を解いていこう。

花子：“不等式を解く”とは何ですか？

先生：みんなは中学１年生で“方程式を解く”ことを学習したよね。

方程式では，両辺に同じ数を足しても，引いても等号“＝”は成り立った。両辺に同じ数をかけても，両辺を０でない同じ数で割っても等号“＝”は成り立ったよね。

それでは，不等式ではどうだろう。“不等式を解く”ことを説明する前に，不等式の性質について確認していこうか。

不等式の両辺に同じ数を足しても，不等号の向きは変わらないよ。つまり，

$$A>B \quad ならば \quad A+C>B+C$$

という性質が成り立つということだ。

それでは，不等式の両辺から同じ数を引いたらどうなるかな？

花子：［　②　］ですね。

先生：そうだね。同様に，同じ正の数をかけても，同じ正の数で割っても不等号の向きは変わらないよ。つまり，

$$C>0 であるとき，A>B \quad ならば \quad A\times C>B\times C$$

であるし，

$$C>0 であるとき，A>B \quad ならば \quad A\div C>B\div C$$

であるということ。次に同じ負の数をかけた場合，どうなるか考えていくよ。

そのために，$A>B$の両辺から，［　③　］を引いてみると，

$$A-(\ \boxed{\quad ③ \quad}\ )>B-(\ \boxed{\quad ③ \quad}\ )$$

となるから，両辺を計算すると，$-A<-B$となるね。

太郎：あっ！結果的に，$A>B$の両辺に-1をかけると不等号の向きが変わっているということですね。

先生：そのとおり。不等式は両辺に同じ負の数をかけると，不等号の向きが変わるという性質があるよ。つまり，

$$C<0 であるとき，A>B \quad ならば \quad A\times C<B\times C$$

ということだよ。また，同じ負の数で割っても不等号の向きが変わるんだ。

方程式を解くときと同じように，これらの性質を利用してxが満たす範囲を求めることを，“不等式を解く”というんだよ。

花子：わかりました。さっそく，問題の不等式を解いてみます。

⑴　空欄①にあてはまる適当な不等式を答えなさい。

⑵　空欄②にあてはまるものを次の ㈤~㈦ 中から選び記号で答えなさい。

(あ)　$A>B$　ならば　$A-C<B-C$

(い)　$A>B$　ならば　$A-C\leqq B-C$

(う)　$A>B$　ならば　$A-C>B-C$

(え)　$A>B$　ならば　$A-C=B-C$

⑶　空欄③にあてはまる適当な式を答えなさい。

⑷　①の不等式を解いて，品物が最大何個買えるか求めなさい。

4　下図のように，０から順に番号が書かれたマスがある。スタート地点を０のマスとしてコマを置く。

0	1	2	3	4	5	6	7	…	

以下の各問に答えなさい。

⑴　さいころをふって出た目の数だけコマを右側に動かすものとする。コマが最後に５のマスに止まった場合を成功とするゲームを行う。
ただし，５のマスより右側に来るような場合はその時点でゲーム失敗とする。
さいころを最大３回までふることができるとした場合，ゲームが成功するさいころの目の出方は何通りあるか答えなさい。

⑵　次に，さいころをふって偶数の目が出たときはコマを右側に出た目の数だけ動かし，奇数の目が出たときはコマを左側に出た目の数だけ動かすものとする。コマが最後に５のマスに止まった場合を成功とするゲームを行う。
ただし，スタート地点の０のマスより左側に来るような場合はその時点でゲーム失敗とする。さいころを最大３回までふることができるとした場合，ゲームが成功するさいころの目の出方は何通りあるか答えなさい。

【英　語】（45分）＜満点：100点＞

I 次の英文を読んで，後の問いに答えなさい。

There are several kinds of *stickers on cars in Japan. They have different meanings. [①] looks like a green and yellow *arrow. [②] has the colors of the four seasons. You can also find stickers with *butterflies and four-leaf clovers on them. They tell us something about the driver. Can you guess what they are for? The first one tells us that the driver is a new driver and doesn't have much driving experience. The second one tells us that the driver is 70 or over. If we know something about other drivers, we can drive more carefully.

When somebody is learning how to drive in the United States, they sometimes put a *sign on their car — "Student Driver." It tells other people that the driver doesn't have much experience. However, after the student driver gets a *license, they take off the sign. Then, their car looks just like any other car, and nobody knows that they are new drivers. The system is different in Japan. The *process takes more time. New drivers put a *Shoshinsha* or *Wakaba* sticker on the front and back sides of their car. Even scooter riders put the sticker on their scooter. The yellow and green sticker tells other drivers that they should be careful around the new driver. For example, other drivers should not try to *pass or *cut off a new driver. New drivers may feel nervous, so this sticker tells other drivers to be nice to them. If you cut off a car with a *Wakaba* sticker, you will be fined 5,000 to 7,000 yen. New drivers in Japan must keep the sticker on their car for one year, but they can leave it on longer if they want to.

The sticker with the colors of the four seasons is called a *Koreisha* mark in Japan. The sticker means the driver is 70 or older. The system started in 1997. At first, the *Koreisha* mark was an orange and yellow tear drop shape, but in 2011 it was changed to a four-leaf shape. The old one was called *Momiji* (autumn leaf), *Kareha*(dried leaf), or *Ochiba*(fallen leaf). Some older people were not happy about the image of a dried up, fallen leaf. The new sticker has colors for each season. Because it has a more positive image, more people put it on their cars than before. *As with the *Wakaba* mark, drivers should not try to pass or cut off cars with the *Koreisha* mark, or they will have to pay money.

The *Wakaba* and *Koreisha* marks are now used for other things, too. For example, shop clerks may use the *Wakaba* mark to show they are beginners. Some games also use the same mark to show that it is an easy level. Also, some drivers use the *Koreisha* mark to show that they are experienced drivers, even if they are not over 70.

In most countries, the design of a person in a wheelchair on a blue *background shows that the driver has a *disability. In Japan, the *Yotsuba* mark is also used. And, Japan has a beautiful sticker for *deaf drivers. It is a green and yellow mark called a *Choukaku Shogaisha* mark. It shows two ears in the shape of a butterfly. Other countries use stickers for the deaf, too, but usually they are just letters or simple designs. The Japanese ones have both meaning and beauty.

*sticker ステッカー　*arrow 矢　*butterfly チョウ　*sign 目印　*license 免許
*process 過程　*pass ～を追い越す　*cut off ～をさえぎる　*as with ～と同様に
*background 背景　*disability 障がい　*deaf 耳の聞こえない

問1．[①] [②] に入る組み合わせとして最も適切なものを一つ選び，記号で答えなさい。
あ　①　Some　②　Other
い　①　One　②　Another
う　①　One　②　The other

問2．Answer the question in English.
What do the colors of new *Koreisha* mark show?
Answer: They show (　)(　).

問3．本文中の下線部にある fine ～という単語は「〇〇を科す」という意味です。
本文の内容から推測して〇〇に入る語を漢字二文字で答えなさい。

問4．本文によると，日本の聴覚障害者マークは次のうちのどれですか。適切なものを一つ選び，記号で答えなさい。

あ

い

う

え

問5．次の英文で，本文の内容と一致しているものを一つ選び，記号で答えなさい。
あ　Older people in Japan were happy with the first *Koreisha* mark because it looked like an orange leaf.
い　Some people use *Wakaba* marks to show that they are beginners.
う　In the US, people have to put on a “Student Driver” sticker for more than a year after they get a driver license.
え　If people are under 70, they must not use *Koreisha* marks in Japan.

[Ⅱ] 次の英文を読んで，後の問いに答えなさい。

*Vending machines are very useful. You put in some money and you get a drink. Vending machines are an important part of our life, but did you know that the first vending machine in the world was made in the year 215? After that machine, there are no more examples of vending machines for hundreds of years, but in 1615, vending machines started selling *tobacco in England. Then, in 1822, a book seller named Richard Carlile made a vending machine for selling newspapers, and in 1857 another Englishman, Simeon Denham, made the first *fully automatic vending machine for selling *stamps. The first *coin operated vending machines sold postcards in London in the 1880s. And, in the US, the Thomas Adams Gum Company started making vending machines in 1888. The machines sold Tutti Fruiti gum in New York City. Soon, vending machines were seen in many countries around the world and sold things like eggs, potatoes, books and magazines.

The first vending machine in Japan sold tobacco. Fully automatic vending machines became popular after World War Ⅱ, in the 1950s. Because many drink and beer companies started using them, the number of vending machines increased from 240,000 in 1964 to two million in 1973. Then, in the 1970s a Japanese drink company started selling *canned coffee from vending machines. They could keep drinks cold or hot. This increased *sales from vending machines in winter. Today, there are over five million vending machines in Japan! That means there is one vending machine for every [A] people. It is the highest number of vending machines *per person in the world! You can find vending machines all over Japan. You can even see them on the top of Mt. Fuji! Japanese vending machines sell T-shirts, flowers, carrots, eggs, apples, rice and, of course, sushi.

But, why does Japan have more vending machines than other countries? There are several reasons. One reason is safety. Because Japan is a safe country, vending machines can be put anywhere and [B] will *steal from them. In most foreign countries, vending machines cannot be put outside, because *thieves will break them and take the money. Another reason is that Japan is a *cash society. In other countries, people often pay with *checks and credit cards, but in Japan, many people still pay with [C]. They always have some coins, so they can buy things from vending machines easily. The third reason is the price of land. Japan is a small country with many people, so land prices are very high. It is much [D] to *rent vending machine space than to rent store space.

Also, vending machines can be helpful during a *disaster. Some vending machines have a *setting called “free vend.” If this setting is used during earthquakes or other disasters, the machine gives free drinks to everyone. Other vending machines have screens and they give you information about where you should go in a disaster.

There are many kinds of vending machines. What do you think about vending machines in the future?

*vending machine　自動販売機　*tobacco　タバコ　*fully automatic　全自動の　*stamp　切手
*coin operated　コインで操作する　*canned　缶の　*sales　売上　*per　～あたり
*steal　盗む　*thieves < thief（どろぼう）の複数形　*cash society　現金社会　*check　小切手
*rent　～を借りる　*disaster　災害　*setting　設定

問1．本文の内容に合うように，自動販売機で販売されたものを販売開始時期の順番に並べたものとして最も適切なものを一つ選び，記号で答えなさい。

あ　イギリスの新聞→イギリスのタバコ→イギリスの切手→日本の缶コーヒー
い　イギリスの切手→アメリカのガム→イギリスの新聞→日本の缶コーヒー
う　イギリスのタバコ→イギリスの切手→アメリカのガム→日本の缶コーヒー
え　アメリカのガム→イギリスの新聞→イギリスのタバコ→日本の缶コーヒー

問2．本文中の [A] に入る最も適切な数字を一つ選び，記号で答えなさい。

あ　8　　い　23　　う　47　　え　68

問3．本文中の [B] と [D] にはあてはまるものを，[C] にはあてはまらないものを，それぞれ一つずつ選び，記号で答えなさい。

[B]　あ　someone　　い　nobody　　う　everyone
[C]　あ　coins　　い　credit cards　　う　cash
[D]　あ　cheaper　　い　higher　　う　more difficult

問4．次の英文で，本文の内容に合わないものを一つ選び，記号で答えなさい。

あ　We can buy clothes and vegetables from Japanese vending machines.
い　Japan has the most vending machines for each person in the world.
う　Fully automatic vending machines have a history of over 150 years in the world.
え　All Japanese vending machines give people drinks for free during a disaster.

Ⅲ　次の会話文を読んで，[1] ～ [5] に入る最も適切なものを一つ選び，記号で答えなさい。

(D：Doctor　P：Patient)

D：[1]
P：My arm feels strange.
D：What did you do?
P：When I was playing tennis, [2]
So, I had this sharp pain in my arm.
D：What do you mean by "sharp"?
P：[3]
D：Let me see.
Well, nothing seems to be broken.
The skin's not cut.
I'll give you some medicine.
You should put ice on your arm if it hurts.
[4] but you shouldn't play tennis for a week.
P：Will I be able to play again after that?
I usually practice every day.
D：Yes, [5]

1

あ How did you come here?
い What's wrong with you?
う I heard you won the tennis tournament yesterday.

2

あ I met a friend of mine on the court.
い my coach put away all the tennis balls.
う I slipped and fell on the court.

3

あ The fast ball hit me on the arm.
い It hurt so much that I couldn't move it.
う I cut my arm with a sharp knife.

4

あ You don't need to stay home from school,
い You must not go to school for a week,
う It is necessary that you stay home and study hard,

5

あ you can play tennis from now on.
い you'll never play tennis again.
う you'll be fine by next week.

Ⅳ 日本語の意味に合うように [ ] 内の語（句）を並べ替えた時，（●）と（▲）に入る語（句）を書きなさい。ただし，文頭に来る語もすべて小文字で始まっています。

⑴ 彼が手伝ってくれたおかげで私は宿題を終えることができました。（一語不要）
[I / my / his / help / homework / couldn't / without / do / he].
(　　)(　　)(●)(　　)(　　)(▲)(　　)(　　).

⑵ ここから駅までタクシーでどのくらいかかりますか。
[by / station / how / from / it / long / here / to / the / does / take] taxi?
(　　)(　　)(　　)(●)(　　)(　　)(▲)(　　)(　　)(　　)
(　　) taxi?

⑶ 彼女は私にどちらの映画を見たいかきいた。（一語不要）
[which / I / would / me / she / to / asked / like / movie / said] see.
(　　)(●)(　　)(　　)(　　)(　　)(▲)(　　)(　　)(　　) see.

⑷ アメリカに住んでいる友達からの手紙を読んで私は嬉しくなった。（一語不要）
The letter [America / me / in / read / happy / from / made / a friend].
The letter (　　)(●)(　　)(　　)(▲)(　　)(　　).

Ⅴ　次の英文のうち，文法的に正しいものを三つ選び，記号で答えなさい。

あ　One of my child plays the piano.

い　Do you know how long George has lived in Japan?

う　I like making pasta dishes to my family.

え　Emily doesn't want to ride a bicycle during it is cold.

お　Please take off your shoes before you enter a Japanese house.

か　I am usually washing dishes after dinner.

き　My sister has known my friend Wendy for several years.

く　It is popular for young people to eat bread making from rice.

Ⅵ　次の質問についてあなた自身の答えを英語で書きなさい。ただし，次の条件を満たすこと。

・文は二文以上になってもよい。文と文の間を空欄にしたり，改行したりしないこと。

・15語以上25語以下の英語で書くこと。ピリオド，コンマ，クエスチョンマークなどの記号は語数に数えない。

・解答用紙の下線部に一語ずつ書くこと。ピリオド，コンマ，クエスチョンマークなどの記号は，下線部と下線部の間に書くこと。

解答記入例

Where	were	you	?	I	was	5
in	the	library	.			10

【質問】 What did you do while your school was closed last spring?

【理　科】（社会と合わせて60分）　＜満点：50点＞

1　圧力や浮力に関する後の問に答えなさい。

問１　500㎝²の面に垂直に300Nの力を加えた。このとき，この面にかかっている圧力は何Paか答えなさい。

問２　圧力について，次のア～オから正しいものをすべて選び，記号で答えなさい。

ア　圧力とは，１Nの力がはたらく面の面積で表される。

イ　水の圧力（水圧）は，水の深さが深いほど大きくなる。

ウ　同じ水の深さでは，上向きの水の圧力の方より下向きの水の圧力の方が小さい。

エ　地球をとりまく空気には重さがある。大気圧はこの空気の重さにより生じている。

オ　上のア～エは，すべて間違いである。

問３　浮力について，次のア～オから正しいものをすべて選び，記号で答えなさい。

ア　水に沈んでいる物体X（図１）にはたらく浮力は，より深く沈んでいるときの方が大きい。

イ　水に浮いている物体にはたらく浮力は上向きにはたらき，水に沈んでいる物体にはたらく浮力は下向きにはたらく。

ウ　２つの物体の重さが同じならば，形や大きさが違っても，水に沈めたときにはたらく浮力の大きさは等しい。

エ　同じ形，同じ大きさのYとZ，２つの物体がある。Yは水に浮き，Zは水に沈んだ（図２）。このとき，YとZそれぞれにはたらく浮力の大きさは等しい。

オ　上のア～エは，すべて間違いである。

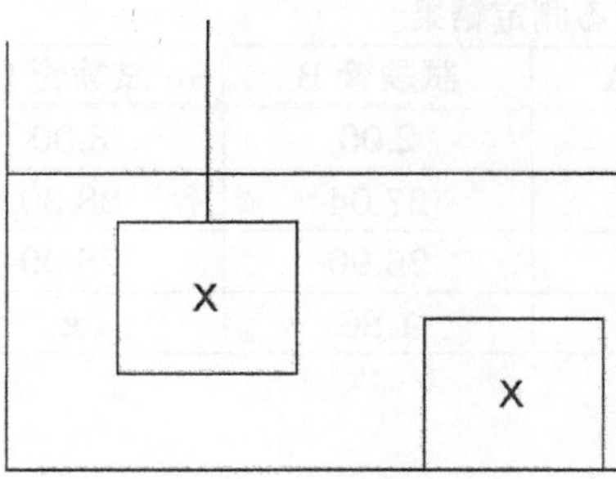

図１

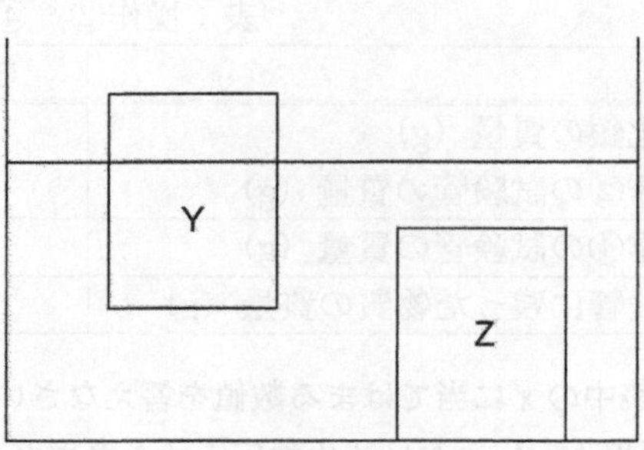

図２

問４　同じ高さ，同じ重さで，底面積の異なる３種類の直方体の箱A，B，Cがある。これらを水に浮かべたら図３のようにAは２㎝，Bは３㎝，Cは４㎝水面から沈んだ。

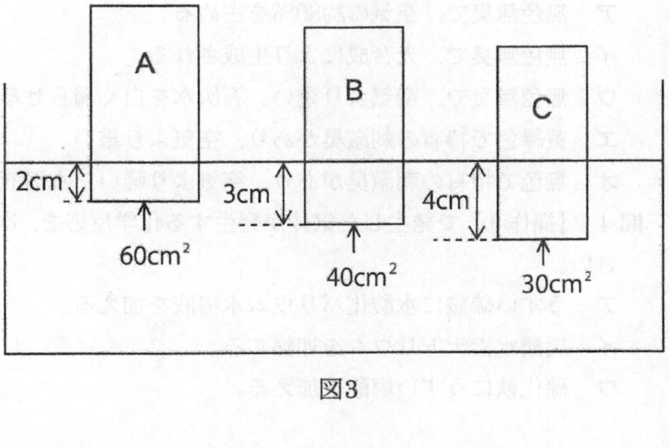

図３

⑴　箱Aと同じ重さで水面から1.5㎝沈む直方体の箱Dを作りたい。箱Dの底面積を何cm^2にすればよいか。

⑵　箱Aに，ある重さのおもりを入れたら，水面から５㎝沈んだ(図４)。入れたおもりの重さは箱Aの重さの何倍か。

⑶　何も入れていない箱Bを飽和食塩水に浮かべたら水面から2.5㎝沈んだ。箱Cにある重さのおもりを入れ，この飽和食塩水に浮かべたら，水面から６㎝沈んだ。箱Cに入れたおもりの重さは，箱Aの重さの何倍か。

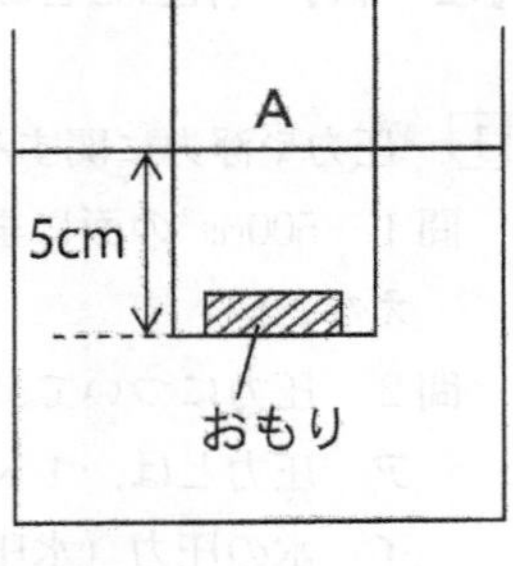

図4

2　次の操作による実験について，後の問に答えなさい。

【操作①】　酸化銀をそれぞれ1.00 g，2.00 g，3.00 g入れた試験管A～Cを準備した。

【操作②】　酸化銀が入った試験管A～Cの質量を，試験管ごと電子ばかりで測定した。

【操作③】　図のように，試験管A～Cを十分に加熱して酸化銀をすべて反応させ，発生した気体を集め，ガスバーナーの火を消した。

【操作④】　加熱した試験管が十分に冷めてから，試験管A～Cの質量を，再度，試験管ごと電子ばかりで測定した。

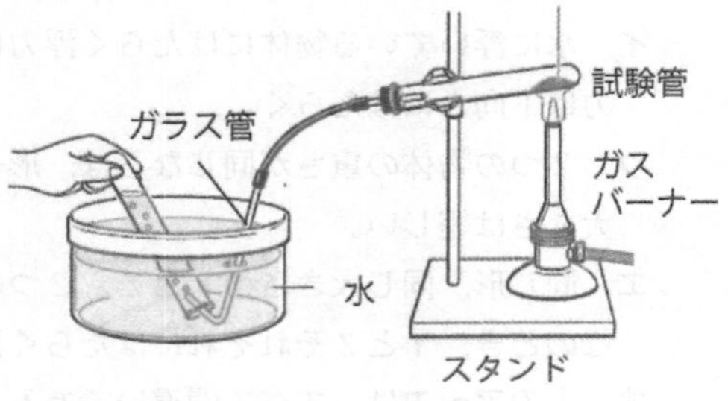

表：操作②，④における測定結果

	試験管A	試験管B	試験管C
酸化銀の質量（g）	1.00	2.00	3.00
操作②の試験管の質量（g）	26.05	27.04	28.30
操作④の試験管の質量（g）	25.98	26.90	28.09
試験管に残った物質の質量（g）	0.93	1.86	x

問１　表中のxに当てはまる数値を答えなさい。

問２　【操作③】における化学反応式を書きなさい。

問３　【操作③】で発生した気体の性質を次のア～オから一つ選び，記号で答えなさい。

ア　無色無臭で，空気の約80％を占める。

イ　無色無臭で，光合成により生成される。

ウ　無色無臭で，空気より重い。石灰水を白く濁らせる。

エ　黄緑色で特有の刺激臭があり，空気より重い。

オ　無色で特有の刺激臭があり，空気より軽い。水溶液はアルカリ性を示す。

問４　【操作③】で発生した気体が発生する化学反応を，次のア～カからすべて選び，記号で答えなさい。

ア　うすい硫酸に水酸化バリウム水溶液を加える。

イ　炭酸水素ナトリウムを加熱する。

ウ　硫化鉄にうすい塩酸を加える。

エ　過酸化水素水に二酸化マンガンを加える。

オ　塩化銅水溶液を電気分解する。

カ　うすい水酸化ナトリウム水溶液を電気分解する。

問５　【操作③】において火を消す前に行う操作を簡単に書きなさい。

問６　酸化銀を5.00ｇ入れた試験管Ｄを準備し，【操作③】のように十分に加熱すると，試験管に残る物質の質量は何ｇになるか，答えなさい。

問７　実際に問６の実験を行ったところ，試験管Ｄに残った物質は4.82ｇであった。この結果は，加熱が不十分であったために，酸化銀の一部が反応せずに残ったと考えられる。このとき反応せずに試験管Ｄに残った酸化銀は何ｇか。答えは四捨五入して小数第二位まで答えなさい。

3　植物の葉のはたらきを調べるために，次のような観察や実験を行った。

【観察】　プレパラートを作り，図のような顕微鏡で観察した。

問１　顕微鏡に関して述べた次の**ア**～**カ**のうち，正しいものを二つ選び，記号で答えなさい。

ア　顕微鏡の倍率は接眼レンズの倍率と対物レンズの倍率の和で求められる。

イ　視野の右上にあるものを中央で観察するためには，プレパラートを左下に動かせばよい。

ウ　顕微鏡の倍率が低倍率になると，明るさは暗くなり，視野は広くなる。

エ　顕微鏡でピントを合わせるときは，対物レンズとプレパラートを遠ざけておいて，接眼レンズをのぞきながら調節ねじをゆっくり回し，対物レンズとプレパラートを近づける。

オ　対物レンズの倍率が高くなると，ピントを合わせたとき，対物レンズの先端とプレパラートの間隔は対物レンズの倍率が低いときと比べて短くなる。

カ　高倍率で観察するときは，低倍率の対物レンズでピントを合わせたあと，レボルバーを回して高倍率の対物レンズにして，明るさを調節する。

問２　顕微鏡で気孔を観察した。右の図は100倍の倍率で観察したときの視野と観察した気孔を模式的に描いたものである。レボルバーを回して顕微鏡の倍率を400倍にすると，この視野の中には気孔がいくつ観察されると考えられますか。

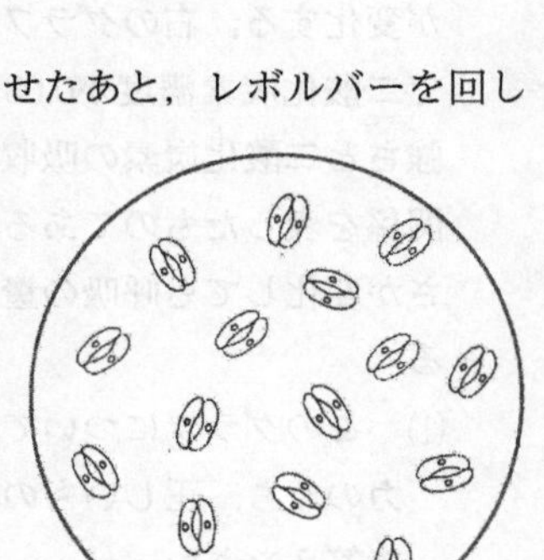

【実験】　青色のＢＴＢ溶液に二酸化炭素をふきこんで緑色にした後，４本の試験管Ａ，Ｂ，Ｃ，Ｄに入れた。図のように試験管ＡとＣにオオカナダモを入れ，試験管ＢとＤにはオオカナダモを入れなかった。また，試験管ＣとＤには光が入らないようにアルミニウムはくをまいた。４本の試験管にしばらく光を当てた後，ＢＴＢ溶液の色の変化を調べた。ただし，ＢＴＢ溶液の温度は変化しないものとする。

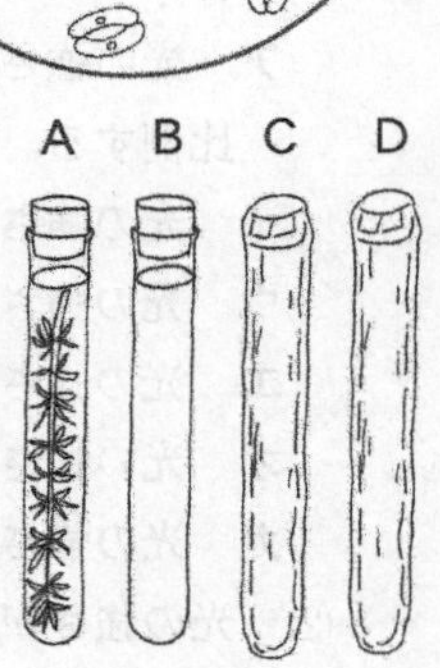

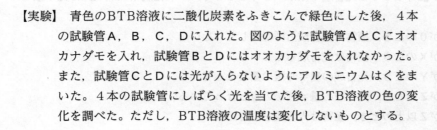

問３　オオカナダモと同じなかまの生き物を次の**ア〜カ**から一つ選び，記号で答えなさい。

ア　スギゴケ　　**イ**　ベニシダ　　**ウ**　イチョウ

エ　ワカメ　　**オ**　トウモロコシ　　**カ**　サクラ

問４　BTB溶液の色の変化について次のように考察した。①と②に入る文章として，最も適切なものを，**ア〜ケ**からそれぞれ一つずつ選び，記号で答えなさい。

[考察]

試験管Aでの色の変化は試験管Bと比較することでオオカナダモのはたらきによるものだとわかる。このことから，試験管Aではオオカナダモは（　①　），アルカリ性となり，BTB溶液の色が青色に変化したとみられる。試験管Cでの色の変化は，オオカナダモは（　②　），酸性となり，BTB溶液の色が黄色に変化したと考えられる。

ア　光合成のみを行い，酸素を放出したため
イ　光合成のみを行い，二酸化炭素を吸収したため
ウ　呼吸のみを行い，酸素を吸収したため
エ　呼吸のみを行い，二酸化炭素を放出したため
オ　光合成も呼吸も行うが，光合成の反応が大きく酸素の放出量が多かったため
カ　光合成も呼吸も行うが，光合成の反応が大きく二酸化炭素の吸収量が多かったため
キ　光合成も呼吸も行うが，呼吸の反応が大きく酸素の吸収量が多かったため
ク　光合成も呼吸も行うが，呼吸の反応が大きく二酸化炭素の放出量が多かったため
ケ　光合成も呼吸も行わなかったため

問５　植物が行う光合成のはたらきは，光の強さや温度など様々な要因によってその量が変化する。右のグラフはある植物が20℃で二酸化炭素濃度が0.03％のときの，光の強さと二酸化炭素の吸収量および放出量の関係を表したものである。ただし，光の強さが変化しても呼吸の量は一定であるとする。

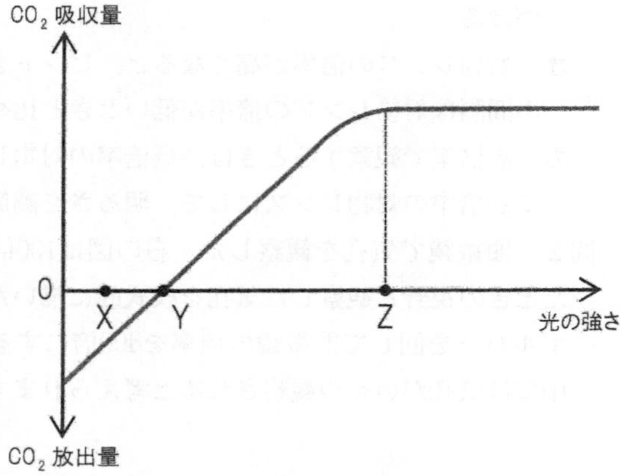

⑴　このグラフについて説明した次の**ア〜カ**のうち，正しいものを二つ選び，記号で答えなさい。

ア　光の強さが強くなるほど光合成の量が大きくなるので，二酸化炭素の吸収量は光の強さに比例する。
イ　光の強さが０のとき，植物は光合成も呼吸もしていない。
ウ　光の強さがXのとき，植物は光合成もしている。
エ　光の強さがYのとき，光合成の量＝呼吸の量となっている。
オ　光の強さがZのとき，光合成の量＝呼吸の量となっている。
カ　光の強さがZ以上のとき，植物は光合成をしていない。

⑵　光の強さがZ以上のとき，この植物の二酸化炭素の吸収量をさらに大きくするにはどうすれ

ばよいか。次の①～④のうち，適したものの組み合わせを選択肢**ア**～**キ**から一つ選び，記号で答えなさい。

①　酸素濃度を高くする。　　②　二酸化炭素濃度を高くする。

③　温度を25℃にする。　　④　光の強さをさらに強くする。

［選択肢］

ア　①と③　　**イ**　①と④　　**ウ**　②と③　　**エ**　②と④

オ　③と④　　**カ**　①と③と④　　**キ**　②と③と④

4　気象に関する次の問に答えなさい。

問１　次の**A**～**C**の天気図の天気概況として正しいものを下の**ア**～**ウ**からそれぞれ選び，記号で答えなさい。

A

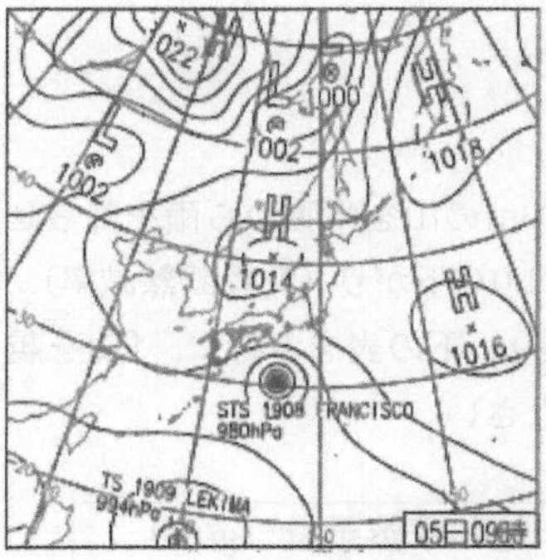

B

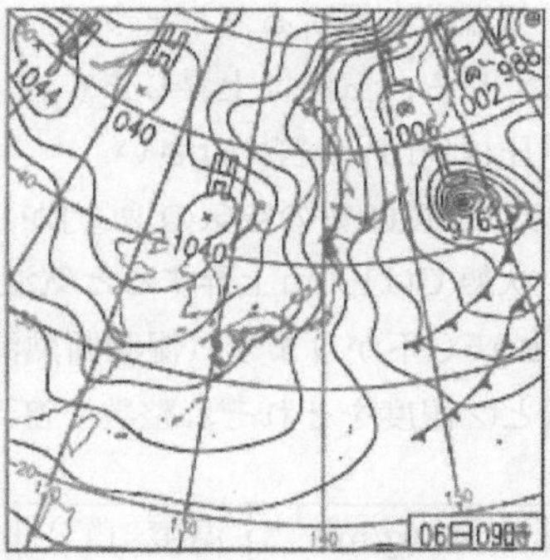

C

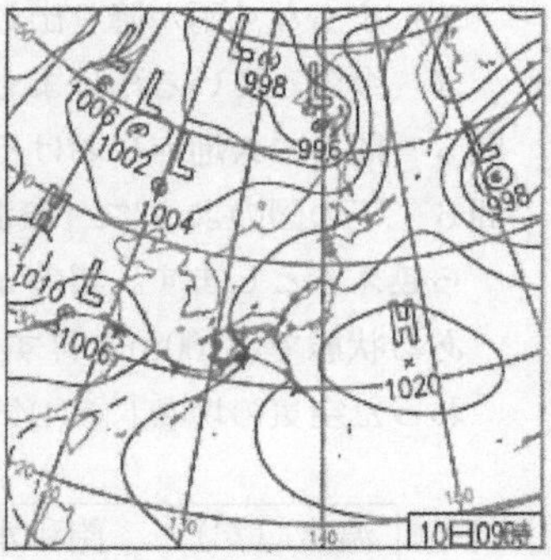

天気図（気象庁 HP より https://www.data.jma.go.jp/fcd/yoho/hibiten/index.html）

（Ⓗは高気圧，Ⓛは低気圧を示す）

［概況］

ア　強い冬型の気圧配置で，日本海側は雪。全国的に冷え込み，北海道では－30℃を下回る。

イ　本州周辺は猛暑が続き，大阪では36℃を記録。

ウ　近畿・東海でも梅雨入り，沖縄は湿った空気の影響で雨。

問２　平成30年７月豪雨（西日本豪雨）や，令和２年７月豪雨の原因ともされる「次々と発生する発達した雨雲（積乱雲）が列をなし，数時間にわたってほぼ同じ場所を通過または停滞することで作り出される，線状に伸びる強い降水をともなう雨域」を何といいますか。

問３　１日１回，NHKラジオで「気象通報」という番組が放送されています。天気図を自分で書いたり，詳しい天気の移り変わりを知りたい漁船や登山者などに利用されています。全国の30カ所以上及び日本近辺の国外からの気象情報が放送されます。例えば次のようにです。

「石垣島では，北東の風，風力４，天気曇り，気圧1016ヘクトパスカル，気温21度」

これを用いて，自分で等圧線を引き，天気図を作成することができます。

石垣島の風力と天気について天気記号と風力記号を用いて解答用紙に記入しなさい。

問４　次のページの天気図では中心付近の気圧が990hPaの低気圧が北東へ移動中です。**A**地点における今後の天気の移り変わりを述べた**ア**～**オ**の文から，最も適切なものを一つ選び記号で答えなさい。

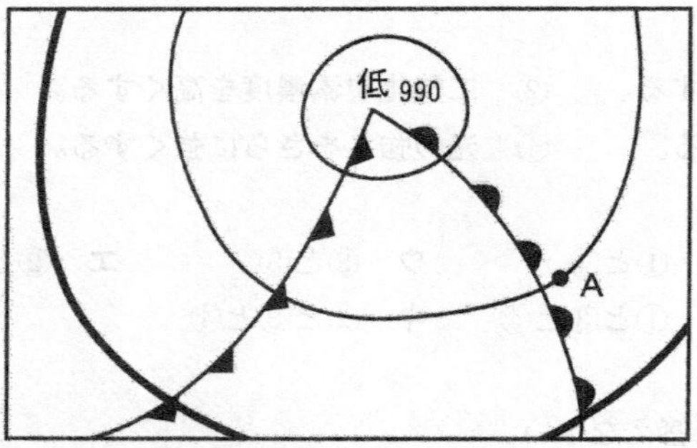

ア　この好天はしばらく続きます。気温は上がったままでしょう。

イ　まもなく雨が降り出し，しとしとと長く降るでしょう。気温は下がります。

ウ　短時間ですが強い雨が降ってくるでしょう。気温は下がります。

エ　まもなく雨が降り出し，気温は上昇するでしょう。

オ　今降っている雨はまもなくやみ，気温は上昇します。

問５　問４のＡ地点における気圧は何hPaか答えなさい。

問６　下の図のように，「気温20℃ 湿度62％の空気の塊①」が1200mの山を中腹から雨を降らせながら越えるとします。雲のない状態では100m上昇すると気温は1.0℃下がり（乾燥断熱減率），雲のある状態では100m上昇すると0.5℃下がります（湿潤断熱減率）。下の表を参考に，「山を越え終わった空気の塊②」の⑴気温と⑵湿度をそれぞれ整数で答えなさい。

温度（℃）	飽和水蒸気量（g/m³）	温度（℃）	飽和水蒸気量（g/m³）
0	4.8	16	13.6
2	5.6	18	15.4
4	6.4	20	17.3
6	7.3	22	19.4
8	8.3	24	21.8
10	9.4	26	24.4
12	10.7	28	27.2
14	12.1	30	30.4

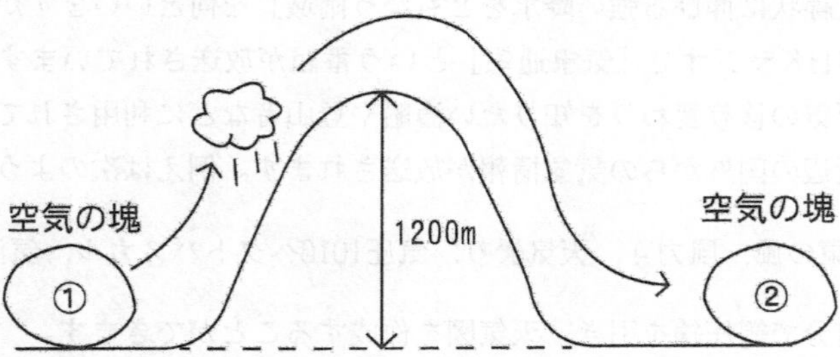

【社　会】（理科と合わせて60分）　　＜満点：50点＞

1 次の文章と資料をもとに，１から５の問に答えなさい。

2020年の第32回東京オリンピックは，新型コロナウイルスの流行により，延期されることとなった。ここで，オリンピックの歴史を紐解《ひもと》き，特に中止になった夏季大会，あるいは開催されたものの何らかの大きな事件や出来事が起こった夏季大会に目を向けてみた。

＜表１＞

回	年	開催都市	開催国
6	1916	ベルリン	ドイツ
12	1940	東京	日本
13	1944	ロンドン	イギリス

＜表２＞

回	年	開催都市	開催国
14	1948	ロンドン	イギリス
20	1972	ミュンヘン	西ドイツ
21	1976	モントリオール	カナダ
22	1980	モスクワ	ソ連
23	1984	ロサンゼルス	アメリカ

表１は，中止になったオリンピックの一覧である。①第６回のベルリン大会は，1914年に第１次世界大戦が勃発《ぼっぱつ》したため，中止となった。第12回の東京大会は，1937年に日中戦争が勃発し，1938年の閣議でオリンピックの中止を勧告した。IOC（国際オリンピック委員会）は急遽《きゅうきょ》フィンランドのヘルシンキを代替地として開催準備を進めるが，間もなく起こったソ連軍のフィンランド侵攻により，結局第12回大会は中止となった。第２次世界大戦によって，第13回のロンドン大会も中止となった。いずれも，戦争の影響が大きいことがわかる。

表２は，開催されたものの，何らかの大きな事件や出来事があった大会である。まず，第14回のロンドン大会には，敗戦国である日本とドイツは招待されなかった。

第20回ミュンヘン大会では，パレスチナゲリラ「ブラック・セプテンバー（黒い九月）」が，イスラエル選手団の宿舎を占拠して２名を射殺・９名を人質に取り，イスラエルに収監《しゅうかん》されているパレスチナ人234名の解放を要求した。この事件は最終的に人質全員・警察官１名・占拠犯８名のうち５名が死亡する惨事《さんじ》となった。

第21回モントリオール大会では，ニュージーランドのラグビーチームが南アフリカへ遠征をおこなったことに対し，ニュージーランドのオリンピックへの参加を禁止しなかったIOCに抗議して，アフリカの22か国が参加をボイコットした。当時②南アフリカでは有色人種に対する差別が公然とおこなわれており，それに対して抗議の意を示したのである。また，③台湾の選手団が参加していたことに対して，中華人民共和国が抗議の意を込めてボイコットした。

④第22回モスクワ大会では，1979年に発生したソ連によるアフガニスタン侵攻を理由に，米国のカーター大統領がボイコットを表明。アメリカからの要請に伴い日本も不参加となった。その報復として，第23回ロサンゼルス大会では，ソ連など16か国が参加をボイコットした。

出典　石出法太・石出みどり「これならわかるオリンピックの歴史Ｑ＆Ａ」
日本オリンピック委員会 HP「オリンピックの歴史」
https://www.joc.or.jp/column/olympic/history/ より
愛知高校作成

問1　A～Cは，表1・表2の開催都市のうち，ベルリン・モスクワ・ロサンゼルスのいずれかの雨温図である。開催都市と雨温図の組み合わせとして正しいものを，ア～カの中から一つ選び，記号で答えなさい。

	ア	イ	ウ	エ	オ	カ
ベルリン	A	A	B	B	C	C
モスクワ	B	C	A	C	A	B
ロサンゼルス	C	B	C	A	B	A

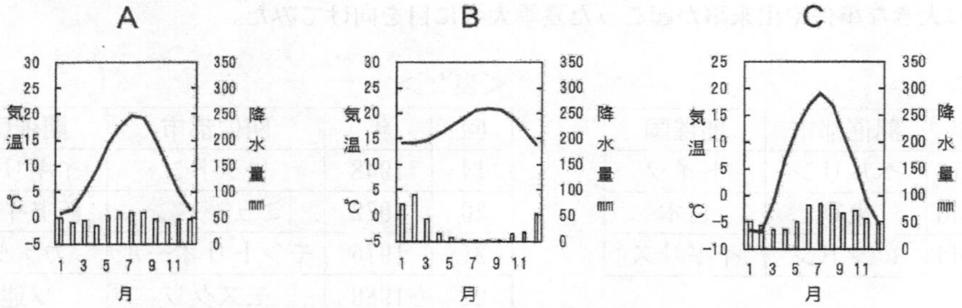

出典　気象庁HPより愛知高校作成（http://www.jma.go.jp/jma/index.html）

問2　下線部①について，第一次世界大戦について述べた文として**誤っているもの**を，ア～エの中から一つ選び，記号で答えなさい。

ア　第一次世界大戦は飛行機・戦車・潜水艦や毒ガスなどの新兵器が使用されたことによって，死傷者が増大した。

イ　ロシアは第一次世界大戦の開戦直後から敗戦が続き，ロシア国内で不満が高まり，当時の首都で抗議行動が起きた。

ウ　イタリアは戦局が不利になると，連合国の船に対して潜水艦による無差別の攻撃を強め，イギリス船ルシタニア号を撃沈《げきちん》し多くの犠牲者が生まれた。

エ　日本は日英同盟を理由に連合国側で参戦し，ドイツに宣戦布告して中国の山東（シャントン）半島にあるドイツの軍事拠点《きょてん》や，太平洋にあるドイツ領の南洋諸島を占領した。

問3　下線部②について，このことを何というか，カタカナで答えなさい。

問4　下線部③について，この島は北回帰線が横断している。北回帰線と南回帰線の間の地域で栽培が盛んな作物として，右のグラフにあてはまるものを，ア～エの中から一つ選び，記号で答えなさい。

ア　大豆

イ　カカオ

ウ　バナナ

エ　コーヒー

<グラフ>ある作物の生産国割合（2017年）

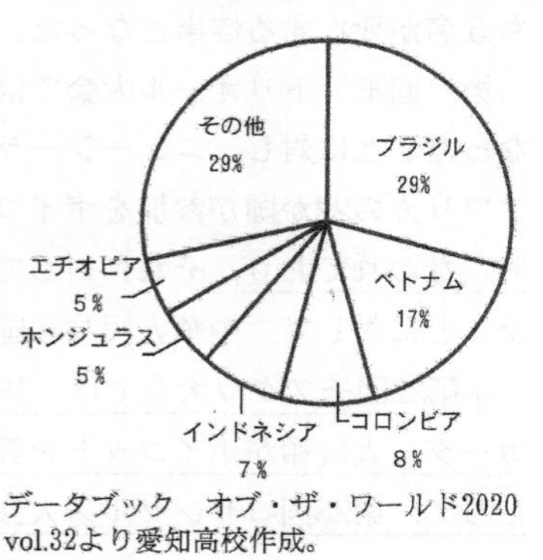

出典　データブック　オブ・ザ・ワールド2020 vol.32より愛知高校作成。

問5　下線部④について，第２次世界大戦後の世界では，アメリカを中心とする資本主義陣営とソ連を中心とする社会主義陣営の二つに分かれ，対立がおこった。このような状態のことを何というか，答えなさい。

2　次の文章と資料をもとに，１から６の問に答えなさい。

今年度は，海外研修が新型コロナウイルスの影響により中止となった。残念でならないが，2019年にオーストラリアを旅行した知り合いから旅行記を借りることができたので，それを読むことにした。

①21：00の夜行便で関西国際空港を離陸した。飛行時間は約７時間15分，オーストラリア東海岸北部の都市・ケアンズに着いたのは，現地時刻で翌日の早朝５：15であった。まだ外は薄暗い。タクシーに乗り市内に向かうと，だんだんと空が明るくなってきた。タクシーの運転手は②インドからの移民であった。

市内散策中，市場に行くと様々な農産物が売られていた。昨今《さっこん》タピオカジュースがブームであったが，その原料となるキャッサバ（マニオク）が売られていたのも見た。食料品以外には，オーストラリアの先住民である（　Ａ　）の工芸品が売られている一角もあった。また，別の市場ではコーヒーが売られていた。オーストラリアでもコーヒーが栽培されているが，オーストラリアの国内需要を満たす生産量には足りないとのことであった。

ケアンズの水族館では，熱帯雨林の生物と，サンゴ礁の生物の展示に特に興味を持った。［　Ｂ　］

周囲が海に囲まれているオーストラリアでは，生物が独自の進化を遂げ，他の地域では見られない固有種が生息している。［　Ｃ　］

今回の旅では２日間にわたり，現地でのバスツアーに参加した。バスが空港周辺に差し掛かると，周囲にはマングローブ林が広がっていた。ここには「マッドクラブ」という巨大なカニが生息している。また，③サトウキビ畑も一面に広がっていた。サトウキビは，クインズランド州の重要産業だそうである。まだ収穫期ではないが，収穫期にはサトウキビ輸送の貨車が道路脇に敷かれている線路を走るということだった。

［　Ｄ　］このあたりの道路は，雨が降ると木に含まれる油分が雨水と一緒に道路に落ち，滑りやすくなるため運転に注意を要するそうである。地面を見ると，高校時代に地理の授業で習った通り，熱帯地域に多く分布するラトソルと呼ばれる土を見ることができた。酸化鉄や酸化アルミニウムを多く含むため，赤い色をしている。

翌日は，スカイレールというロープウェイに乗り，少し内陸部にあるキュランダ村に向かった。スカイレールが建設される際には，事前の環境アセスメントに７年間を要した。その甲斐もあり，建設時に伐採された木はたったの15本だそうである。

帰途は，昼行便だったので飛行機の窓から景色を眺めることができた。今回は行くことのできなかったグレートバリアリーフを，上空から少しだけ眺めることができた。ニューギニア島上空を過ぎた後はひたすら海の上を飛んだが，途中進行方向右側にグアム島が見えた。今回はオーストラリア北東部の熱帯地域を，降水量の少ない乾季に旅行をしたため，晴天が続き，気温も過ごしやすかった。次回渡航する機会があれば，今度はさらに内陸部にある，乾燥地帯も旅行してみたいものだ。

問１　下線部①をもとにして，大阪とケアンズの間に時差は何時間あるか，数字で答えなさい。但しケアンズの属するクインズランド州は，サマータイムを実施していないので，サマータイムは考慮しなくてよい。

問２　下線部②について，次のページの表１は，オーストラリアの1954年と2019年の出生国別人口のうち，出生国別人口の上位10位（2010年時点の人口に基づく）とその人数を表している。1954

年と2019年を比較すると，特にアジア・アフリカ地域の出生国別人口が大幅に増加していることがわかる。アジアからの移民が大幅に増加するきっかけとなった1970年代の出来事を，解答欄にあう形で答えなさい。

＜表１＞

	1954年	2019年
イギリス	664.2	1207.7
ニュージーランド	43.4	569.5
中国※	10.3	677.2
インド	12.0	660.3
イタリア	119.9	182.5
ベトナム	na	262.9
フィリピン	0.2	293.7
南アフリカ	6.0	193.8
マレーシア	2.3	175.9
ドイツ	65.4	112.4
海外生まれ合計	1286.5	6427.7
オーストラリア生まれ	7700.1	17835.1
総人口	8986.5	24262.8

単位：千人　na：データ無し
※　香港・マカオ・台湾除く

出典　オーストラリア統計局HP "Australian demographic statistics tables"
"TOP 10 COUNTRIES OF BIRTH"（https://www.abs.gov.au/）より愛知高校作成。

問３　（Ａ）に当てはまる語句を，答えなさい。

問４　B ～ D のいずれかに当てはまる文章として，**誤っているもの**をア～エの中から一つ選び，記号で答えなさい。

ア　今回のツアーでは，カモノハシ・カンガルー・ワラビー・コアラを見ることができた。動物園でコアラを抱いて写真を撮ったが，州によっては禁止されている。また，カンガルーとワラビーは外見が似ているが，体の大きさと，尾の形が異なる。

イ　熱帯雨林は生物種が豊富である。特に植物は，薬などになる有用な植物もあれば，有毒の植物もある。また，木は樹高が高いので，板根《ばんこん》と呼ばれる特殊な構造で全体を支えている。

ウ　内陸部の乾燥地帯にある，赤味のかかった色をした一枚岩のウルル（エアーズロック）は，世界遺産であると同時に，先住民の聖地である。以前は岩の上に登ることができたが，現在は登ることが禁止されている。

エ　この地域の沖合には世界遺産であるグレートバリアリーフがあるが，環境保全のために，観光客が立ち入ることのできる区域は，極めて限定されている。

問５　オーストラリアは資源に恵まれた国です。次のページのＥ～Ｇは，オーストラリアで産出される鉱産資源のうち，ボーキサイト・銅鉱・鉄鉱石の生産国別割合のいずれかを表しています。鉱産資源名と円グラフの組み合わせとして正しいものを，あとの**ア～カ**の中から一つ選び，記号で答えなさい。

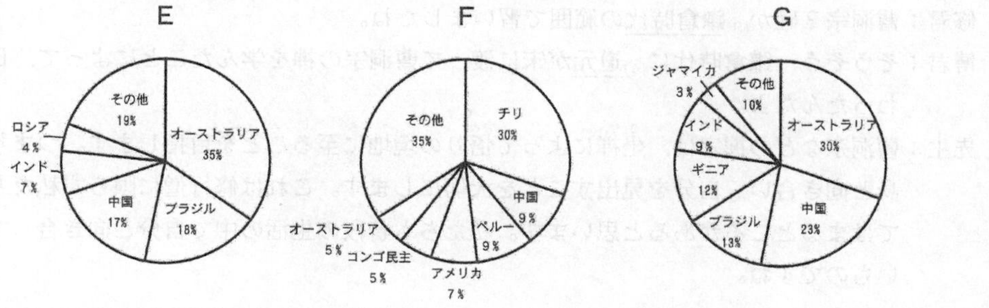

	ア	イ	ウ	エ	オ	カ
ボーキサイト	E	E	F	F	G	G
銅鉱	F	G	E	G	E	F
鉄鉱石	G	F	G	E	F	E

出典　データブック　オブ・ザ・ワールド2020　vol.32より愛知高校作成。
※　データはボーキサイトが2016年，それ以外は2015年。

問６　ア～ウは様々な種類の地図です。地球は球体であるため，平面の地図では様々な要素を同時に正しく表すことはできません。場面によって目的に応じた地図を使い分ける必要があります。ケアンズから関西国際空港に飛行機で帰るときに，パイロットが航空機を操縦するために必要な要素が満たされている地図を，ア～ウの中から一つ選び，記号で答えなさい。また，選んだ地図の特徴として正しいものを，エ～カの中から一つ選び，記号で答えなさい。

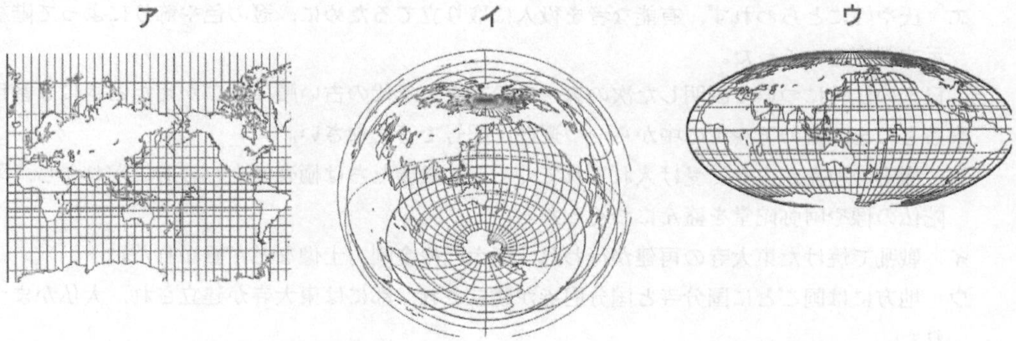

エ　面積が正しく表された地図
オ　中心からの距離と方位が正しい地図
カ　緯線と経線が直角に交わった地図

3　次の文章と資料をもとに，１から４の問に答えなさい。

先生：愛知高校はどのような特徴のある学校か，知っていますか？
博君：はい，先生。愛知高校の特徴といえば，①仏教の学校ということです。
先生：その通りです。愛知高校は仏教の学校として知られていますね。
修君：そうなんですね。仏教といえば②世界三大宗教の一つですよね。
先生：ちなみに仏教といっても，曹洞宗《そうとうしゅう》と呼ばれる禅宗の一派になります。

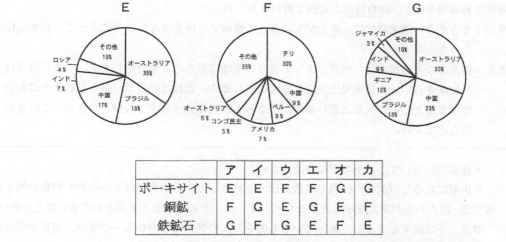

修君：曹洞宗？確か③鎌倉時代の範囲で習いましたね。

博君：そうそう，鎌倉時代に④道元が宋に渡って曹洞宗の禅を学んだことによって，日本に伝わったんだよ。

先生：曹洞宗などの禅宗は，坐禅《ざぜん》によって悟《さと》りの境地に至ることを目指します。つまり自分自身と向き合い，自分を見出すことを大切にします。これは修行僧に限らず私たちにも当てはまるところがあると思います。私たちも普段の生活の中で自分と向き合っていきたいものですね。

問１　下線部①について，以下の問に答えなさい。

⑴　６世紀になると百済から仏教や儒教が伝えられました。聖徳太子はその仏教や儒教の教えに基づき，役人の心がまえを示した法をつくりました。その法のことを何というか，答えなさい。

⑵　聖徳太子に関する文として**誤っているもの**を，次の**ア**～**エ**の中から一つ選び，記号で答えなさい。

ア　この時期には，大陸の進んだ文化を取り入れるために，小野妹子らをはじめ，多くの留学生や僧が唐に渡った。

イ　女帝の推古天皇が即位すると，聖徳太子は摂政となり天皇の政治を助けつつ大陸の国々にならった新しい政治を始めた。

ウ　聖徳太子や蘇我馬子は仏教を重んじていたことから，皇族や豪族の間にも信仰が広まり，日本で初めての仏教文化が飛鳥でおこった。

エ　氏や姓にとらわれず，有能な者を役人に取り立てるために，冠の色や飾りによって階級を示す制度をつくった。

⑶　日本の仏教について説明した次の**ア**～**エ**の文を，年代の古い順に並びかえたときに３番目に来るものを，次の**ア**～**エ**の中から一つ選び，記号で答えなさい。

ア　浄土の教えが人々に受け入れられてくると，貴族たちは極楽浄土へのあこがれから，阿弥陀仏の像や阿弥陀堂を盛んにつくった。

イ　戦乱で焼けた東大寺の再建が行われ，南大門や金剛力士像などが置かれた。

ウ　地方には国ごとに国分寺と国分尼寺が建立され，都には東大寺が建立され，大仏がまつられた。

エ　平泉を拠点に繁栄した奥州藤原氏は，平泉に中尊寺金色堂を建立した。

問２　下線部②について，後の問に答えなさい。

⑴　世界三大宗教の一つにキリスト教がある。日本におけるキリスト教に関する出来事の文として**誤っているもの**を，次の**ア**～**エ**から一つ選び，記号で答えなさい。

ア　イエズス会の宣教師フランシスコ・ザビエルは長崎に上陸し，２年の布教活動を行ってキリスト教を日本に伝えた。

イ　宣教師の勧めにより，一部のキリシタン大名は天正遣欧使節をローマに派遣し，ヨーロッパから持ち帰った活版印刷機でキリスト教の本を出版した。

ウ　長崎の土地がイエズス会に寄進されていることを知った豊臣秀吉は，キリスト教が全国統一のさまたげになると考えて，宣教師の国外追放を命じた。

エ　島原・天草一揆を契機《けいき》に，徳川幕府は絵踏でキリシタンを見つけ出したほか，人々が仏教徒であることを寺院に証明させた。

⑵　下の文は，イタリアの宣教師ヴァリニャーノが日本を訪れたときに著した著書の一部です。下線部の風潮《ふうちょう》のことを何というか，**漢字３字**で答えなさい。

> 日本人が具有《ぐゆう》する優秀な諸長所は，彼等の他の短所によって汚損《おそん》されている。
> (中略)
> この国民の第二の悪い点は，その主君に対して，ほとんど忠誠心を欠いていることである。主君の敵方と結託《けったく》して，都合の良い機会に対し反逆し，自らが主君となる。
> (以下略)
> (ヴァリニャーノ作・松田毅一他訳『日本巡察記』より)

問３　下線部③について，鎌倉時代の仏教について述べた文として**誤っているもの**を，次の**ア**～**エ**の中から一つ選び，記号で答えなさい。

ア　浄土宗は法然によって開かれ，「南無阿弥陀仏」と唱えることで極楽浄土に生まれ変われると説いた。

イ　法然の弟子である親鸞は浄土真宗を開き，救いを信じる心を起こすことで人は救われると説いた。

ウ　一遍は踊りながら念仏を唱えることを広め，時宗を開いた。

エ　日蓮は法華経を人々に勧め，念仏を唱えれば人も国も救われると説いた。

問４　下線部④について，下の表は道元と鎌倉時代に起きた事柄に関する年表です。これについて，以下の問いに答えなさい。

1200年	内大臣久我通親《くがみちちか》を父，藤原基房《もとふさ》の娘を母として京都で生まれる
1213年	比叡山で剃髪《ていはつ》(注１) をし，天台の教学を学ぶ
1217年	比叡山から建仁寺に入り，明全《みょうぜん》のもとで修行する
【　Ⅰ　】	
1223年	明全とともに宋へ渡る
1225年	如浄《にょじょう》のもとで修行を開始
1227年	修行を終え帰国後，京都の建仁寺に入る
1230年	深草の安養《あんよう》院に移り，『正法眼蔵《しょうぼうげんぞう》』の執筆に入る
【　Ⅱ　】	
1233年	京都の深草に観音道利《かんのんどうり》院という修行道場を開く
1243年	越前（福井県）の吉峰寺《きっぽうじ》に移る
1244年	大仏寺が建てられる
1246年	大仏寺を永平寺と改める
1253年	道元が入寂《にゅうじゃく》(注２) する

注１　剃髪…頭を剃ること　　　注２　入寂…亡くなること

⑴　【Ⅰ】の時期には，院政を行っていた後鳥羽上皇が，源氏の将軍が途絶えたことをきっかけに幕府を倒そうとして兵を起こしました。これに対し幕府は京都に大軍を送り，後鳥羽上皇の軍を破りました。この出来事を何というか，次のページの**ア**～**エ**の中から一つ選び，記号で答え

なさい。

ア　壇ノ浦の戦い　**イ**　承久の乱　**ウ**　文永の役　**エ**　弘安の役

⑵　【Ⅱ】の時期には，領地をめぐる争いが増え，御家人たちが土地争いの裁定などを幕府に訴えることが増えました。裁判を公平に行うために定められた法を何というか，答えなさい。

4　次の兄弟の会話文を読み，１から７の問に答えなさい。

弟「近頃インターネットを見ていると，他人の心を傷つける内容を含んだ書き込みや動画を見かけることが気になります。」

兄「僕も気になっています。それらの内容が本当にひどい場合があって，世の中の人たちは，今，①人権についてどう理解しているのか疑いたくなります。」

弟「学校では，日本には②日本国憲法があって，そこで③基本的人権について様々な権利を定めていると習いました。こうした他人の人権を無視するような行為に当たるのが，インターネット上にもみられる他人を傷つける書き込みや差別ではないかと思います。」

兄「どうしたら，それらのことをなくしたり，減らしたりできると思いますか。」

弟「④国会で法律を制定して，インターネット上の書き込みなどについて何らかの制限を設けることや，人権について理解を促《うなが》すのはどうでしょうか。」

兄「君が学校で習ったとおり，様々な権利が憲法で認められているからこそ，権利に関わることを法律で簡単に制限するわけにはいかないという意見もありますよ。一方で，インターネット上に書き込んだことであっても，他人の生命の危機に関わる場合など，書き込んだ内容によっては，実際に警察の捜査の対象になり，⑤裁判にまでなった場合もありますよね。」

弟「僕は，近年，インターネット上で人権を侵害される書き込みを繰り返された有名人が，インターネット上にこうした内容を書き込んだ人たちを相手取って裁判を起こしたことをニュースで見たことがあります。」

兄「日本国憲法で権利が認められていますが，それを享受《きょうじゅ》する私たちの自覚こそが，これからの時代にはとても大切なのだと思います。」

弟「そのとおりだと思います。近年は，⑥司法制度改革や被害者参加制度がはじまり，国民の司法参加の仕組みが整ってきています。だからこそ，私たち自身がもっと深く人権について理解したいですね。」

問１　下線部①について，次に示す**ア**～**エ**の文章は，人類が発展させてきた人権に関する各国の法や宣言を抜粋《ばっすい》したものです。それぞれの内容に注意しながら人権の発展の歴史を考え，成立の古いものから順に並べたとき３番目に来るものを，次の**ア**～**エ**の中から一つ選び，記号で答えなさい。

ア

> 我々は以下のことを自明の真理であると信じる。人間はみな平等に創られ，ゆずりわたすことのできない権利を神によってあたえられていること，その中には，生命，自由，幸福の追求が含まれている，ことである。

イ

> 第１条
> 議会の同意なしに，国王の権限によって法律とその効力を停止することは違法である。

第５条

国王に請願することは臣民の権利であり，この請願を理由に監禁したり裁判にかけたりすることは違法である。

ウ

第151条

経済生活の秩序は，全ての人に人間に値する生存を保障することを目指す，正義の諸原則にかなうものでなければならない。（以下略）

エ

第11条

国民は，すべての基本的人権の享有《きょうゆう》を妨げられない。この憲法が国民に保障する基本的人権は，侵すことのできない永久の権利として，現在及び将来の国民に与へられる。

問２　下線部②について，憲法とその考え方について説明した次の文Ⅰ・Ⅱについて，その正誤の組み合わせとして正しいものを，下の**ア**～**エ**の中から一つ選び，記号で答えなさい。

Ⅰ　憲法は，その国の基礎となる最高法規であるので，憲法に反する法律や命令は，効果を持たない。

Ⅱ　国家の政治権力から国民の人権を守るために，憲法によって政治権力を制限する考え方を立憲主義という。

ア　Ⅰ　正　Ⅱ　正　　**イ**　Ⅰ　正　Ⅱ　誤　　**ウ**　Ⅰ　誤　Ⅱ　正　　**エ**　Ⅰ　誤　Ⅱ　誤

問３　下線部③について，日本国憲法が定める様々な権利や学説・裁判の判例を通じて主張された権利について，説明した文章として**誤っているもの**を，次の**ア**～**エ**の中から**すべて**選び，記号で答えなさい。

ア　国家が特定の意見を発表することを禁止すると民主主義は成立しなくなるため，民主主義国家の継続には，表現の自由などを含む精神の自由の保障は不可欠である。

イ　貧富の差が広がるおそれはあるが，自由な経済活動は豊かな国民生活の実現という公共の福祉のため，経済活動の自由は法律で制限されない。

ウ　プライバシーの権利が認められているが，自分の顔などの写真や映像を勝手に撮影されたり，公表されたりしない肖像権も，この権利の一つとして考えられている。

エ　国民主権を確保し，国民の意思に基づいて政治が実行されるためには，参政権が広く行き渡ることが不可欠であるため，日本においては，国籍にかかわらず参政権が認められている。

問４　下線部④に関連して，国会について説明した文章として**誤っているもの**を，次の**ア**～**エ**の中から一つ選び，記号で答えなさい。

ア　国会審議の中心になる通常国会は，毎年１月中に招集され，予算案などについて審議されるが，国会運営の都合上，会期を延長することはできない。

イ　内閣総理大臣の指名について衆議院・参議院の両院の議決が異なったときは，必ず両院協議会を開かなければならず，協議の結果，意見が一致しない場合は，衆議院の議決が国会の議決となる。

ウ　衆議院・参議院のどちらかに提出された法律案については，通常は数十人の国会議員からなる委員会で審査されたあと，議員全員で構成される本会議で議決され，もう一方の議院に送られる。

エ　衆議院と参議院は，政治全般について調査することができる国政調査権を持ち，証人を国会に呼ぶ証人喚問《かんもん》や政府に記録の提出を要求することができる。

問５　下線部⑤について，日本の刑事裁判の仕組みと被疑者・被告人の権利について説明した文Ⅰ～Ⅳについて，正しく説明した文の組み合わせを，次の**ア～エ**の中から一つ選び，記号で答えなさい。

Ⅰ　日本国憲法は拷問や自白の強要を禁止しているため，拷問《ごうもん》などによって得られた自白は証拠として採用することはできない。

Ⅱ　適正な取り調べによって得られた自白であった場合に限り，裁判となっている犯罪を証明する唯一の証拠がその自白であっても，これをもとに被告人を有罪とすることができる。

Ⅲ　罪刑法定主義の原則により，どのような行為が犯罪となり，どのように処罰されるのかについて，予《あらかじ》め法律によって定められていなければならない。

Ⅳ　被告人は，逮捕・起訴されるだけの相当な理由があったと考えられるため，無罪の判決を受けるまでは有罪と推定されるが，公平で迅速な公開裁判を受ける権利が保障されている。

ア　Ⅰ・Ⅲ　**イ**　Ⅰ・Ⅳ　**ウ**　Ⅱ・Ⅲ　**エ**　Ⅱ・Ⅳ

問６　下線部⑥に関連して，近年の司法制度改革などについて説明した文章として**誤っているもの**を，次の**ア～エ**の中から一つ選び，記号で答えなさい。

ア　誰もが司法に関係するサービスが受けられるように，法律相談や弁護士費用のたてかえなどを受けられるようにするため，日本司法支援センターが設立された。

イ　殺人などの重大な犯罪についての刑事裁判の第一審に国民が参加し，裁判官とともに被告人の有罪・無罪のみを決める裁判員制度が開始された。

ウ　刑事裁判が被害者の気持ちを考えて行われることも重要な課題であるため，一部の事件では，被害者が被告人などに質問できる被害者参加制度が設けられた。

エ　検察審査会の権限が強化され，検察官が起訴しなかった事件について，同審査会で起訴相当の判断が２回だされた場合は，強制的に起訴されることになった。

問７　司法にとって，無実の罪であるえん罪を防ぐことは最も重要な課題です。自白の強要など，いきすぎた捜査が原因でえん罪が生まれた事例もあります。このことから，えん罪防止を目的に，警察や検察では一部の事件の取り調べを可視化することが義務化されました。その方法について，右の写真を参考にして文中の空欄を埋める形で，答えなさい。

出典:平成20年「警察白書」より愛知高校作成

事件の取り調べを□□・□□する取り調べの可視化

ア　田畑を耕し食料を調達してくれたということ。

イ　日々の苦悩を洗い流してくれたということ。

ウ　家事や炊事の手伝いをしてくれたということ。

エ　喜びも悲しみも分かち合ってくれたということ。

オ　句を詠むうえで助言をしてくれたということ。

【問三】空欄 ② に当てはまる適切な語句を、本文中から抜き出して答えなさい。

【問四】傍線部③「滝にこもるや」とありますが、何のために「滝にこもる」のですか。理由となる部分を本文中から八字で抜き出して答えなさい。

【問五】「おくのほそ道」で詠まれている次のA～Dの句を、旅で詠まれている順番に並べるとどうなりますか。適切なものを後から一つ選び、記号で答えなさい。

A　草の戸も住み替はる代ぞ雛《ひな》の家

B　荒海や佐渡によこたふ天河《あまのがは》

C　五月雨をあつめて早し最上川

D　行く春や鳥啼《な》き魚の目は涙

ア　A→B→C→D

イ　A→B→D→C

ウ　A→C→B→D

エ　A→C→D→B

オ　A→D→B→C

カ　A→D→C→B

ウ　バンクシーの作品はマーケットのあり方に異議を唱えているように見えて、同時にある種のあきらめも見てとれる。

エ　裁断された今回の作品は、過剰に立派な額縁がつけられていたために、シュレッダーを巧みに隠すことが可能だった。

オ　バンクシーの作品の中でも、裁断された今回の作品ほど大きな話題を呼び、興味深い作品はないと考えられる。

二　※問題に使用された作品の著作権者が二次使用の許可を出していないため、問題を掲載しておりません。

（出典：谷川俊太郎『ひとり暮らし』所収「私の「ライフ・スタイル」」より一部改変）

三　次の文章は江戸時代の俳人である芭蕉《ばしょう》が、約五カ月間の旅について記した、紀行文「おくのほそ道」の一節です。ともに旅をした曾良《そら》は芭蕉の門人で、旅立つ際に出家（仏門に入ること）し、髪を剃《そ》りあげました。これを読んで後の問に答えなさい。

黒髪山《くろかみやま》は、霞《かすみ》かかりて、雪いまだ白し。

剃り捨てて黒髪山に衣更《ころもがへ》　曾良

曾良は、河合氏《かはひうぢ》にして惣五郎《そう》といへり《と言った。》。芭蕉の下葉《したば》に軒《のき》をならべて《私の住まいの近くに住んで》、予《よ》が《私の》①薪水《しんすゐ》の労《らう》をたすく。このたび松島・象潟《きさかた》のながめ共に《共に》せんことを《見物することを》喜び、かつは羈旅《きりょ》の難《なん》をいたはらんと《私の旅中の苦労をなぐさめようと》、旅だつ暁《あかつき》、髪を剃りて、墨染《すみぞめ》に様を変へ《墨染の衣に姿を変え》、惣五を改めて宗悟《そうご》とす《惣五の名を改めて宗悟とする。》。よつて黒髪山の句あり。「②」の二字、力ありて聞こゆ《力がこもっているように思われる。》。

二十余丁山を登つて《二十丁余りの山を登って行くと》滝あり。岩洞《がんとう》の頂より飛流して百尺、千岩《飛ぶように流れ落ちること百尺で、多くの岩で》の碧潭《へきたん》に落ちたり《囲まれた、青々とした滝つぼに落ち込んでいる。》。岩窟《がんくつ》に身をひそめ入りて、滝の裏より見れば、裏見《うらみ》の滝と申し伝へはべるなり。

しばらくは③滝にこもるや夏《げ》の初め

（日栄社『要説 奥の細道―全巻―』より一部改変）

【問一】　曾良の句で詠まれている内容として最も適切なものを次から選び、記号で答えなさい。

ア　自分の私利私欲を捨て去り、仏の道に突き進む自分を励ます存在として黒髪山を描写している。

イ　夏山が雪をかぶっているわびしい情景に、俗世間を離れるさみしい気持ちを投影し重ね合わせている。

ウ　遥かな旅路にむけ頭を剃り上げることで気持ちを新たにし、困難な道のりを芭蕉と共にする覚悟を決めている。

エ　雄大な光景を描くことで、対照的な人間の一生に思いをはせ、これまでの生き方を振り返っている。

オ　山の名を比喩表現として使うことで、剃り終えた髪の毛に対する未練をユーモラスに表現している。

【問二】　傍線部①「薪水の労をたすく」とは具体的には何を表していますか。最も適切なものを後から選び、記号で答えなさい。

ア　作品への過大評価を批判しようとして作品を傷つけても、市場の盛り上がりは抑えられず、結局高値がついてしまうこと。
イ　芸術が商売の道具となることを防ごうとしても、作者の知らないうちにマーケットに出品され、取引されてしまうこと。
ウ　芸術的な評価に基づき、適正な価格で取引されるよう試みても、資本主義の論理によって安く買いたたかれてしまうこと。
エ　マーケット批判が過激であればあるほど、芸術家本人の評価が高まり、人間があたかも物のように消費されること。
オ　資本主義を批判する試みも、結局資本主義によって商品価値を見出され、資本主義の中で消費されてしまうこと。

【問六】　傍線部④「バンクシーとオークションの会社サザビーズ、そして作品の出品者や落札者がどの程度この仕掛けを把握していたのか」とありますが、筆者の推測の内容として、本文と合致しているものを後からそれぞれ一つずつ選び、記号で答えなさい。

(1)　**バンクシー**
(2)　**オークションの会社サザビーズ**
(3)　**作品の出品者や落札者**

ア　仕掛けを全く知らなかった
イ　仕掛けには気づいていた
ウ　事前に打ち合わせをしていた
エ　はじめから作品を完全に裁断するつもりだった
オ　はじめは作品を完全に裁断するつもりはなかった

【問七】　傍線部⑤「利害関係が一致してしまった」とありますが、これはどのような状況を言っているのですか。最も適切なものを次から選び、記号で答えなさい。

ア　作品の破壊は利益を損なう行為だと考えたサザビーズは、バンクシーの破壊行為を強く非難したのに、バンクシーは高値で作品を売却でき、サザビーズも想定外の利益を得た。
イ　現在のアート・マーケットの異常な過熱ぶりに危機感を抱いていたサザビーズは、作品の取引が不調に終わるように仕向けたが、それこそが実はバンクシーのねらいでもあった。
ウ　作品を正当に評価しないオークションの問題を世に問おうとしたバンクシーだったが、結果的にはサザビーズと共に価格の不当なつり上げを容認することになった。
エ　アート・マーケット批判としての作品の破壊は、マーケットの関係者すべてに損害をもたらすと考えられるのに、バンクシーはほかの作品の価値を高め、サザビーズも高額な取引を実現できた。
オ　バンクシーの破壊行為は、損失も覚悟の上で世間に公正なマーケットの実現を訴えたものであるが、その結果、破壊行為を容認したサザビーズと共に社会的評価を高めることになった。

【問八】　空欄［⑥］には、粘り強くしぶといさまを表す語が入ります。本文中から五字で抜き出して答えなさい。

【問九】　本文の内容と合致しているものを次から一つ選び、記号で答えなさい。

ア　バンクシーの作品の落札者は、裁断によって作品の評価がさらに上がることを見越して、落札額の二倍の価格で購入した。
イ　シュレッダー事件はこれまで美術に関心のなかった人々の間でも話題を呼び、アート・マーケットのさらなる暴走を生んだ。

このスタントによって、バンクシーは二一世紀前半のアート界のポップスターとしての地位を不動なものとしたのでした。と同時に、アート・マーケットの ⑥ も明らかになったのでした。

（毛利嘉孝『バンクシー　アート・テロリスト』より）

※注　シュレッダー……紙を細かく裁断する機械。紙に書かれた情報の漏洩《ろうえい》を防ぐ。
サザビーズ……美術品を扱う国際的な競売会社。
オークション……競売。多くの買い手に競争で値をつけさせ、一番高い値をつけた人に売ること。
グラフィティ……公共の空間にスプレーなどを用いて描かれる文字や絵。
インスタグラム……SNS（ソーシャル・ネットワーキング・サービス）の一つ。インターネット上で画像や動画を共有できる。
ストリート・アート……公共の空間で非公式に行なわれる表現の総称。
シニシズム……冷笑主義。さげすみあざ笑うような態度。
スタント……目立つ行為、しかけ。
チーム・バンクシー……複数の人物がチームでバンクシーの活動を支えていると考えられている。
真贋……本物とにせ物。

【問一】傍線部❶「カイサイ」、❷「ソウゾウ」を漢字に直しなさい。

【問二】空欄 A ～ C にあてはまる語として、最も適切なものを次からそれぞれ選び、記号で答えなさい。

ア　というのも　イ　あたかも　ウ　つまり
エ　しかし　オ　おそらく

【問三】傍線部①「額縁にあらかじめ仕掛けられていたシュレッダーによって裁断され始めた」とありますが、競売にかかった作品を裁断した背景にあるバンクシーの姿勢が書かれた箇所を本文中から四十字以内で抜き出し、最初と最後の四字を答えなさい。

【問四】傍線部②「いびつな形で繁栄している現代美術のオークション文化」とありますが、オークションの「いびつ」さとして本文から読み取れるものを次から一つ選び、記号で答えなさい。

ア　作品の価格が高額になるよう、芸術家とオークション会社が一緒になって仕掛けを作り、アート・マーケットの正常な機能を奪っている。
イ　作品そのものの芸術的価値によって価格が決定されるのではなく、その作品の話題性や事件性が価格を決定し、ときにそれが莫大な金額になる。
ウ　作品の完成度よりも、作品に表れている破壊的な衝動をもてはやす風潮が広がり、真剣に作品を制作しようとする芸術家が正当に評価されなくなっている。
エ　高額で取引される作品が高い芸術的価値を備えているとは限らないのに、値段が美術界での評価そのものだという誤解によってマーケットが支配されている。
オ　オークションは作品が公正に取引される場であるべきなのに、公正さを乱そうとする人々の攻撃対象となり、一部の人だけに莫大な利益を生む仕組みになっている。

【問五】傍線部③「皮肉な矛盾」とはどういうことですか。最も適切なものを後から選び、記号で答えなさい。

したがって、憶測で書くほかはないのですが、私は次のように推察しています。

まず会場にいた人の反応を見る限り、基本的に会場にいる人にとってはまったく予想していないゲリラプロジェクトだったのでしょう。ニュースで流れる映像からもその場の困惑と混乱、衝撃を見ることができます。

では、バンクシーとサザビーズは事前に打ち合わせをしていたのでしょうか。

少なくともこれまでの活動を考えると、バンクシーが直接サザビーズと交渉をすることはないでしょう。ひょっとしたら※チーム・バンクシーが交渉した可能性はあるかもしれません。けれども、ごく常識的に考えればバンクシー側からサザビーズに事前に交渉するのはリスクさえあれ、メリットはあまりないように思えます。

その一方で、サザビーズがこの仕掛けに事前に気がつかなかったというのも考えにくいことです。高額な商品なので、当然※真贋《しんがん》確認も含めて状態のチェックをしているはずです。特に額縁はこの作品に対して過剰なまでに立派で、事前の確認でシュレッダーの仕掛けが見つからないというのも不自然に思えます。一〇月六日付の『ニューヨーク・タイムズ』紙はこのことを問題視し、「サザビーズは知っていたかもしれない」という記事を掲載しています。

これもさらに憶測ですが、もしサザビーズが事前に気がついていたとしたら、シュレッダーの裁断が途中で止まるような細工をしたのかもしれません。バンクシーはこの事件の直後にもう一本別のリハーサルの映像を公開して、本来であればこの作品はリハーサル映像のように完全に裁断されるはずだったと主張しています。

いずれにしても、サザビーズはこのシュレッダー事件はこの作品の価値を高めることはあっても、低くすることはないと確信していたのではないでしょうか。同時にバンクシー側も、このオークションそのものが彼のビジネスと直接関係ないとしても、この事件によって自分のほかの作品の価値が上がることはあっても、下がることはないと自信を持っていたと思います。

バンクシーとサザビーズががっちりと手を組んでこれを仕掛けたというのは陰謀論にすぎるでしょう。けれども、こうしたアート・マーケット批判が一定のビジネスになるということについては、バンクシーとサザビーズが直接やりとりをしていなくても、皮肉なことに⑤利害関係が一致してしまったのです。

確かに、シュレッダー事件はわかりやすいので大きな話題になりました。こうした大掛かりな仕掛けはバンクシーしかできないことも事実です。けれども、これがバンクシーの最近のほかのプロジェクトに比べてとりわけ面白いのかと問われれば、そこには疑問符が残ります。むしろ、アート・マーケット批判だったはずなのに、このバンクシーのプロジェクトはちゃっかりとサザビーズの、さらに言えばアート・マーケットを支える現代資本主義のしたたかさに回収されてしまったことにも目を向ける必要があります。

少し否定的になりすぎたかもしれません。

とはいえ、アートにまったく興味のなかった人に、一般にはほとんど知られていなかったバンクシーやストリート・アートに対して関心を持たせるきっかけになったことは、きちんと評価すべきでしょう。

う名前がつけられ、今ではヨーロッパの美術館やギャラリーでうやうやしく展示されています。オークション会場で作品が裁断されるという前代未聞《みもん》の出来事によって、この作品の価格は落札価格の二倍にもなったのではないかという専門家もいます。

（中　略）

サザビーズのオークションにおけるシュレッダー事件は、多くの人を現代アート、特に※ストリート・アートやバンクシーに関心を向けさせる結果となった一つの事件でした。

シュレッダーで作品が切り刻まれたあとも予定どおり落札者が購入したことや、それがさらに展示して公開され、作品の市場価格が倍増したという報道も、現代美術に馴染《なじ》みのない人びとには驚きをもって受け入れられたように思います。

その意味では、バンクシーのプロジェクトは成功だったと評価できるでしょう。今日の②いびつな形で繁栄している現代美術のオークション文化を批判的に描いたという点では、歴史的な意味があります。

A、切り刻まれて残存した作品は、この事件とともに語られ続けるでしょう。マルセル・デュシャンの便器にサインをした作品《泉》のように、将来は美術館に展示される作品になると予想されます。

B、その一方でこの作品が手放しで素晴らしい歴史的な作品かどうかといえば、個人的には一定の留保をつけざるをえません。

C、バンクシーのアート・マーケット批判やオークション批判自体が、ある時期から反復的になり、ある種の※シニシズムが色濃く出るようになっているからです。今回の※スタントにもそれを感じざるをえません。

そのシニシズムとは、アート・マーケットの自己反省性《セルフ・リフレキシビティ》が高まりすぎていることから生まれています。つまり、ありとあらゆる制度批判が、過激であればあるほど、マーケットの中で高く評価され、新たな商品として消費されるようになるという③皮肉な矛盾が生まれているのです。

バンクシーの作品が裁断されたあとに作品の評価額が倍増したということが、この事実を端的に示しています。

現在の資本主義は、資本主義や社会から逸脱しているように見えるあらゆる過激なもの——政治的なものであれ道徳的なものであれ——を素早く資本主義の中に回収し、商品化のプロセスに組み込んでいきます。ジャーナリストで音楽批評家でもあるマット・メイソンが、『海賊のジレンマ』の中で「パンク資本主義」と呼んだこの新しい資本主義が現在の資本主義の主要な様式になっています。

バンクシーのアート・マーケット批判は当初から一貫していますが、映画『イグジット・スルー・ザ・ギフトショップ』をピークにして、その後はシニシズムが色濃く出すぎているように見えます。それは、どれだけ過激なこと、くだらないことをやっても市場の方が回収をしてしまうという一種の諦念です。《風船と少女》のシュレッダーの裁断には、そうした諦念があらかじめ存在したのではないでしょうか。それは、裁断してもマーケットが回収するだろうというバンクシーの奇妙な確信というか、諦念と結びついているようにどうしても思えるのです。

実際のところ、④バンクシーとオークションの会社サザビーズ、そして作品の出品者や落札者がどの程度この仕掛けを把握していたのかは報道だけではわかりません。

【国　語】（四五分）〈満点：一〇〇点〉

【注意】字数制限がある記述問題においては、句読点は字数に数えることとします。

一　次の文章は、正体不明の現代美術家として知られるバンクシーについて論じたものです。これを読んで後の問に答えなさい。（設問の都合で一部省略・改変しています。）

「※シュレッダー事件」のあらましはこうです。

二〇一八年一〇月五日、※サザビーズがロンドンで❶カイサイした※オークションで、バンクシーの一枚の作品が競売にかけられます。作品のタイトルは《風船と少女》。赤いハート形の風船が少女の手から離れて空に飛んでいくようすを描いた作品で、バンクシーの代表作の一つです。もともとはロンドンの街中に※グラフィティとして描かれたものですが、バンクシーはいろいろな場所でこのヴァリエーションの作品を発表しています。オークションにかけられたのは、その絵画作品バージョンで、所有者はバンクシーから直接購入したものでした。落札価格は一〇四万二〇〇〇ポンド（約一億五〇〇〇万円）まで跳ね上がりました。

けれども、落札者が決定した瞬間に事件が起こります。会場にアラーム音が鳴り響き、《風船と少女》の絵が、①額縁にあらかじめ仕掛けられていたシュレッダーによって裁断され始めたのです。

バンクシー自身が撮影し、後に※インスタグラムで公開したオークションハウスの映像がありますが、当初何が起こったのかわからない参加者たちが、作品がシュレッダーにかけられるのを見て、一瞬静まり返り、その後驚愕《きょうがく》し、頭を抱えるようすが映っています。みんなが呆然《ぼうぜん》としている姿は、ほとんどモンティ・パイソン（イギリスの代表的なコメディグループ）の映画のワンシーンのようです。なんせ一億五〇〇〇万円で落札された作品が、落札直後に細い短冊状に裁断されたというのですから！

幸か不幸か、作品が下に降りていく途中でシュレッダーが停止し、裁断は下半分で止まりましたが、少女の部分は大部分裁断されてしまい、絵の形状はもはや留《と》めていない状態になってしまいました。

このようすは映像とともに一般ニュースでも取り上げられ、バンクシーの名前を世界中に知らしめる事件となりました。

バンクシーは、自らのインスタグラムで「破壊の衝動は❷ソウゾウの衝動でもある」というピカソの言葉とともに、「競売にかかったら裁断するために」シュレッダーを数年前に取りつけたことを明らかにしました。バンクシーは美術作品をお金の価値でしか判断しないオークションという制度に徹底的に批判的だったのです。また、今回の事件がオークション会社とバンクシーとの「やらせ」ではないかという疑惑に反論して、「当初の計画では途中で止まらずに完全に裁断するはずだった」という声明を、完全な裁断に成功しているリハーサル映像とともに出しました。

興味深いのは、裁断でこの作品は絵画としては破壊されてしまったにもかかわらず、現代美術の作品としては価値が上がってしまったということです。サザビーズはこの事件の直後に、この作品が「史上初めて、オークションの最中に生で制作された作品だ」という声明を出しました。落札者は、サザビーズと協議の上、この作品を落札価格どおりで購入することにしました。残された作品には新しく《愛はゴミ箱の中に》とい

MEMO

大切なことはメモしておこうネ！

2021年度

解答と解説

《2021年度の配点は解答欄に掲載してあります。》

<数学解答>

1 (1) 1 (2) $-\frac{2\sqrt{3}}{3}$ (3) $\frac{1}{72}$ (4) $a=-\frac{1}{2}$ (5) $m=43$, $n=47$

(6) 151番目 (7) $a=-2$, $-\frac{1}{2}$, $\frac{1}{2}$ (8) $\frac{4b}{4-\pi}\text{cm}^2$ (9) $\frac{3}{4}\pi\,\text{cm}^2$

(10) 5.5 (11) ① 9 ② 8

2 (1) $a=2$, $b=1$ (2) B$(-1, 2)$ (3) D$\left(\frac{1}{3}, \frac{1}{3}\right)$

3 (1) $650x+2000\leqq 10000$ (2) (う) (3) A＋B (4) 最大12個

4 (1) 11通り (2) 13通り

○推定配点○

各5点×20(1(5)・(7)・(11), 2(1)各完答) 計100点

<数学解説>

1 (正負の数，平方根，式の値，関数，数の性質，規則性，平面図形，資料の整理)

基本 (1) $\frac{7}{3^2}-\left(-\frac{1}{2}\right)\div\left(1-\frac{5}{2}\right)^2=\frac{7}{9}-\left(-\frac{1}{2}\right)\div\left(-\frac{3}{2}\right)^2=\frac{7}{9}+\frac{1}{2}\times\frac{4}{9}=\frac{7}{9}+\frac{2}{9}=1$

基本 (2) $(\sqrt{6}+\sqrt{2})\left(\frac{1}{\sqrt{6}}-\frac{1}{\sqrt{2}}\right)=1-\sqrt{3}+\frac{1}{\sqrt{3}}-1=-\sqrt{3}+\frac{\sqrt{3}}{3}=-\frac{2\sqrt{3}}{3}$

(3) 題意を満たすのは，$a=8$，$b=9$のときで，$\frac{1}{a}-\frac{1}{b}=\frac{1}{8}-\frac{1}{9}=\frac{1}{72}$

基本 (4) $y=ax^2$に$x=-2$，$y=-2$を代入して，$-2=a\times(-2)^2$ $a=-\frac{1}{2}$

(5) $mn=2021=2025-4=45^2-2^2=(45+2)(45-2)=47\times 43$ $m<n$より，$m=43$，$n=47$ これは$m+n=90$を満たす。

(6) 5の数字が入った2けた以下の自然数は，5，15，25，35，45，50，51，52，…，59，65，75，85，95の19個で，百の位が1，2，3，4の3けたの数も同様に19個ずつあり，百の位が5の3けたの数は500，501，…，555の56個あるから，555は最初から数えて19×5＋56＝151(番目)である。

重要 (7) $y=-2x-3$…①，$y=\frac{1}{2}x+2$…②，$y=ax$…③とする。3直線が三角形を作らないのは，①と③が平行になるときで，$a=-2$ ②と③が平行になるときで，$a=\frac{1}{2}$ また，①と②よりyを消去して，$\frac{1}{2}x+2=-2x-3$ $\frac{5}{2}x=-5$ $x=-2$ これを①に代入して，$y=-2\times(-2)-3=1$ よって，③が①と②の交点$(-2, 1)$を通るときも三角形ができないので，$1=-2a$ $a=-\frac{1}{2}$

(8) 円の半径は$\frac{a}{2}$cmだから，$b=a^2-\pi\times\left(\frac{a}{2}\right)^2$ $b=a^2-\frac{\pi}{4}a^2$ $4b=(4-\pi)a^2$ よって，

$a^2=\dfrac{4b}{4-\pi}$(cm²)

(9)　右の図のように，O，A～Dをとる。斜線部分の面積は，(おうぎ形OACの面積)＋△OCD－△AOBで求められるが，直角三角形の斜辺と1つの鋭角がそれぞれ等しいので，△OCD≡△AOBより，△OCD＝△AOB　よって，斜線部分の面積は，おうぎ形OACの面積に等しく，$\pi\times3^2\times\dfrac{30}{360}=\dfrac{3}{4}\pi$(cm²)

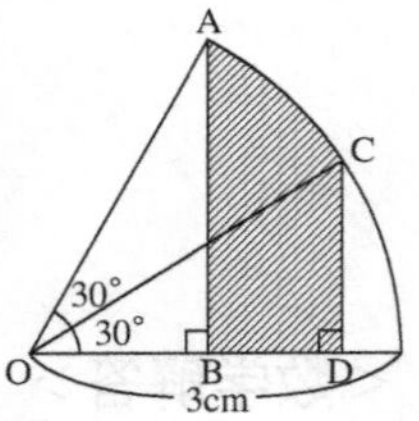

(10)　G，Hの点数をそれぞれa点，b点($a>b$)とする。平均点について，$(9+5+9+6+3+9+a+b+4+2)\div10=6.0$　$a+b=60-47$　$a+b=13$…①　範囲が8点であることから，$b=1$とすると，①より，$a=12$となり，これは不適。よって，①を満たすのは，$a=10$，$b=3$　このとき，得点を低い順に並べると，2，3，3，4，5，6，9，9，9，10となるから，中央値は$\dfrac{5+6}{2}=5.5$(点)

重要　(11)　右の図のように，E，F，G，Hをとる。四角形AHCDは平行四辺形だから，AH＝DC＝4
2組の角がそれぞれ等しいので，△EBF∽△ABH
よって，EB：EF＝AB：AH＝12：4＝3：1
正方形の1辺の長さを$x$cmとすると，AE＝EF＝xより，BE＝$3x$　したがって，AB＝AE＋EB
$12=x+3x$　$x=3$　よって，正方形の面積は，$3^2=9$(cm²)　また，$\triangle EBF=\dfrac{1}{2}\times9\times3=\dfrac{27}{2}$
$\triangle FGH=\dfrac{1}{2}\times3\times(4-3)=\dfrac{3}{2}$　よって，台形ABCDの面積は，$9\times5+\dfrac{27}{2}+\dfrac{3}{2}\times9=72$　したがって，台形ABCDの面積は，正方形1個の面積の$72\div9=8$(倍)

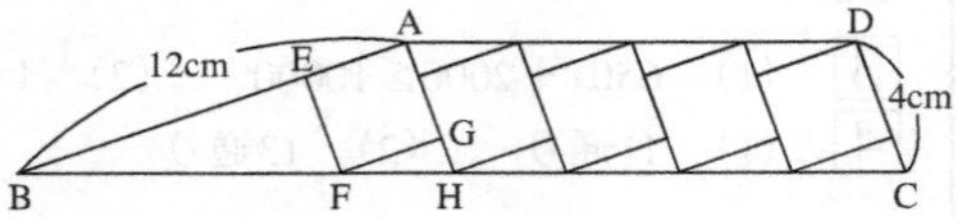

2　(図形と関数・グラフの融合問題)

基本　(1)　点Cのy座標が1で，∠AOC＝45°だから，直線ABの式は$y=-x+1$　この式に$x=\dfrac{1}{2}$を代入して，$y=\dfrac{1}{2}$　よって，$A\left(\dfrac{1}{2},\ \dfrac{1}{2}\right)$　点Aは$y=ax^2$上の点だから，$\dfrac{1}{2}=a\times\left(\dfrac{1}{2}\right)^2$　$a=2$
また，点Aは$y=bx$上の点だから，$\dfrac{1}{2}=\dfrac{1}{2}b$　$b=1$

基本　(2)　$y=2x^2$と$y=-x+1$からyを消去して，$2x^2=-x+1$　$2x^2+x-1=0$　$(2x-1)(x+1)=0$
$x=\dfrac{1}{2}$，-1　$y=2x^2$に$x=-1$を代入して，$y=2$　よって，B$(-1,\ 2)$

重要　(3)　△BCE＝△ODEより，△BCE＋△OBE＝△ODE＋△OBE　よって，△OBC＝△OBDとなるから，OB//DC　直線OBの傾きは，$\dfrac{2-0}{-1-0}=-2$より，直線CDの式は$y=-2x+1$　$y=x$と$y=-2x+1$からyを消去して，$x=-2x+1$　$3x=1$　$x=\dfrac{1}{3}$　よって，$D\left(\dfrac{1}{3},\ \dfrac{1}{3}\right)$

3　(不等式)

基本　(1)　題意より，$650x+2000\leqq10000$

基本　(2)　A＞Bの両辺に－Cを足して，A＋(－C)＞B＋(－C)　A－C＞B－C　よって，(う)

基本　(3)　A＞Bの両辺からA＋Bを引くと，A－(A＋B)＞B－(A＋B)　－B＞－A　よって，－A＜－B

(4)　$650x+2000\leqq10000$の両辺から2000を引いて，$650x\leqq8000$　両辺を650で割って，$x\leqq\dfrac{160}{13}$

$x \leqq 12.3\cdots$　よって，最大12個買える。

4 （場合の数）

(1)　さいころを1回ふって成功するのは，5の目が出るときの1通り。2回ふって成功するのは，目の数が，(1回，2回)＝(1，4)，(2，3)，(3，2)，(4，1)の4通り。3回ふって成功するときの目の数の組み合わせは，(1，1，3)，(1，2，2)でそれぞれ3通りずつの出方がある。よって，全部で，1＋4＋3＋3＝11(通り)

(2)　さいころを1回ふって成功することはない。2回ふって成功するのは，1回目に6の目が出て，2回目に1の目が出るときの1通り。3回ふって成功するときの目の数の組み合わせは，(1，2，4)，(2，3，6)，(3，4，4)，(4，5，6)であり，1回目に奇数の目は出せないこと，2回目で失敗することを避けて考えると，それぞれの目の出方は4通り，3通り，2通り，3通りある。よって，全部で，1＋4＋3＋2＋3＝13(通り)

★ワンポイントアドバイス★

出題構成や難易度に大きな変化はない。時間配分を考え，できるところからミスのないように慎重に解いていこう。

＜英語解答＞

I　問1　い　　問2　four seasons[each season]など　　問3　罰金　　問4　う　　問5　い

II　問1　う　　問2　い　　問3　B　い　　C　い　　D　あ　　問4　え

III　1　い　　2　う　　3　い　　4　あ　　5　う

IV　(1)　do，without　　(2)　it，here　　(3)　asked，I　　(4)　a friend，made

V　い，お，き

VI　(例)　I stayed home and studied or watched YouTube videos. I also went to the park to get exercise and meet my friends.

○推定配点○

I～V　各4点×23(IV各完答)　　VI　8点　　計100点

＜英語解説＞

I （長文読解問題・説明文：語句選択補充，英問英答，語句解釈，内容吟味）

（全訳）日本の車にはいくつかの種類のステッカーが貼られている。それらには異なる意味がある。あるものは緑と黄色の矢のように見える。またあるものは4つの季節の色をしている。チョウと四つ葉のクローバーが描かれているステッカーも見ることができる。それらは運転者について私たちにあることを伝えているのだ。それらが何を表しているか推測できるだろうか。最初のものは，その運転者が新しい運転者で運転の経験があまりないことを私たちに伝えている。2つ目のものはその運転者が70歳以上であることを私たちに伝えている。私たちが他の運転者について何かしら知っていれば，私たちはもっと注意深く運転することができる。

合衆国である人が運転の仕方を習っているとき，彼らは自分の車にStudent Driverという目印をつけることがある。それは他の人々に，その運転者はあまり経験がないことを伝える。しかし，その教習生は免許を取ったあとでその目印をはずしてしまう。そうすると，彼らの車は他のどの車とも同じように見えて，だれも彼らが新しい運転者であることがわからない。その制度が日本と違うのだ。その過程はさらに多くの時間がかかる。新しい運転者は車の前部か後部に「初心者」あるいは「若葉」ステッカーを貼る。黄色と緑のステッカーは他の運転者に，その新しい運転者の近くでは注意するべきであることを伝える。例えば，他の運転者は新しい運転者を追い越したりさえぎったりしようとするべきではない。新しい運転者は緊張しているので，このステッカーは他の運転者に彼らに優しくするように伝えるのだ。もし若葉のステッカーをつけた車をさえぎれば，5,000円から7,000円の罰金を科せられる。日本の新しい運転者は1年間自分の車にそのステッカーを貼り続けなくてはならないが，望むならばもっと長く貼っておいてもよい。

4つの季節の色がついたステッカーは，日本で「高齢者マーク」と呼ばれている。そのステッカーは，運転者が70歳以上であることを意味している。その制度は1997年に始まった。最初，「高齢者マーク」はオレンジと黄色のひとしずくの涙の形だったが，2011年に四つ葉の形に変えられた。元のものは「もみじ(秋の葉)」とか，「枯れ葉(枯れた葉)」とか，「落ち葉(落ちた葉)」と呼ばれた。高齢者の中には，枯れたり落ちたりした葉のイメージをおもしろくなく感じる人もいた。新しいステッカーはそれぞれの季節を表す色がついている。それはより積極的なイメージがあるので，以前よりも多くの人々が自分の車にそれをつけている。「若葉マーク」と同様に，運転者は「高齢者マーク」をつけている車を追い越したりさえぎったりしようとしてはならず，さもなければお金を払わなくてはならなくなる。

「若葉マーク」と「高齢者マーク」は，今では他のことにも使われている。例えば，店員は自分が初心者であることを示すために「若葉マーク」を使うこともある。ゲームの中にも，やさしいレベルであることを示すために同じマークを使うことがある。また，70歳以上でなくても，自分が経験豊富な運転者であることを示すために「高齢者マーク」を使う運転者もいる。

ほとんどの国で，青の背景で車椅子に座った人のデザインは，運転者が障害者であることを示している。日本では，「四つ葉マーク」も使われている。そして，日本には耳の聞こえない運転者を表すきれいなステッカーがある。それは「聴覚障害者マーク」と呼ばれる緑と黄色のマークである。それはチョウの形をした2つの耳を示している。他の国でも聴覚障害者を表すステッカーを使っているが，普通は文字だけか単純なデザインだ。日本のステッカーには意味と美しさの両方がある。

基本 問1　複数の人や物について，「その中のある1人[つ]」について述べるときは one で受け，「それとまた別のある1人[つ]」について述べるときは another で受ける。ここでは，①は One kind of sticker「(いくつかあるステッカーのうちの)ある1つ」，②は「(その他のステッカーのうちの)またある1つ」ということを表している。

重要 問2　問題文は，「英語で質問に答えなさい」という意味。質問は，「新しい『高齢者マーク』の色は何を示していますか」という意味。「高齢者マーク」については主に第3段落で説明されている。第1文に，「4つの季節の色がついたステッカーは，日本で「高齢者マーク」と呼ばれている」とあるが，第2，3文から，最初はオレンジと黄色のひとしずくの涙の形だったものが，2011年に現在の四つ葉の形のものに変えられたことがわかる。この四つ葉の形のマークについて第1文で「4つの季節の色がついたステッカー」と説明しているので，「高齢者マーク」の色が示しているのは4つの季節(＝ four seasons)ということになる。「それぞれの季節，すべての季節」と考えて each season，every season，all the seasons などとしてもよい。each，every の後にくる名詞は単数形になることに注意。

問3　下線部を含む文の直前に，「新しい運転者は緊張しているので，このステッカーは他の運転者に彼らに優しくするように伝えるのだ」とある。これを受けて，もし若葉のステッカーをつけた車をさえぎれば(＝やさしくしなければ)，5,000円から7,000円の(　　)を科せられる，と続く。不適切な行為に対して科せられるお金のことなので，「罰金」が適切。

問4　最終段落第3文に，「日本には耳の聞こえない運転者を表すきれいなステッカーがある」とあり，続く2文で，「それは『聴覚障害者マーク』と呼ばれる緑と黄色のマークである。それはチョウの形をした2つの耳を示している」と説明されている。「チョウの形をした2つの耳を示している」デザインとして適切なのは「う」である。

問5　あ「日本の高齢者は，最初の『高齢者マーク』がオレンジの葉のように見えたために，それがうれしかった」(×)　第3段落第4文に，最初の「高齢者マーク」が変えられたことが述べられている。その1つの背景として，第6文に，最初のマークの「枯れ葉」，「落ち葉」といったイメージをおもしろくなく感じていた高齢者もいたことが述べられているので一致しない。　い「自分が初心者であることを示すために『若葉マーク』を使う人もいる」(○)　第4段落第1文に，「『若葉マーク』と『高齢者マーク』は，今では他のことにも使われている」とあり，続く第2文に，自分が初心者であることを示すために「若葉マーク」を使う店員もいることが述べられているので，一致する。　う「合衆国では，運転免許を取ったあと1年以上の間Student Driverのステッカーをつけなくてはならない」(×)　第2段落第1文に，合衆国では運転を習っている間は車にStudent Driverという目印をつけることが述べられているが，第3文に「その教習生は免許を取ったあとでその目印をはずしてしまう」とあるので一致しない。　え「70歳未満であれば，日本では『高齢者マーク』を使ってはならない」(×)　第4段落最終文に，「高齢者マーク」を本来とは別の目的で使う例として，「70歳以上でなくても，自分が経験豊富な運転者であることを示すために『高齢者マーク』を使う運転者もいる」とあるので一致しない。

Ⅱ　**(長文読解問題・説明文：内容吟味，語句選択補充)**

(全訳)　自動販売機はとても便利だ。お金を入れれば飲み物が手に入る。自動販売機は私たちの生活の重要な一部だが，世界で初めての自動販売機は215年に作られたことをご存じだっただろうか。その機械のあと，何百年もの間自動販売機のそれ以上の例はないが，1615年にイギリスで自動販売機がタバコを売り始めた。それから1822年に，リチャード・カーライルという名の書籍販売人が新聞を売るための自動販売機を作り，1857年には別のイギリス人，シメオン・ダンハムが切手を売るための初めての全自動の自動販売機を作った。最初のコインで操作する自動販売機が1880年代にロンドンではがきを売った。そして合衆国で，トマス・アダムズ・ガム会社が1888年に自動販売機を作り始めた。その機械はニューヨーク市でトッティー・フルーティーガムを売った。間もなく，自動販売機は世界中のたくさんの国で見られるようになり，卵，ジャガイモ，本，新聞といったものを売った。

日本で最初の自動販売機はタバコを売った。1950年代，第二次世界大戦後に全自動の自動販売機が広まった。多くの飲料やビールの会社がそれらを使い始めたので，自動販売機の数は1964年の24万台から1973年には200万台にまで増えた。それから，1970年代に日本の飲料会社が自動販売機で缶コーヒーを売り始めた。それらは飲み物を冷たく，あるいは温かくしておくことができた。このことは冬の自動販売機での売り上げを増やした。今日では，日本には500万台を超える自動販売機があるのだ！　それは，A23人に1台の自動販売機があるということだ。それは世界で1人あたり最も多い自動販売機の数である！　日本中で自動販売機を見ることができる。富士山の頂上でさえ見ることができるのだ！　日本の自動販売機では，Tシャツ，花，ニンジン，卵，リンゴ，米，そしてもちろん，すしを売っている。

しかし，日本はなぜ他の国々よりも多くの自動販売機を持っているのだろうか。いくつか理由がある。1つの理由は安全性である。日本は安全な国なので，自動販売機はどこにでも置くことができ，Bだれもそこから盗もうとしない。海外のほとんどの国では，自動販売機は外には置くことができない，泥棒がそれらを壊してお金を取ってしまうからだ。もう1つの理由は，日本が現金社会であることだ。他の国々では，人々はしばしば小切手やクレジットカードで支払うが，日本では，多くの人々が未だにC硬貨[現金]で支払っている。彼らはいつもいくらか硬貨を持っているので，簡単に自動販売機からものを買うことができるのだ。3つ目の理由は土地の値段である。日本は人が多い小さな国なので，土地の値段がとても高い。店の場所を借りるよりも自動販売機を借りる方がはるかにD安い。

また，自動販売機は災害時に役に立つ。自動販売機の中には「フリーベンド」と呼ばれる設定があるものがある。地震や他の災害の時にこの設定が使われれば，機械はだれにでも無料の飲み物を与えてくれるのだ。また別の自動販売機にはスクリーンがあって，災害時にどこへ行けばよいかについて情報を与えてくれる。

たくさんの種類の自動販売機がある。みなさんは将来の自動販売機についてどう思われるだろうか。

問1　本文中の西暦や年代を表す語句に注意しながら，いつ，どのようなものが自動販売機で販売されたのかをつかむ。本文で述べられている順に挙げると，1615年→イギリスのタバコ，1822年→イギリスの新聞，1857年→イギリスの切手，1880年代→イギリスのはがき，1888年→アメリカのガム，1970年代→日本の缶コーヒーとなるので，「う」が正しい。

問2　空所を含む文の直前に，今日の日本には500万台を超える自動販売機があることが述べられている。これが何人につき1台の自動販売機があるということになるかということなので，日本の人口を500万で割ればおおよその数が出る。日本の人口を1億人とすると，100,000,000÷5,000,000＝20となるので，「い」が正解。

問3　B　日本に多くの自動販売機があることの理由を説明している部分。空所を含む文の前半で「日本は安全な国なので」と述べているので，自動販売機をどこに置いても「だれもそこから盗まない」とすると前半とつながる。したがって，「だれも(～ない)」という意味のnobodyが適切。C　空所を含む文の直前で，「日本は現金社会である」と述べられている。これに続いて「他の国々では，人々はしばしば小切手やクレジットカードで支払うが，日本では，多くの人々が未だに～で支払っている」とあるので，日本では小切手やクレジットカードではなく，直接お金を払って買い物をするといった内容の文にすると文意が通る。したがって，空所には現金を表す語が適するので，coins「硬貨」またはcash「現金」が適する。D　空所を含む文は，「店の場所を借りるよりも自動販売機を借りる方がはるかに～」という意味。空所を含む文の直前で，「日本は人が多い小さな国なので，土地の値段がとても高い」と述べられていることから考えると，土地がせまいほど土地を借りる値段が安くなる度合いも高いはずである。店を開くのに必要な広さよりも自動販売機を置く広さの方がせまいはずなので，cheap「安い」の比較級cheaperを入れて「自動販売機を借りる方がはるかに安い」とする。

問4　あ「私たちは日本の自動販売機から服と野菜を買うことができる」(○)　第2段落最終文に，「日本の自動販売機では，Tシャツ，花，ニンジン，卵，リンゴ，米，そしてもちろん，すしを売っている」とあるので合っている。い「日本には世界で1人につき最もたくさんの自動販売機がある」(○)　第2段落第7～9文に日本の自動販売機の台数に関する記述がある。第9文のItは，日本ではある数の人につき1台の自動販売機があるという前文の内容をさし，「それは世界で1人あたり最も多い自動販売機の数である」と述べているので合っている。う「全自動の自動販売機には世界で150年を超える歴史がある」(○)　全自動の自動販売機については，第1段落第5文に，「1857年には別のイギリス人，シメオン・ダンハムが切手を売るための初めての全自動の自動販売機を作った」とあるので，150年を超える歴史があると言える。 え「すべての日本の自動販売機は災害時に無料の飲み物を人々に与えてくれる」（×） 災害時における自動販売機の役割については第4段落に述べられている。第2，3文から，自動販売機の中には「フリーベンド」と呼ばれる設定があるものがあって，この設定が使われれば，だれでも無料で飲み物を得ることができることが述べられているが，すべての自動販売機にこの機能がついているとは述べられておらず，また，この段落で説明されているのは「日本の自動販売機」に限定したものとは言えないので不適切。

Ⅲ A （会話文問題：文選択補充）

医者：$_1$どうされましたか。
患者：私の腕がおかしな感じがするんです。
医者：あなたは何をしたのですか。
患者：テニスをしているときに，$_2$すべって転んだのです。それで，腕にこの激しい痛みがありました。
医者：「激しい」とはどういうことですか。
患者：$_3$あまりに痛くて動かすことができませんでした。
医者：見せてください。うーん，どこも折れてはいないようですね。皮膚は切れていません。薬をあげましょう。もし痛むのでしたら腕に氷を置いた方がいいですよ。$_4$家にいて学校を休む必要はありませんが，1週間はテニスをしてはいけません。
患者：その後はテニスをすることはできるでしょうか。ふだんは毎日練習しているんです。
医者：はい，$_5$来週までにはよくなるでしょう。

1 医者の発言に対して患者は「腕がおかしな感じがする」と症状を伝えているので，具合の悪い箇所や症状を尋ねる表現である「い」が適切。「あ」は「あなたはどうやってここに来ましたか」，「う」は「私はあなたが昨日テニスのトーナメントで優勝したと聞きました」という意味。 2 空所の前後から，空所に入るのはテニスをしているときのことで，そのことの結果腕がひどく痛んだことがわかる。痛みの原因となることなので，「う」が適切。「あ」は「私はコートで友達の1人に会いました」，「い」は「私のコーチがテニスのボールをすべて片づけました」という意味。
3 医者が「『激しい』とはどういうことですか」と具体的な痛み方について尋ねているので，どの程度の痛みだったかを述べている「い」が適切。「あ」は「速いボールが私の腕に当たりました」，「う」は「私は鋭いナイフで腕を切りました」という意味。 4 空所の後で，but でつないでから「1週間はテニスをしてはいけません」と言っているので，「テニスをしてはいけない」という否定的な内容に反する「あ」が適切。stay ～ from … は「…を離れて～にいる」ということを表す。「い」は「あなたは1週間学校へ行ってはいけない」，「う」は「あなたは家にいて一生懸命に勉強することが必要だ」という意味。 5 「テニスをすることはできるでしょうか」という問いに Yes と答えていることから，1週間テニスを休んだ後の明るい見通しを述べている「う」が適切。「あ」は「あなたは今からテニスをすることができます」，「い」は「あなたは二度とテニスをしないでしょう」という意味。

重要 Ⅳ （語句整序問題：助動詞，前置詞，間接疑問文）

(1) I couldn't do my homework without his help. 与えられている語に couldn't「～することができなかった」と without「～なしで，～がなければ」があることから，「～なしでは…できなかった」という表現で表す。「彼の手助けがなければ，私は宿題をすることができなかった」という文にする。he が不要。

(2) How long does it take from here to the station by (taxi?) 「(時間が)～かかる」は〈It

takes ＋時間〉で表す。時間の長さは how long で尋ねる。一般動詞の疑問文なので How long does it take ～? という疑問文になる。「～から…まで」は from ～ to …,「(乗り物)で」は〈by ＋乗り物名〉で表す。

(3)　She asked me which movie I would like to (see.)　与えられている語に疑問詞 which があり，主語になる I があることから，間接疑問文〈疑問詞＋主語＋動詞〉を考える。「どちらの映画」は，which movie と表す。「(人)に～をきく[尋ねる]」は〈ask ＋人＋～〉で表し，「～」に〈疑問詞＋主語＋動詞〉が入る。「～したい」は〈would like to ＋動詞の原形〉で表す。said が不要。

(4)　(The letter) from a friend in America made me happy.　文頭に The letter があるので，「その手紙」を主語にする文を考える。与えられている語句に made があるので，「～を…にする」の意味で使い，「その手紙は私を嬉しくさせた」という意味の英文にする。「アメリカに住んでいる友達」は「アメリカの友達」と考えて a friend の後に in America を続けて表す。「～の手紙」は The letter の後に from a friend を続けて表す。read が不要。

重要 V　**(正誤問題：前置詞，間接疑問文，接続詞，進行形，現在完了，不定詞，分詞)**

あ　「～の中の1人[つ]」は〈one of ＋名詞の複数形〉で表すので，child は誤り。複数形 children にすれば，「私の子供の1人はピアノを弾く」という意味の正しい英文になる。

い　how long 以下は間接疑問で，文全体が疑問文でも後に〈主語＋動詞〉が続く。has lived は継続を表す現在完了。「あなたはジョージがどれくらいの間日本にいるのか知っていますか」という意味の正しい英文。

う　making は動名詞で like の目的語。「(人)に(もの)を作る」は〈make ＋もの＋ for ＋人〉で表すので，to を for にすれば，「私は家族にパスタ料理を作ることが好きだ」という意味の正しい英文になる。

え　during は「(期間)の間に」の意味だが，前置詞なので，後に〈主語＋動詞〉の形を続けることはできない。後に〈主語＋動詞〉が続くので接続詞を使う。during と同じように「～する間に」の意味の接続詞 while にすれば，「エミリーは寒い間は自転車に乗りたがらない」という意味の正しい英文になる。

お　take off は「～を脱ぐ」という意味。before は前置詞としても接続詞としても使えるので，接続詞として使う場合は後に〈主語＋動詞〉の形を続ける。「日本の家に入るときは靴を脱いでください」という意味の正しい英文。

か　usually「ふだんは」とあるので，日常的にしている動作を表す文。日常的にしていることを表す場合は現在形を使うので，現在進行形 am washing を wash とするか，usually を省けば正しい英文になる。am washing を wash とすれば「私はふだん，夕食後に皿を洗う」，usually を省けば「私は夕食後に皿を洗っているところだ」という現在進行形の文になる。

き　継続を表す現在完了の文。主語が My sister で3人称単数なので has を用いる。my friend Wendy は「私の友達のウェンディ―」という意味。several は「いくつかの」の意味。「私の姉[妹]は私の友達のウェンディーを数年の間知っている(＝数年前から知っている)」という意味の正しい英文。

く　〈It is ～ for ＋人＋ to ＋動詞の原形〉「…することは(人)にとって～だ」の構文。making を過去分詞 made にすれば，bread made from rice「米から作られるパン」となり，正しい英文になる。「パン」は「作られる」のだから過去分詞が適切。「若い人たちにとって米から作られるパンを食べることは人気のあることだ」という意味の英文になる。

Ⅵ （条件英作文）

質問は，「この前の春にあなたの学校が閉まっている間，あなたは何をしましたか」という意味。春に学校が閉まっていたときに自分がしたことを書くので，過去形を使った英文を作る。15語以上25語以下という条件なので，複数のことを書くとよい。質問にある while your school was closed last spring を入れると語数がきつくなるので，入れる必要はない。解答例は，「私は家にいて，勉強するか YouTube の動画を見るかしました。私はまた，運動をして友達に会うために公園に行きました」という意味。

★ワンポイントアドバイス★

Ⅲのように空所に当てはまる文を入れて会話文を完成させる問題では，空所の前後の内容が重要であることは言うまでもないが，この問題のように，but や so などの接続詞に着目することも正解するのに重要なカギとなる。

＜理科解答＞

1 問1 6000Pa　問2 イ・エ　問3 オ　問4 (1) 80cm^2　(2) 1.5倍　(3) 0.8倍

2 問1 2.79　問2 $2Ag_2O \rightarrow 4Ag + O_2$　問3 イ　問4 エ・カ　問5 ガラス管を水から出す。　問6 4.65g　問7 2.43g

3 問1 オ・カ　問2 1個　問3 オ　問4 ① カ　② エ
問5 (1) ウ・エ　(2) ウ

4 問1 A イ　B ア　C ウ　問2 線状降水帯　問3 右図
問4 オ　問5 996hPa　問6 (1) 22℃　(2) 48%

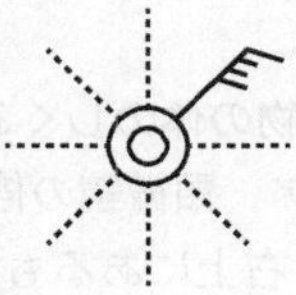

○推定配点○

1 各2点×6(問2完答)　2 各2点×7(問4完答)　3 各2点×6(問1・問4・問5(1)各完答)
4 各2点×6(問1・問6各完答)　計50点

＜理科解説＞

1 （力・圧力）

基本 問1 300(N)÷0.05(m^2)＝6000(Pa)

重要 問2 水の圧力は水の深さが深いほど大きくなるので，イは正しい。大気圧は地球をとりまく空気の重さによるものなので，エも正しい。

重要 問3 ア 水に沈んでいれば，深さに関係なく浮力は一定なので，アは間違いである。 イ 水に沈んでいる物体にも上向きに浮力が働くので，イは間違いである。 ウ 大きさが違うと浮力も変わるので，ウは間違いである。 エ Yは水に沈んでいる部分の体積が小さいので浮力はZよりも小さくなる。よって，エは間違いである。

基本 問4 (1) 図3より，同じ重さの箱であれば，水に沈んだ深さと箱の底面積は反比例の関係にあることがわかる。よって，1.5cm沈む箱Dの底面積は，箱Bと比べることによって，80cm^{2}であることがわかる。

基本 (2) おもりによって，3cm多く水に沈んだので，おもりの重さは箱Aの3(cm)÷2(cm)＝1.5(倍)

である。

やや難 (3) 浮力の大きさは，押しのけた液体の重さであらわせられる。水は1g/cm^{3}の密度なので，箱の重さは60(cm^2)×2(cm)＝120(g)(箱Aから算出)である。箱Bを飽和食塩水に浮かべると，40(cm^2)×2.5(cm)＝100(cm^3)の食塩水を押しのけたことがわかる。よって，この飽和食塩水の密度は，120(g)÷100(cm^3)＝1.2(g/cm^3)である。箱Cにおもりを入れたところ飽和食塩水に30(cm^2)×6(cm)＝180(cm^3)沈んだので，箱Cに入れたおもりの重さは，1.2(g/cm^3)×180(cm^3)－120(g)＝96(g)である。よって，箱Cに入れたおもりの重さは，箱Aの96(g)÷120(g)＝0.8(倍)である。

重要 2 (物質とその変化)

問1 酸化銀を全て反応させたので，0.93(g)×3＝2.79(g)である。

問2 酸化銀を加熱したときの化学反応式は，$2Ag_2O \rightarrow 4Ag + O_2$である。

問3 操作3で発生した気体は酸素なので，イを選ぶ。

問4 過酸化水素水と二酸化マンガンを反応させると酸素が発生する。また，うすい水酸化ナトリウム水溶液を電気分解すると，陽極で酸素が発生する。

基本 問5 ガラス管を水に入れたまま火を消すと，試験管内に水が入り込むので，火を消す前にガラス管を水から出す必要がある。

問6 0.93(g)×5＝4.65(g)

やや難 問7 酸化銀1.00gを十分に加熱すると1.00(g)－0.93(g)＝0.07(g)の酸素が出ていったことがわかる。問7では，酸化銀5.00gを加熱したところ4.82gの物質が残ったので，5.00(g)－4.82(g)＝0.18(g)の酸素が出ていったことがわかる。よって，問7で反応した酸化銀の重さは1.00(g)：0.07(g)＝x(g)：0.18(g)より，2.57…gとなり，反応せずに残った酸化銀は5.00(g)－2.57(g)＝2.43(g)だとわかる。

3 (植物の体のしくみ)

重要 問1 ア 顕微鏡の倍率は，接眼レンズの倍率×対物レンズであらわすので，アは間違いである。イ 右上にあるものを中央で観察するためには観察するものを左下にすればよいため，プレパラートは右上に動かさなくてはいけない。よって，イは間違いである。 ウ 低倍率にすると，明るくなるので，ウは間違いである。 エ ピントを合わせるときは，対物レンズとプレパラートをぎりぎりまで近づけてから，接眼レンズをのぞき，対物レンズとプレパラートを遠ざけてピントを合わせる。よって，エは間違いである。 オとカは正しい文章である。

やや難 問2 倍率を4倍にすると視野は$\frac{1}{4}\times\frac{1}{4}=\frac{1}{16}$(倍)になる。よって，100倍の倍率で観察できる16個ある気孔は400倍の倍率にすると，16(個)×$\frac{1}{16}$＝1(個)観察できる。

重要 問3 オオカナダモは単子葉類なので，トウモロコシと同じ仲間である。

基本 問4 ① 試験管Aのオオカナダモは呼吸も光合成も行うが，呼吸で放出する二酸化炭素量よりも，光合成で吸収する二酸化炭素が多いため，アルカリ性となり，BTB溶液の色が青色に変化したと考えられる。 ② 試験管Cのオオカナダモは光合成ができず，呼吸によって出される二酸化炭素が水に溶けるため，酸性となりBTB溶液の色が黄色に変化したと考えられる。

重要 問5 (1) ア ある一定の明るさになると，二酸化炭素の吸収量が変わらなくなるので，アは間違いである。 イ 光の強さが0のときでも，植物は二酸化炭素を放出(呼吸)しているので，イは間違いである。 ウ 光の強さがXのとき，光の強さが0のときよりも二酸化炭素の放出量は少ないので，光の強さがXのとき，光合成を少し行っていることがわかる。よって，ウは正しい。
エ 光の強さがYのとき，呼吸で放出する二酸化炭素量と，光合成で吸収する二酸化炭素量が等しいため，二酸化炭素は放出も吸収もされない。よって，エは正しい。 オ 光合成量＝呼吸量の点はYなので，オは間違いである。　カ　光の強さがZ以上でも二酸化炭素を吸収しているので，カは間違いである。

重要　(2)　光合成量を盛んにするためには，二酸化炭素の濃度を高くし，気温を上げればよい。

4　(天気の変化)

重要　問1　Aは日本全体が高気圧でおおわれているので，イと考えられる。Bは典型的な冬型の気圧配置であるので，アである。Cは九州の下あたりに停滞前線があるので，ウと考えられる。

問2　線状に伸びる強い降水をもたらす雨域を線状降水帯という。

重要　問3　曇りの天気記号は◎である。北東の風なので北東方向に線を引き，風力が4なので，天気記号からみて北東に引いた線の右側に4本の線をかく。

基本　問4　A地点は温暖前線がもうすぐ通過する位置にあるので，乱層雲によって降っていた弱い雨が上がり，気温が高くなると予想される。

重要　問5　等圧線は普通4hPaごとにひかれる。太線は1000hPaなので，A地点は1000(hPa)−4(hPa)＝996(hPa)である。

基本　問6　気温20℃湿度62％の空気に含まれる水蒸気量は，17.3(g/cm^3)×0.62＝10.726(g)である。よって，雲ができた高さの気温は表から12℃とわかり，20(℃)−12(℃)＝8(℃)温度が下がったことから，雲ができた高さは地表から800mの位置であることもわかる。(雲のないときは100m上昇すると1℃気温が下がるため。)

雲ができてから頂上まで400m雲がある。雲があるとき100m上昇すると0.5℃気温が下がるので，400mのぼると気温は2℃下がる。よって，山の頂上の気温は，12(℃)−2(℃)＝10(℃)である。また，10℃のとき飽和水蒸気量は9.4(g/m^3)であることが表からわかる。よって，空気の塊②は気温が10(℃)＋12(℃)(雲のない状態で1200m下降したため。)＝22(℃)で，湿度は$\frac{9.4(g)}{19.4(g)}$×100＝48.4…より，48(％)である。

★ワンポイントアドバイス★

やさしい問題と難しい問題を素早く見抜き，やさしい問題から解く練習をしよう。

＜社会解答＞

1　問1　イ　問2　ウ　問3　アパルトヘイト　問4　エ　問5　冷戦[冷たい戦争]

2　問1　1　問2　白豪主義の政策　問3　アボリジニ[アボリジニー]　問4　ウ
問5　カ　問6　要素：イ　特徴：オ

3　問1　(1)　憲法十七条[十七条の憲法，十七条憲法]　(2)　ア　(3)　エ
問2　(1)　ア　(2)　下剋上　問3　エ　問4　(1)　イ
(2)　御成敗式目[貞永式目]

4　問1　ウ　問2　ア　問3　イ・エ　問4　ア　問5　ア　問6　イ
問7　録画・録音

○推定配点○

1　各2点×5　2　各2点×6(問6完答)　3　問1(2)・(3)　各1点×2　他　各2点×6
4　各2点×7(問3・問7各完答)　計50点

＜社会解説＞

1 （地理・歴史の総合問題）

やや難 問1　ベルリンは，偏西風と暖流の影響で，冬と夏の気温・降水量の差が小さい西岸海洋性気候であり，Aが当てはまる。モスクワは，温帯よりも冬の寒さがきびしく，冬と夏の気温差が大きい亜寒帯(冷帯)であり，Cが当てはまる。ロサンゼルスは，北アメリカ州にあるが，冬に雨が多く夏は雨が極端に少ない地中海性気候であり，Bが当てはまる。

問2　第一次世界大戦では，大量に用いられた機関銃とざんごう戦による死傷者，そして新兵器の戦車，飛行機，毒ガスなどによる被害はすさまじいものがあった。ロシアでは，戦争が総力戦として長引き，生活が苦しくなると，抗議行動が起き，やがて社会主義革命へとつながっていった。日本は日英同盟を理由に参加した。ウは，大戦中のドイツのことを説明した文章なので，誤りとなる。

重要 問3　アパルトヘイトとは，南アフリカ共和国で1991年6月まで続いた白人と有色人種とを差別する人種隔離政策のことである。

問4　ブラジルは，世界一のコーヒー生産国である。したがって，グラフでは，1位ブラジルとなっているので，選択肢の中では，コーヒーが当てはまる。

問5　戦後，アメリカを中心とする資本主義の西側陣営とソ連が率いる共産主義の東側陣営の対立を，実際の戦争と対比して，冷たい戦争(冷戦)と呼ぶ。ソ連のアフガニスタン侵攻に反対し，モスクワオリンピックをアメリカなどの西側陣営の国がボイコットをした事件は，冷戦のたまものの一つである。

2 （地理－諸地域の特色：オセアニア州，交通・貿易，その他）

問1　経度差15度で1時間の時差がある。ケインズは東経約145度，大阪は東経約135度で，経度差が約10度であるから，それから考えると，時差は約1時間弱といえる。一方，21:00に関西国際空港(大阪)を出発して，約7時間15分でケアンズに約5:15到着した。この現地時刻の時，大阪では約4:15である。したがって，このことからも約1時間の時差ということになる。

問2　白豪主義とは，オーストラリアにおける白人最優先主義とそれに基づく非白人への排除政策である。1880～90年代ごろから，白豪主義は強まったが，やがて，日本や東南アジア諸国の経済が発展し，これらの国々とは貿易関係国としてつながりを深める必要が出てきたため，1950年代からこの主義の見直しが始まり，1970年代の初めまでに差別的な政策を撤廃，白豪主義は断念された。その影響で，後に，さらにアジア系移民が増加することとなった。

問3　オーストラリアの先住民族であるアボリジニは，5万年以上前からオーストラリアに存在していたと言われている。

問4　オーストラリア旅行記の中で，文の前後関係から考察すると，Bには熱帯雨林に関するイの文章が，Cにはグレートバリアフリー関するエの文章が入ることが読み取れる。Dには，「このあたりの道路に雨が降ると……」という記述から，内陸部の乾燥地帯にあるウルルのことを書いたウの文章を入れるには適切でないことがわかる。したがって，アの文章が入り，ウの文章はいずれにも当てはまらないことになる。

問5　生産国別割合から，鉄鉱石は1位オーストラリア，2位ブラジル，3位中国。銅鉱は1位チリ，2位中国，3位ペルー。ボーキサイトは1位オーストラリア，2位中国，3位ブラジルである。

問6　アは緯線と経線が直角に交わるメルカトル図法。イは中心からの距離と方位が正しい正距方位図法。ウは面積が正しいモルワイデ図法である。

3 （日本の歴史－政治・外交史，社会・経済史）

基本 問1　(1)　仏教や儒教の考え方を取り入れた十七条の憲法では，天皇の命令に従うべきことなど，役人の心構えを示した。　(2)　小野妹子らが中国に渡った時の王朝は唐ではなく隋であるので，アが誤りとなる。　(3)　ウ：都に東大寺，地方の国ごとに国分寺と国分尼寺(奈良時代)→ア：浄土の教え(平安時代中期)→エ：平泉に中尊寺金色堂(平安時代後期)→イ：東大寺南大門や金剛力士像(鎌倉時代)。

問2　(1)　ザビエルが上陸したのは鹿児島であるので，アが誤りとなる。　(2)　「反逆し，自らが主君となる」という文章は，実力のある者が，力をのばして上の身分の者に打ち勝つ下剋上のことをいっている。当時，この風潮が広がっていった。

問3　日蓮の法華宗は，題目を唱えるので，エは「念仏」というところが誤りとなる。

問4　(1)　朝廷の勢力の回復を図っていた後鳥羽上皇は，鎌倉幕府第3代将軍源実朝が殺害される事件が起きると，この幕府の混乱に乗じて，1221年，幕府を倒そうと兵をあげ，承久の乱を起こした。　(2)　1232年，執権北条泰時は，御成敗式目(貞永式目)を定めた。これは武士社会で行われていた慣習にもとづいてつくられ，裁判のよりどころとなった。

基本

4　(公民ー憲法，政治のしくみ，その他)

問1　イ：権利章典(1689年)→ア：アメリカ独立宣言(1776年)→ウ：ワイマール憲法(1919年)→エ：日本国憲法(1946年)。

問2　憲法は最高法規であるので，その下に法律や命令がある。憲法に違反している法律や命令は，裁判所による違憲審査によって除外される。立憲主義とは，憲法によって国家権力を制限し，法に基づいた政治をおこなおうとする考えのことである。

重要　問3　「公共の福祉」のにより，経済活動の自由も制限されることがあるので，イは誤りとなる。日本では，外国人の参政権は認められていないので，エも誤りとなる。

問4　通常国会の会期延長は1回のみ可能なので，アの「会期を延長することはできない」の箇所が誤りとなる。

問5　Ⅱは，自白のみでは有罪とすることができないので，誤りである。Ⅳは，逮捕・起訴されるだけの相当な理由があっても，有罪と推定することはできないので，誤りとなる。

問6　裁判員制度では，裁判員は，被告人の有罪か無罪かの決定のみならず，有罪の場合の量刑までも審議し決定するので，イは誤りとなる。

やや難　問7　写真を注意深く考察すると，補助者が，取り調べの様子をパソコンを使って録画・録音しているのがわかる。

★ワンポイントアドバイス★

3問2(2)下剋上の風潮が広がり，守護大名の地位を奪って実権をにぎったり，守護大名が成長したりして戦国大名が各地あらわれた。3問4(1)承久の乱は幕府の勝利に終わり，後に，幕府は京都に六波羅探題を置いて朝廷を監視した。

＜国語解答＞

一　問一　❶　開催　❷　創造　問二　A　オ　B　エ　C　ア
問三　(最初)　美術作品　(最後)　的だった　問四　イ　問五　オ
問六　(1)　エ　(2)　イ　(3)　ア　問七　エ　問八　したたかさ　問九　ウ

二　問一　A　ア　B　オ　問二　エ　問三　自分の気持ちと体にぴったりする
問四　ウ　問五　イ・エ　問六　ウ　問七　(その)文体に表れるもの
問八　生きて行く中で常に大小の選択をしている　問九　ア

三　問一　ウ　問二　ウ　問三　衣更　問四　滝の裏より見れば　問五　カ

○推定配点○

一　問一・問二・問六　各2点×8　他　各4点×6(問三完答)
二　問一・問二・問五　各2点×5　問八　10点　他　各4点×5
三　各4点×5　計100点

＜国語解説＞

一　**(論説文―大意・要旨，内容吟味，文脈把握，接続語の問題，脱文・脱語補充，漢字の読み書き，語句の意味)**

問一　❶　会合やイベントなどを行うこと。「催」の訓読みは「もよお(す)」。❷　新しいものを初めて作り出すこと。「創」の訓読みは「つく(る)」。同音異義語の「想像」と区別する。

問二　A　文末の「～でしょう」に呼応する語があてはまる。確度の高い推量を表す「おそらく」を選ぶ。　B「将来は美術館に展示される作品になると予想されます」という前に対して，後で「素晴らしい歴史的な作品かどうかといえば，個人的には一定の留保をつけざるをえません」と相反する内容を述べているので，逆接の意味を表す語があてはまる。　C「素晴らしい歴史的な作品かどうかといえば，個人的には一定の留保をつけざるをえません」という前の理由を，後で「バンクシーのアート・マーケット批判やオークション批判自体が，ある時期から反復的になり，ある種のシニシズムが色濃く出るようになっているから」と述べているので，後で理由を述べる意味を表す語があてはまる。

問三　バンクシーの競売やオークションに対する批判的な姿勢を述べている部分を探す。「バンクシーは，自らの」で始まる段落の「バンクシーは美術作品をお金の価値でしか判断しないオークションという制度に徹底的に批判的だったのです」に着目し，ここから指定字数に合うように抜き出す。

問四　「いびつ」は，ゆがんでいること，正常でないことを意味する。直前の段落の「シュレッダーで作品が切り刻まれたあとも予定どおり落札者が購入したことや，それがさらに展示して公開され，作品の市場価値が倍増した」ことを「いびつ」としている。作品そのものの芸術的価値よりもその作品の話題性や事件性が価格を倍増させると述べているイが適切。「少なくとも」で始まる段落の「バンクシーが直接サザビーと交渉することはない」に，アの「芸術家とオークション会社が一緒になって仕掛けを作り」は適切ではない。ウの「真剣に作品を制作しようとする芸術家が正当に評価されなくなっている」，エの「値段が美術界での評価そのもの」，オの「オークションは……公正さを乱そうとする人々の攻撃対象となり」とは述べていない。

問五　同じ文の「ありとあらゆる制度批判が，過激であればあるほど，マーケットの中で高く評価され，新たな商品として消費されるようになる」ことを「皮肉な矛盾」としている。この内容を直後の段落で「現在の資本主義は，資本主義や社会から逸脱しているように見えるあらゆる過激なもの……を素早く資本主義の中に回収し，商品化のプロセスに組み込んでいきます」と言い換えており，この内容を述べているオが適切。過激なものを商品化するという説明に，アの「結局高値がついてしまう」，イの「作者の知らないうちにマーケットに出品され」，ウの「安く買いたたかれてしまう」，エの「人間があたかも物のように消費される」は合わない。

問六　(1)「バンクシーは，自らの」で始まる段落の「バンクシーは，自らのインスタグラムで……『競売にかかったら裁断するために』シュレッダーを数年前に取りつけたことを明らかにしました」から，バンクシーははじめから作品を完全に裁断するつもりだったとわかる。(2)「その一方で」で始まる段落の「サザビーズがこの仕掛けに事前に気がつかなかったというのも考えにくい」に着目する。(3)「まず会場に」で始まる段落の「まず会場にいた人の反応を見る限り，基本的に会場にいる人にとってはまったく予想していないゲリラプロジェクトだったのでしょう」から，出品者や落札者は仕掛けを全く知らなかったことが伺える。

やや難　問七　バンクシーとサザビーズのどのような状況に対して「利害関係が一致」したと述べているのかを読み取る。傍線部⑤の直前の段落「サザビーズはこのシュレッダー事件はこの作品の価値を高めることはあっても，低くすることはないと確信していた」「バンクシー側も……この事件によって自分のほかの作品の価値が上がることはあっても，下がることはない」という状況を説明しているのは，「バンクシーのほかの作品の価値を高め，サザビーズも高額な取引を実現できた」とあるエ。アは，サザビーズはバンクシーの破壊行為を非難していない。イは，サザビーズはアート・マーケットの過熱に危機感を抱いていない。ウの「サザビーズと共に」や，オの「サザビーズとともに社会的評価を高める』は適当ではない。

問八　空欄 ⑥ は，「アート・マーケット」について述べている。直前の段落に「アート・マーケットを支える現代資本主義のしたたかさ」とある。

重要　問九　「バンクシーのアート・マーケット批判は」で始まる段落の「バンクシーのアート・マーケット批判は当初から一貫していますが……どれだけ過激なこと，くだらないことをやっても市場の方が回収をしてしまうという一種の諦念です」にウが合致している。アは「シュレッダーで作品が」で始まる段落の内容と合致しない。イの「さらなる暴走」についての記述はない。エは「その一方で」で始まる段落の内容と合致しない。オは， B で始まる段落の内容と合致しない。

二　**（随筆一大意・要旨，内容吟味，文脈把握，段落・文章構成，指示語の問題，脱文・脱語補充，ことわざ・慣用句）**

問一　A「Aにつく」で，そのことに慣れて動作や服装などが似合ったものになる，という意味になる。B「同じBのムジナ」で，一見関係がないようで実は同類である，という意味になる。

問二　第2段落の「窮屈な服を着たくないという気持ちは，窮屈な組織に縛られたくない」からア，第2段落の「ジーンズのほうが，ずっと自分の気持ちと体にぴったりする」からイ，第1段落の「ちょっとした集まりには……失礼にはならない」からウ，第3段落の「かと言って羽織袴というのも，私には着こなせないのである……明治の男を演技しているような具合になってしまって，居心地が悪い。私は西洋と日本の間で宙ぶらりんになっていて，辛うじてジーンズに縋って生きている」からオが読み取れる。エの「ふさぎ込んだ感情を解放してくれる」とは本文では述べていない。

問三　直後の「窮屈な服が嫌い」な様子を，傍線部②を含む部分で「タキシードや燕尾服を着るのは考えただけでも，体がむずかゆくなってくる」と具体的に述べている。「反対の意味」というのであるから，体に合う服を着て好ましい状態を述べている部分を探す。第2段落に「ジーンズのほうが，ずっと自分の気持ちと体にぴったりする」とあり，ここから適当な表現を抜き出す。

問四　直前の「明治生まれの私の父は家では和服，外出するときはきちんとネクタイをしめる人だったから，私の服装をいつも苦々しく思っていたらしい。父はジーンズははかなかったが，もんぺは愛用していて」から，「私」が「もんぺをはいた父の姿が好きだった」理由を推察する。父の気軽なもんぺ姿はジーンズを愛用する自分の姿と重なるからで，この理由を述べているウを選ぶ。アの「安心感」や，イの「寛大さ」は，「ジーンズ」の話題にそぐわない。エの「父の姿が思い起こされる」のは，「もんぺ姿」だからではない。オの「自分を肯定できる」から，「もんぺをはいた父の姿が好きだった」わけではない。

問五　一つ後の文の「自分の意志で選んだ，大多数の人とは違う生き方，もしかすると大多数の人と対立するような生き方をライフ・スタイルの名で呼んだのではないだろうか」に着目する。

問六　傍線部⑤の「スタイルが崩れること」は，同じ段落の「原田選手の笑顔の『スタイル』は崩れ，泣き顔になった」ことを意味している。傍線部⑤の直前の文「そのとき私たちは，スタイルでは律しきれない原田選手の心のうちをかいま見て感動した」を，「スタイルが崩れるからこそ，その人の本質や生き方が見える」と言い換えているウが適切。

問七　「その作家の生きる態度」と言えるものは何か。傍線部⑥の「それ」を含む文は，直前の文「ではその文体に表れるものはいったい何なのだろう」という問いかけに対する筆者の答えであることから判断する。

重要　問八　「ライフ・スタイル」についてまとめた文の「つながり」と「人間の『生き方』」をキーワードに本文を探すと，第11段落に「ライフ・スタイルとはそういう選択のつながりと，そこに否応なしに表れてくる，『暮らし方』よりももっと深い，一人の人間の『生き方』そのもののことではないかと私は思う」とある。この部分の「そういう選択」が指示する内容が，空欄部分に入る。第10段落の「私たちは生きて行く一瞬一瞬に，意識していなくても常に自分のライフ・スタイルにつながる大小の選択をしている」とあり，この部分を簡潔にまとめて補う。

やや難　問九　第1段落から第3段落までは筆者がジーンズを好む様子を述べており，第4段落以降でジーンズからライフ・スタイルに話題を展開させている。この構成を述べているアが適切。

三　**（古文―情景・心情，内容吟味，文脈把握，脱文・脱語補充，語句の意味，文学史）**

〈口語訳〉　黒髪山は霞がかかっていて，残雪がまだ白く見える。

剃り捨てて黒髪山に更衣(髪を剃り僧衣に着替え旅に死ぬ覚悟で出発したが，この黒髪山で更衣を迎えた。あの旅立ちの日が思い出され，旅の覚悟を新たにした)　曾良

曾良は，(姓は)河合氏で(名を)惣五郎と言った。私の住まいの近くに住んで，私の家事や炊事の手伝いをして助けてくれている。このたび，松島や象潟の風景を(私と)共に見物することを喜んで，また私の旅中の苦労をなぐさめようと，旅立ちの日の明け方，髪を剃り，墨染の衣に姿を変え，惣五の名を改めて宗悟とする。それで黒髪山の句があるのだ。「更衣」の二字は，力がこもっているように思われる。

二十丁余りの山を登って行くと滝がある。(滝は)岩のほら穴の頂上から，飛ぶように流れ落ちること百尺で，多くの岩で囲まれた青々とした滝つぼに落ち込んでいる。岩のほら穴に身をかがめるようにして入り，滝の裏側から眺めるので，「裏見の滝」と呼ぶようになったという。

しばらくは滝にこもるや夏の初め(しばらくこの滝の洞窟にこもって，清冽な気をあびていると，夏籠りの初めのように，身も心も引き締まるのを感じる)

問一　本文前の注釈「ともに旅をした曾良は芭蕉の門人で，旅立つ際に出家(仏門に入ること)し，髪を剃りあげました」がヒントとなる。この内容を踏まえて，本文の「このたび松島・象潟のながめ共にせんことを喜び，かつは羇旅の難をいたはらんと，旅だつ暁，髪を剃りて，墨染に様を変へ，惣五を改めて宗悟とす」に着目する。芭蕉との旅に向けた曾良の覚悟がうかがえる。アの

「仏の道に突き進む」，イの「俗世間を離れるさみしい気持ち」，エの「これまでの生き方を振り返っている」，オの「剃り終えた髪の毛に対する未練」などは読み取れない。

問二　「薪」はたきぎのこと。「薪水の労」は，薪を拾ったり水をくんだりする苦労という意味からできた言葉。

問三　直前に「よつて黒髪山の句あり。」とある。「剃り捨てて黒髪山に衣更」の句で，「力がこもっているように思われる」二字を抜き出す。曾良は，芭蕉との旅の覚悟を表すために髪を剃り僧侶が着る墨染に「衣更」をしている。

やや難　問四　句の前の「岩窟に身をひそめ入りて，滝の裏より見れば，裏見の滝と申し伝へはべるなり」に着目する。この滝は，岩のほら穴に身をかがめるようにして入り，滝の裏側から眺めるので，「裏見の滝」と言うとある。「滝にこもる」のは，「滝の裏より見」るためだとわかる。

重要　問五　「おくのほそ道」は，約五か月間の旅とあるので，それぞれの句の季語と季節に着目して，季節順に並べ替える。Aの季語は「雛の家」で，季節は春。Bの季語は「天河」で，季節は秋。Cの季語は「五月雨」で季節は夏。Dの季語は「行く春」で，季節は春。

★ワンポイントアドバイス★

ことわざや慣用句の意味を理解しておくことは，知識問題だけではなく，読解問題にも大きく役に立つ。意味のわからない語句や慣用句に出会ったら，積極的に意味を調べて自分の語彙に加えよう。

MEMO

大切なことはメモしておこうネ！

2020年度

★★★★★★★★★★★★★★★★★★★★★★★★

入　試　問　題

2020年度

愛知高等学校入試問題

【数　学】（45分）　＜満点：100点＞

【注意】 1. 円周率π，無理数$\sqrt{2}$，$\sqrt{3}$などは近似値を用いることなく，そのままで表し，有理化できる分数の分母は有理化し，最も簡単な形で答えなさい。

2. 答えが分数のときは，帯分数を用いない最も簡単な分数の形で答えなさい。

3. 計算機を使用してはいけません。

1 次の各問に答えなさい。

(1) $2-\dfrac{1}{1-\dfrac{1}{3}}$を計算しなさい。

(2) $(ab^2)^3\times\dfrac{3}{2a^2b^5}\div\dfrac{9}{(4ab)^3}$ を計算しなさい。

(3) $\left(1-\dfrac{1}{2^2}\right)\times\left(1-\dfrac{1}{3^2}\right)\times\left(1-\dfrac{1}{4^2}\right)\times\cdots\times\left(1-\dfrac{1}{8^2}\right)$ を計算しなさい。

(4) 空間内において直線ℓと平面P，Qが与えられているとき，以下の主張が常に正しい場合は解答欄に○を，そうでない場合は×をかきなさい。

【主張】『ℓ // P，P⊥Qのときℓ⊥Qが成り立つ。』

(5) 濃度が13％の食塩水と７％の食塩水を混ぜて，濃度が９％の食塩水を450ｇ作る。このとき，濃度が13％の食塩水を何ｇ混ぜればよいか答えなさい。

(6) 右図は円錐の投影図である。

この円錐の表面積を求めなさい。

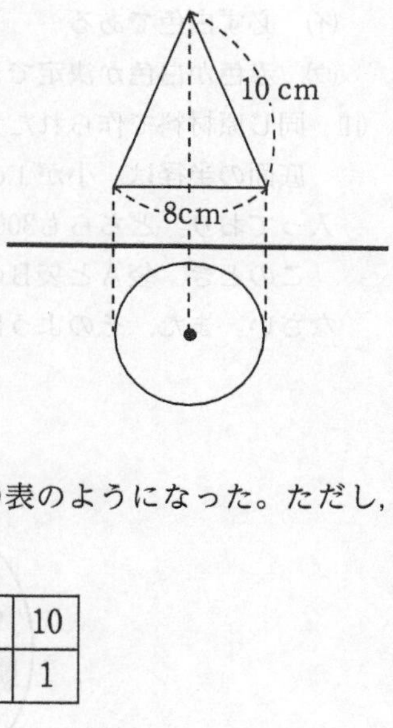

(7) 221のすべての正の約数の和を求めなさい。

(8) あるクラスでの10点満点の小テストの結果をまとめると，次の表のようになった。ただし，x，yはともに１以上の整数とする。

得点(点)	0	1	2	3	4	5	6	7	8	9	10
人数(人)	0	0	1	x	3	2	y	2	3	2	1

この小テストでのすべての生徒の得点の合計は120点であり，得点の最頻値は６（点）であった。このとき，xの値を求めなさい。

(9) 『折り紙の数学』で芳《は》賀《が》定理というものがあり，以下の文章はその定理の一部分である。この文章を読み，BTの長さを求めなさい。

> 1辺の長さが1㎝である正方形ABCDにおいて，辺ABの中点をPとする。
>
> 右図は点Pと頂点Dが折り重なったときの様子を表している。
>
> このとき，図のように2点S，Tをとる。
>
> AS＝xとするとSP＝1－xとなる。
>
> △ASPに三平方の定理を用いると，
>
> $SP^2 = AS^2 + AP^2$
>
> が成り立つ。さらに，△ASP∽△BPTが成り立つ。

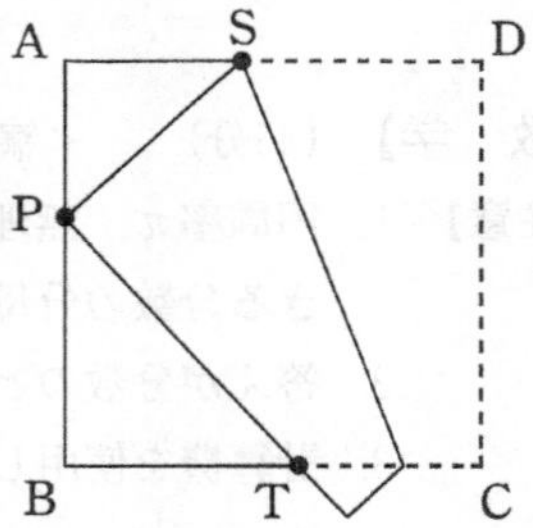

(図は参考です)

(10) 3つの赤の帽子と2つの白の帽子がある。前から1列に並んだAさん，Bさん，Cさんの3人に，これら5つの中から赤，白いずれかの帽子をかぶせ，残った帽子は3人に見えないようにします。

3人は自分のかぶっている帽子の色は分かりませんが，BさんはAさんの帽子の，CさんはAさんとBさんの帽子の色が見えています。

まず，Cさんに自分の帽子の色を尋ねたところ「わからない」と答え，続いてBさんにも自分の帽子の色を尋ねたところ「わからない」と答えました。

以上より，Aさんの帽子の色に関してわかることで最も適切なものを以下の(ア)～(ウ)の中から1つ選び記号でかきなさい。

(ア) 必ず赤色である

(イ) 必ず白色である

(ウ) 赤色か白色か決定できない

(11) 同じ原材料で作られた大小2つの相似な円錐形のチョコレートがある。

底面の半径は，小が1㎝，大が2㎝で，下図のように，袋Aには小が14個，袋Bには大が2個入っており，どちらも300円で売られている。

このとき，袋Aと袋Bのうちお買い得な袋を選び，解答欄のAまたはBのいずれかを○で囲みなさい。また，そのように判断した理由も記述しなさい。

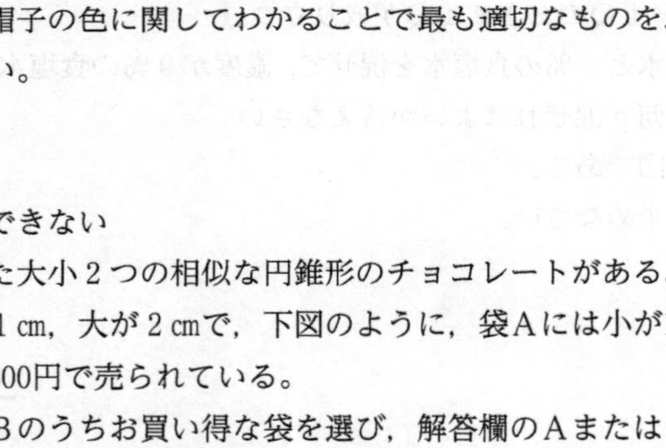

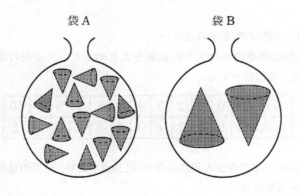

2 点Oを中心とする半径が１㎝の円に内接する正十二角形ABCDEFGHIJKLと正六角形ACEGIKがある。このとき，次の問に答えなさい。

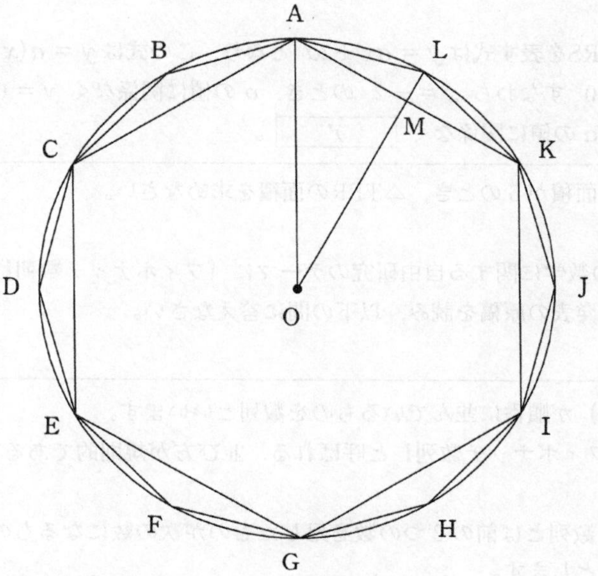

⑴　直線OLと直線ＡＫの交点をMとするとき，線分LMの長さを求めなさい。

⑵　線分ALに対し，AL^2の値を求めなさい。

3 関数$y = x^2$…①のグラフ上に，x座標がそれぞれ-1，2である２点Ｐ，Qがある。点Ｐを通りy軸に平行な直線および点Qを通りy軸に平行な直線が，関数$y = ax^2 (a > 1)$…②のグラフと交わる点をそれぞれR，Sとする。また，直線PQとx軸との交点をTとする。このとき，次の問に答えなさい。

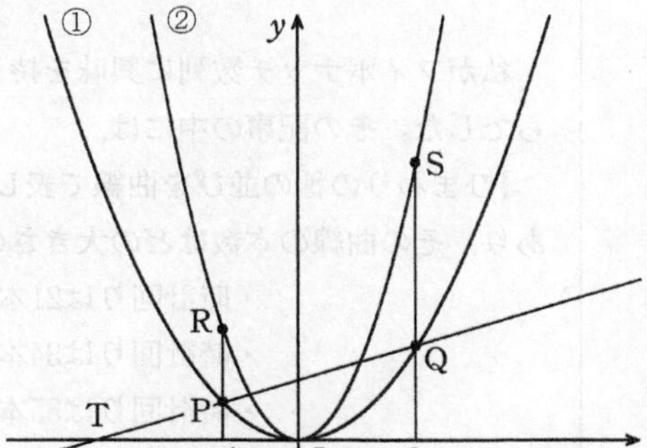

⑴　点Tのx座標を求めなさい。

⑵『四角形PQSRの面積が５のとき，△TPRの面積を求めなさい。』という問題に対して，Aさんは解答を作成し，以下はその一部分である。

このとき，空欄アに当てはまる適切な文章を解答欄に記入しなさい。

２点R，Sは②のグラフ上の点であるから，R$(-1,\ a)$，S$(2,\ 4a)$と表せ，直線RSの傾きは

$$\frac{4a - a}{2 - (-1)} = \frac{3a}{3} = a$$

である。

ここで，直線RSの切片をbとすると，直線RSは $y = ax + b$ となり，

R$(-1,\ a)$ を通るので

$$a=-a+b \text{ より } b=2a$$

となる。

よって，直線RSを表す式は $y=ax+2a$ となり，この式は $y=a(x+2)$ と変形できるので，$x+2=0$ すなわち $x=-2$ のとき，a の値に関係なく $y=0$ が常に成り立つ。

したがって，a の値に関係なく［ ア ］。

⑶ 四角形PQSRの面積が5のとき，△TPRの面積を求めなさい。

4 Aさんは夏休みの数学に関する自由研究のテーマに『フィボナッチ数列』を選び研究しました。次のAさんの研究発表の原稿を読み，以下の問に答えなさい。

【原稿】

まず，数（値）が順番に並んでいるものを数列といいます。

その中で，『フィボナッチ数列』と呼ばれる，並び方が規則的である数列について調べました。

フィボナッチ数列とは前の2つの数を足したものが次の数になるもので，1番目と2番目の数はともに1とします。

以上の条件からフィボナッチ数列の数を順番にかき出すと，

1，1，2，3，5，8，13，21，……

となります。

私がフィボナッチ数列に興味を持ったのは，『ひまわりは黄金の花』という記事を読んだからでした。その記事の中には，

『ひまわりの種の並びを曲線で表したとき，時計回りまたは，反時計回りの2種類の曲線があり，その曲線の本数はどの大きさのひまわりも

・時計回りは21本，反時計回りは34本

・時計回りは34本，反時計回りは55本

・時計回りは55本，反時計回りは［ ア ］本

の3つのパターンのいずれかになり，それらの数はフィボナッチ数列に現れる。』と書かれていました。（写真は参考）

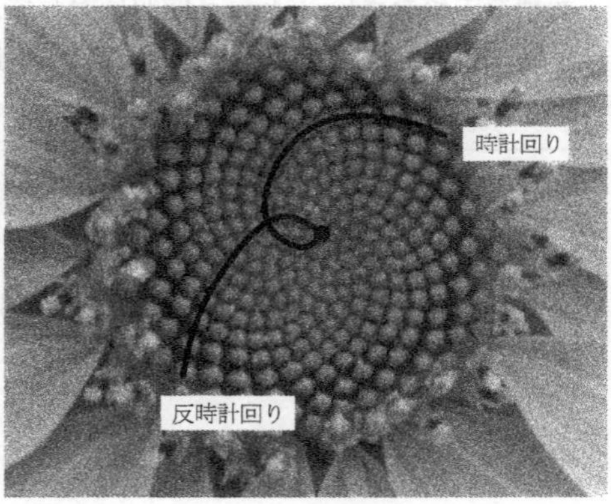

また，その記事には他の花もフィボナッチ数列と密接な関係があるということも書かれていました。

調べていくうちに，

フィボナッチ数列の n 番目の数は

$$\frac{1}{\sqrt{5}}\left\{\left(\frac{1+\sqrt{5}}{2}\right)^n-\left(\frac{1-\sqrt{5}}{2}\right)^n\right\}$$

と表されることも分かりました。

[　イ　]である$\sqrt{5}$が

含まれているにも関わらず，計算すると必ず整数になることがとても神秘的でした。

また，$1:\dfrac{1+\sqrt{5}}{2}$は黄金比とも呼ばれており，ミロのビーナス，凱旋門《がいせんもん》，パルテノン神殿など様々な建築物や芸術作品でもその比がみられることも知りました。現代においても名刺の縦と横の長さの比が黄金比に近いそうです。

今回の研究から芸術と数学は様々な関係があることが分かり，もっと知りたいと思いました。

(1)　空欄アに当てはまるフィボナッチ数列11番目の数を求めなさい。

(2)　空欄イに当てはまる最も適切な語句を次の(A)～(D)の中から１つ選び記号でかきなさい。

(A)　自然数　　(B)　整数　　(C)　有理数　　(D)　無理数

(3)　フィボナッチ数列を順番に１番目から100番目までかいたときに現れる数のうち，３の倍数は全部で何個あるか求めなさい。

(4)　Ａさんの発表を聞いたＢさんは調べ直すと次の問題に応用できることがわかった。次の問に答えなさい。

10段からなる階段を一番上まで上がるのに，１歩で１段，または１歩で２段のいずれかの方法を組み合わせて上がるとき，階段の上がり方は全部で何通りありますか。

【英　語】（45分）　＜満点：100点＞

I　次の英文を読んで，以下の問いに答えなさい。

Dan was a calm man. He lived in Oakland, California, in an area with many gang members, and homeless people. The area was always noisy, and there was a lot of *crime, but Dan never *complained to the police before. But, when the city built a small park in front of his house and some of his neighbors started throwing *garbage there, Dan got angry. He told the city about the garbage, and they put a sign in front of the park that said, "Don't put your garbage here!" It didn't work. People continued to put old clothes, bags of garbage, and even *furniture in the area. The garbage *pile grew larger and larger. Dan complained to the city again, but they didn't do anything.

After the *Buddha came, people stopped throwing garbage in the park. Dan was happy. He enjoyed seeing the quiet Buddha when he came home every day, and after a while he didn't think about it much. Then, a few months later, something happened. When Dan came home from work, he found that the Buddha was painted white. "That's strange," Dan thought. After that, Dan saw small things next to the Buddha every day, like fruit and coins. Later, somebody put the Buddha on a table and then it was painted gold. Finally, somebody built a small house to protect the Buddha from the rain. In the mornings, Dan and Lu saw people visiting the Buddha, *lighting *incense, and praying. Interestingly, crime in the area went down.

Dan found out who was taking care of the Buddha. It was members of the *Vietnamese *Buddhist group in Oakland. The members visited the Buddha every morning to pray. Vina Vo started taking care of the Buddha. Vina Vo was from *Vietnam. When she was young, many of her friends and family were killed in the Vietnam *War. Also, the shrine in her village was destroyed, so she was sad and lonely. In 1982, she moved to Oakland, California, and in 2010, she discovered the Buddha in front of Dan's house. When she saw it, she remembered the Vietnamese shrine, so she decided to take care of it. When Vina Vo and others in the Vietnamese group found out that Dan put the Buddha in the park, they started to give him presents. They put food and cakes in front of his house. So, Dan told them, "No, please don't give me food. It is your Buddha now."

Tourists also heard about the Buddha, and started traveling to Oakland to see it. The city was worried about traffic and they tried to take away the Buddha, but many people now loved the Buddha. So, they did not take away the Buddha. The area became cleaner, safer, and (A) friendly than before.

Now, there are Buddhas and shrines in other areas around Oakland, too. When people learned about Dan and Lu's Buddha, they decided to put a Buddha in their area, too.

(B) first, Dan and Lu just (C) people to stop (D) garbage in the park. They did not know that their home center Buddha【 will 】become a shrine, and bring happiness to the Vietnamese group, and many others too.

*crime 犯罪 *complain 不平を言う *garbage ごみ *furniture 家具
*pile 積み重なったもの *Buddha 仏像 *light ～に火をつける *incense お香
*Vietnamese ベトナムの，ベトナム人 *Buddhist 仏教徒 *Vietnam ベトナム *war 戦争

問１．□の部分には次のあ～おの文が入ります。意味が通じるように並べ替え，最も適切な順番を記号で答えなさい。

あ Finally they had an idea.
い So, Lu cleaned up the garbage, and Dan went to the home center to buy a Buddha statue.
う Dan and his wife Lu talked for a long time about ways to solve the garbage problem.
え Then, Dan put it on a *concrete block, and put it in the park.
お Their idea was to put a Buddha statue in the park.

*concrete コンクリート

問２．本文中の（A）～（C）に入る最も適切な単語を書きなさい。
問３．本文中の（D）にあてはまる最も適切な単語を，本文中より抜き出しなさい。
問４．本文中の【 】内の単語を本文の内容に合う最も適切な形に直しなさい。

Ⅱ 次の英文を読んで，以下の問いに答えなさい。

Do you know what a "witch window" is? A "witch" is a woman who has magic power. In *Vermont, United States, many older houses have *tilted witch windows that stop witches from flying into peoples' houses. Houses around the world are different from country to country. Many things, such as weather, the kind of ground, and building *materials, can change the style of the houses. Houses are also different because of the culture of each area. For example, some houses are made to *scare away bad *ghosts, and others are made to welcome kind *spirits.

In Vermont, most people say that the witch windows are tilted because witches cannot fly through a tilted *frame. But, is that really the reason they made the windows tilted? Some people have a different idea about why the windows were made that way. They think tilted windows just fit better in the *attic room under the *slanted roof and more sunlight can come into the room. Other people call them "coffin windows." When someone dies, the body is put in a box called a coffin. They think that people once used the windows to carry coffins in and out of the home. But, most people in Vermont will tell you they are "witch windows." They are proud of their witch windows.

Houses built to stop ghosts can be found in other parts of the U.S., too. For example, in the southern states, there is a kind of blue paint called, "haint blue," that is used to stop ghosts from entering a house. They say that the color of blue looks like water, and ghosts don't like to fly over water.

In China, roofs are *curved because they *confuse bad spirits, who can only travel in straight lines. And, across the water in Japan, the northeast corner of a house is called the "*kimon*" or *demon gate. Some Japanese think that spirits come from the northeast, so they don't like to put doors or windows on that corner of the house. In Thailand and other Southeast Asian countries, they build houses just for the ghosts of dead people. They don't try to keep the spirits of the dead people out of their own houses. Instead, they make other houses for the spirits to stay in. *Filipinos have a different way of living with ghosts. They think that ghosts like to go to low places, like *basements, so they make special doors and *exits in the basements. That way, the ghosts can get out of their houses easily.

If you want a way to keep bad spirits out of your house, but you don't want to reform it, there are many kinds of charms you can put around your house to keep spirits away. Charms are things that will bring you good luck. Around the world, people put *horseshoes, *wind chimes, herbs, flowers and many other things around their houses for good luck.

*Vermont　バーモント州（アメリカ北東部の州）　*tilted　傾いた　*material　材料
*scare away　追い払う　*ghost　幽霊　*spirit　霊　*frame　枠　*attic room　屋根裏部屋
*slanted roof　斜めの屋根　*curved　曲がった　*confuse　混乱させる　*demon　悪魔
*Filipino　フィリピン人　*basement　地下　*exit　出口　*horseshoe　馬蹄　*wind chime　風鈴

問１．本文中の下線部の単語を日本語に直しなさい。

問２．本文の内容に合うように，空所に入る最も適切なものを選び，記号で答えなさい。

(1) According to the 1st paragraph, ______________________.
あ all houses are built to keep bad ghosts away
い different cultures have different ways of building houses
う witch windows are made to welcome good spirits

(2) In Vermont, ______________________.
あ they made the witch windows tilted for witches to enter the house easily
い they make new houses with witch windows to get a lot of sunlight
う they like to say their houses have witch windows

(3) In the United States, some houses are painted blue because ______________.
あ it looks like water, and people love water
い people believe ghosts can't swim in the sea
う people think ghosts won't fly over blue

(4) In a country in Asia, ＿＿＿＿＿＿＿＿＿＿＿＿.
あ bad spirits get confused if they see doors on the "*kimon*" corner
い they have a special house for ghosts to stay in
う people make doors in the basements so ghosts can enter their houses anytime

(5) To keep out ghosts, ＿＿＿＿＿＿＿＿＿＿＿＿.
あ people grow many kinds of vegetables to eat in their garden
い people don't put anything on the walls
う people put various kinds of charms around their house

Ⅲ 次の会話文を読んで，[1] ～ [6] に入る最も適切な語を選び，記号で答えなさい。ただし，同じ番号には同じものが入ります。また，それぞれの語は一度しか使えません。

Tom: It's nice to see you.
Meg: Yeah, I'm really happy you could come. I have something [1] to tell you.
Tom: Really? What is it?
Meg: I baked cookies for you this morning.
Tom: Wow! That's great. I love cookies. What kind are they?
Meg: You'll be [2]! Try one.
Tom: OK. Ugh! It's so *sticky. Also, it smells [3].
Meg: Well, I didn't put any chocolate in it. I know you are on a diet.
Tom: This tastes terrible. It's the [4] cookie I've ever had.
Meg: It took me all morning to make these cookies!
Tom: Well, it tastes [3]. I see something brown on top. What's this?
Meg: It's natto. It's a very [5] food, you know?
Tom: Natto may be [5], but it still tastes terrible.
Meg: Stop it! You're not kind at all. You should say thank you.
Tom: I'm sorry. Thank you. But I really can't eat any more.
Meg: Well, I'm [6] to hear that.

*sticky べとべとする

あ sweet　い sorry　う bad　え best　お worst
か easy　き healthy　く boring　け surprising　こ surprised

Ⅳ 日本語の意味に合うように [ ] 内の語（句）を並べ替えたとき，(●) と (▲) に入る語（句）を書きなさい。ただし，文頭に来る語もすべて小文字で始まっています。

(1) 私が借りた二冊目の本は，一冊目ほど難しくはなかったわ。
The second [as difficult / book / first / borrowed / not / the / as / was / I / one / which].
The second (　　)(　　)(　　)(　　)(　　)(　●　)(　　)(　▲　)(　　)(　　)(　　).

⑵ ブラウン先生と話しているあの新入生は，まだ図書館に行ったことがない。

[has / Mr. Brown / student / been / with / that / to / new / never / talking]
the school library.

(　　)(　　)(　●　)(　　)(　　)(　▲　)(　　)(　　) the school library.

Ⅴ 次の各組の英文で，文法的に間違いのある英文があればその文の記号を，二文とも正しければう，二文とも間違いがあればえと書きなさい。

⑴ あ My brother made me angry because of he broke my smartphone.
　 い I'd like to meet the student you told me.

⑵ あ Do you know when he did his homework?
　 い Do you know how long does it take from here to the nearest station?

⑶ あ I have ever been to Australia three times.
　 い Kate got to school too early to enter her classroom.

Ⅵ 次の質問についてあなた自身の答えを英語で書きなさい。ただし，次の条件を満たすこと。

・文は二文以上になってもよい。文と文の間を空欄にしたり，改行したりしないこと。
・15語以上25語以下の英語で書くこと。ピリオド，コンマ，クエスチョンマークなどの記号は語数に数えない。
・解答用紙の下線部に一語ずつ書くこと。ピリオド，コンマ，クエスチョンマークなどの記号は下線部と下線部の間に書くこと。

【質問】 What were you doing about this time last year?

解答記入例

Where	were	you ?	I	was	5
in	the	library .			10

（上の例では8語である。）

【理　科】（社会と合わせて60分）＜満点：50点＞

【注意】 必要に応じて$\sqrt{2}=1.4$, $\sqrt{3}=1.7$として計算しなさい。

1　下の図のような水平面と30°の角度をなす，摩擦力の生じるあらい斜面上の地点Aを，ある速さv〔m/s〕で質量3.0kgの物体が斜面にそって上向きに通過した（図1）。その後，物体は地点Aから斜面にそって4.0mすべった地点Bで静止した（図2）。後の問に答えなさい。ただし質量1.0kgの物体にはたらく重力の大きさを10Nとする。

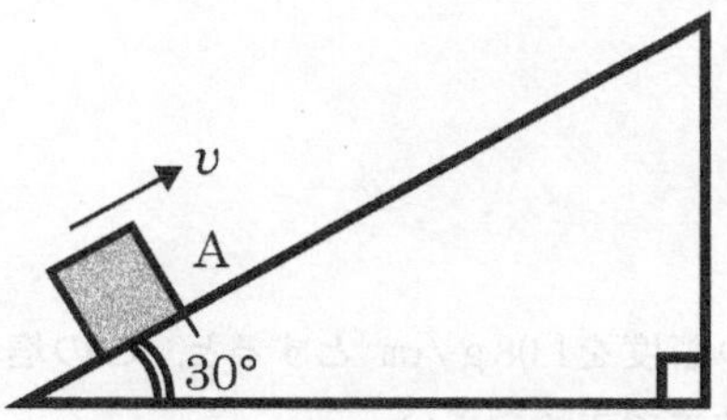

図1

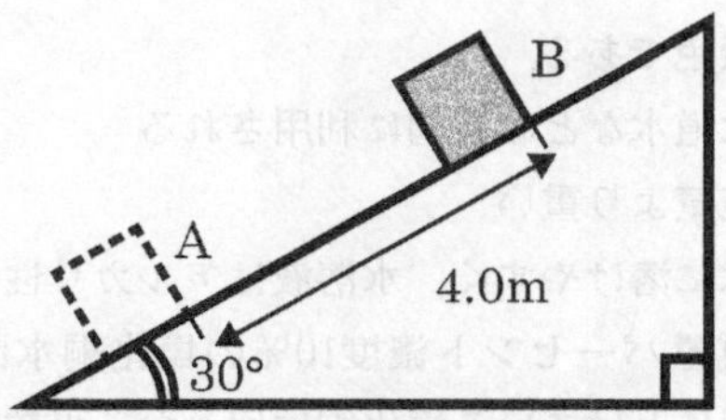

図2

問1　①斜面に沿って上向きに運動しているときと②斜面上で静止したときについて，はたらいている重力の向きと摩擦力の向きを，以下の図の矢印の向きア～クからそれぞれ一つずつ選び，記号で答えなさい。

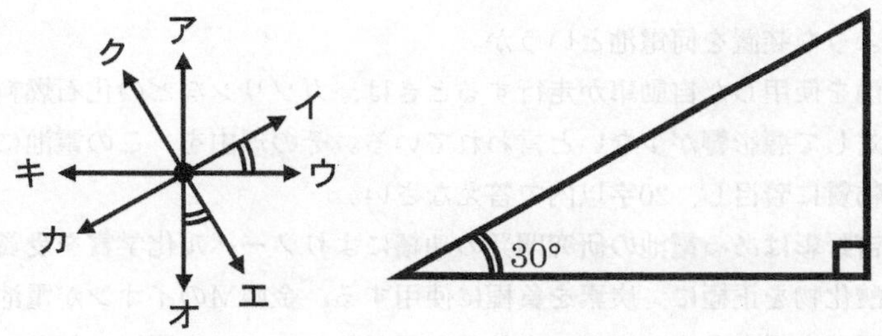

問2　斜面上の地点Bで静止したときに物体に蓄えられている重力による位置エネルギーは，地点Aの高さを基準とすると何Jか答えなさい。ただし，このときの位置エネルギーの大きさは，この運動の間に重力がした仕事の大きさと等しい。

問3　図1の斜面と同じ角度で摩擦力の生じないなめらかな斜面の場合，物体は地点Aと同じ高さを同じ速さで通過すると斜面にそって上向きに6.0m運動した。その後，斜面にそって下向きに運動した。つまり，摩擦力がはたらく場合には摩擦力が仕事をした分だけ力学的エネルギーが消費されていることが分かる。あらい斜面上を運動する場合に物体が静止するまでに摩擦力がした仕事の大きさは何Jか答えなさい。

問4　摩擦力の生じる斜面上を運動しているときと静止しているときにはたらいている摩擦力の大きさは何Nか，それぞれ答えなさい。ただし運動中に摩擦力は一定の大きさではたらくものとする。

2 質量パーセント濃度10％の塩化銅水溶液200㎤に２本の炭素電極を用いて，電源装置で一定の電圧を加え，電流を流し続けたところ，陰極には赤い物質が付着し，陽極からは気体が発生した。

問１　次の文の①，②の｛　｝の中から，それぞれ正しいものを一つずつ選び，記号で答えなさい。

塩化銅水溶液の色は①｛**ア** 赤色　**イ** 黄色　**ウ** 青色｝であったが，電気分解によって，この水溶液の色は②｛**ア** 濃くなった　**イ** うすくなった｝。

問２　陽極で発生した気体の性質について正しいものはどれか。次の**ア**～**オ**からすべて選び，記号で答えなさい。

ア　においがない

イ　無色である

ウ　水道水などの殺菌に利用される

エ　空気より重い

オ　水に溶けやすく，水溶液はアルカリ性

問３　質量パーセント濃度10％の塩化銅水溶液の密度を1.08ｇ/㎤とすると，この塩化銅水溶液200㎤にとけている塩化銅は何ｇか。小数第１位まで求めなさい。

塩化銅水溶液の代わりに水酸化ナトリウムを加えた水に電流を流すと，陰極には気体Ａが，陽極には気体Ｂが発生した。この実験で発生した気体ＡとＢを反応させて，電気エネルギーを直接取り出す装置がある。従来の化石燃料のように有害物質を排出せず，エネルギー効率にも優れているため，地球の環境やエネルギー問題を解決するものの一つとして，世界中で積極的に開発が進められている。

問４　下線部のような装置を何電池というか。

問５　問４の電池を使用した自動車が走行するときは，ガソリンなどの化石燃料を使用したときと比べて環境に対して悪影響が少ないと言われている。その理由を，この電池における反応前の物質と反応後の物質に着目し，20字以内で答えなさい。

問６　2019年，吉野彰はある電池の研究開発の功績によりノーベル化学賞を受賞した。この電池では，金属Ｍの酸化物を正極に，炭素を負極に使用する。金属Ｍのイオンが電池内部で電解液を介して正極～負極間を行き来することで充放電が行われる。この金属Ｍは何か，元素記号で答えなさい。

3 次のページの図１は，ある地震について震源からの距離が20㎞，65㎞，110㎞の地点の地震計で記録した波形をそれぞれ示したものである。また，直線ａは初期微動が始まった時刻を，直線ｂは主要動が始まった時刻を結んだ直線で，２種類の地震波の到達時刻と震源からの距離の関係を示したものである。

図１の地震では，（　①　）が発表されていた。（　①　）は，地震発生後に震源付近の観測点のデータを元にできる限り早く震源や規模を推定し，予想された各地の震度や到達時刻をテレビやラジオ，及び携帯電話を通じて提供する地震の予報，警告である。（　①　）の発表は，二つ以上の観測点で地震波が検出され，予想される最大震度が５弱以上となる地震が対象となる。図１の下図は，地震発生から（　①　）の発表までの流れを示している。

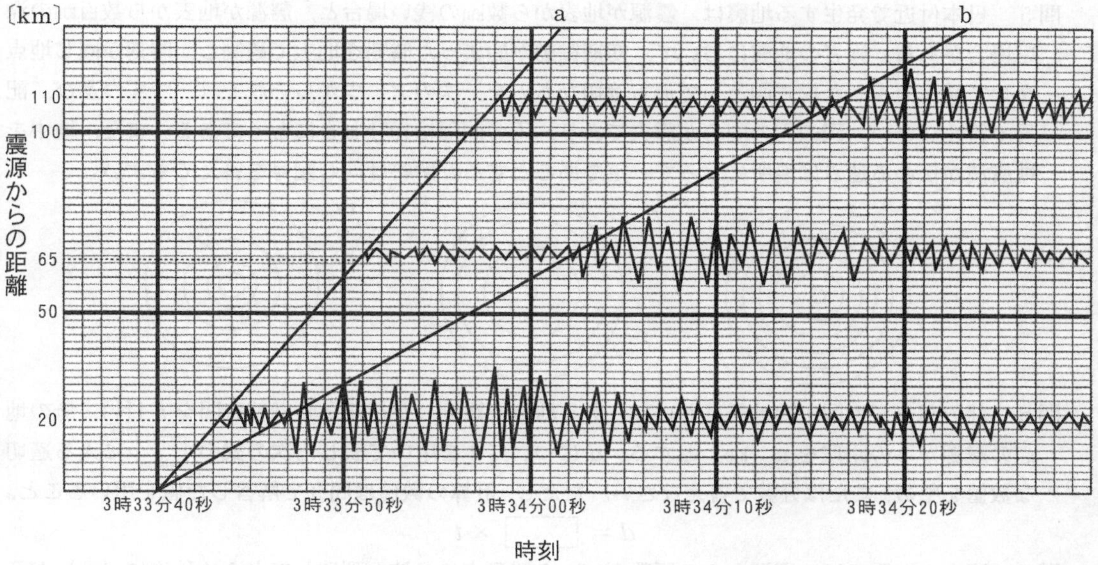

図1

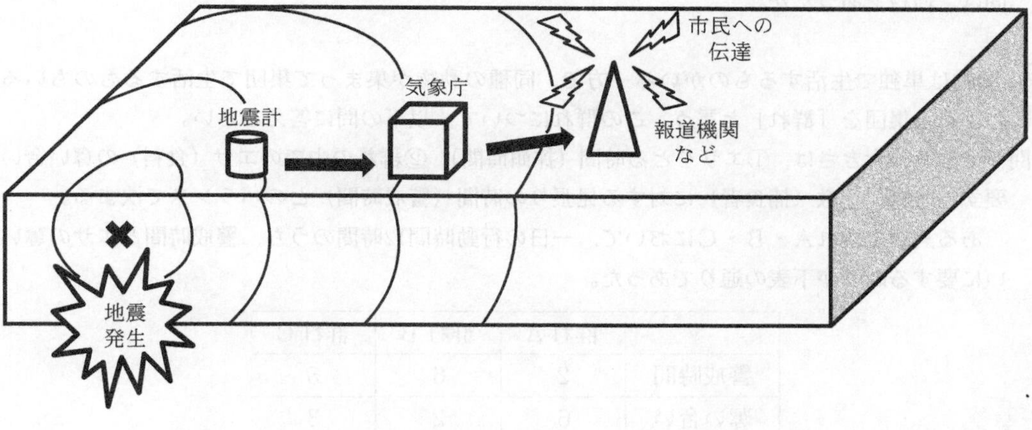

問１　(①) に入る語句を漢字で答えなさい。また (①) は，Ｐ波またはＳ波のどちらの到着を事前に知らせる情報か答えなさい。

問２　地震の規模を表す指標を何というか。

問３　図１より，Ｐ波及びＳ波の速さ〔km/s〕を求めなさい。割り切れない場合は，小数第２位を四捨五入して小数第１位まで答えなさい。

問４　震源からの距離と，初期微動が到着してから主要動が到着するまでの時間（初期微動継続時間）の関係を示したグラフとして最も適切なものを，次のア～カから一つ選び，記号で答えなさい。

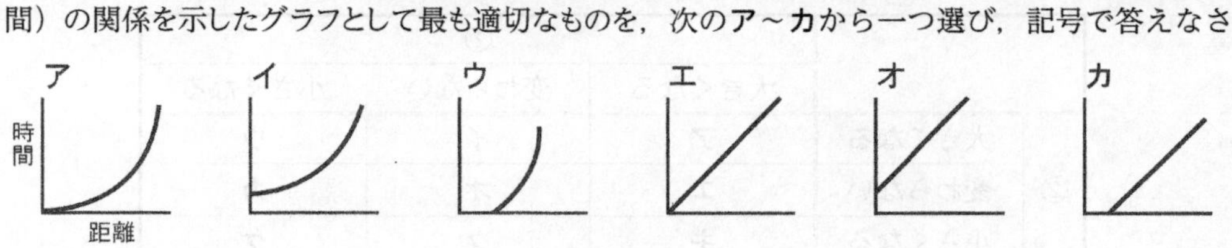

問５　日本付近で発生する地震は，震源が地表から数kmの浅い場合と，震源が地表から数百kmの深い場合がある。両者の地震において，初期微動が始まった時刻を地上で観測し，時刻が同じ地点を線で結んで表した模式図として最も適切なものを，次の**ア**～**ウ**からそれぞれ一つずつ選び，記号で答えなさい。図の円の中心が震央であり，円の間隔は10秒おきにとってある。また，地中を地震波が伝わる速さは場所によらず一定であるとする。解答は同じ記号を答えてもよい。

ア　　**イ**　　**ウ**

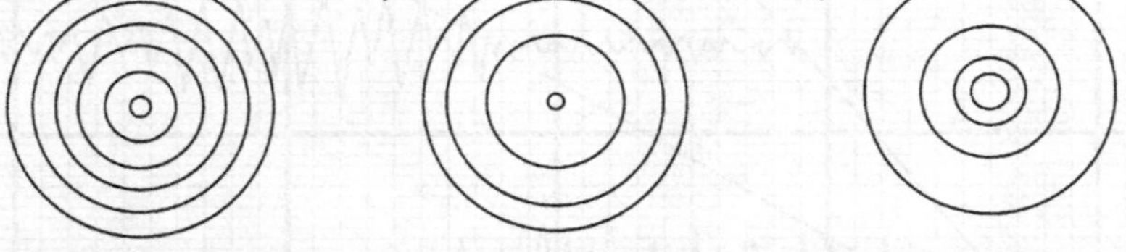

問６　前のページの図１の地震において，ある地点で観測した初期微動継続時間を t〔秒〕，その地点の震源からの距離を d〔km〕とする。d について t を用いて表した次の式の □ に入る適切な数値を整数，または分数で答えなさい。ただし，計算の数値は問３で解答した値を用いること。

$$d = \square \times t$$

問７　図１の地震では，震源からの距離が12kmの観測点にＰ波が到達してから４秒後に（①）が発表されていた。震源からの距離が180kmの地点では，（①）の発表から主要動を観測するまでの時間は，何秒であったか。

4　動物は単独で生活するものがいる一方で，同種の動物が集まって集団で生活するものもいる。このような集団を「**群れ**」と言う。この群れについて，以下の問に答えなさい。

問１　群れの大きさは，①エサをとる時間（採餌《さいじ》時間），②群れの中でのエサ（食料）の奪い合いに要する時間，③敵（捕食者）に対する見張りの時間（警戒時間）とのバランスで決まる。

　ある鳥類の群れＡ・Ｂ・Ｃにおいて，一日の行動時間12時間のうち，警戒時間とエサの奪い合いに要する時間が下表の通りであった。

	群れＡ	群れＢ	群れＣ
警戒時間	2	6	5
奪い合い	6	2	3

Ａ・Ｂ・Ｃの群れの大きさを，不等号を用いて示しなさい。（解答例　Ａ＞Ｂ＞Ｃ）

問２　ある一定の大きさで安定した群れがあるとする。この群れに対し

①天敵の数が増えた

②食料が不足してきた

とすると，群れの大きさはそれぞれどう変化するか。下の表より正しい組み合わせを一つ選び，**ア**～**ケ**の記号で答えなさい。

<table>
<tr><td colspan="2" rowspan="2"></td><td colspan="3">①</td></tr>
<tr><td>大きくなる</td><td>変わらない</td><td>小さくなる</td></tr>
<tr><td rowspan="3">②</td><td>大きくなる</td><td>ア</td><td>イ</td><td>ウ</td></tr>
<tr><td>変わらない</td><td>エ</td><td>オ</td><td>カ</td></tr>
<tr><td>小さくなる</td><td>キ</td><td>ク</td><td>ケ</td></tr>
</table>

最近人気のテレビ番組で「池の水を全部抜く企画」がある。日本では古くから人造の池などで行われ「かいぼり」と呼ばれてきた。魚を採取したり，水底の泥を肥料として利用する目的で行われてきたが，最近では**「海外から移入された，生態系，人の生命・身体，農林水産業に被害を及ぼす生物」**の駆除のために行う場合も多い。

問３　法律で指定された下線部の生物を何というか，答えなさい。

問４　この法律で指定されていない生物を次のア～キから一つ選び，記号で答えなさい。

ア　ウシガエル　**イ**　カミツキガメ　**ウ**　ヌートリア　**エ**　カダヤシ　**オ**　アライグマ
カ　ヒアリ　**キ**　ニホンマムシ

「かいぼり」を行えば，池の生物の数は正確に把握できるが，以下の方法（標識再捕法《ひょうしきさいほほう》）でも生物の数を推定することができる（図１）。

方法

①池から目的とする生物を複数捕獲する。
②捕獲した個体の全てに標識（しるし）を付ける。
③標識した個体を再び池に放流する。
④数日後，この生物をもう一度捕獲し，捕獲した生物のうち標識されている個体とされていない個体の数を調べる。

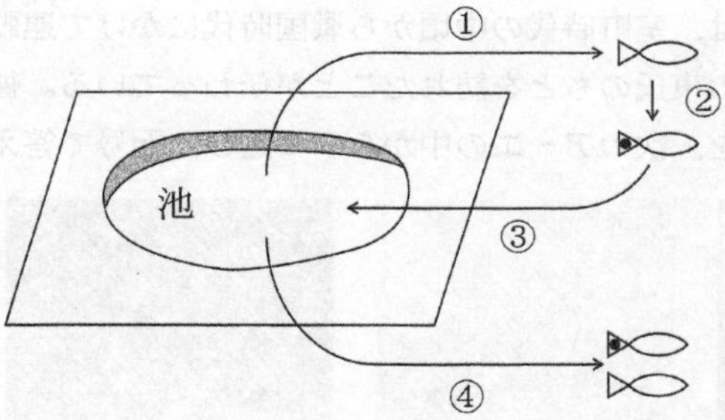

図1

結果

・最初に捕獲，標識，放流した個体数は48匹であった。
・２回目は54匹を捕獲できたが，そのうち標識してあった個体は６匹であった。

問５　この方法で生息数をなるべく正確に推定する条件として正しくないものを，次のア～オからすべて選び，記号で答えなさい。

ア　調査期間中にこの生物の流入・流出・出生・死亡がない（少ない）
イ　２回目の捕獲は１回目より多くする
ウ　池の中の生物数が少なければ少ないほど，より正確になる
エ　対象となる生物が，池の中を十分自由に移動できる
オ　標識された個体とそうでない個体との間で，生物の動きが変わらない

問６　この池に生息する，この生物の数は何匹と推定できるか答えなさい。

【社　会】（理科と合わせて60分）　＜満点：50点＞

1　愛知高校生の知子さんは，夏休みに学校主催《しゅさい》の「一日探究活動」に参加し，「水のまち」として知られる岐阜県郡上市《ぐじょうし》八幡町《はちまんちょう》を訪問した。その時の知子さんの探究ルートを見て，以下の問１～問６に答えなさい。

＜探究ルート＞

①城下町プラザ⇒②宗祇水《そうぎすい》⇒③吉田川（宮ケ瀬橋）付近⇒④折口信夫《おりくちしのぶ》歌碑《かひ》⇒吉田川（八幡橋）⇒いがわこみち⇒⑤郡上八幡旧庁舎記念館⇒職人町・鍛冶屋町⇒長敬寺⇒⑥郡上八幡博覧館⇒城下町プラザ

問１　下線部①の近くには郡上八幡城がある。山間部にあった郡上藩は貧しく，江戸時代の中頃には農民から年貢の軽減を求める大規模な訴《うった》えが起きた。右の写真はその時の訴状《そじょう》で，中心人物がわからないように工夫がされている。この訴状を何というか，答えなさい。

『日本史図表』（第一学習社）より転載

問２　下線部②の宗祇とは，室町時代の中頃から戦国時代にかけて連歌《れんが》で活躍《かつやく》した人物で，同じく連歌で有名な郡上八幡の東氏《とうし》のもとを訪れたことが伝わっている。彼と同時期に活躍した雪舟の作品として正しいものを，次のア～エの中から一つ選び，記号で答えなさい。

ア

イ

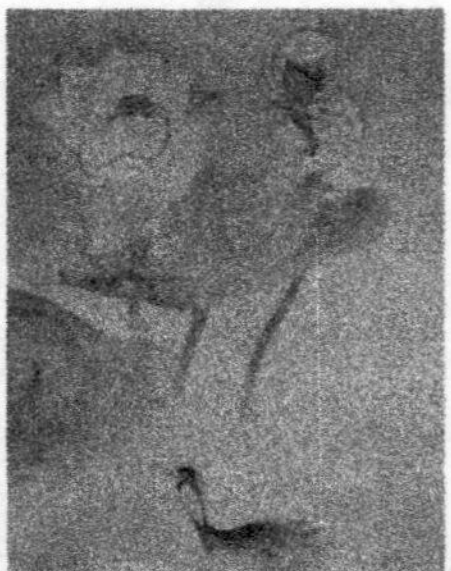

ウ

エ

ア・ウ・エ：「e国宝」(http://www.emuseum.jp/)，イ：『詳説日本史Ｂ』（山川出版社）より転載

問３　下線部③の吉田川は長良川最大の支流である。今回は橋の近くで食品サンプル作りを体験した。郡上八幡は，昔から和ろうそくの原料である櫨《はぜ》の産地だったが，のちに地元出身の岩崎瀧三《いわさきたきぞう》が食品サンプルを地場産業として広めた。中部地方の伝統工業や地場産業と，その県の組合せとして誤っているものを，次のア～エの中から一つ選び，記号で答えなさい。

ア　輪島《わじま》の漆器《しっき》－石川県　　**イ**　美濃和紙《みのわし》－岐阜県

ウ　小千谷縮《おぢやちぢみ》－新潟県　　**エ**　眼鏡枠《めがねわく》－富山県

問４　サンプル作りの後，吉田川を５分ほど上流に向かうと下線部④の歌碑があった。折口信夫は民俗《みんぞく》学者の柳田国男《やなぎだくにお》のすすめで，大正８年に郡上八幡を訪ねている。大正８年にはパリで第一次世界大戦の講和会議が開かれた。この会議の内容として正しいものを，次のア～エの中から一つ選び，記号で答えなさい。

ア　この会議で採用された民族自決の原則により，アジアやアフリカに多くの独立国が誕生した。

イ　この会議での提案により，世界平和と国際協調を目的として国際連合が設立された。

ウ　日本はドイツが戦前に所有していた中国の広東省の権益《けんえき》を引き継《つ》ぐことになった。

エ　敗戦国となったドイツには巨額の賠償金《ばいしょうきん》が課《か》されることになった。

問5　下線部⑤で，知子さんは昼食に名物の「鶏《けい》ちゃん」を食べた。郡上北部では，戦後，労働者に鶏肉を用いた料理が出されるようになり，これが「鶏ちゃん」誕生のきっかけの一つとされている。労働者に関連して，労働基準法について述べた文として誤っているものを，次の**ア**～**エ**の中から一つ選び，記号で答えなさい。

ア　労働基準法は，労働者の１週間あたりの最低の休日数を２日と定めている。

イ　労働基準法は，女性であることを理由に賃金差別をすることを禁止している。

ウ　労働基準法は，労働者の１日の労働時間の上限を８時間と定めている。

エ　労働基準法は，15歳未満の児童を労働者として使用することを禁止している。

問6　下線部⑥では，地元の歴史や豊富な水資源の利用について詳《くわ》しく紹介されていた。郡上市での水資源の利用に関して，以下の⑴⑵に答えなさい。

⑴　郡上市では豊富な水資源を利用した小規模な水力発電が行われている。水力や太陽光，風力など，自然界に存在する熱やエネルギーのことを何というか，解答欄《かいとうらん》に合う形で，漢字４文字で答えなさい。

⑵　郡上市で豊富に水資源を得ることができる理由を，次ページの郡上市と各地の雨温図と，下の郡上市中心部の地形図から読み取り，降水量と地形の観点《かんてん》から簡単に述べなさい。

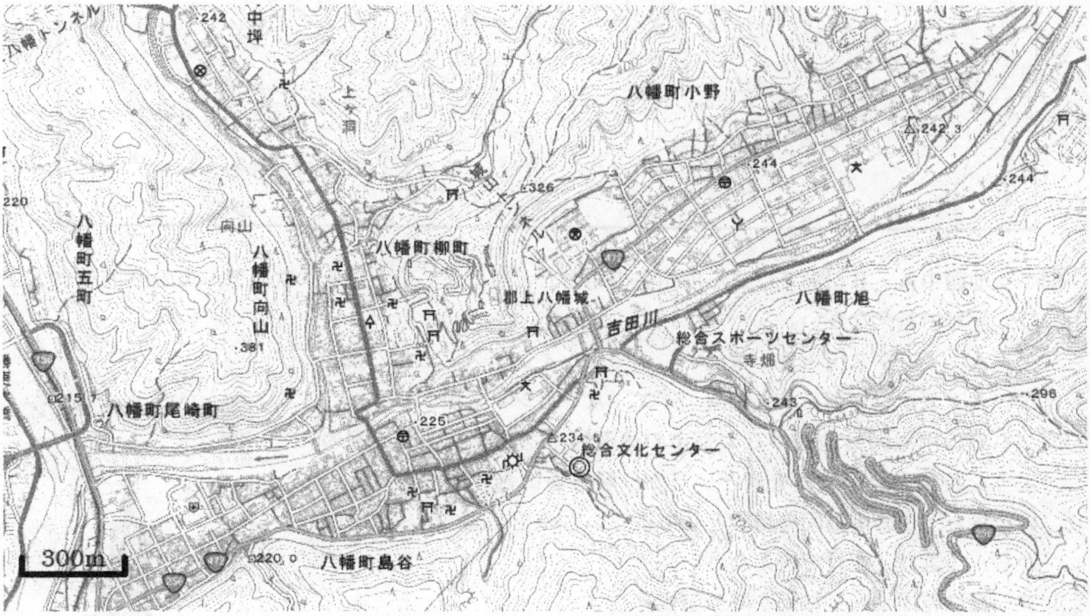

国土地理院 HP（http://www.gsi.go,jp）より作成

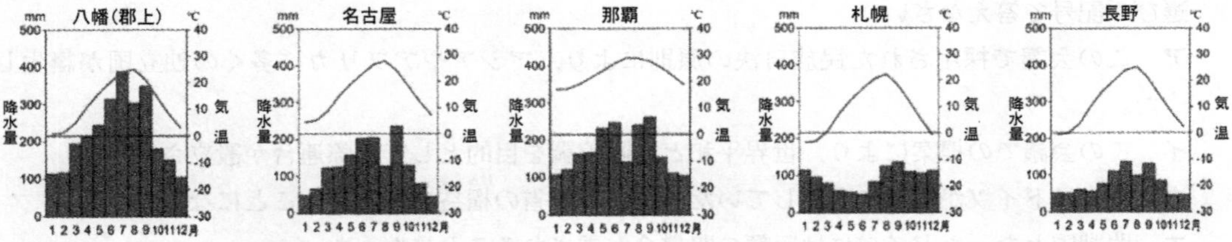

年降水量 2656.6mm　年降水量 1535.4mm　年降水量 2040.9mm　年降水量 1106.6mm　年降水量 932.6mm

気象庁 HP（http://www.jma.go.jp）より作成

2　次の地図を見て，以下の問1～問6に答えなさい。

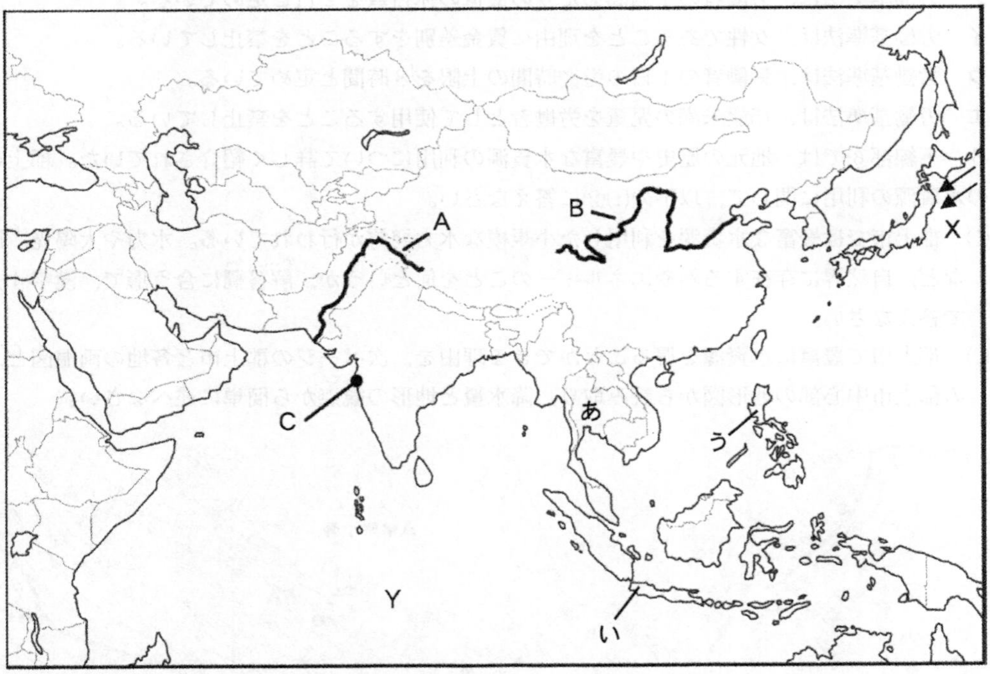

問1　地図中A・Bにあてはまる河川名の組合せとして正しいものを，次のア～エの中から一つ選び，記号で答えなさい。

ア　A：インダス川　B：黄河　　イ　A：インダス川　B：長江

ウ　A：ガンジス川　B：黄河　　エ　A：ガンジス川　B：長江

問2　右の雨温図は地図中Cの都市の雨温図である。右の雨温図のような特徴を持つ気候を何というか，解答欄に合う形で答えなさい。また，この雨温図の特徴として正しいものを，次のア～エの中から一つ選び，記号で答えなさい。

ア　夏に乾燥し，冬に雨が降る気候。

イ　一年を通して気温が高く，一年中雨が多い。

ウ　雨の少ない季節（乾季）と，雨の多い季節（雨季）がある。

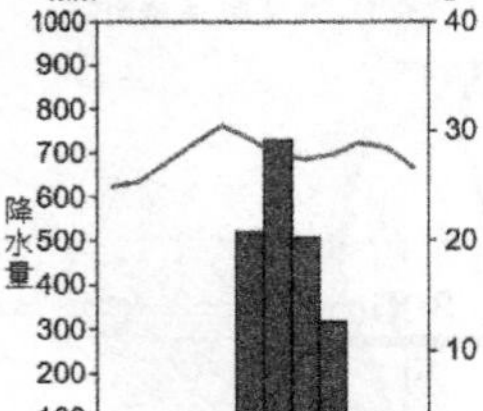

年平均気温：27.7℃　年降水量：2181.8mm

気象庁 HP より作成

エ　一年の中で気温や降水量の変化が大きく，季節の変化がはっきりしている。

問３　地図中Xの矢印はやませの風向きを示している。次のａ～ｄのうち，やませについて述べた文として正しいものの組合せを，次のア～エの中から一つ選び，記号で答えなさい。

ａ　6～8月に吹くこの風は親潮《おやしお》（千島《ちしま》海流）の上空を吹き，太平洋側に冷害をもたらす。

ｂ　6～8月に吹くこの風は黒潮《くろしお》（日本海流）の上空を吹き，暖かく湿った風を運び太平洋側に濃霧《のうむ》をもたらす。

ｃ　この風が日本海側に到達すると，日本海側では雨が降り気温が下がる。

ｄ　この風が日本海側に到達すると，日本海側では乾燥し気温が上がる。

ア　ａ・ｃ　　イ　ａ・ｄ　　ウ　ｂ・ｃ　　エ　ｂ・ｄ

問４　地図中あ・い・うの国で，主に信仰されている宗教の組合せとして正しいものを，次のア～カの中から一つ選び，記号で答えなさい。なお，島嶼《とうしょ》部の国は，首都のある島を示している。

ア　あ：キリスト教　い：イスラム教　う：仏教

イ　あ：キリスト教　い：仏教　う：イスラム教

ウ　あ：仏教　い：イスラム教　う：キリスト教

エ　あ：仏教　い：キリスト教　う：イスラム教

オ　あ：イスラム教　い：仏教　う：キリスト教

カ　あ：イスラム教　い：キリスト教　う：仏教

問５　地図中Yの海域は日本の遠洋漁業の主な漁場の一つであり，下のグラフは日本の漁業種類別生産量の推移を示している。

グラフ中①～③のうち遠洋漁業を示しているものと，日本の遠洋漁業についての説明として正しいものの組合せを，次のア～カの中から一つ選び，記号で答えなさい。

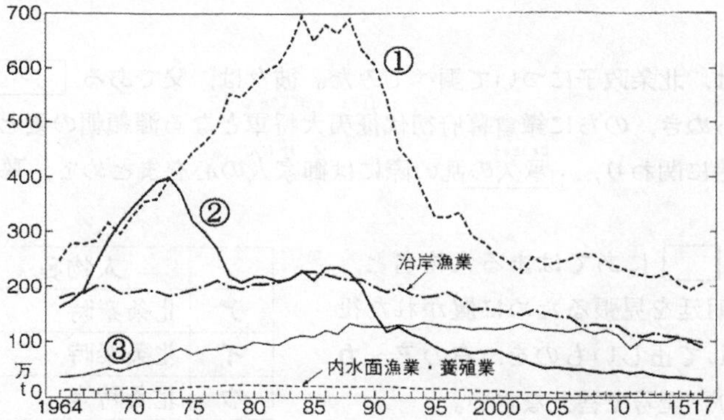

『日本国勢図会 2019/20』より作成

ア　①－1970年代に石油危機や排他的経済水域の設定により，漁獲量が激減した。

イ　①－乱獲《らんかく》や水域環境の変化により，1990年代に急激に漁獲量が減少していった。

ウ　②－日本全体の漁獲量が減少している中で，遠洋漁業の占める割合が高くなっている。

エ　②－1970年代に石油危機や排他的経済水域の設定により，漁獲量が激減した。

オ　③－乱獲や水域環境の変化により，1990年代に急激に漁獲量が減少していった。

カ　③－日本全体の漁獲量が減少している中で，遠洋漁業の占める割合が高くなっている。

問6　18ページの地図中の国の中で，BRICSに含まれている国が3か国ある。その組合せとして正しいものを，次のア～カの中から一つ選び，記号で答えなさい。

ア　インド・中国・シンガポール　　イ　ロシア・インド・中国　　ウ　ロシア・中国・韓国
エ　ロシア・中国・シンガポール　　オ　ブラジル・ロシア・中国　　カ　インド・中国・韓国

3　知子さんは社会科の主題学習で，女性の社会進出について取りあげた。そこで，知子さんは歴史上に登場する女性について振り返ることにした。

Ⅰ　知子さんが最初に思いついたのは，邪馬台国《やまたいこく》の女王卑弥呼であった。当時の倭《わ》国は争いがたえなかったが，卑弥呼が王となって国がおさまったと伝えられている。

問1　邪馬台国や卑弥呼について述べた文として誤っているものを，次のア～エの中から一つ選び，記号で答えなさい。

ア　卑弥呼は後漢に使いを送り，金印と銅鏡100枚などをあたえられた。
イ　邪馬台国の場所については，いくつかの候補はあるが，はっきりわかっていない。
ウ　邪馬台国の人々には身分の差があり，税を納めるしくみもあったと伝えられている。
エ　卑弥呼はまじないによって政治を行い，彼女の死後には大きな墓がつくられたと記録に残っている。

Ⅱ　平安時代に活躍した女性として，知子さんは紫式部や清少納言を思い浮かべた。彼女たちは高い教養を持って藤原氏の娘たちに仕え，その娘たちは天皇のきさきとなり家のためにはたらき，その繁栄《はんえい》を支えたのだと考えた。

問2　藤原道長の子の頼通は，三代の天皇の摂政・関白となり，宇治《うじ》に寺院を建立《こんりゅう》した。この寺院の中で，現行の十円硬貨の図柄《ずがら》にもなっている建物を何というか，答えなさい。

Ⅲ　次に知子さんは，北条政子について調べてみた。彼女は，父である［　　　］に反対されながら自分の意志をつらぬき，のちに鎌倉幕府初代征夷大将軍《せいいたいしょうぐん》となる源頼朝の妻となった。夫の死後，出家した後も政治に関わり，①承久《じょうきゅう》の乱の際には御家人《ごけにん》の心をまとめて，幕府を救った人ともいわれている。

問3　Ⅲの文中の［　　　］にあてはまる人物名と，下線部①の後に朝廷を見張《みは》るために置かれた役所名の組合せとして正しいものを，右のア～カの中から一つ選び，記号で答えなさい。

	人物名	役所名
ア	北条泰時	六波羅探題
イ	北条泰時	鎌倉府
ウ	北条時宗	六波羅探題
エ	北条時宗	鎌倉府
オ	北条時政	六波羅探題
カ	北条時政	鎌倉府

Ⅳ　さらに知子さんは，海外の歴史にも目を向けてみた。お兄さんから借りた高校の教科書を見ると，②16世紀の中頃からイギリスではエリザベス1世が女王として君臨《くんりん》していたことが書かれていた。彼女は生涯《しょうがい》独身で，イギリスの繁栄《はんえい》の基礎を固めた。

問4　下線部②の時期に起こったできごととして正しいものを，あとのア～エの中から一つ選び，記号で答えなさい。

ア　ローマ教皇が，聖地エルサレムをイスラム教徒から取りもどすため，十字軍を送るように呼びかけた。

イ　ドイツのルターが，カトリック教会が免罪符《めんざいふ》を販売する方針を示したことに反対し，宗教改革を始めた。

ウ　西アジアでムハンマド（マホメット）がイスラム教を説き，各地に広めた。

エ　バスコ・ダ・ガマが初めてアフリカ大陸の喜望峰《きぼうほう》を通過し，インドに到達した。

Ⅴ　明治時代になると，教科書に登場する女性の数も増えてきたことに知子さんは気がついた。明治政府発足後に欧米に派遣された岩倉使節団には，津田梅子を含む５人の女子留学生が同行しており，帰国後もそれぞれの分野で活躍したが，山川捨松《やまかわすてまつ》は陸軍大臣の大山巌《おおやまいわお》と結婚し，政府の欧《おう》化政策《かせいさく》では留学経験を発揮し，「鹿鳴館《ろくめいかん》の女王」といわれた。

問５　政府は，江戸幕府が幕末に各国と結んだ不平等条約を改正するため，鹿鳴館で舞踏会《ぶとうかい》を開くなどの欧化政策を取りながら交渉を繰り返し，各国の理解を得て改正を進めていった。これに関して，次の**A**～**D**のできごとを古い順に並べたものとして正しいものを，次の**ア**～**カ**の中から一つ選び，記号で答えなさい。

A　日露戦争が勃発《ぼっぱつ》する

B　陸奥宗光《むつむねみつ》が領事裁判権の撤廃に成功する

C　小村寿太郎《こむらじゅたろう》が関税自主権の回復を実現する

D　日清戦争が勃発する

ア　A→C→B→D　　**イ**　B→A→C→D　　**ウ**　B→D→A→C

エ　C→B→A→D　　**オ**　D→C→A→B　　**カ**　D→B→C→A

Ⅵ　戦後，様々な分野で多くの女性が進出している。将来，国際的な仕事に就《つ》きたいと考えている知子さんが最も尊敬しているのは昨年亡くなった③緒方貞子《おがたさだこ》である。彼女は国際政治学者として複数の大学で教鞭《きょうべん》を取っただけでなく，女性初の国連難民高等弁務官として政治的に不安定な地域に赴《おもむ》くなど，多くの功績があった。

問６　下線部③の曽祖父《そうそふ》は，昭和７年に海軍の青年将校らが起こした事件で暗殺された首相である。その人物名を答えなさい。

4　知子さんは2019年のニュースについて５枚のカードにまとめた。次のカードを見て，以下の問１～問６に答えなさい。

A　消費税10％始まる。５年半ぶりの消費税率引き上げによる経済への影響は？

B　毎月勤労統計の不適切調査問題をめぐり，①国会の閉会中審査が開かれる

C　参議院議員選挙，与党改選過半数は確保。投票率48.8％，24年ぶり50％割る

D　アメリカ・ロシアの中距離核戦力（INF）全廃条約が失効。国際社会に大きな緊張

E　ノートルダム大聖堂で火災発生。再建のため富裕層や②企業から寄付金集まる

問１　カードＡについて，次の表中の□にあてはまる言葉を漢字４文字で答えなさい。

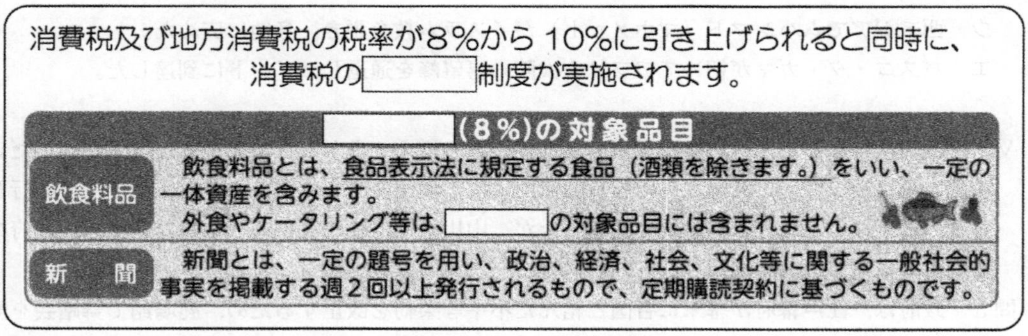
消費税及び地方消費税の税率が８％から１０％に引き上げられると同時に、
消費税の□制度が実施されます。

□（８％）の対象品目

飲食料品	飲食料品とは、食品表示法に規定する食品（酒類を除きます。）をいい、一定の一体資産を含みます。 外食やケータリング等は、□の対象品目には含まれません。
新　聞	新聞とは、一定の題号を用い、政治、経済、社会、文化等に関する一般社会的事実を掲載する週２回以上発行されるもので、定期購読契約に基づくものです。

国税庁「消費税の□制度が実施されます（チラシ）」（令和元年６月）より作成

問２　下線部①について述べた文として誤っているものを，次のア～エの中から一つ選び，記号で答えなさい。

ア　国会は唯一の立法機関であるが，内閣は法律案を作成して国会に提出することができる。

イ　憲法改正には厳格《げんかく》な手続きが定められており，国会による発議には各議院の総議員の３分の２以上の賛成が必要である。

ウ　参議院で否決された予算案は，衆議院が出席議員の３分の２以上の多数で再可決したとき，成立する。

エ　国会審議《しんぎ》の中心となる常会（通常国会）は，原則として毎年１月に召集され150日間を会期とする。

問３　カードＣについて，次の表ａ～ｄは，2010年・2013年・2016年・2019年の参議院議員選挙における各党派別の当選人数を示している。表ａ～ｄを古い順に並べたものとして正しいものを，次のページのア～カの中から一つ選び，記号で答えなさい。

民主党	44
自由民主党	51
公明党	9
日本共産党	3
社会民主党	2
みんなの党	10
新党改革	1
たちあがれ日本	1
合計	121

ａ

自由民主党	55
民進党	32
公明党	14
日本共産党	6
おおさか維新の会	7
社会民主党	1
生活の党と山本太郎となかまたち	1
無所属	5
合計	121

ｂ

自由民主党	57
立憲民主党	17
国民民主党	6
公明党	14
日本維新の会	10
日本共産党	7
社会民主党	1
れいわ新選組	2
NHKから国民を守る党	1
無所属	9
合計	124

c

自由民主党	65
民主党	17
日本維新の会	8
公明党	11
みんなの党	8
日本共産党	8
社会民主党	1
諸派	1
無所属	2
合計	121

d

総務省 HP「参議院議員通常選挙　速報結果」より作成
(http://www.soumu.go.jp/senkyo/senkyo_s/data/sangiin/ichiran.html)

ア　a→b→d→c　　イ　c→d→b→a　　ウ　d→a→b→c
エ　a→c→d→b　　オ　a→d→b→c　　カ　d→c→a→b

問4　カードDに関連して，日本の安全保障問題について述べた文として正しいものを，次のア～エの中から一つ選び，記号で答えなさい。

ア　中距離核戦力全廃条約の失効をうけて，日本は非核三原則の放棄《ほうき》を宣言した。
イ　日本政府は，自衛隊は自衛のための必要最小限度の実力にあたるとしている。
ウ　自衛隊のイラク派遣は，国際平和協力法（PKO協力法）に基づき行われた。
エ　米軍普天間《ふてんま》飛行場の移設問題については，国と沖縄県の対立は無くなった。

問5　下線部②に関連して，株式会社について述べた文として正しいものを，次のア～エの中から一つ選び，記号で答えなさい。

ア　株式会社の利益の一部は，株主に出資金として分配される。
イ　株式会社の基本的な経営方針を決定するのは，経営者が出席する取締役会《とりしまりやくかい》である。
ウ　株主総会は年に一回開催《かいさい》され，株主は一人一票の議決権を持つ。
エ　株式会社が倒産《とうさん》しても，株主は出資した金額以上の負担はおわない。

問6　カードA～Eのニュースを古い順に並べたものとして正しいものを，次のア～カの中から一つ選び，記号で答えなさい。

ア　B→A→C→D→E　　イ　B→C→A→D→E　　ウ　B→C→E→D→A
エ　B→E→A→D→C　　オ　B→A→E→D→C　　カ　B→E→C→D→A

エ　人間は木や石のように堅苦しいものではないから、たとえ常識的なことであっても、その時に心外なことを言われたと思うと、つい感情的になってしまうものだ。

オ　人間は木や石のように冷淡なものではないから、常識では考えられないことが起こったり、予想もしないことを周りの人に言われたりすると、深く感動してしまうものだ。

【問九】　この文章は、次に示す文章と同じ書物に載っています。この文章の作者を漢字で書きなさい。また、作品名として適切なものを次から選び、記号で答えなさい。

つれづれなるままに、日くらし、硯《すずり》に向かひて、心にうつりゆくよしなしごとを、そこはかとなく書きつくれば、あやしうこそものぐるほしけれ。

ア　『枕草子』　イ　『源氏物語』　ウ　『平家物語』

エ　『徒然草』　オ　『おくのほそ道』

【問四】 傍線部②「見えざりしかば」は「見えなかったので」という意味ですが、何が見えなかったのですか。本文から二字で抜き出して答えなさい。

【問五】 傍線部③「分け入りぬべきやうもなし」の解釈として最も適切なものを次から選び、記号で答えなさい。

ア 押し分けて入っても仕方がない
イ 押し分けて入ってはならない
ウ 押し分けて入るべきではない
エ 押し分けて入る必要はない
オ 押し分けて入れそうもない

【問六】 傍線部④「まことにさにこそ候ひけれ」は、「本当にその通りでございますね」という意味です。ここでは何に対して「その通り」と言ったのですか。その説明として最も適切なものを次から選び、記号で答えなさい。

ア われわれ人間は命を大切にしなければならないのに、それを忘れて危険な木の上で眠る法師のほうが、車の周りに集まって静かに見物する人と比べてより愚かだと筆者が言ったこと。
イ われわれ人間には死が今すぐ訪れるかもしれないのに、それを忘れて見物などをしながらその日を暮らす人のほうが、危ない木の上で眠る法師に比べてより愚かだと筆者が言ったこと。
ウ われわれ人間はつねに死と向き合っているはずなのに、それを忘れて日々見物ばかりする人のほうが、危険な場所でも精神を落ち着けられる法師に比べてより愚かだと筆者が言ったこと。
エ 人間はいつ死んでもいいよう生きている間に準備をすべきなのに、それを忘れて眠って過ごす法師のほうが、見物などをしながらその日を過ごす人と比べてより愚かだと筆者が言ったこと。
オ 人間はいつまでも生きられるわけではないのに、それを忘れて暇をつぶしながら生活する人のほうが、危険と隣り合わせでもつい居眠りしてしまう法師に比べてより愚かだと筆者が言ったこと。

【問七】 傍線部⑤「よび入れ侍りにき」とは「呼び入れました」という意味です。誰が、誰を、どこに「よび入れ」たのですか。最も適切なものを次から選び、記号で答えなさい。

ア 雑人が筆者を木の上に
イ 筆者が雑人を木の上に
ウ 法師が筆者を競馬の見やすい場所に
エ 雑人が筆者を競馬の見やすい場所に
オ 筆者が法師を競馬の見やすい場所に

【問八】 この文章を通じて筆者はどのような主張をしていますか。その説明として最も適切なものを次から選び、記号で答えなさい。

ア 人間は木や石のように成長しないものではないから、常識的なことがその時にはわからなくても、改めて指摘すれば後からでも対応できるようになるものだ。
イ 人間は木や石のように自然なものではないから、常識的なことを忘れてしまうと、その時に正しいことを言われても、決して納得できないことが多いものだ。
ウ 人間は木や石のように非情なものではないから、たとえ常識的なことであっても、その時にふさわしい指摘をされると、改めて感心させられることがあるものだ。

との違いを強く印象づけている。

【問十】空欄［A］、［B］に共通して入る語を漢字一字で答えなさい。

三　次の古文を読み、後の問に答えなさい。

五月五日《さつきいつか》、※賀茂《かも》の競馬《くらべうま》を見侍《はべ》りしに、①※車の前に※雑人《ぞうにん》立ちへだてて②見えざりしかば、おのおおりて、※埒《らち》のAきはに寄りたれど、ことに人多く立ちこみて、③分け入りぬべきやうもなし。かかる折に、※向《むか》ひなる※棟《おうち》の木に、※法師の登りて、木の股《また》にBついゐてX物見るあり。とりつきながら、いたう※睡《ねぶ》りて、落ちぬべき時に目をさますことたびたびなり。Yこれを見る人、あざけり※あさみて、「※世のしれものかな。かくあやふき枝の上にて、※安き心ありてねぶるらんよ」と言ふに、わが心にふと思ひしままに、「われらが※生死《しょうじ》の到来《とうらい》※ただ今にもやあらん。それを忘れて、物見て日を暮らす、愚かなる事は、なほまさりたるものを」と言ひたれば、前なる人ども、「④まことにさにこそ候《そうら》ひけれ。もつとも愚かに候《そうろ》ふ」と言ひて、みなうしろを見かへりて、「ここへ入らせ給《たま》へ」とて、所をさりて、⑤よび入れ侍りにき。

※かほどのことわり、※誰かは思ひよらざらんなれども、折からの思ひかけぬ心地して、胸にあたりけるにや。人木石《ぼくせき》にあらねば、時にとりて、物に感ずる事なきにあらず。

（冨倉徳次郎・貴志正造編『鑑賞　日本古典文学　第18巻』による）

※設問の都合で本文を一部改変し、ルビは現代仮名づかいです。

※注　賀茂……京都にある上賀茂神社。毎年旧暦の五月五日に競馬が催されていた。

車……牛車のこと。　雑人……庶民。群衆。

埒……馬場の周囲の柵。　向ひなる……向かいにある。

棟の木……植物の名前。初春のころに、薄紫色の花を咲かせる。

法師の……法師で。

睡りて……眠って。寝て。　あさみて……あきれて。

世のしれもの……この世で一番の愚か者。

安き心ありて……安心して。

生死……「生」は死を強調する表現で意味はない。

ただ今……今すぐに。

かほどのことわり……これくらいの常識。

誰かは思ひよらざらんなれども……誰でも思いつかないことではないことだが。

【問一】二重傍線部A「きは」、B「ついゐて」の読み方を現代仮名づかいのひらがなで書きなさい。

【問二】波線部X「物見る」、Y「これを見る人」を現代語訳したとき、次の空欄［　］に補う語として最も適切なものをそれぞれの選択肢から選び、記号で答えなさい。

X　見物する［　］が

ア　方法　イ　場所　ウ　人物　エ　時代　オ　場合

Y　これを見る人［　］

ア　が　イ　へ　ウ　を　エ　に　オ　と

【問三】傍線部①「車」とありますが、これに乗っていると考えられる人物は誰ですか。最も適切なものを次から選び、記号で答えなさい。

ア　筆者　イ　雑人　ウ　法師

エ　筆者と法師　オ　前なる人

【問六】 傍線部⑥「殿の御使者衆の一人として、そのノベスパニヤまで赴くよう御指図があった」とありますが、「殿」が使者を送る最終的な目的は何ですか。それを説明した次の文の空欄[　]に当てはまる漢字二字の熟語を考えて書きなさい。

ノベスパニヤと[　]をすること。

【問七】 傍線部⑦「ノ、ベ、ス、パ、ニ、ヤと一文字、一文字が太い筆で頭のなかに大きく書かれていく気がした」とはどういうことですか。その説明として最も適切なものを次から選び、記号で答えなさい。

ア 殿が使者の一人に自分を指名した真意をはかりかねているため不安に思う一方で、ノベスパニヤという国が自分の運命を大きく開く場所であると確信しているということ。

イ 殿からの突然の話に驚き、なぜ自分が使者の一人に選ばれたのか分からず思案をめぐらせる中で、耳慣れないノベスパニヤという名前だけが印象に強く残ったということ。

ウ 殿の命令は自分にとって実感のわかないものであるが、名誉ある大役に選ばれたことは認識しており、聞いた内容を一言一句忘れないようにしているということ。

エ 谷戸を離れるという、今まで自分が考えたこともなかった話が持ち込まれたため茫然としているが、目的地には必ず到達しなければならないと心に刻んでいるということ。

オ ノベスパニヤという名前は自分にとって現実味がないため、理解できず、単なる文字の並びでしか捉えられていないが、その重大さだけは伝わってきているということ。

【問八】 傍線部⑧「おのれの不安をうち消すように呟いた」とありますが、なぜ「叔父」は「不安」に思っているのですか。その理由として最も適切なものを次から選び、記号で答えなさい。

ア 貧しいながらも家族で慎ましく暮らしていた日常が、突然終わりを迎えるかもしれないことに戸惑いを覚えているため。

イ 知行替につながる機会を与えてくれたことに感謝する一方で、本当に黒川の土地を返してもらえるか確証がもてないため。

ウ ノベスパニヤという見ず知らずの国に行く重大な任務を、無口で田舎育ちの侍にやり遂げられるか心配であるため。

エ 侍が抜擢されたのは喜ばしいことであるが、総領である彼の留守中に有事が起きた場合、対応できるか気がかりであるため。

オ 未知の国に赴く侍のことが心配であり、かつ、自分たち一族の身に今後どのようなことが起こるか分からないため。

【問九】 本文の表現について説明したものとして最も適切なものを次から選び、記号で答えなさい。

ア 侍の発言を随所に織り込むことで、侍の揺れ動く心情を細やかに描き出している。

イ 侍の身分が低いことを具体的な序列で示すことが、今後侍が出世することの伏線になっている。

ウ ノベスパニヤ、バテレンといった外来語を用いることで、異国との接触を試みる人々の苦労を表現している。

エ 侍とりくとの間に直接の会話はないが、りくに関する描写によって、お互いに理解していることを示している。

オ 谷戸の荒んだ様子を繰り返し描写することで、華やかな異国の地

ア　侍が不平不満しか言わない叔父に閉口していること。
イ　侍が谷戸の地に根を下ろして実直に生活していること。
ウ　侍が谷戸を何とか開発しようと日々奮闘していること。
エ　侍が貧しい荒れ地での暮らしに疲弊していること。
オ　侍が過去の戦によって没落した武家の人間であること。

【問三】傍線部③「無言で枯枝を折りつづける夫」とありますが、この時の「夫」の心情の説明として最も適切なものを次から選び、記号で答えなさい。

ア　過去に固執してばかりもいられないと考えているため、叔父の話を重荷に感じている。
イ　叔父の愚痴は何度も聞かされたものであり、また同じ話を聞くのかと嫌気がさしている。
ウ　先祖の土地に執着するあまり、現状を冷静に分析できない叔父を哀れに思っている。
エ　感情を出すことが苦手であるため、黙っていることでその場をやり過ごしたいと考えている。
オ　強情な叔父には何を話しても無駄だと諦めており、無力な自分を空しく感じている。

【問四】傍線部④「黴のはえた食物」とはどのようなことを表現していますか。その説明として最も適切なものを選び、記号で答えなさい。

ア　侍の家に関する過去の栄光について叔父が話をすればするほど、かえって叔父自身に不満が蓄積されていってしまうということ。
イ　侍の家に殿から新しく与えられた土地は貧しく荒れ果てているが、生きるために必要だから仕方なく暮らしているということ。
ウ　叔父が、先祖の住んでいた土地に再び戻ることを生きる希望にしており、そのため苦しい谷戸の生活に耐えているということ。
エ　過去にこだわることで、叔父はますます時代に取り残されてしまうが、それをよりどころにせずにはいられないということ。
オ　侍の家が武家として栄えていたのは昔のことで、肥沃な土地を失った今はほとんど力を持てなくなってしまったということ。

【問五】傍線部⑤「ここが……わしの土地だ」とありますが、この時の「侍」の心情の説明として最も適切なものを次から選び、記号で答えなさい。

ア　あわれなほどやせた土地だが、自分が初めて総領という立場で治めている谷戸の地に愛着を持っており、百姓の生活を守らなければならないと決意している。
イ　充分な食物が収穫できない谷戸の土地と、目立った功績も立てず百姓に交じって耕作する自分を重ね合わせ、自分にはこの土地がふさわしいと考えている。
ウ　作物が満足に育たないような過酷な環境下であっても、辛抱強く田畠を耕す百姓に共感し、現状を受け入れてこの谷戸の土地で生きていく覚悟を固めている。
エ　愚痴を言い続ける叔父に反発心を持つとともに、誰からも顧みられない谷戸の土地と百姓に同情し、せめて自分だけは責任をもって統治しようとしている。
オ　この先自分たち一族が谷戸の土地を治めていくことは変えようのない宿命であり、仕方がないことだと考え、黒川の土地への未練を断ち切ろうとしている。

侍にも何もわからない。遠い国に差し出されるそのような大事な使者衆なら城中には格式のある家来の方々があまたおられる。殿の御家来には御一門衆、御一家のような御大身を頭にして着座、太刀上《たちあげ》、召出衆《めしだししゅう》の序列があるが、侍の家はその召出衆と呼ばれる身分にすぎぬ。そんな格式ひくい家臣を特に抜擢《ばってき》して御使者衆のなかに加えられた理由が彼にはまったく理解できない。

（白石さまが特にお計らいくださったのであろうか）

もし、そうだとすると、それは白石さまが郡山《こおりやま》や窪田《くぼた》の戦で父の働きぶりを憶えていてくださったからにちがいないのだ。今更のように侍は父の顔を思いだした。

厨からりくがふたたび蒼ざめた顔をしてあらわれ、囲炉裏の片隅に坐ると、叔父と侍との顔を見つめた。

「遠い南蛮の国にな……六が参る」

と叔父はりくにではなく自分自身に言いきかせるためか、

「忝《かたじけな》いことだ。忝いことだ」

それから急に⑧おのれの不安をうち消すように呟いた。

「その大役をつとめれば、あるいは黒川の土地はお返し頂けるかもしれぬと……、そう石田さまは仰せられておったぞ」

りくは立ちあがって厨に姿を消したが、侍には妻が泣くのを懸命に怺《こら》えているのがよくわかった。

※注　厨……料理をつくる所。台所。

石田さま……殿（藩主）の重臣。のちに登場する白石さまも同様に殿の重臣であるが、白石さまの方が、石田さまよりも身分が上である。

知行割……権力者が服従者に土地（知行地）を分け与えて支配させること。

下男……男の召し使い。

叺……わらで編んだ袋。穀物などを入れた。

知行替……知行地を割りかえること。支配地域を変更すること。

通辞……通訳。

仕儀手配……準備し対応すること。

内府さま……徳川家康のこと。

【問一】傍線部①「叔父のいつもながらの愚痴」とありますが、「叔父」が嘆いていることとして**適切でないもの**を次から一つ選び、記号で答えなさい。

ア　先祖から受け継いでいた土地を再び治めたいと強く訴えているのに、事態が思うように進まないこと。

イ　時代の変化によって、侍の家は功績を立てる機会を失ってしまい、豊かな土地を得られずにいること。

ウ　侍の家は殿に対する反発心が全く無いにもかかわらず、殿を裏切ったと誤解され、冷遇されていること。

エ　先祖代々住みなれた土地の代わりに荒地を与えられており、現在に至るまで元の土地に戻れずにいること。

オ　東国は皆、徳川の権威に従い、大名でさえも勝手に兵を動かすことができない世の中になってしまったこと。

【問二】傍線部②「土の臭いのするその顔」とはどのようなことを表現していますか。その説明として最も適切なものを次から選び、記号で答えなさい。

紀州にうちあげられた南蛮人たちを乗せてノベスパニヤと申す遠い国に行く。昨日、御城中で白石さまが、ふとお前の名前を口に出され、⑥殿の御使者衆の一人として、そのノベスパニヤまで赴くよう御指図があった」

侍は石田さまが何を仰《おお》せられているのか、理解できなかった。ただその顔を茫然《ぼうぜん》と見上げていた。考えもしなかった出来事が不意に我が身に襲ってきたようで、［ B ］もつけず、言葉もでない。茫然としている叔父の膝頭が小刻みに震えはじめている。それだけが侍にも伝わってきた。

「いいか。ノベスパニヤと申す国に参るのだ」

ノベスパニヤ、と侍は心のなかで、今まで聞いたこともなかったその名を繰りかえした。⑦ノ、ベ、ス、パ、ニ、ヤ、と一文字、一文字が太い筆で頭のなかに大きく書かれていく気がした。

「白石さまは、先頃、雄勝でお前にお言葉をかけられたそうだな。御評定の折も、悪いようにはせぬと仰せられておったぞ。それゆえ、もしこのお使いに手柄をたてれば、帰国の暁《あかつき》にはあるいは黒川への知行替のこと、御勘考《ごかんこう》になられるかもしれぬ」

叔父が震えている。膝頭が震えているのがよくわかる。侍も両膝に手をおき、頭をさげたままだった。その叔父の膝の震えがとまった時、

「夢のようであろうが」

と石田さまは声を出して笑われ、急にその笑いを顔から消されると、

「夢うつつのことではないぞ」

と強い声で言われた。

大船のこと、ノベスパニヤのことを話される石田さまのお声を侍は遠い世界から来るもののように聞いていた。憶えているのは、大船には南蛮人の船員たち三十余人のほか、日本人の使者衆四人とその従者たち、そしてまた日本人の水手頭《かこがしら》など十数名、商人たち百人以上が乗り組むことである。船は千石船よりも大きい船で、ノベスパニヤまで二カ月の船旅をする。別に※通辞として南蛮人のバテレンもこれに加わり、かの国に着いてから使者衆のためのさまざまな※仕儀手配を行う。ノベスパニヤとはエスパニヤ国の領地であり、殿は※内府さまのお許しを得てその国と商いを取りかわし、塩釜《しおがま》、気仙沼《けせんぬま》を堺《さかい》、長崎にも劣らぬ港となす御所存である。

年とった叔父がこうしたお話をどこまで摑《つか》めたか、侍にはわからない。彼にもまた、それらすべてが夢のようにしか聞こえない。小さな狭いこの谷戸で生き、ここで死ぬつもりだった侍には、自分が大船に乗って長い船旅をなし、南蛮人たちの国に参るなど一度も考えたことはなかった。どうしても実感が湧《わ》かない。

やがて石田さまがお帰りになるために立ちあがられた。供の者たちがあわただしく馬を引き、ふたたび谷戸の出口までお送りする間、侍も叔父もほとんど口もきかず、茫然として従った。一行のお姿が視界から遠ざかったあとも二人は無言のまま家形に戻った。さきほど厨で話を聞いていた妻のりくも蒼《あお》ざめた顔で姿を消した。そして石田さまが坐っておられた囲炉裏のそばにはまだ、そのお姿が残っているような気がした。叔父はその場所ちかくに胡坐《あぐら》をかき、長い間、黙っていたが、やがてふかい溜息《ためいき》とも吐息《といき》ともつかぬものを洩《も》らした。

「何のことだ、何としてもわからぬが……」

ぽつんと呟いた。

かった。ここは父が死んでから彼が一族の総領としてはじめて治める土地だったが、彼と同じように眼がくぼみ、頬骨《ほおぼね》が突き出た百姓たちは黙々として早朝から夜がくるまで牛のように働き、喧嘩《けんか》も争いもしなかった。地味のうすい田畠《たはた》を耕し、自分たちの食べ物を減らしても年貢は遅れずに出した。そんな百姓と話をしている時、侍は身分の違いを忘れ、自分と彼らとを結びつけているものを感じる。自分のただ一つの取柄《とりえ》は忍耐づよいことだと考えていたが、百姓たちは彼よりも、もっと従順で我慢づよかった。

　時折、侍は長男の勘三郎をつれて家形《やかた》の北方にある丘陵に登ることがあった。かつてここを支配していた地侍が築いた砦《とりで》の跡が雑草に埋もれて残り、灌木《かんぼく》にかくれた空壕《からぼり》や枯葉をかぶった土塁《どるい》からは、時折、焼米やこわれた茶碗の出てくることもある。風のふく山の上からは谷戸と集落とが見おろせる。悲しいほどあわれな土地。押し潰されたような村。

（⑤ここが……わしの土地だ）

侍は心のなかでそう呟《つぶや》く。もう戦がないならば自分は父と同じように、生涯、ここで生きるだろう。自分が死んだあとは長男も総領として、同じ生き方をくりかえすのだろう。ここから自分たち親子は一生、離れることはないのだ。

（中　略）

　お城の御談合に加わられた石田さまが、明日、お帰りの途中にこの谷戸で御休息になるという知らせが急にあった。知らせがくると谷戸では村人たちが総出で凍《し》み雪の上に土をまき、泥濘《ぬかるみ》を埋め、家形の雪掻《ゆきか》きに精をだした。侍の妻のりくも女たちを指図して部屋部屋を掃除するなど上を下への騒ぎようである。

　翌日、有難《ありがた》いことには天気は晴れで、侍は叔父と共に谷戸の入口まで石田さまとその供とのお迎えに出た。石田さまがお城からのお帰りに、侍の知行地をお通りになることなど父の代からあった例はない。それだけに如何《いか》なる出来事があったのかと、侍は言いようもなく不安だったが、いつか雄勝《おがつ》で甥《おい》に賜わった白石さまのお言葉を忘れぬ叔父が、※知《ち》行替《ぎょうがえ》の願いが聞き入れられたのではあるまいかなどと、一人で浮き浮きしているのが侍には恨めしかった。

　谷戸の入口で出迎えを受けた石田さまは機嫌よく叔父と侍とに声をかけられ、出迎えた者たちを先導にされて家形に入られたが、用意した部屋ではなく、囲炉裏のそばに坐《すわ》ることを望まれ、

「火が何よりの馳走《ちそう》だ」

などと皆々の緊張を解かれるためか、冗談を言われた。やがてりくが差し出した湯づけをうまそうに召し上がられたあと、この谷戸の模様を色々と訊《たず》ねられ、湯をうまそうにすすりながら、

「今日は良き土産を持って参ったぞ」

と急に言われた。だがその良き土産というお言葉に眼をかがやかせた叔父に、

「戦の知らせではないぞ。戦などあると思うな。戦で働きをなして黒川の土地に戻る夢は棄てたがよい」

と念を押されてから、

「だがな、別の御奉公もあるのだ。戦よりももっと大手柄をたてる道を開いて参った」

と侍をじっと御覧になった。

「殿が雄勝の入江で大船を造られていることは知っておろう。あの船は

感じたようである。

「なあ、りく」

と叔父は彼女をふりむいて、

「これからもな、この野谷地《のやち》に住まわねばならぬ」

　野谷地とは土地の言葉で見棄《みす》てられた荒野を指した。石だらけの川が流れ、わずかな稲麦のほかは蕎麦《そば》と稗《ひえ》と大根しかとれぬ畠《はたけ》。ここはその上、ほかの在所より冬の来るのが早く、寒さもきびしい。やがてこの谷戸は丘も林もふかぶかと純白の雪に埋まり、人間は暗い家のなかで［　Ａ　］をひそめ、風のすれあう音を、長い夜、耳にして春を待たねばならぬ。

「戦があればのう。戦さえあれば、功をたてて加増《かぞう》もあるものを」

　痩《や》せた膝《ひざ》をしきりにさすりながら叔父は同じ愚痴をこぼしつづける。だが殿が戦であけくれておられた時代はもう終《おわ》っている。西国はともかく、東国は徳川さまの勢威《せいい》に服し、殿のように陸奥一《むついち》の大名でさえ勝手《かって》気儘《きまま》に兵を動かすことのできぬ時なのだ。

　侍と妻とは枯枝を折り、やり場のない不満を酒と独り言とおのれの手柄話とでまぎらわす叔父の話をいつまでも聞いている。その手柄話も愚痴も、もう幾度となく耳にしたものだが、それはこの老人だけが生きるために食べている④黴《かび》のはえた食物のようだった。

　真夜中ちかく二人の※下男《げなん》に叔父を送らせた。戸をあけると、珍しく月の光にそまった雲の割れ目が出で、雪はやんでいる。叔父の姿が見えなくなるまで犬が吠《ほ》えた。

　谷戸では戦よりも飢饉《ききん》が怖れられている。むかしここを襲った冷害をなまなましく憶えている老人たちがまだ生きていた。

　その年の冬は奇妙なほど暖かく、春のような気配が続き、北西にある山がいつも霞《かす》んではっきりと見えなかったという。だが春が終り梅雨の季節が来ると雨も長く、夏が来ても朝晩は裸ではいられぬほど冷えびえとした毎日だった。畠の苗は一向に生長せず、枯れるものが多かった。

　食べ物がなくなった。谷戸の村人たちは山からとった葛根《くずね》や、馬の飼料である糠《ぬか》や藁《わら》や豆がらも食べた。それも無くなると、何よりも大事な馬を殺し、飼犬を殺し、樹皮や雑草で飢えをしのいだ。すべてを食べ尽《つ》したあと、親子も夫婦も別れ別れに食べ物を求めて村を棄てた。飢えて道に倒れる者があっても、肉親、縁者さえ世話もできずに見棄てていった。やがてその死体を野犬や烏《からす》が食い散らした。

　侍の家がここを知行地にしてからは、さすがにそんな飢饉はなかったが、父は村の家々に橡《とち》や楢《なら》の実、穂からおろしたままの稗の実を※叺《かます》に入れさせ、梁《はり》の上に貯蔵するように命じた。今、侍はどんな家にも保存してあるこの叺を見るたび、一本気な叔父よりも、もっと賢かった父親の温和《おとな》しい顔を思いだす。

　だが、その父さえ、

「黒川ならば、凶作が来ても凌《しの》げるものを……」

　と地味の肥えた先祖伝来の土地を懐かしんだ。あそこは手入れさえすれば、麦の豊かにとれる平野がある。だがこの野谷地では、蕎麦、稗、大根がおもな作物で、その作物も毎日食べるわけにはいかぬ。年貢を殿におさめねばならぬからである。侍の家でも大根の葉を麦や稗の飯に入れたものを口にする日があった。百姓たちは、野びる、浅つきなども食べているのである。

　だが侍は父や叔父の愚痴にもかかわらず、この野谷地が嫌いではな字を含むものをそれぞれ一つずつ選び、記号で答えなさい。

❶「トクイ」
ア 交通イハンを取り締まる。
イ イジョウを知らせる警報。
ウ ことのケイイを説明する。
エ 表現のイトを読み取る。
オ カンイな方法を考える。

❷「ジゼン」
ア 権力をコジする。
イ 心からのサンジを送る。
ウ ジョウに富む食品。
エ ミンジ訴訟を起こす。
オ ジアイに満ちた表情。

二 次の文章は遠藤周作の『侍』の一節で、主人公である「六」と呼ばれる侍が仕事から家に帰ると叔父が訪ねてきていた、という場面です。これを読んで、後の問に答えなさい。ただし、設問の都合で一部省略・改変しています。

「六か」
囲炉裏《いろり》の煙にむせたのか、拳を口にあてて咳《せ》きこみながら叔父は侍をよんだ。長男の勘三郎は父の姿を見ると救われたように一礼して※厨《くりや》のほうに逃げていった。煙は自在鉤《じざいかぎ》にそって煤《すす》でよごれた天井《てんじょう》にたちのぼっていく。父の代も彼の代もすすけたこの囲炉裏端がさまざまのことを決める談合の場所となり、村人の争いを裁くとり決めの場所となった。
「布沢《ぬのざわ》に行き、※石田さまにお目にかかった」
叔父はまた少し咳きこんで、
「石田さまは、黒川の土地のことでな、城中からまだ何の御返事もないと言われておった」
侍は無言のまま傍《かたわら》につみ重ねてある囲炉裏の枯枝《かれえだ》を折った。その鈍い音を耳にしながら、①叔父のいつもながらの愚痴に耐えていた。黙っているのは、彼が何も感じず、何も考えないからではなかった。②土の臭いのするその顔に感情を出すのに馴《な》れていないからだったし、人に逆らうのが嫌いだったからでもある。だがそれよりも、いつもながら、過ぎ去った出来事にしがみついている叔父の話はやはり彼の心には重かった。

十一年前、あたらしい城郭と町とを作られ、※知行割《ちぎょうわり》を行われた殿は、侍の家に、先祖代々住みなれた黒川の土地のかわりにこの谷戸と三つの村とを与えられた。むかしの所領地より貧しい荒地に移されたのは荒無《こうぶ》地《ち》の開発という殿の御方針だったが、侍の父はその理由を自分勝手に考えていた。関白秀吉公が殿を帰順させられた時、その仕置きに不満を持った連中が、葛西《かさい》、大崎の一族を中心に反乱を起《おこ》したが、遠縁にあるものでそれに加わった何人かがいた。そして自分が戦に敗れた彼らをかくまい逃がしたため、殿はそれを憶《おぼ》えておられて、このような荒野を黒川の土地のかわりに与えられたのかもしれない。そう父は思ったのである。

放りこんだ枯枝はこの仕打ちにたいする父や叔父の不平や不満のように囲炉裏のなかで音をたてた。厨の戸をあけ、妻のりくが酒と乾檞《ひかしわ》にした朴《ほお》の葉に味噌《みそ》をのせて二人の前にそっとおいた。彼女は叔父の表情と③無言で枯枝を折りつづける夫とを見て、今夜も何が話題になったかを

ア　戦災に見舞われた歴史を持ち、地震や風水害も頻発する日本では、給食施設の設置にあたって災害対策は不可欠であるから。
イ　日本では給食と災害を結び付ける研究が十分に行われておらず、給食と災害の関連を示す史料が見つけられなかったから。
ウ　災害の不利益は社会的弱者ほど受けやすく、弱者救済の使命を担う給食は今後災害の際に力を発揮することが予想されるから。
エ　災害と給食の関連性はこれまで深く追究されてこなかったが、給食が災害の経験をもとに発展してきたことがわかったから。
オ　災害と給食という観点は、現在の給食研究の一つの到達点であるから。
『給食費未納』という著作をつらぬくテーマと一致するから。
【問六】傍線部⑤「とりわけ」が修飾している文節を答えなさい。
【問七】傍線部⑥「日本の給食史を世界史のなかに位置づけ直しながら考える」とありますが、なぜこのように考えるのですか。その理由として最も適切なものを次から選び、記号で答えなさい。

ア　日本はグローバルな栄養学者を輩出するなど、学校給食について先進的な取り組みを早くから行っており、世界のどの国も最終的には日本の影響を受けて義務教育における全員給食を実施する流れになっていったから。
イ　義務教育を通して国民国家の担い手を創出するために、各家庭の貧困が表出しないよう配慮しながら、国家が全ての子どもに学校で食事を提供してきたことは世界中に起こった動きであり、日本も例外ではないから。
ウ　十九世紀末の経済不況のために学校に通えなくなった子どもたちに国家が学校給食を提供することで、貧困家庭の存在が明るみになり、政府が福祉国家建設に移行していったのは、世界も日本も同様だから。
エ　将来を担う労働者や兵士を創出する義務教育制度において、子どもたちの身体を鍛えるための食事が重要視され、やがてすべての子どもに学校給食が提供されるようになったのは、世界も日本も同時期であったから。
オ　戦争の時代に諸外国が子どもたちの食料事情改善に力を尽くしたことは、日本の官僚や学者も知っており、国家の再建のために日本政府が学校給食を通して食料援助に努めたのは、世界の動きを受けてのことだから。

【問八】傍線⑦「どの自治体もそれらが表に出ないように苦心する」とありますが、なぜこのように「苦心」してきたのですか。その理由を説明した次の文の空欄［　］に当てはまる内容を、本文から七字で抜き出して答えなさい。

［　　　　］を守るため。

【問九】次のように、本文を内容のまとまりで五つに分けて、それぞれに見出しをつけました。本文に書かれている順に記号を並び替えなさい。

ア　給食史をとらえるための視角の確認
イ　給食の基本的性格の把握
ウ　給食の定義の確認
エ　世界史としての給食史と日本の関係
オ　学校給食の方式の整理

【問十】傍線部❶「トクイ」、❷「ジゼン」について、傍線部と同じ漢佐伯門下の原徹一、同じく佐伯の弟子で厚生官僚の大礒敏雄、そして敗戦後のＧＨＱの占領、※ララ、リバック、ユニセフ（国連国際児童緊急基金）、アジア極東学校給食セミナー、国際的な学校給食の推進の動きや交流など、給食があらゆる世界的な現象の日本的な展開であることを忘れてはならない。

（藤原辰史『給食の歴史』より一部省略・改変）

※注　ララ・リバック……ともにアメリカの救援団体。

【問一】空欄［A］～［D］にあてはまる語として最も適切なものを、次からそれぞれ選び、記号で答えなさい。ただし選択肢は一度しか使えません。

ア　とくに　イ　なおさら　ウ　といっても
エ　そこで　オ　たとえば

【問二】傍線部①「学校給食」とありますが、学校の食事が「給食」に分類される理由として最も適切なものを次から選び、記号で答えなさい。

ア　栄養に配慮した食事がその場で代金を支払うことなく全員に提供される点、同じ年齢の集団で同じメニューの食事を一緒に食べる点で、給食の定義にあてはまるから。
イ　まとまった量の食事を提供できる場があり、食事時間を挟んで人々が滞在する点、まとまった量の食事をその場で選んで購入する点で、給食の定義にあてはまるから。
ウ　決まったメニューを強制され、代金も一括で支払う必要があるが、食事時間を挟んでの滞在を可能にし、日本で最も経験者が多いという点で、給食の定義にあてはまるから。
エ　食事時間を挟んで関係者が滞在し、まとまった量で配分された食事を集団で食べる点、代金は一括払いでメニューは選べないという点で、給食の定義にあてはまるから。
オ　すでに存在していた工場給食や病院給食に類似する点、まとまった量の食事を配分して集団で食べ、レジやメニュー表が存在しないという点で、給食の定義にあてはまるから。

【問三】傍線部②「調理場所と提供方法にそれぞれパターンがある」とありますが、「親子方式」と「食缶方式」を組み合わせると、どのような給食をどのように提供できますか。四十字以内で説明しなさい。

【問四】傍線部③「不思議な雰囲気」とありますが、給食のどのような点を「不思議」だと言っているのですか。その説明として最も適切なものを次から選び、記号で答えなさい。

ア　家庭の実状から離れて貧富の差を埋め、平等な空間を目指す一方で、食品関連企業が利益を追求する市場でもあるという点。
イ　片付けや掃除の作業を子どもに強いる点があるが、一方で同じメニューの強制は差別の軽減につながっているという点。
ウ　同じ時間に同じ場所で同じものを一緒に食べる形をとりながら、実際は地域ごとに食品業務を担う企業が異なる点。
エ　学校から家に帰って家族と食事をとる国もある一方で、日本の給食は家族から切り離された食事として存在する点。
オ　大企業や農業大国を中心に大金が動く大事業である一方で、地域の小さな商店に支えられる場合もあるという点。

【問五】傍線部④「『災害大国の給食』という視角」とありますが、日本の給食を考えるにあたってなぜこの視角が必要なのですか。その理由として最も適切なものを次から選び、記号で答えなさい。

になって被災者の救助に貢献したこと。どちらも一部をのぞいて先行研究では深く追究されてこなかった論点である。

第三に、運動史からの視角。

貧困児童を救うための給食の誕生、関東大震災後の給食の普及、敗戦直後の給食の試み、学校給食法の制定、センター方式の阻止、学校栄養職員や調理員の地位向上、僻地《へきち》の完全給食普及、それらはすべて政治家や官僚や学者ではなく、教師、学校栄養職員、調理員、保護者、ジャーナリストたちの運動がなければありえなかった。それはもちろん、単なる民衆史ではないし、統一した運動を展開したわけでもない。だが、文部省や教育委員会や学者などエリート層にも給食の理想に生涯を捧《ささ》げた人物が少なからず存在し、⑤とりわけ敗戦後すぐの文部省の役人の語った理想は気高く、その人びともまた、給食の現場の運動と切れてはいなかった。

第四に、教育史からの視角。

敗戦後、給食は主として文部省、現在は文部科学省の管轄になるが、それは教育政策の一環だからである。給食が教育の一環であることは一見あたりまえのように見える。だが、実は、これは切り離すべきだという議論も少なくない。給食の教育効果とはどのようなものか、これは古くて新しい問いだ。

そして第五に、⑥日本の給食史を世界史のなかに位置づけ直しながら考える、という視角。

十九世紀末から二〇世紀初頭の世紀転換期に世界各地で給食が立て続けに導入されていく。そこにはあるパターンが存在する。十九世紀に国民国家のかたちが相次いで整い、国家がスポンサーになり、読み書きそろばんを教えるのみならず、身体を鍛錬し、将来を担《にな》う労働者や兵士を合理的に創出する義務教育制度が普及して、これまで学校に通えなかった子弟が学校に通わなくてはならなくなる。しかし、貧困家庭には経費を支払う財力がなく、子どもを通わせられないし、通わせられたとしても、栄養不良で学業に集中できない。おりしも世紀転換期の経済不況で貧富の差が拡大、政府は福祉国家へと移行し、弱者たちをも市場や国家の担い手にするべく税金を使うようになる。戦争や徴兵検査、第一次世界大戦後はとりわけヨーロッパで子どもの栄養状態が急激に悪化するなかで、栄養不良の子ども、そして子どもに食べものを与えられない家庭の貧困が可視化される。

給食の動きは、ニューヨーク、ロンドン、パリなど大都市で顕著であった。そこで行政や❷ジゼン団体を中心に学校給食が試験的に導入され、ある程度の成功を収めることで、各地に普及していく。基本的には貧困者には無償で、一般家庭の児童は有償であるが、⑦どの自治体もそれらが表に出ないように苦心する。この苦心は、給食史の核となる普遍的事象である。そして、貧困者に限定した給食の場合は目立つので、結局全校給食に移行することが多い。

日本もその例外ではない。学校給食の日本史は、日本国内で完結する歴史ではない。ボーア戦争（一八九九年）がきっかけとなって法定化されたイギリスの給食、第一次世界大戦期（一九一四～一八年）に七六万人の餓死者を出したドイツの飢餓、それに対し各国に援助を求めたハーバート・フーヴァー（のちのアメリカ大統領）のことは文部官僚も厚生官僚も栄養学者もよく知っていた。欧米各国で講演を請われるほど活躍したグローバルな栄養学者佐伯矩《さいきただす》、戦前に欧米の給食の視察にまわったを意図せず実現していると言えなくもない。

第二に、家が貧しいことのスティグマを子どもに刻印しないという鉄則。

給食一三〇年の歴史からこの問題は一度も剝落したことはない。萌芽《ほうが》期の給食は貧困層の子どもたちのみに与えられたが、この事実が暴露されると子どもの自尊心は深く傷つく。教育者も官僚も科学者もまずなによりもこのことを恐れた。[C]貧富の差が露呈せぬよう学校では衰弱気味の子には誰にでも給食が提供され、最終的には全児童に提供されるようになった。

第三に、給食は食品関連企業の市場であること。

教育学者の新村洋史は、一九八八年の段階で「給食は、人件費と食材費をあわせて年間一兆四〇〇〇億円のお金の動く大事業」と述べている。ここには、アメリカを代表とする農業大国や、多くの食品産業、食品卸業、農家の利益が直接に絡んでくる。調理器具も、食器も、冷凍食品も、小麦も、牛乳も、公的な給食は大企業に、場合によっては地域の小さな八百屋や魚屋や肉屋に支えられている。

家族以外の人びとと、貧富の差を棚上げして、食品産業のビジネスの場で、③不思議な雰囲気を醸し出しつつ、同じ時間に同じ場所で同じものを子どもたちが一緒に食べる。給食を囲む基本的条件をまずは知っておきたい。

[D]日本の給食史を漫然と眺めているだけでは、中途半端な概説史に堕《だ》してしまう。それを避けるためにも、とくに下記の五つの視角から給食史をとらえたい。

第一に、子どもの貧困対策という視角。

私は「子どもの貧困」と食をつなぐテーマとして最近全国に急速に広まった「子ども食堂」に注目していたが、それよりも給食が大事だと教えてくれたのが首都大学東京で社会保障論を教える阿部彩さんであった。著書『子どもの貧困』は、多くの読者の意識どころか国会までも動かし「子どもの貧困対策の推進に関する法律」の法定化を促した。阿部さんは、子どもの貧困に立ち向かう試みとして、子ども食堂の試みも尊いが、本丸は給食、とくに普及率が小学校よりも低い中学校給食であると強く主張した。給食はその誕生からずっと貧困対策であり、防貧対策であった。経済成長期以降、飢えはなくなったから給食を合理化せよという意見が強くなったが、そのときも含めて給食はずっと家で満足に食べられない子の唯一のまともな食事でありつづけた。

第二に、④「災害大国の給食」という視角。

これまで給食は、教育や食糧や福祉の歴史の文脈で論じられてきたが、本書はそれに加えて災害史との関連を強く意識した。これは、鳫《がん》咲子著『給食費未納』という現在の給食研究の一つの到達点をつらぬくテーマと一致する。鳫は、歴史的に給食が災害と関わりがあったことと、東日本大震災以後給食施設の復興が遅れたことを指摘している。ここでの「災害」とは、基本的には地震や風水害であるが戦災も部分的に関連する。もともとの執筆計画では私は災害との関係について書く予定はなかったが、史料を収集整理しているうちに、関東大震災から現在も頻発する自然災害に至るまで、日本の給食は度重なる災害の経験抜きには発展しなかったことが分かった。災害と給食の関係。これには大きく分けて二点ある。給食施設のない不利益が災害によって白日のもとに晒《さら》されたこと。そして、給食施設とその調理員などの関係者が炊き出しの拠点

【国　語】（四五分）〈満点：一〇〇点〉

【注意】字数制限がある記述問題においては、句読点は字数に数えることとします。

一　次の文章を読んで後の問に答えなさい。

給食とはいったいなにか。

それは、食事時間を挟んで関係者が滞在する必要のある施設、[A]工場、病院、学校で、まとまった量の食を配分して集団で食べること、またはその食べもののことである。飲食店では、食べる人は食べものをその場で選んで購入しなければならない。しかし、給食のメニューは原則として選べないし、代金も一括払いで財布は必要ない。一般的に給食にはレジやメニュー表が存在しない。給食の特徴は「強制」であり、選択肢の少なさである。

給食は、主として、工場給食、病院給食、学校給食の三形態に分類される。日本の場合、工場給食は、一八七三年に群馬県の富岡製糸場で、病院給食は、一九〇二年に東京市の聖路加病院で、学校給食は山形県鶴岡町（現在の鶴岡市）忠愛小学校で始まったとされている。もちろん、それ以前にも類似の形態があっただろうし、軍隊や会社の食事も給食と言える場合もあるかもしれない。それらのなかでも日本で最も経験者が多い学校給食、とくに小学校の給食を中心に扱いたい。以後、とくに断りをいれないかぎり、①学校給食のことを給食と呼ぶ。

給食には、②調理場所と提供方法にそれぞれパターンがある。調理場所には「自校方式」「センター方式」「親子方式」「デリバリー方式」の四つがある。自校方式は、各学校に一つの調理場が付属していること。センター方式は、大型の調理場が複数の学校に給食を提供し、親子方式は、自校方式の学校の調理場が「親」となり、調理施設のない「子」の学校のために調理して配送する方法、デリバリー方式とは弁当外注のことである。

提供方法には「食缶方式」と「弁当箱方式」の二種類ある。食缶方式とは、種類ごとに大きな容器に入った給食を教室やランチルームで一人分ずつ配膳し、食べる方式であり、弁当箱方式は弁当の容器に決まった量の食べものをあらかじめ入れてそれを配達する方式である。食缶方式は、弁当箱方式と比べて配膳に時間がかかるが、温かくて味がよく、食べる量も調節しやすい。

給食について一通り定義を終えたところで、その基本的性格を三点おさえておきたい。

第一に、家族以外の人たちと食べること。親ではない大人と、兄弟姉妹ではない子どもと食べるという空間の❶トクイ性は、もっと強調されてよい。現にドイツや中国ではつい最近まで給食は存在せず、ドイツは学校では軽食だけで一四時頃に学校から帰り家族と遅めの昼食を食べ、中国は家に帰るか学校で購入して昼食を食べた。他方で、給食は家族から切り離された食事だ。弁当は家の状況を映し出す鏡であるが、給食には家の状況は反映されない。各生徒の家庭の内実が一旦「棚上げ」される場所である。

[B]、片付けと掃除も子どもが行《おこ》なう日本の給食は棚上げ効果抜群だ。外国からは特別に映る準備や片付けの作業は、しかし、家族の経済状態が問われず、みなが同じ作業をするという意味で、差別なき世界

2020年度

解　答　と　解　説

《2020年度の配点は解答欄に掲載してあります。》

＜数学解答＞

1　(1) $\frac{1}{2}$　(2) $\frac{32a^4b^4}{3}$　(3) $\frac{9}{16}$　(4) ×　(5) 150g　(6) $56\pi\,\mathrm{cm}^2$

(7) 252　(8) $x=2$　(9) $\mathrm{BT}=\frac{2}{3}\mathrm{cm}$　(10) (ア)

(11) (お買い得な袋)　B　(理由)　解説参照

2　(1) $\mathrm{LM}=1-\frac{\sqrt{3}}{2}\mathrm{cm}$　(2) $\mathrm{AL}^2=2-\sqrt{3}$

3　(1) -2　(2) 点Tは直線RS上にある。　(3) $\frac{1}{3}$

4　(1) 89　(2) (D)　(3) 25個　(4) 89通り

○推定配点○

各5点×20(1(11)完答)　　計100点

＜数学解説＞

1　(数・式の計算，空間内の直線と平面の位置関係，方程式の応用，円錐の表面積，数の性質，統計・標本調査，線分の長さ，場合の数，相似の利用)

(1) $2-\frac{1}{1-\frac{1}{3}}=2-\frac{1\times3}{\left(1-\frac{1}{3}\right)\times3}=2-\frac{3}{3-1}=2-\frac{3}{2}=\frac{1}{2}$

(2) $(ab^2)^3\times\frac{3}{2a^2b^5}\div\frac{9}{(4ab)^3}=a^3b^6\times\frac{3}{2a^2b^5}\div\frac{9}{64a^3b^3}=a^3b^6\times\frac{3}{2a^2b^5}\times\frac{64a^3b^3}{9}=\frac{32a^4b^4}{3}$

(3) $\left(1-\frac{1}{2^2}\right)\times\left(1-\frac{1}{3^2}\right)\times\left(1-\frac{1}{4^2}\right)\times\cdots\times\left(1-\frac{1}{8^2}\right)=\frac{2^2-1}{2^2}\times\frac{3^2-1}{3^2}\times\frac{4^2-1}{4^2}\times\cdots\times\frac{8^2-1}{8^2}=$
$\frac{(2-1)(2+1)}{2^2}\times\frac{(3-1)(3+1)}{3^2}\times\frac{(4-1)(4+1)}{4^2}\times\cdots\times\frac{(8-1)(8+1)}{8^2}=\frac{1\times3}{2^2}\times\frac{2\times4}{3^2}\times\frac{3\times5}{4^2}\times\cdots\times$
$\frac{7\times9}{8^2}=\frac{1\times2\times3^2\times4^2\times\cdots\times7^2\times8\times9}{2^2\times3^2\times4^2\times\cdots\times8^2}=\frac{1\times2\times8\times9}{2^2\times8^2}=\frac{1\times9}{2\times8}=\frac{9}{16}$

(4) 右図のような立方体ABCD－EFGHを考える。辺BFを直線ℓ，面AEHDを平面P，面CGHDを平面Qと考えたとき，ℓ//P，P⊥Qであるが，ℓ⊥Qではない(ℓ//Qである)。問題の主張は，常に正しいとは言えない。

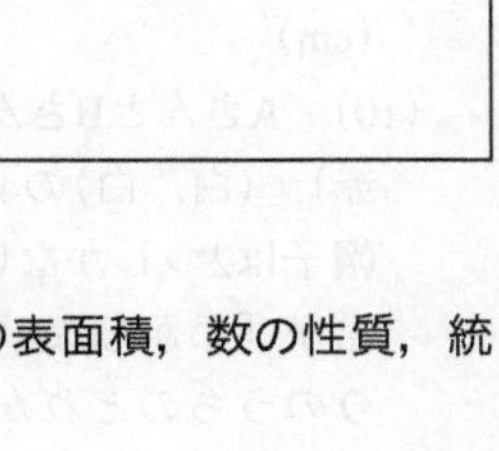

(5) 濃度が13％の食塩水の混ぜる量をxgとすると，濃度が7％の食塩水の混ぜる量は$(450-x)$g　(食塩の量)＝(食塩水の量)×$\frac{(濃度\%)}{100}$より，食塩の量の関係から，$x\times\frac{13}{100}+(450-x)\times\frac{7}{100}=450\times\frac{9}{100}$　整理して$6x=900$　$x=150$
よって，濃度が13％の食塩水は150g混ぜればよい。

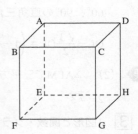

(6)　半径r，弧の長さℓのおうぎ形の面積は$\frac{1}{2}\ell r$で求められるから，問題の円錐の表面積は側面積＋底面積＝$\frac{1}{2}\times 8\pi\times 10+\pi\times\left(\frac{8}{2}\right)^2=56\pi\,(\mathrm{cm}^2)$

(7)　221を素因数分解すると，221＝13×17だから，221のすべての正の約数は1，13，17，221の4個。よって，221のすべての正の約数の和は1＋13＋17＋221＝252

(8)　小テストでのすべての生徒の得点の合計の関係から，$2\times1+3\times x+4\times3+5\times2+6\times y+7\times2+8\times3+9\times2+10\times1=120$　　整理して，$x+2y=10$　　yについて解いて，$y=\frac{10-x}{2}$…①　また，得点の最頻値が6点であったことから，$y\geqq4$…②および$y>x\geqq1$…③　①，②，③をすべて満たすのは，$(x,\ y)=(2,\ 4)$である。

重要　(9)　AS＝$x$cmとするとSP＝SD＝$1-x$(cm)　また，点Pは辺ABの中点だから，$\mathrm{AP}=\mathrm{BP}=\frac{\mathrm{AB}}{2}=\frac{1}{2}$(cm)　これらを$\mathrm{SP}^2=\mathrm{AS}^2+\mathrm{AP}^2$に代入すると$(1-x)^2=x^2+\left(\frac{1}{2}\right)^2$　これを解いて$x=\mathrm{AS}=\frac{3}{8}$(cm)　△ASP∽△BPTが成り立つから，AS：BP＝AP：BT　$\mathrm{BT}=\frac{\mathrm{BP}\times\mathrm{AP}}{\mathrm{AS}}=\frac{\frac{1}{2}\times\frac{1}{2}}{\frac{3}{8}}=\frac{2}{3}$(cm)

(10)　AさんとBさんのすべての帽子の色の組合せは，(Aさん，Bさん)＝(赤，赤)，(赤，白)，(白，赤)，(白，白)の4通りが考えられる。ここでもし，(Aさん，Bさん)＝(白，白)だとすると，白の帽子は2つしかないから，Cさんの帽子は赤に決定し，Cさんは「わからない」と答えない。Cさんが「わからない」と答えたことから，(Aさん，Bさん)＝(赤，赤)，(赤，白)，(白，赤)の3通りのうちのどれかであることがわかる。そして，このことはBさんも理解した。次に，Bさんが見たAさんの帽子の色が白だとすると，(Aさん，Bさん)＝(白，白)は有り得ないことから，Bさんの帽子は赤に決定し，Bさんは「わからない」と答えない。Bさんが「わからない」と答えたことから，(Aさん，Bさん)＝(赤，赤)，(赤，白)の2通りのうちのどれかであることがわかり，Aさんの帽子の色は必ず赤色である。

(11)　(理由)　(例)　小と大の底面の半径の比が1：2なので，体積比は1：8になる。個数はそれぞれ14個，2個なので量の比は14：16になるから。

2　(三平方の定理，線分の長さ)

(1)　△AOKが正三角形であることと，∠AOL＝360°÷12＝30°であることから，△AOMは30°，60°，90°の直角三角形で，3辺の比は$2:1:\sqrt{3}$　以上より，$\mathrm{LM}=\mathrm{OL}-\mathrm{OM}=\mathrm{OL}-\frac{\sqrt{3}}{2}\mathrm{OA}=\mathrm{OL}-\frac{\sqrt{3}}{2}\mathrm{OL}=\left(1-\frac{\sqrt{3}}{2}\right)\mathrm{OL}=\left(1-\frac{\sqrt{3}}{2}\right)\times1=1-\frac{\sqrt{3}}{2}$(cm)

重要　(2)　△ALMで三平方の定理を用いると，$\mathrm{AL}^2=\mathrm{LM}^2+\mathrm{AM}^2=\mathrm{LM}^2+\left(\frac{\mathrm{OA}}{2}\right)^2=\left(1-\frac{\sqrt{3}}{2}\right)^2+\left(\frac{1}{2}\right)^2=2-\sqrt{3}$

3　(図形と関数・グラフ)

基本　(1)　2点P，Qは$y=x^2$上にあるから，そのy座標はそれぞれ$y=(-1)^2=1$，$y=2^2=4$　よって，P$(-1,\ 1)$，Q$(2,\ 4)$であり，直線PQの傾き＝$\frac{4-1}{2-(-1)}=1$　直線PQの式を$y=x+b$とおくと，点Pを通るから，$1=-1+b$　$b=2$　直線PQの式は$y=x+2$…(ⅰ)　x軸上の点のy座標は0

だから，点Tのx座標は，（ⅰ）に$y=0$を代入して$0=x+2$　　$x=-2$

(2)・(3)　2点R，Sは$y=ax^2$のグラフ上の点であるから，そのy座標はそれぞれ$y=a\times(-1)^2=a$，$y=a\times 2^2=4a$で，R$(-1,\ a)$，S$(2,\ 4a)$と表せ，直線RSの傾きは$\dfrac{4a-a}{2-(-1)}=\dfrac{3a}{3}=a$である。ここで，直線RSの切片を$b$とすると，直線RSは$y=ax+b$となり，R$(-1,\ a)$を通るので$a=a\times(-1)+b$より$b=2a$となる。よって，直線RSを表す式は$y=ax+2a$となり，この式は$y=a(x+2)$と変形できるので，$x+2=0$　すなわち$x=-2$のとき，aの値に関係なく$y=0$が常に成り立つ。これは，直線RSがaの値に関係なくT$(-2,\ 0)$を通るということであり，したがって，点Tは直線RS上にある。(ア)　　ここで，$\triangle\mathrm{TPR}=\dfrac{1}{2}\times\mathrm{PR}\times$(点Pの$x$座標－点Tの$x$座標)$=\dfrac{1}{2}\times(a-1)\times\{-1-(-2)\}=\dfrac{1}{2}(a-1)$…(ⅱ)　　$\triangle\mathrm{TQS}=\dfrac{1}{2}\times\mathrm{QS}\times$(点Qの$x$座標－点Tの$x$座標)$=\dfrac{1}{2}\times(4a-4)\times\{2-(-2)\}=8(a-1)$だから，四角形PQSR$=\triangle\mathrm{TQS}-\triangle\mathrm{TPR}=8(a-1)-\dfrac{1}{2}(a-1)=\dfrac{15}{2}(a-1)$　　これが5に等しいから$\dfrac{15}{2}(a-1)=5$　　$(a-1)=\dfrac{2}{3}$　　これを(ⅱ)に代入して$\triangle\mathrm{TPR}=\dfrac{1}{2}\times\dfrac{2}{3}=\dfrac{1}{3}$

4　(規則性，場合の数)

(1)　11番目までのフィボナッチ数列は1，1，2，3，5，8，13，21，34，55，89だから，ア＝89

基本　(2)　整数mと正の整数nを用いて，分数$\dfrac{m}{n}$の形に表される数を有理数といい，分数$\dfrac{m}{n}$の形に表せない数を無理数という。$\sqrt{5}$は分数$\dfrac{m}{n}$の形には表せないので無理数である。

やや難　(3)　フィボナッチ数列のそれぞれの数を3で割ったときの余り(0か1か2)の数列を考える。ここで，3番目の数からは，「ある数aを3で割ったときの余りをa'，ある数bを3で割ったときの余りをb'としたとき，$a+b$を3で割ったときの余りは，$a'+b'$を3で割ったときの余りに等しい。」…(☆)を使う。1番目の余りから順番に考えると$1\div3=0\cdots1$，$1\div3=0\cdots1$，$(1+1)\div3=0\cdots2$，$(1+2)\div3=1\cdots0$，$(2+0)\div3=0\cdots2$，$(0+2)\div3=0\cdots2$，$(2+2)\div3=1\cdots1$，$(2+1)\div3=1\cdots0$，$(1+0)\div3=0\cdots1$，$(0+1)\div3=0\cdots1$より，余りの数列は1，1，2，0　2，2，1，0，1，1　　ここで，1番目，2番目の余りと，9番目，10番目の余りが等しいことから，9番目以降は1番目から8番目の数列を繰り返すことがわかる。1番目から8番目の数列の中には，余りが0，すなわち3の倍数が2つあることから，フィボナッチ数列の1番目から100番目の数の中に，3の倍数は$100\div8=12\cdots4$より，2個×12＋1個＝25個ある。(補足説明)　(☆)は以下のように証明できる。ある数aを3で割ったときの商をm，余りをa'，ある数bを3で割ったときの商をn，余りをb'とすると，$a=3m+a'$，$b=3n+b'$より，$a+b=(3m+a')+(3n+b')=3(m+n)+(a'+b')$　　よって，$a+b$を3で割ったときの余りは，$\dfrac{a+b}{3}=\dfrac{3(m+n)+(a'+b')}{3}=(m+n)+\dfrac{a'+b'}{3}$より，$a'+b'$を3で割ったときの余りに等しい。

やや難　(4)　1段目までの上がり方は1歩で1段の1通り。2段目までの上がり方は1段＋1段＝2段と，1歩で2段の2通り。ここで，n段目までの上がり方をa通り，$n+1$段目までの上がり方をb通り，$n+2$段目までの上がり方をc通りとする。$n+2$段目までの上がり方は，最後が1段上がりの上がり方($n+1$段目から$n+2$段目に上がる)と，最後が2段上がりの上がり方(n段目から$n+2$段目に上がる)の和である。最後が1段上がりの上がり方は，$n+1$段目までの上がり方に等しくb通り，最後が2段上がりの上がり方は，n段目までの上がり方に等しくa通りだから，$c=a+b$が成り立つ。これは，数列のn番目の数がn段目までの上がり方の数と考えると，フィボナッチ数列であることを示しているから1，2，3，5，8，13，21，34，55，89より，10段目までの上がり方は89通り。

★ワンポイントアドバイス★

1 (3)は$\left(1-\frac{1}{x^2}\right)=\frac{x^2-1}{x^2}=\frac{(x-1)(x+1)}{x^2}$という変形を利用することを考えてみよう。4 (3)はフィボナッチ数列のそれぞれの数を3で割ったときの余りの数列の規則性をつかむことがポイントである。

＜英語解答＞

Ⅰ　問1　う→あ→お→い→え　　問2　A　more　　B　At　　C　wanted　など
問3　throwing　　問4　would

Ⅱ　問1　ひつぎ　など　　問2　(1)　い　　(2)　う　　(3)　う　　(4)　い　　(5)　う

Ⅲ　(1)　け　　(2)　こ　　(3)　う　　(4)　お　　(5)　き　　(6)　い

Ⅳ　(1)　● not　　▲ as　　(2)　● talking　　▲ never

Ⅴ　(1)　え　　(2)　い　　(3)　あ

Ⅵ　(例)　I was practicing soccer with my teammates for the next tournament.
We practiced very hard, but we couldn’t win the first prize.

○推定配点○
Ⅰ　各4点×6(問1完答)　　Ⅱ　各4点×6　　Ⅲ　各4点×6　　Ⅳ　各4点×2(各完答)
Ⅴ　各4点×3　　Ⅵ　8点　　計100点

＜英語解説＞

Ⅰ　**(長文読解問題・紹介文：文整序，要旨把握，語句補充・記述，比較，不定詞，動名詞，助動詞)**

(全訳)　ダンは静かな人物だった。カリフォルニア州オークランドの暴力団や家のない人々が多く暮らす地域に，彼は住んでいた。その地域はいつも喧騒に充ちていて，犯罪が多発したが，これまでダンは警察に不平を言うことはなかった。しかし，市が彼の家の正面に小さな公園を建設して，近隣の住民の中にはそこにごみを捨てる人が出現すると，ダンは憤慨した。彼は市にごみのことを告げると，「ここにはごみを捨てないでください」と書かれた標識が彼らの手により公園の前に設置された。それは効果がなかった。人々は古着，ゴミの入った袋，そして，家具さえもそこに放置し続けたのである。ごみの山はどんどんと大きくなっていった。ダンは市に再び苦情を述べたが，彼らは何もしてくれなかった。

うごみ問題を解消するための手段について，ダンと彼の妻であるルーは長時間話し合った。あついに彼らはある考えを思いついた。お彼らが思いついたのは，公園に仏像を置くというものだった。いそこで，ルーは公園を清掃して，ダンは仏像を買うためにホームセンターへ行った。えそして，ダンはコンクリートブロックの上にそれ[仏像]を置き，公園に設置した。

仏像が運びこまれると，人々は公園にごみを投棄しなくなった。ダンはうれしかった。毎日帰宅する際に，静かな仏像を見ることが彼にとっては楽しみとなり，しばらくすると，彼はその(仏像の)ことをそれほど考えなくなった。それから数か月後，ある事件が起こった。彼が仕事から帰宅すると，仏像が白く塗られていることに気づいたのだ。「これは奇妙だなあ」とダンは思った。その後，果物や硬貨のようなちょっとしたものが，毎日，仏像の横に置かれているのを彼は目撃するようになった。後に，誰かが仏像を卓上に安置して，それは金色に彩色された。ついには，雨から仏像を守るために，何者かの手により小さな家屋が作られた。朝になると，お香に火をつけ，祈りをささげ，仏像を訪れる人々の姿をダンとルーは見かけるようになった。興味深いことに，その地域の犯罪数が減少した。

仏像の手入れをしている人物が誰であるかをダンは突き止めた。それは，オークランド在住のベトナム人仏教徒の集団だった。信者が祈祷するために毎朝仏像を訪れていたのだ。ヴィーナ・ヴォが仏像の面倒をみることを始めた。ヴィーナ・ヴォはベトナム出身だった。彼女が若かりし頃，彼女の友人や家族の多くがベトナム戦争で犠牲になった。そして，彼女の村にあった寺院も破壊されたので，彼女は悲しくて，寂しかった。彼女は，1982年にカリフォルニア州オークランドへ移住して，2010年に，ダンの家の正面にある仏像を発見した。彼女はそれを目にすると，ベトナムの寺院を思い出して，その仏像を手入れすることを決意した。ダンが公園に仏像を置いたことを，ベトナム人集団のヴィーナ・ヴォや他の人々が知ると，彼らは彼に贈り物をするようになった。彼らは彼の家の前に食べ物やケーキなどを置いた。そこで，ダンは彼らに言った。「いいえ，どうか私に食べものをお持ちにならないようにお願いします。あれはもうあなたたちの仏像なのですから」

旅行者たちも仏像のうわさを聞き，一目見ようと，オークランドを目指すようになった。市当局は交通量のことを気にして，仏像を取り除こうとしたが，その時点で，仏像は多くの人々に愛されるようになっていた。そこで，市は仏像の撤去を断念した。以前と比べて，その界隈は，きれいに，安全に，そして，住民はより友好的になった。

現在では，オークランド周辺の他の地域でも仏像や寺院が存在している。ダンやルーの仏像は知られるようになり，自分らの地域にも仏像を安置することにしたのだ。

当初，ダンとルーは公園にごみを捨てることを止めてほしかっただけだ。彼らのホームセンターで購入した仏像がやがて社になり，ベトナムの人々やその他の多くの人々に幸福をもたらすことになろうとは思いもしなかったのである。

やや難　問1　「(ごみの投棄の件で)市に苦情を述べたが，何もしてくれなかった」(第1段落最終文)→う「ごみ問題を解消する手段をダンと妻は長時間話し合った」→あ「彼らはある考えを思いついた」→お「それは仏像を置くというもの」→い「妻は公園を清掃し，ダンは仏像を買った」→え「仏像は公園に設置された」

重要　問2・問3　(A)直前に cleaner と safer という比較級が続いていること，それから，後ろに than があることから，friendly を比較級にすれば良いことがわかる。正解は more friendly。長い語の比較級[最上級]→〈more [most]＋原級〉　(B)「まず／当初[最初]は」になるように，At first とする。文頭なので最初の文字は大文字にすること。　(C)・(D)文脈から「ダンとルーは公園にごみを捨てることを止めてほしかった」という意味になるように適語を補充する。〈want ＋人＋不定詞[to do]〉「人に～してほしい」 want は過去時制 wanted にすること。「捨てる」 throw だが，「～することを止める」〈stop ＋動名詞[doing]〉なので，throwing と動名詞にする。

基本　問4　【will】を含む文の内容は，その時点で以降のことが予測できなかったというもの。つまり，過去の時点での未来を表しているので，未来を表す助動詞 will を過去形 would にする。

Ⅱ　(長文読解問題・エッセイ：語句補充・選択，要旨把握，分詞，受け身，不定詞)

(全訳)　あなたは‘魔女の窓’が何であるかを知っているか。‘魔女’は魔力を身につけた女性のことだ。米国バーモントでは，魔女が人々の家に飛んで入ってくることを阻むための傾いた窓が備わった古い家屋が数多く存在する。世界中にある家々は，国により(様相が)異なる。天候，地面の状態[種類]，建材などの多くの要素が，家の様式に変化をもたらしうる。各地域の文化によっても，家は違ってくる。例えば，幽霊を追い払うために作られる家があれば，情け深い霊を歓迎し招き受け入れるために作られるものもある。

バーモントでは，魔女が傾いた窓枠を通り抜けて飛ぶことができないために，魔女の窓は傾いているのである，と証言する人が多い。しかし，それが本当に，(人々が)窓を傾斜させて作る理由なのだろうか。窓がそのように作られた理由に関して，相違する意見をもつ人々もいる。そのような人々は，斜めの屋根の下に位置する屋根裏部屋には，傾いた窓のほうがぴったり収まり，より多くの太陽光が部屋に差し込むからだ，と考える。‘棺桶窓’と呼ぶ人々もいる。誰かが死ぬと，ひつぎと呼ばれる箱に遺体は安置される。家の内外へと棺桶を運ぶために，以前は窓を使っていたと彼らは考えているのだ。でも，バーモントのほとんどの人々は，それらは‘魔女の窓’であると言うだろう。彼らは自分らの魔女の窓を誇らしく思っているのだ。

幽霊の侵入を防ぐように建てられた家は，米国の他の地域でも見かける。例えば，南部の州では，幽霊が家に進入するのを防ぐために使われる‘ヘント・ブルー’と呼ばれる青の塗料の一種が存在する。彼らによると，青色は水のように見えて，幽霊は水上を飛遊することを嫌うとのことだ。

中国では，屋根が曲がっている。その理由は，直線にしか移動できない悪霊を混乱させるためだ。そして，海を隔てた日本では，家の北東の角は，‘鬼門’，ないしは，悪魔の門と呼ばれる。霊が北東からやって来ると考える人が日本人の中にいて，扉や窓を家のその角に配置したがらないのである。タイや他の東南アジア諸国では，死者の霊のためにだけ家が建てられる。彼らは自宅の外へ死者の霊を留めておこうとはしない。代わりに，霊が留まる他の建物を建てるのである。フィリピンの人々は，別の方法で幽霊と共生する。幽霊は地下のような低い場所に行くのを好むと彼らは考えているので，地下に特別な扉や出口を設けているのだ。そのようにして，幽霊は自分の住処から簡単に出ていくことができるという。

もしあなたが悪霊を家の外へ留めておきたいが，家の修繕をしたくなければ，霊を遠ざけるために家の周囲に取り付けることができる多くの種類のお守りが存在する。お守りは幸運をもたらすものだ。世界中では，幸運のために，人々が，馬蹄，風鈴，薬草，花，そして，その他の多くものを家の周囲に置いている。

基本 問1　後続の文「誰かが死ぬと，coffin と呼ばれる箱に遺体は安置される」から，coffin がどのようなものかがわかる。call A B「AをBと呼ぶ」 a box called a coffin ←過去分詞の形容詞的用法〈名詞＋過去分詞＋他の語句〉「～される…」

やや難 問2　(1)　(全訳)「第1段落によると，(い)違った文化においては，異なった家の建て方が存在する」第1段落の最後から第2番目の文に一致。〈because ＋ of ＋名詞(相当語句)〉「～が理由で」他の選択肢は次の通り。　あ)「すべての家は悪霊を遠ざけるために建てられている」(×)　すべての家がそのような目的で建てられているわけではない。are built「建てられている」←受動態〈be動詞＋過去分詞〉「～される」　う)「魔女の窓は良い霊を招き入れるために作られている」(×)　第1段落第2文目に「魔女が人々の家に飛んで入ってくることを阻むための傾いた魔女の窓～」とあるので不可。are made「作られる」

(2)　(全訳)「バーモントでは，(う)家に魔女の窓があるということを人々が言いたがっている」第2段落の最後の文と一致。be proud of「～を誇りにして」他の選択肢は次の通り。　あ)　魔女が家に入りやすいように，魔女の窓が傾斜して作られた」(×)　一般に，魔女の窓は魔女の侵入を防ぐためのもの，と考えられている。(第2段落最初の文)　い)「多くの光を得るために，魔女の窓が備わった新しい家が建築される」(×)　傾いた窓からより多くの光が差し込むという記述(第2段落第4文目)はあるが，その目的で魔女の窓を有する家を新築している，との言及はない。

(3)（全訳）「米国では，青色に塗られている家がある。というのは，㋒青色のものの上空を幽霊が飛遊することはできない，と人々が信じているからである」第3段落第2・3番目の文の内容に一致。〈S＋be動詞＋ painted ＋C〉「SはCに塗られる」〈stop O from -ing〉「Oが…するのを止める」他の選択肢は次の通り。あ）「それは水のようで，人々は水が好きだからである」い）「人々は幽霊が海で泳ぐことができないと信じているからである」共に該当箇所なし。

(4)（全訳）「アジアのある国では，㋑幽霊が留まる特別の家がある」（○） 第4段落の後から第4番目の文に一致。a house［houses］～ to stay in〈名詞＋不定詞［to do］〉 不定詞の形容詞的用法「～するための［するべき］…」 他の選択肢は次の通り。あ）「鬼門の角の扉を見ると，悪霊は混乱する」（×） 鬼門には扉や窓を作りたがらない，と述べられている。（第4段落第2・3文目） う）「地下に扉が作られているので，幽霊はいつでも家に入ることができる」（×） 外に出やすくなるように地下に扉を作るのである。（第4段落最終文）～ so …「～である，だから…」

(5)（全訳）「幽霊を締め出すために，㋒家の周囲に様々な種類のお守りを置く」（○） 最終段落最終文・最後から第2文目に一致。keep out「締め出す」他の選択肢は次の通り。あ）「人々は庭で食べる多くの種類の野菜を栽培する」（×） vegetables to eat ←〈名詞＋不定詞［to do］〉不定詞の形容詞的用法「～するための［するべき］……」 い）「人々は壁には何も貼らない」（×） 共に言及なし。

Ⅲ （会話文問題：語句補充・選択，不定詞，比較，現在完了，関係代名詞，接続詞）

（全訳） トム：うれしいなあ。君に会えて。

メグ：こんにちは。本当にうれしいわ。あなたが来てくれて。1け)びっくりすることをあなたに伝えたいのよ。

トム：本当に？ 何だろう。

メグ：今朝，あなたのためにクッキーを焼いたの。

トム：やった。それは良いね。僕はクッキーが大好きだよ。どんな種類のものかな？

メグ：きっと2こ)驚くわ。ひとつ食べてみて。

トム：いいよ。あれ！ とてもべとべとするね。匂いも3う)ひどいや。

メグ：どうかしら…，全くチョコレートを入れなかったの。あなたがダイエットしていることを知っていたので。

トム：これって味がひどいね。今まで食べたものの中で4お)最悪のクッキーだね。

メグ：これらのクッキーを作るのに午前一杯かかったのよ。

トム：うーん，3う)美味しくないなあ。一番に上に何か茶色のものが見えるね。これ何？

メグ：納豆よ。とても5き)健康に良い食品なの，知っているでしょう？

トム：納豆は5き)健康的かもしれないけれど，それでも味がひどいね。

メグ：止めて！ あなたには思いやりというものが全くないのね。ありがとう，と言うべきなのに。

トム：ごめん。ありがとう。でも，これ以上は食べられないよ。

メグ：あ～あ，その言葉を聞いて残念だわ。

やや難 空所に当てはまる適語を答える問題。 1 「あなたに伝えたい（ ）ことがある」後続箇所より，クッキーを頑張って作った，という相手が予想外の知らせを伝えたかったことがわかる。空所には「驚くべき」に相当する surprising が当てはまる。something surprising to tell ←〈something ＋形容詞〉の語順に注意。不定詞の形容詞的用法〈名詞＋不定詞［to do］〉「～するべき［するための］名詞」〈もの＋be動詞＋ surprising（＋ to［for］＋人）〉「（ものが人に対して）驚くべき」 2 納豆入りのクッキーを勧めている箇所。正解は surprised「驚いて」。〈人＋be動詞＋ surprised(at＋もの)〉「(人がものに対して)驚いて」 [3] 先行する文で「べとべとしている」と否定的感想を述べており，後続する箇所でも，terrible「味がひどい」と発言している点から判断する。正解は，bad「まずい」。 [4] 直前で「味がひどい」と述べていること，及び，空所を含む文の形から，最上級が該当するのではないかと予想される点から考える。正解は，worst「最悪の」。worst ← bad ／ badly の最上級「最も悪い／最もひどい[く]」〈the ＋最上級＋主語＋ have [has]＋過去分詞〉「今まで～した中で最も…だ」 cookie▼I've ever had ←目的格の関係代名詞は省略可能。〈先行詞(＋目的格の関係代名詞)＋主語＋動詞〉 [5] ダイエット中のトムのことを思い，クッキー作りに納豆を使ったメグの気持ち，あるいは，後続文で「納豆は(　)かもしれないが，それでもまずい」という文脈から判断して，肯定的な内容の語が当てはまる点から考える。正解は，healthy「健康的」。but 逆接「しかし」 [6] 「もう食べられない」という発言を聞いたメグの気持ちを考える。正解は，sorry「残念な」。〈感情を表す語句＋不定詞[to do]〉「～してある種の感情が沸き起こる」

[IV] （文法問題：語句整序，関係代名詞，比較，分詞，現在完了）

基本 (1) (The second) book which I borrowed was <u>not</u> as difficult <u>as</u> the first one(.) which は目的格の関係代名詞。〈先行詞＋目的格の関係代名詞＋主語＋動詞〉「Sが～する…」〈A not as ＋原級＋ as B〉「AはBほど～でない」 one 前出の単数名詞の代用「～なもの」

(2) That new student <u>talking</u> with Mr. Brown has <u>never</u> been to (the school library.) the new student <u>talking</u> with ←現在分詞の形容詞的用法〈名詞＋現在分詞＋他の語句〉「～している…」 have [has] been to「～へ行ったことがある」

[V] （文法問題：正誤問題，前置詞，関係代名詞，不定詞，間接疑問文，比較，現在完了）

基本 (1) あ) 前置詞 of の後には文[主語＋動詞]が続かない。誤 because of → 正 because

い) 誤 told me. → 正 told me about.〈tell ＋人＋ <u>about</u> ＋もの〉「人へ～について話す」 the student▼you told me about. 目的格の関係代名詞は省略可。〈先行詞＋(目的格の関係代名詞＋)主語＋動詞〉「主語が動詞する先行詞」〈'd [would] like to do〉「～したい」 あ) 「私の兄[弟]が私のスマートホーンを壊したので，私は怒った」 い) 「あなたが私に話してくれた生徒に会いたい」

(2) い) 間接疑問文[疑問文が他の文に組み込まれた形]の場合には，〈疑問詞＋主語＋動詞〉の語順になる。誤 how long does it take → 正 how long it takes How long ～? はものや時間の長さを尋ねる表現。nearest ← near「近い」の最上級 あ)「彼がいつ宿題をしたか知っているか」 い) 「ここから最寄りの駅までどのくらい時間を要するか」

(3) あ) ever「かつて」と X times「X回」は同時に使わない。正しくは ever を取る。have [has] been to「～へ行ったことがある」 あ) 「オーストラリアに3回行ったことがある」

い)「ケイトは学校に到着するのが早すぎて，教室へ入れなかった」 get to「～に到着する」 too ～ to do「～しすぎて…できない／…するにはあまりにも～すぎる」

[VI] （文法問題：自由・条件英作文，進行形）

やや難 (質問)「去年のこの時期にあなたは何をしていたか」 (解答例)「次の選手権大会のためにチームメートとサッカーを懸命に練習していたが，優勝することができなかった。」進行形〈be動詞＋-ing形〉「～しているところだ」

―★ワンポイントアドバイス★―

Ⅲでは，会話文の空所に適語を補充する問題が出題された。文法的に当てはまる形，あるいは，文脈上や話者の感情等を鑑み，空所に当てはまる語を考えること。日頃より，語彙力のアップに努めることが必要となる。

＜理科解答＞

1 問1 ① （重力） オ （摩擦力） カ ② （重力） オ （摩擦力） イ 問2 60J
問3 30J 問4 （運動中） 7.5N （静止中） 15N

2 問1 ① ウ ② イ 問2 ウ・エ 問3 21.6g 問4 燃料電池
問5 水素と酸素から水しか発生しないため。 問6 Li

3 問1 緊急地震速報，S波 問2 マグニチュード 問3 （P波） 6km/s （S波） 3km/s
問4 エ 問5 （浅い地震） ア （深い地震） イ 問6 6 問7 54秒

4 問1 A＞C＞B 問2 キ 問3 特定外来生物 問4 キ 問5 イ・ウ
問6 432匹

○推定配点○
1 各2点×6(問1①②完答) 2 各2点×6(問1完答) 3 各2点×7(問1・問3・問5各完答)
4 各2点×4(問1・問5各完答) 計50点

＜理科解説＞

1 （仕事）

重要 問1 ① 重力と摩擦力は右図アとなる。
② 重力と摩擦力の関係は右図イとなる。

図ア
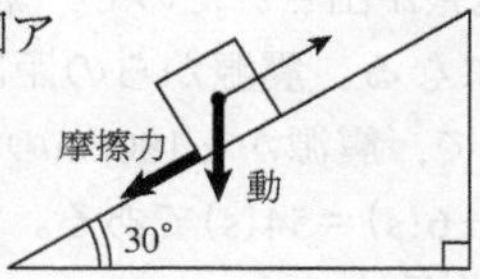

図イ
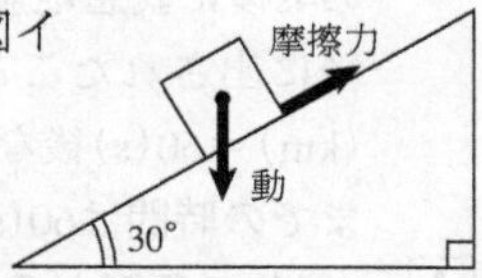

やや難 問2 右図ウのように，地点Aと地点Bの位置の高さは，4.0(m)÷2＝2.0(m)である。物体の質量は3.0kgなので，物体にはたらく重力の大きさは30Nである。よって，位置エネルギーの大きさは30(N)×2.0(m)＝60(J)となる。

図ウ
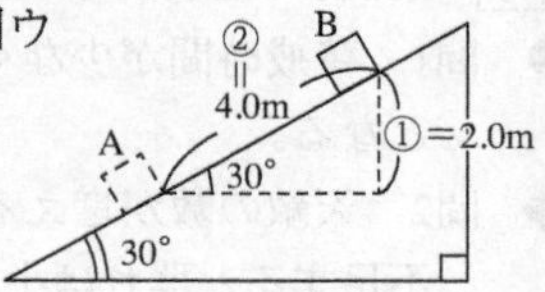

やや難 問3 摩擦がなければ，物体は6.0m動いたので，摩擦力は物体が6.0(m)－4.0(m)＝2.0(m)物体を動かす分はたらいたことがわかる。また，図エより，斜面に平行な分力が30(N)÷2＝15(N)になる。よって，摩擦力がした仕事の大きさは，15(N)×2.0(m)＝30(J)である。

やや難 問4 運動しているとき 30Nの物体が4.0m進んだので，30N÷4.0(m)＝7.5(N)である。
静止しているとき 右図エより，斜面に平行な分力が30(N)÷2＝15(N)になる。摩擦力は，斜面に平行な分力と等しいので，静止しているときの摩擦力は15Nである。

図エ
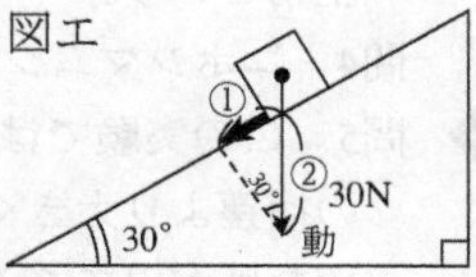

2 （電気分解とイオン）

重要 問1 塩化銅水溶液の色は青色であり，電気分解をすると水溶液の色はうすくなる。

重要 問2 塩化銅水溶液を電気分解すると，陽極からは塩素が発生する。塩素は，空気より重く，水道水などの殺菌に利用される。

基本 問3　質量パーセント濃度10％の塩化銅水溶液の密度が1.08(g/cm^3)なので，この塩化銅水溶液200cm^{3}の重さは，1.08(g/cm^3)×200(cm^3)＝216(g)である。この216gの10％が溶けている塩化銅なので，塩化銅の重さは，216(g)×0.1＝21.6(g)である。

重要 問4　水酸化ナトリウム水溶液を加えた水を電気分解すると，陰極からは水素が，陽極からは酸素が発生する。水素と酸素を反応させて電気エネルギーを取り出す装置を燃料電池という。

重要 問5　燃料電池から，電気を得るために行われる反応(水素と酸素の反応)からは，水しか発生しないため，環境に対して悪影響が少ないと考えられている。

問6　2019年，吉野彰さんは，リチウム電池の研究開発の功績によりノーベル化学賞を受賞した。リチウムの元素記号はLiである。

3 (地震)

重要 問1　地震発生後にできる限り早く震源や規模を推定し，予想された各地の震度や到達時刻を知らせる警告を緊急地震速報という。緊急地震速報は主要動を起こすS波の到着を事前に知らせる情報である。

重要 問2　地震の規模を表す指標をマグニチュードという。

基本 問3　P波は10s間で60km進んでいるので，P波の速さは，60(km)÷10(s)＝6(km/s)である。S波は10s間で30km進んでいるので，S波の速さは，30(km)÷10(s)＝3(km/s)である。

重要 問4　震源からの距離と，初期微動継続時間は比例の関係であるので，エが正解である。

基本 問5　浅い地震は，等間隔の同心円状に広がるが，深い地震は，イのように中心部の幅が広い形となる。

やや難 問6　初期微動継続時間であるtは，$\frac{d(km)}{3(km/s)}-\frac{d(km)}{6(km/s)}$で表せる。$t=\frac{d}{3}-\frac{d}{6}=\frac{2d}{6}-\frac{d}{6}=\frac{d}{6}$となるので，d＝という形にすると，d＝6tとなる。

基本 問7　震源からの距離が12kmの観測点にP波が到達するのは，12(km)÷6(km/s)＝2(s)後である。その4s後に緊急地震速報が出されたので，緊急地震速報は地震が発生してから，2(s)＋4(s)＝6(s)後に出されたことになる。震源からの距離が180kmの地点にS波が到着するのは，180(km)÷3(km)＝60(s)後なので，震源から180kmの地点では，緊急地震速報の発表から主要動を観測するまでの時間は60(s)－6(s)＝54(s)である。

4 (動物の種類とその生活)

基本 問1　警戒時間が少なく，奪い合いの時間が多いほど群れは大きいので，群れの大きさはA＞C＞Bとなる。

基本 問2　天敵の数が増えると，集まることで天敵を寄せつけなくするので群れは大きくなり，食糧が不足すると群れは小さくなる。

重要 問3　海外から移入された，生態系，人の生命，身体，農林水産業に被害を及ぼす生物を特定外来生物という。

問4　ニホンマムシはもともと日本に生息しているため，特定外来生物ではない。

基本 問5　この実験では，1回目の捕獲より，2回目の捕獲の方が多かったが，必ず2回目の捕獲を1回目の捕獲より大きくする必要はないので，イは間違いである。池の中に生物数が多いほど，より正確な値が出てくるので，ウは間違いである。

基本 問6　54(匹)：6(匹)＝x(匹)：48(匹)より，この池に生息するこの生物の数は432匹である。

★ワンポイントアドバイス★

問題文の条件情報を丁寧に読み取ろう。

＜社会解答＞

1 問1 からかさ連判状　問2 ア　問3 エ　問4 エ　問5 ア
問6 (1) 再生可能(エネルギー)　(2) 全国的に見て降水量が多く，山に囲まれていて水が集まりやすいから。

2 問1 ア　問2 サバナ(気候)　記号 ウ　問3 イ　問4 ウ　問5 エ
問6 イ

3 問1 ア　問2 平等院鳳凰堂　問3 オ　問4 イ　問5 ウ　問6 犬養毅

4 問1 軽減税率　問2 ウ　問3 オ　問4 イ　問5 エ　問6 カ

○推定配点○

1 各2点×7　2 各2点×6(問2完答)　3 各2点×6　4 各2点×6　計50点

＜社会解説＞

1 (総合―岐阜県郡上八幡町を切口にした問題)

基本 問1 一揆に加わった者が団結することを約束して誓うとき，円を書きそのまわりに放射状に名前を署名したもので，その状態が傘を開いたように見えるのでこの名がある。

問2 雪舟は，備中に生まれた後に周防に移り，明に渡ったのち日本に戻って水墨画を大成した僧である。アは，その代表作の一つである秋冬山水図，イは如拙の瓢鮎図，ウは俵屋宗達の蓮池水禽図，エは狩野正信の紙本墨画淡彩山水図である。

問3 眼鏡枠の生産の90%以上を占めるのは福井県の鯖江市であることから，エは誤りである。

重要 問4 第一次世界大戦の講和条約である，ベルサイユ条約の内容から判断する。アは，1955年にインドネシアのバンドンで開かれた第1回アジア・アフリカ会議の内容であることから，誤りである。イは，1945年4月にアメリカのサンフランシスコで開かれた会議の内容であることから，誤りである。ウは，ベルサイユ条約で日本が引き継いだドイツの権益は山東省のものであったことから，誤りである。

やや難 問5 労働基準法第35条の規定に，労働者に与えられる休日は少なくとも週1日とあることから，アは誤りである。

問6 (1) 太陽・地球物理学的・生物学的な源に由来する，自然界によって補充されるエネルギー全般のことである。 (2) 郡上八幡は，他の地域より降水量が多いことが雨温図から読み取れる。また，周辺より土地が低いことが地形図から読み取れる。これらを併せて説明する。

2 (地理―世界の地形・人々の暮らし・日本各地の気候・産業などに関する問題)

重要 問1 インダス川は，ヒマラヤ山脈を水源とし，西部インドを北から南に流れる大河である。黄河は，中華人民共和国の北部を流れ渤海に注ぐ，中国では長江(揚子江)に次いで2番目に長い川である。ガンジス川は，インド亜大陸の北東部を流れる大河である。長江は，チベット高原を水源とし，中華人民共和国の華中地域を流れて東シナ海に注ぐ，アジアで一番長い川である。

問2 Cはインドのムンバイである。インドは北半球に位置するので，降水量の多い7・8月は夏であることから，アは誤りである。12月から4月にかけて，降水量はほぼゼロであることから，イは誤りである。気温は年間を通して25～30℃程度あることから，エは誤りである。雨季と乾季があることから判断する。

やや難 問3　やませは，東北地方の太平洋側に吹く，夏の冷たい北東の風である。また，東北地方には奥羽山脈があり，風がここを越えるときにフェーン現象が起きることと併せて判断する。

基本 問4　それぞれの国は，あ→仏教徒が多いタイ，い→イスラム教徒が多いインドネシア，う→キリスト教徒が多いフィリピンである。

問5　①は沖合漁業，②は遠洋漁業，③は海面養殖業である。遠洋漁業の漁獲量激減の背景には，1973年・1979年の石油危機による燃料代の高騰と，1977年から設定された漁業専管水域の影響がある。

問6　BRICSとは，ブラジル(Brazil)・ロシア(Russia)・インド(India)・中華人民共和国(China)・南アフリカ共和国(South Africa)である。

3 **(歴史―女性を切り口にした日本・世界の歴史に関する問題)**

問1　邪馬台国の記述は，魏志倭人伝に書かれていることから，使いを送った相手は魏となる。したがって，アは誤りである。

重要 問2　寝殿造りの形式による，国風文化の代表的な建造物である。

基本 問3　北条政子の父は，鎌倉幕府の初代執権，北条時政である。1221年の承久の乱を受けて，京都に置かれた役所は六波羅探題である。これらを併せて判断する。

問4　ルターが教会の免罪符販売の批判を始めたのは1517年である。アは十字軍は1096年から200年間にわたって派遣されたことから，誤りである。預言者であるムハンマドが神の啓示を受けたのは610年のことであることから，ウは誤りである。バスコ・ダ・ガマがインドに初めて到達したのは1498年のことであることから，エは誤りである。

やや難 問5　Aは1904年，Bは1894年7月16日，Cは1911年，Dは1894年7月25日のことである。

問6　昭和7年に海軍の青年将校が起こした事件は，1932年の5・15事件のことであることから，暗殺された首相は犬養毅であることがわかる。

4 **(公民―2019年のニュースを切り口にした問題)**

基本 問1　2019年10月に実施された消費税の10%への引き上げにともない，その増税による消費者の生活の負担が大きくなることを防ぐための制度のことである。対象品目の税率は8%である。

重要 問2　日本国憲法第60条の内容から判断する。予算審議に関しては，衆議院の優越が認められており，衆議院通過後30日経過で成立するとされている。

やや難 問3　民主党が2009年から2012年にかけて政権を担当していたこと，2012年12月の総選挙で敗れ，野党となった民主党は2016年3月に民進党となり，2017年に一部の議員により立憲民主党が結成され，2018年には国民民主党に党名を変更していることを併せて判断する。

やや難 問4　1954年12月に成立した鳩山一郎内閣が行った国会答弁以降，自衛隊は必要最小限の実力とされるようになった。非核三原則を日本政府は堅持していることから，アは誤りである。2003年から2009年にかけて行われた自衛隊のイラク派遣は，イラクにおける人道復興支援活動及び安全確保支援活動の実施に関する特別措置法(イラク特措法)に基づくものであることから，ウは誤りである。米軍基地を普天間から辺野古に移設させようとする国に対し，沖縄県は埋め立てを認めないなどの方法で県内移設に反対する方針を維持していることから，エは誤りである。

やや難 問5　株式会社における株主の責任は，出資金の範囲に限られる。株式会社の利益は，配当として分配されることから，アは誤りである。株式会社の経営方針を最終的に決定するのは株主総会であることから，イは誤りである。株式会社の株主の議決権は持ち株に対して与えられることから，ウは誤りである。

問6　Aは10月，Bは1月，Cは7月，Dは8月，Eは4月のことである。

★ワンポイントアドバイス★

時事的内容を含む公民分野の出題は難易度が高めである。合格点に到達するためには，それ以外の大設問の基本問題を確実に得点することが大切である。

＜国語解答＞

一　問一　A　オ　　B　ア　　C　エ　　D　ウ　　問二　エ
問三　温かい給食を食べる量が調整しやすい形で，調理施設のない学校にも提供できる。（37字）　問四　ア　　問五　エ　　問六　気高く　　問七　イ　　問八　子どもの自尊心［貧困者の子ども］　問九　ウ→オ→イ→ア→エ　　問十　❶　イ　　❷　オ

二　問一　イ　　問二　イ　　問三　ア　　問四　エ　　問五　ウ　　問六　交易［貿易，通商，商売，取引］　問七　オ　　問八　オ　　問九　エ　　問十　息

三　問一　A　きわ　　B　ついいて　　問二　X　ウ　　Y　ア　　問三　ア　　問四　競馬
問五　オ　　問六　イ　　問七　エ　　問八　ウ　　問九　（作者名）　兼好法師［吉田兼好］（作品名）　エ

○推定配点○

一　問一・問十　各2点×6　　問三　4点　　他　各3点×7
二　問一～問九　各3点×9　　問十　2点
三　問一　各2点×2　　他　各3点×10点　　計100点

＜国語解説＞

一　（論説文：内容吟味，文脈把握，段落・文章構成，接続詞，脱文補充，漢字，文節）

問一　接続詞の問題。前後の文脈を読み取り確実に点を稼ぎたい。A　直前に「施設」とあり，その後，「工場，病院，学校」と具体的な施設の例がでていることに注目。B　直前の段落は給食には棚上げ効果があること，その後の文で日本はその棚上げ効果が高いことを述べていることに注目。C　直前の事柄がその後の行動の理由になっていることに注目。D　前の文章を受けて，後の文章ではそれだけでは足りないと対立的なことを述べていることに注目。

問二　「それは，食事時間を挟んで」から始まる段落に給食の定義が書かれている。エがすべて満たしている。ア「栄養に配慮した食事」，イ「その場で選んで購入」は書かれていない。ウ「日本で最も経験者が多い」，オ「工場給食や病院給食に類似している」ことは給食の定義とは関係がない。

問三　食缶方式の利点「温かくて味がよく，食べる量も調節しやすい」と親子方式の利点である調理施設のない学校でも学校で調理したものが食べられることを40字以内でまとめればよい。

やや難　問四　なにが「不思議」であるか文中では明確にされていない。ここでは，給食には，貧富の差を持ち込まないという平等を大切にする観点と，ビジネスの場になっているという資本主義的な観点とが複合しているところがあるという矛盾したところを不思議な点としてとらえるのが適切。

問五　傍線部④の次から始まる段落に「日本の給食は度重なる災害の経験抜きには発展しなかっ

た」とあり，エが適切。

問六　「とりわけ」とは，中でも際立っている様を表す副詞。傍線部⑤の前では給食の理想に生涯を捧げた役人などは少なくないことが挙げられ，傍線部⑤の後で，その中でも敗戦後すぐの文部省の理想は際立って気高い，と述べられ，「とりわけ」は「気高い」を修飾していると考える。気高い(けだかい)の読みにも注意。

問七　傍線部⑥の意味をしっかり捉えることが大切。つまり，「世界史の中に位置づけ」るとは，給食を日本だけで起こった動きではなく世界で共通して起こった動きとして捉えるということ。傍線部⑥の後の「十九世紀末から」で始まる段落から最後まで，世界で給食が導入されていく歴史が述べられており，これに合致するのはイである。　ア　日本の影響で全員給食になったとは本文にはない。　ウ　給食によって貧困家庭が明るみになり福祉国家に移行したとは本文にはない。　エ　給食が子どもの身体を鍛える目的であったとは本文にはない。　オ　本文にはない。

問八　傍線部⑦の「それらが表に出ないように」の「それら」とは傍線部⑦直前にある，貧困者には無償で一般家庭は有償であることであり貧富の差が出ないように苦心していたということ。貧困者の子どもと給食との関係を述べている「給食一三〇年の歴史から」で始まる段落で該当する語句を抜き出す。

問九　最初から3段落目までが，ウ「給食の定義の確認」。傍線部②を含む段落と次の段落が，オ「学校給食の方式の整理」。「給食について一通り定義を終えたところで，」から傍線部③を含む段落までが，イ「給食の基本的性格の把握」。空欄Dを含む段落から傍線部⑥の前までの段落が，ア「給食史をとらえるための視覚の確認」。傍線部⑥を含む段落から最後までが，エ「世界史としての給食史と日本の関係」。

問十　傍線部❶のトクイは，「特異」(特に異なっていること)。ア違反　イ異常　ウ経緯　エ意図　オ簡易

傍線部❷のジゼンは，「慈善」(貧しい人や不幸な人をいたわり救済すること)。　ア誇示　イ賛辞　ウ滋養　エ民事　オ慈愛

二　**(小説：情景・心情，内容吟味，文脈把握，脱語補充，慣用句，表現技法)**

やや難　問一　愚痴の内容として考えられるのは，「十一年前，あたらしい」から始まる段落や「戦があればのう。」から始まる叔父の発言とそれに続く段落から読み取れる。戦がないとは本文にあるが功績を立てる機会は戦だけではないため功績を立てる機会を失ったとは言えず，また叔父の希望は豊かだった黒川に戻ることであり，新たに土地を得ることではないと考え，イを選ぶ。

問二　土の臭いがするとは，田畑で農民と共に過ごしている様子が読み取れ，またその後にある「感情を出すのに馴れていない」から，黙々と必要なことをこなす様子が読み取れる。イが正解。ウは開発のために奮闘している様子は本文にはなく，物語中盤の「だが侍は父や叔父の愚痴」から始まる段落ではこの土地の弱点を認めながらも忍耐強く生活している農民との結びつきが語られているため，不適切。

問三　「侍は無言のまま」から始まる段落の最後「過ぎ去った出来事にしがみついている叔父の話はやはり彼の心には重かった」と，侍が叔父の話をどのように感じているかという部分がアと一致する。

問四　「黴のはえた」とは，古いことそしてそれがまとわりついている様子を表し，「食物」とは生きていくために必要なものを表している。エが適切。

問五　「だが侍は父や叔父の愚痴」から始まる段落で，懸命に働く農民との結びつきを感じていること，「侍は心のなかで」から始まる段落で，「ここから自分たち親子は一生，離れることはないのだ」とある，ウが適切。　ア　総領という立場で治めているから谷戸に愛着を持っているとは

本文にはない。　イ　土地と自分の現状を重ね合わせて考えている記述は本文にはない。
エ　「自分だけは責任をもって」という記述はない。　オ　黒川への未練があるとは本文にはない。

問六　「大船のこと,」から始まる段落の最後に「その国と商いを取りかわし,」とあり,「商い」にあたる言葉を漢字2文字で表せばよい。

問七　地名を「,」で区切っているのは，ひとまとまりの単語ではなく，意味がわからない音の並びであること，また「太い筆で」とあるのは，力強さ，つまり侍には重要なことだと感じていることを表していると考える。

やや難 問八　傍線部⑧の次の発言にある,「黒川の土地はお返し頂けるかもしれぬ」が何を意味しているかを考える。黒川の土地が戻ることによって一族の暮らしがよくなることが本文から読み取れ，侍が南蛮の国に行った後の一族の行く末が不安であるがこれをしっかりつとめれば黒川の土地が戻って一族にとって暮らしやすくなることが期待できる，という叔父の考えが読み取れる。

問九　「放り込んだ枯枝は」から始まる段落の最後「夫を見て，何が話題になったかを感じた」という部分，最後の段落「妻が泣くのを懸命に怺えているのがよくわかった」とあり，言葉を交わさずとも侍とりくは相手の動きでお互いを理解しているのがよくわかる。エが適切。

問十　Aは，冬は寒さが厳しく，家の中に身を置き静かにしている様子で「息をひそめる」。Bは，考えもしなかったことが不意に出て，その場についていけない様子で「息もつけない」。

三　（古文：大意・要旨，文脈把握，品詞・用法，仮名遣い，文学史）

問一　A　現代仮名づかいでは,「は」は「わ」と読む。　B　現代仮名づかいでは,「ゐ」は「い」と読む。

問二　X　波線部Xは，法師の動きを表している。　Y　波線部Yの後,「あざけりあさみて」は，法師の動きをみている人々と考えられるため，主格を表す「が」が適切。

問三　傍線部①の直前,「競馬を見侍りしに(競馬を見に行きましたときに)」とあるため，車に乗っているのはこの文を書いている筆者が適切。

問四　競馬を見に行ったときの話なので，競馬が見えなかったと考えるのが適切。

問五　「～ぬべし」とはここでは「～できそうだ」という意味。(「ぬ」が否定を表す「ず」の連用形でないことに注意。)「やう」とは様子という意味の他に「方法，手段」という意味がある。

問六　傍線部④の直前にある筆者の発言「われらが生死の……まさりたるものを」の部分が人々が「そのとおり」と言った部分。「ただ今にもやあらん」の「や」は疑問や問いかけを表し,「今にも起こる可能性があるよね」という意味,「なお」は「さらに一層，ますます」という意味で，法師と比べて見物して日々を暮らす人々の方が愚かさは一層まさっている」と解釈する。

問七　傍線⑤の動きは，さかのぼっていくと傍線④の直前「前なる人ども」であることがわかる。前なる人どもとは，法師を馬鹿にした雑人の動きである。エが適切。

やや難 問八　最後の段落の部分を解釈すればよい。「木石」とは，非情なもの，人間としての情を解さないもののこと。オは「常識では考えられないことが起こったり」とは筆者は述べていないため不適切。

問九　文学史の知識が問われている問題。ちなみに「つれづれなるままに」を漢字で書くと「徒然なるままに」である。

★ワンポイントアドバイス★

古文は読み慣れておくことが大切。文学史の問題は知っていれば得点できるため基本的なことは整理しておこう。三問九の選択肢に挙げられている古典作品の冒頭はどれも有名である。試験対策としてこれらの冒頭の文と作者についてまとめておきたい。

解答用紙集

○月×日　△曜日　天気（合格日和）

◆ご利用のみなさまへ

＊解答用紙の公表を行っていない学校につきましては、弊社の責任において、解答用紙を制作いたしました。

＊編集上の理由により一部縮小掲載した解答用紙がございます。

＊編集上の理由により一部実物と異なる形式の解答用紙がございます。

人間の最も偉大な力とは、その一番の弱点を克服したところから生まれてくるものである。　——カール・ヒルティ——

東京学参株式会社

愛知高等学校　2024年度

◇数学◇

※この解答用紙は学校からの発表がないため，東京学参が制作いたしました。

1	(1)	ア	−	0	1	2	3	4	5	6	7	8	9
		イ	−	0	1	2	3	4	5	6	7	8	9
		ウ	−	0	1	2	3	4	5	6	7	8	9
		エ	−	0	1	2	3	4	5	6	7	8	9
	(2)	オ	−	0	1	2	3	4	5	6	7	8	9
		カ	−	0	1	2	3	4	5	6	7	8	9
		キ	−	0	1	2	3	4	5	6	7	8	9
		ク	−	0	1	2	3	4	5	6	7	8	9
	(3)	ケ	−	0	1	2	3	4	5	6	7	8	9
		コ	−	0	1	2	3	4	5	6	7	8	9
		サ	−	0	1	2	3	4	5	6	7	8	9
		シ	−	0	1	2	3	4	5	6	7	8	9
	(4)	ス	−	0	1	2	3	4	5	6	7	8	9
		セ	−	0	1	2	3	4	5	6	7	8	9
	(5)	ソ	−	0	1	2	3	4	5	6	7	8	9
		タ	−	0	1	2	3	4	5	6	7	8	9
		チ	−	0	1	2	3	4	5	6	7	8	9
	(6)	ツ	−	0	1	2	3	4	5	6	7	8	9
		テ	−	0	1	2	3	4	5	6	7	8	9
		ト	−	0	1	2	3	4	5	6	7	8	9
		ナ	−	0	1	2	3	4	5	6	7	8	9
		ニ	−	0	1	2	3	4	5	6	7	8	9
	(7)	ヌ	−	0	1	2	3	4	5	6	7	8	9

1	(8)	ネ	−	0	1	2	3	4	5	6	7	8	9
		ノ	−	0	1	2	3	4	5	6	7	8	9
		ハ	−	0	1	2	3	4	5	6	7	8	9
		ヒ	−	0	1	2	3	4	5	6	7	8	9
		フ	−	0	1	2	3	4	5	6	7	8	9
	(9)	ヘ	−	0	1	2	3	4	5	6	7	8	9
		ホ	−	0	1	2	3	4	5	6	7	8	9
	(10)	マ	−	0	1	2	3	4	5	6	7	8	9
		ミ	−	0	1	2	3	4	5	6	7	8	9
		ム	−	0	1	2	3	4	5	6	7	8	9
		メ	−	0	1	2	3	4	5	6	7	8	9

2	(1)	ア	−	0	1	2	3	4	5	6	7	8	9
		イ	−	0	1	2	3	4	5	6	7	8	9
	(2)	ウ	−	0	1	2	3	4	5	6	7	8	9
		エ	−	0	1	2	3	4	5	6	7	8	9
		オ	−	0	1	2	3	4	5	6	7	8	9
		カ	−	0	1	2	3	4	5	6	7	8	9
		キ	−	0	1	2	3	4	5	6	7	8	9
		ク	−	0	1	2	3	4	5	6	7	8	9
	(3)	ケ	−	0	1	2	3	4	5	6	7	8	9
		コ	−	0	1	2	3	4	5	6	7	8	9
		サ	−	0	1	2	3	4	5	6	7	8	9
		シ	−	0	1	2	3	4	5	6	7	8	9
		ス	−	0	1	2	3	4	5	6	7	8	9
		セ	−	0	1	2	3	4	5	6	7	8	9

3	(1)	ア	−	0	1	2	3	4	5	6	7	8	9
	(2)	イ	−	0	1	2	3	4	5	6	7	8	9
	(3)	ウ	−	0	1	2	3	4	5	6	7	8	9
		エ	−	0	1	2	3	4	5	6	7	8	9

4	(1)	(i)	ア	−	0	1	2	3	4	5	6	7	8	9
			イ	−	0	1	2	3	4	5	6	7	8	9
			ウ	−	0	1	2	3	4	5	6	7	8	9
		(ii)	エ	−	0	1	2	3	4	5	6	7	8	9
			オ	−	0	1	2	3	4	5	6	7	8	9
			カ	−	0	1	2	3	4	5	6	7	8	9
	(2)		キ	−	0	1	2	3	4	5	6	7	8	9
			ク	−	0	1	2	3	4	5	6	7	8	9
			ケ	−	0	1	2	3	4	5	6	7	8	9
			コ	−	0	1	2	3	4	5	6	7	8	9

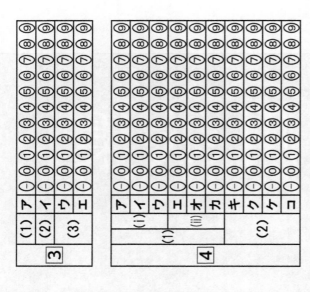

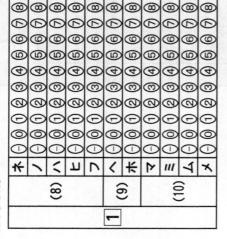

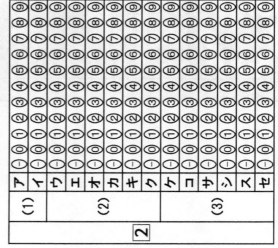

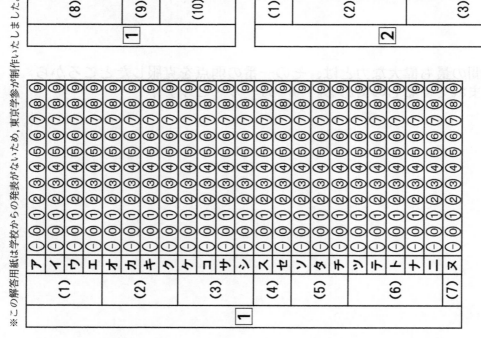

愛知高等学校　　2024年度

◇英語◇

※この解答用紙は学校からの発表がないため，東京学参が制作いたしました。

Ⅰ	問1	1つめ	① ② ③ ④ ⑤ ⑥ ⑦
		2つめ	① ② ③ ④ ⑤ ⑥ ⑦
	問2		① ② ③ ④
	問3		① ② ③ ④ ⑤ ⑥ ⑦ ⑧
	問4		① ② ③ ④
	問5		① ② ③ ④
	問6		① ② ③ ④ ⑤ ⑥ ⑦ ⑧ ⑨

Ⅱ	問1		① ② ③ ④ ⑤
	問2		① ② ③ ④ ⑤ ⑥ ⑦ ⑧
	問3		① ② ③ ④ ⑤ ⑥ ⑦ ⑧
	問4		① ② ③ ④ ⑤ ⑥ ⑦ ⑧
	問5		① ② ③ ④ ⑤ ⑥ ⑦ ⑧
	問6	1つめ	① ② ③ ④ ⑤ ⑥ ⑦ ⑧
		2つめ	① ② ③ ④ ⑤ ⑥ ⑦ ⑧

Ⅲ	A	1つめ		① ② ③ ④ ⑤ ⑥ ⑦ ⑧ ⑨
		2つめ		① ② ③ ④ ⑤ ⑥ ⑦ ⑧ ⑨
		3つめ		① ② ③ ④ ⑤ ⑥ ⑦ ⑧ ⑨
		4つめ		① ② ③ ④ ⑤ ⑥ ⑦ ⑧ ⑨
	B	(1)	●	① ② ③ ④ ⑤ ⑥ ⑦ ⑧ ⑨
			▲	① ② ③ ④ ⑤ ⑥ ⑦ ⑧ ⑨
		(2)	●	① ② ③ ④ ⑤ ⑥ ⑦ ⑧ ⑨ ⑩ ⑪ ⑫ ⑬ ⑭ ⑮
			▲	① ② ③ ④ ⑤ ⑥ ⑦ ⑧ ⑨ ⑩ ⑪ ⑫ ⑬ ⑭ ⑮
		(3)	●	① ② ③ ④ ⑤ ⑥ ⑦ ⑧ ⑨
			▲	① ② ③ ④ ⑤ ⑥ ⑦ ⑧ ⑨
	C			① ② ③ ④ ⑤ ⑥ ⑦ ⑧ ⑨ ⑩

愛知高等学校　2024年度

◇理科◇

※この解答用紙は学校からの発表がないため，東京学参が制作いたしました。

1	問1	ア	① ② ③ ④ ⑤
	問2	イ	① ② ③ ④
	問3	ウ	⓪ ① ② ③ ④ ⑤ ⑥ ⑦ ⑧ ⑨
		エ	⓪ ① ② ③ ④ ⑤ ⑥ ⑦ ⑧ ⑨
		オ	⓪ ① ② ③ ④ ⑤ ⑥ ⑦ ⑧ ⑨
		カ	⓪ ① ② ③ ④ ⑤ ⑥ ⑦ ⑧ ⑨
		キ	⓪ ① ② ③ ④ ⑤ ⑥ ⑦ ⑧ ⑨
		ク	⓪ ① ② ③ ④ ⑤ ⑥ ⑦ ⑧ ⑨
	問4	ケ	① ② ③ ④ ⑤ ⑥

2	問1	ア	① ② ③ ④ ⑤ ⑥
	問2	イ	① ② ③ ④
	問3	ウ	① ② ③ ④
	問4	エ	① ② ③ ④ ⑤ ⑥
	問5	オ	① ② ③ ④
	問6	カ	⓪ ① ② ③ ④ ⑤ ⑥ ⑦ ⑧ ⑨
		キ	⓪ ① ② ③ ④ ⑤ ⑥ ⑦ ⑧ ⑨
		ク	⓪ ① ② ③ ④ ⑤ ⑥ ⑦ ⑧ ⑨

3	問1	ア	① ② ③ ④ ⑤ ⑥
	問2	イ	① ② ③ ④ ⑤ ⑥
		ウ	① ② ③ ④ ⑤ ⑥
	問3	エ	① ② ③ ④ ⑤ ⑥
	問4	オ	⓪ ① ② ③ ④ ⑤ ⑥ ⑦ ⑧ ⑨
		カ	⓪ ① ② ③ ④ ⑤ ⑥ ⑦ ⑧ ⑨
		キ	⓪ ① ② ③ ④ ⑤ ⑥ ⑦ ⑧ ⑨
	問5	ク	① ② ③ ④ ⑤ ⑥ ⑦

4	問1	ア	① ② ③ ④ ⑤ ⑥ ⑦ ⑧
	問2	イ	① ② ③ ④ ⑤ ⑥
	問3	ウ	① ② ③ ④ ⑤ ⑥
	問4	エ	① ② ③ ④ ⑤ ⑥
	問5	オ	① ② ③ ④ ⑤
	問6	カ	① ② ③ ④ ⑤ ⑥

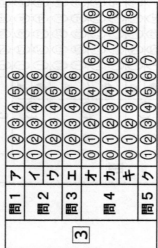

愛知高等学校　　2024年度

◇社会◇

※この解答用紙は学校からの発表がないため，東京学参が制作いたしました。

1	問1		① ② ③ ④ ⑤ ⑥ ⑦ ⑧
	問2	(1)	① ② ③ ④
		(2)	① ② ③ ④ ⑤
	問3	(1)	① ② ③ ④
		(2)	① ② ③ ④
		(3)	① ② ③ ④
	問4	(1)	① ② ③ ④ ⑤
		(2)	① ② ③ ④ ⑤ ⑥ ⑦ ⑧
		(3)	① ② ③ ④
		(4)	① ② ③ ④ ⑤
	問5		① ② ③ ④

2	問1	(1)	① ② ③ ④ ⑤ ⑥
		(2)	① ② ③ ④ ⑤ ⑥
	問2	(1)	① ② ③ ④ ⑤ ⑥ ⑦ ⑧
		(2)	① ② ③ ④ ⑤ ⑥
	問3		① ② ③ ④ ⑤ ⑥ ⑦ ⑧
	問4		① ② ③ ④

3	問1	① ② ③ ④
	問2	① ② ③ ④
	問3	① ② ③ ④
	問4	① ② ③ ④ ⑤ ⑥ ⑦ ⑧
	問5	① ② ③ ④ ⑤ ⑥
	問6	① ② ③ ④ ⑤ ⑥

4	問1	① ② ③ ④
	問2	① ② ③ ④
	問3	① ② ③ ④ ⑤ ⑥ ⑦ ⑧
	問4	① ② ③ ④
	問5	① ② ③ ④ ⑤

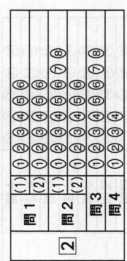

愛知高等学校　2024年度

◇国語◇

※この解答用紙は学校からの発表がないため，東京学参が制作いたしました。

一	問一	❶	㋐ ㋑ ㋒ ㋓ ㋔
		❷	㋐ ㋑ ㋒ ㋓ ㋔
	問二		㋐ ㋑ ㋒ ㋓ ㋔
	問三		㋐ ㋑ ㋒ ㋓ ㋔
	問四		㋐ ㋑ ㋒ ㋓ ㋔
	問五		㋐ ㋑ ㋒ ㋓ ㋔
	問六		㋐ ㋑ ㋒ ㋓ ㋔
	問七		㋐ ㋑ ㋒ ㋓ ㋔
	問八		㋐ ㋑ ㋒ ㋓ ㋔
	問九		㋐ ㋑ ㋒ ㋓ ㋔
	問十		㋐ ㋑ ㋒ ㋓ ㋔

二	問一	1	㋐ ㋑ ㋒ ㋓ ㋔
		2	㋐ ㋑ ㋒ ㋓ ㋔
		3	㋐ ㋑ ㋒ ㋓ ㋔
	問二	❶	㋐ ㋑ ㋒ ㋓ ㋔
		❷	㋐ ㋑ ㋒ ㋓ ㋔
		❸	㋐ ㋑ ㋒ ㋓ ㋔
	問三		㋐ ㋑ ㋒ ㋓ ㋔
	問四		㋐ ㋑ ㋒ ㋓ ㋔
	問五		㋐ ㋑ ㋒ ㋓ ㋔ ㋕
	問六		㋐ ㋑ ㋒ ㋓ ㋔
	問七	一つめ	㋐ ㋑ ㋒ ㋓ ㋔ ㋕
		二つめ	㋐ ㋑ ㋒ ㋓ ㋔ ㋕
	問八		㋐ ㋑ ㋒ ㋓ ㋔
	問九		㋐ ㋑ ㋒ ㋓ ㋔
	問十		㋐ ㋑ ㋒ ㋓ ㋔

三	問一	a	㋐ ㋑ ㋒ ㋓ ㋔
		b	㋐ ㋑ ㋒ ㋓ ㋔
	問二	（1）	㋐ ㋑ ㋒ ㋓ ㋔
		（2）	㋐ ㋑ ㋒ ㋓ ㋔
	問三		㋐ ㋑ ㋒ ㋓ ㋔
	問四		㋐ ㋑ ㋒ ㋓ ㋔
	問五	（1）	㋐ ㋑ ㋒ ㋓ ㋔
		（2）	㋐ ㋑ ㋒ ㋓ ㋔
	問六		㋐ ㋑ ㋒ ㋓ ㋔

◇数学◇

愛知高等学校　2023年度

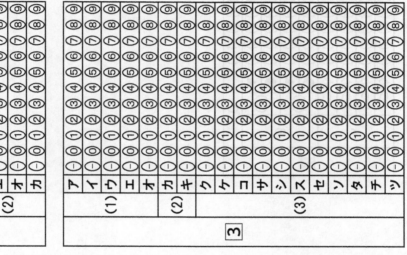

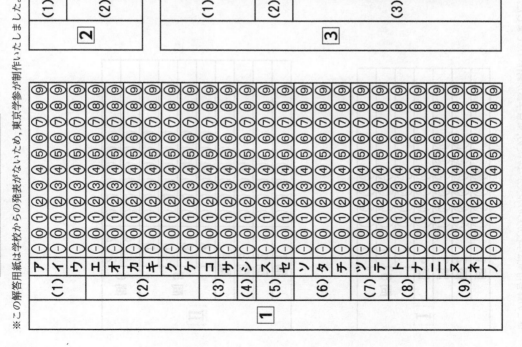

愛知高等学校　2023年度

◇英語◇

※この解答用紙は学校からの発表がないため，東京学参が制作いたしました。

I	問1		① ② ③ ④
	問2		① ② ③ ④ ⑤ ⑥
	問3		① ② ③ ④ ⑤ ⑥
	問4		① ② ③ ④
	問5	ア	① ② ③ ④
		イ	① ② ③ ④
		ウ	① ② ③ ④

II	問1		① ② ③ ④
	問2		① ② ③ ④
	問3		① ② ③ ④
	問4		① ② ③ ④ ⑤
	問5	A	① ② ③ ④ ⑤ ⑥
		B	① ② ③ ④ ⑤ ⑥
		C	① ② ③ ④ ⑤ ⑥
		D	① ② ③ ④ ⑤ ⑥
	問6	1つめ	① ② ③ ④ ⑤ ⑥
		2つめ	① ② ③ ④ ⑤ ⑥

III	A	1つめ		① ② ③ ④ ⑤ ⑥ ⑦ ⑧ ⑨
		2つめ		① ② ③ ④ ⑤ ⑥ ⑦ ⑧ ⑨
		3つめ		① ② ③ ④ ⑤ ⑥ ⑦ ⑧ ⑨
		4つめ		① ② ③ ④ ⑤ ⑥ ⑦ ⑧ ⑨
	B	(1)	●	① ② ③ ④ ⑤ ⑥ ⑦ ⑧
			▲	① ② ③ ④ ⑤ ⑥ ⑦ ⑧
		(2)	●	① ② ③ ④ ⑤ ⑥ ⑦ ⑧ ⑨
			▲	① ② ③ ④ ⑤ ⑥ ⑦ ⑧ ⑨
	C			① ② ③ ④ ⑤ ⑥ ⑦ ⑧ ⑨

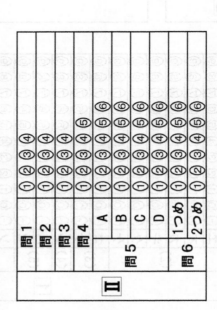

愛知高等学校　　2023年度

◇理科◇

※この解答用紙は学校からの発表がないため，東京学参が制作いたしました。

1	問1		ア	⓪①②③④⑤
	問2	(1)	イ	⓪①②③④⑤⑥⑦⑧⑨
			ウ	⓪①②③④⑤⑥⑦⑧⑨
			エ	⓪①②③④⑤⑥⑦⑧⑨
		(2)	オ	⓪①②③④⑤⑥⑦⑧⑨
			カ	⓪①②③④⑤⑥⑦⑧⑨
	問3	(1)	キ	⓪①②③④⑤⑥⑦⑧⑨
			ク	⓪①②③④⑤⑥⑦⑧⑨
		(2)	ケ	⓪①②③④⑤⑥⑦⑧⑨
			コ	⓪①②③④⑤⑥⑦⑧⑨
		(3)	サ	⓪①②③④⑤⑥⑦⑧⑨
			シ	⓪①②③④⑤⑥⑦⑧⑨
	問4		ス	⓪①②③
			セ	⓪①②③

2	問1	ア	⓪①②③④⑤⑥
	問2	イ	⓪①②③④
	問3	ウ	⓪①②③④⑤⑥⑦⑧⑨
	問4	エ	⓪①②③④⑤
		オ	⓪①②③④⑤
	問5	カ	⓪①②③④
	問6	キ	⓪①②③④⑤⑥⑦⑧⑨
		ク	⓪①②③④⑤⑥⑦⑧⑨
		ケ	⓪①②③④⑤⑥⑦⑧⑨

3	問1	ア	⓪①②③④⑤⑥⑦⑧⑨
	問2	イ	⓪①②③④⑤
	問3	ウ	⓪①②③④⑤⑥⑦⑧
	問4	エ	⓪①②③④⑤⑥⑦⑧⑨
		オ	⓪①②③④⑤⑥⑦⑧⑨
	問5	カ	⓪①②③④
	問6	キ	⓪①②③④

4	問1	ア	⓪①②③④⑤⑥⑦
	問2	イ	⓪①②③④⑤
	問3	ウ	⓪①②③④⑤⑥
	問4	エ	⓪①②
		オ	⓪①②③④
	問5	カ	⓪①②③④⑤⑥
	問6	キ	⓪①②③④⑤

愛知高等学校　2023年度

◇社会◇

※この解答用紙は学校からの発表がないため，東京学参が制作いたしました。

1	問1	①②③④
	問2	①②③④⑤⑥
	問3	①②③④⑤⑥
	問4	①②③④⑤⑥
	問5	①②③④
	問6	①②③④
	問7	①②③④⑤⑥⑦⑧
	問8 ウ	①②③④⑤⑥
	問8 オ	①②③④⑤⑥
	問9	①②③④⑤⑥
	問10	①②③④⑤

2	問1	①②③④⑤⑥
	問2	①②③④⑤⑥
	問3	①②③④⑤⑥
	問4	①②③④⑤⑥
	問5	①②③④⑤⑥⑦⑧
	問6	①②③④

3	問1	①②③④
	問2	①②③④
	問3	①②③④⑤⑥
	問4	①②③④
	問5	①②③④
	問6	①②③④⑤

4	問1	①②③④
	問2	①②③④⑤
	問3	①②③④⑤
	問4	①②③④
	問5	①②③④

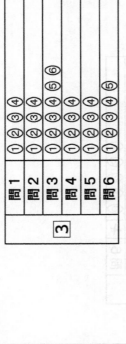

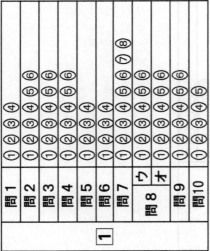

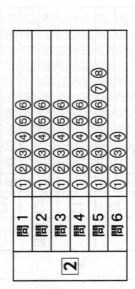

愛知高等学校　2023年度

◇国語◇

※この解答用紙は学校からの発表がないため，東京学参が制作いたしました。

一	問一		㋐	㋑	㋒	㋓	㋔	
	問二	A	㋐	㋑	㋒	㋓	㋔	
		B	㋐	㋑	㋒	㋓	㋔	
		C	㋐	㋑	㋒	㋓	㋔	
	問三	❶	㋐	㋑	㋒	㋓	㋔	
		❷	㋐	㋑	㋒	㋓	㋔	
		❸	㋐	㋑	㋒	㋓	㋔	
		❹	㋐	㋑	㋒	㋓	㋔	
		❺	㋐	㋑	㋒	㋓	㋔	
	問四		㋐	㋑	㋒	㋓	㋔	
	問五		㋐	㋑	㋒	㋓	㋔	
	問六	一つめ	㋐	㋑	㋒	㋓	㋔	
		二つめ	㋐	㋑	㋒	㋓	㋔	
	問七		㋐	㋑	㋒	㋓	㋔	
	問八		㋐	㋑	㋒	㋓	㋔	
	問九		㋐	㋑	㋒	㋓	㋔	㋕
	問十		㋐	㋑	㋒	㋓	㋔	

二	問一	A	㋐	㋑	㋒	㋓	㋔
		B	㋐	㋑	㋒	㋓	㋔
	問二	❶	㋐	㋑	㋒	㋓	㋔
		❷	㋐	㋑	㋒	㋓	㋔
		❸	㋐	㋑	㋒	㋓	㋔
	問三		㋐	㋑	㋒	㋓	㋔
	問四		㋐	㋑	㋒	㋓	㋔
	問五		㋐	㋑	㋒	㋓	㋔
	問六		㋐	㋑	㋒	㋓	㋔
	問七		㋐	㋑	㋒	㋓	㋔
	問八		㋐	㋑	㋒	㋓	㋔
	問九		㋐	㋑	㋒	㋓	㋔

三	問一	a	㋐	㋑	㋒	㋓	㋔
		b	㋐	㋑	㋒	㋓	㋔
	問二		㋐	㋑	㋒	㋓	㋔
	問三		㋐	㋑	㋒	㋓	㋔
	問四		㋐	㋑	㋒	㋓	㋔
	問五	④	㋐	㋑	㋒	㋓	㋔
		⑤	㋐	㋑	㋒	㋓	㋔
	問六		㋐	㋑	㋒	㋓	㋔
	問七		㋐	㋑	㋒	㋓	㋔

愛知高等学校　2022年度

◇数学◇

※ 111%に拡大していただくと，解答欄は実物大になります。

1

(1)	(2)	(3)	(4)
			$a=$, $b=$
(5)	(6)	(7)	(8)
			cm
(9)	(10)		
点			

2

(1)	(2)	(3)

3

(1)	(2)	(3)

4

(1)	(a)		(b)	
(2)	(a)		(b)	

愛知高等学校　2022年度

◇英語◇

※解答欄は実物大になります。

Ⅰ

問1	(ア)	(イ)	(ウ)	問2		問3		
問4	(1)	(2)	(3)	問5		問6		
問7	(a)	(b)	(c)	(d)	(e)	問8		

Ⅱ

問1		問2		問3		問4	
問5	(1) つ	(2) I would say (yes / no) because					

6

12

Ⅲ

(1)●	▲	(2)●	▲
(3)●	▲	(4)●	▲
(5)●	▲		

Ⅳ

(1)	(2)	(3)	(4)	(5)

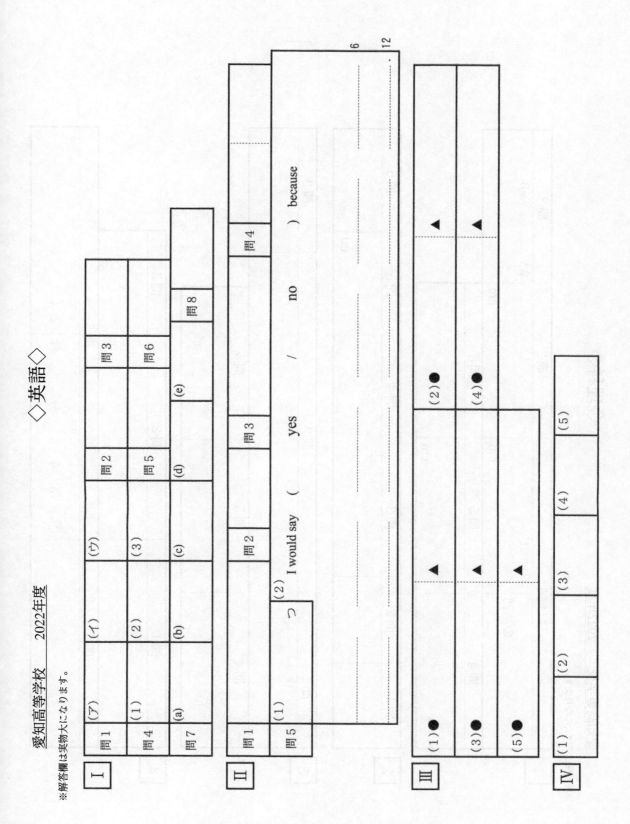

愛知高等学校　2022年度

◇理科◇

※解答欄は実物大になります。

1

問1		問2	問3	
の法則	ばねののび　cm	cm	糸A	糸B

問4	問5	問6
		cm

2

問1	問2	問3	問4	問5	問6
				ml	

3

問1		問2	問3
A	b		

問4	問5	問6		

4

問1	問2	問3

問4	問5	
	①　18　時　分　秒	②（　,　）

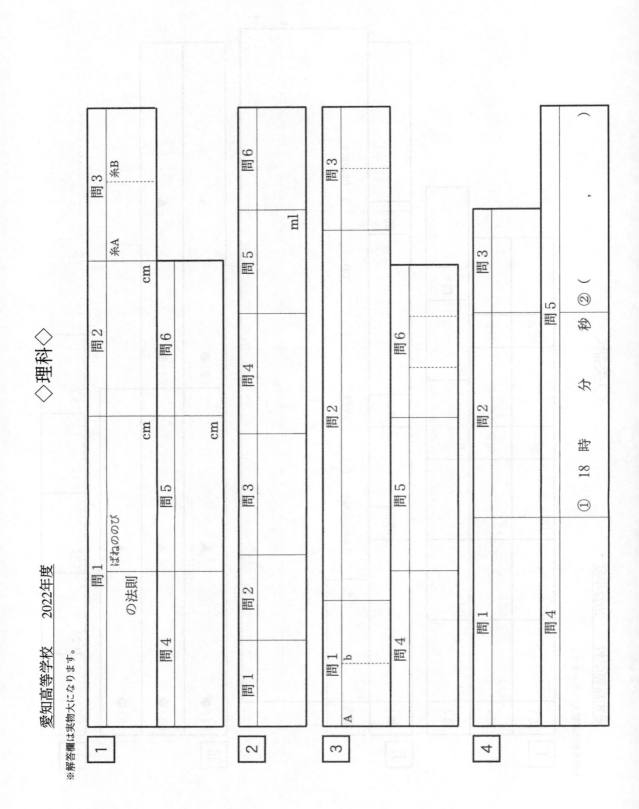

愛知高等学校　2022年度

◇社会◇

※解答欄は実物大になります。

1

問1	問2	問3（1）	問3（2）	問4	問5
			の自由		

2

問1	問2	問3	問4	問5

問6		
Y	の変化による	Z

3

問1	問2（1）	問2（2）	問3	問4	問5（1）	問5（2）

4

問1	問2	問3	問4	問5（1）	問5（2）
企業					

愛知高等学校　2022年度

◇国語◇

※解答欄は実物大になります。

一

問一 A

B

問二

問三

問四

問五

問六

問七

問八

問九

二

問一 ❶

❷

問二

問三

問四

問五 (1)

(2)

問六

問七

問八 最初

最後

問九

三

問一 (1)

(2)

問二

問三

問四

問五

愛知高等学校　2021年度

◇数学◇

※ 143%に拡大していただくと，解答欄は実物大になります。

1

(1)	(2)	(3)	(4)
			$a=$

(5)	(6)	(7)
$m=$　　$n=$	番目	$a=$

(8)	(9)	(10)
cm^2	cm^2	

(11)	
①	②

2

(1)	(2)	(3)
$a=$　　$b=$	B(　　,　　)	D(　　,　　)

3

(1)	(2)	(3)

(4)
最大　　個

4

(1)	(2)
通り	通り

愛知高等学校　2021年度

◇英語◇

※ 104％に拡大していただくと，解答欄は実物大になります。

Ⅰ

問1		問2	They show ( )( ).		
問3		問4		問5	

Ⅱ

問1		問2	A	問3	B	C	D	問4	

Ⅲ

1	2	3	4	5

Ⅳ

(1)●	▲	(2)●	▲
(3)●	▲	(4)●	▲

Ⅴ

Ⅵ

					5
					10
					15
					20
					25

愛知高等学校　2021年度

◇理科◇

※ 109%に拡大していただくと，解答欄は実物大になります。

1

問1	問2	問3
Pa		

問4		
(1) cm²	(2) 倍	(3) 倍

2

問1	問2	問3	問4

問5	問6	問7
	g	g

3

問1	問2	問3	問4
	個		① ②

問5	
(1)	(2)

4

問1	問2	問3	問4
A B C		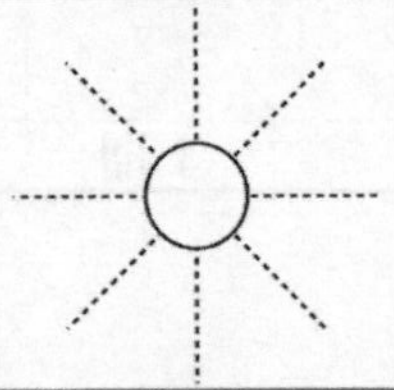	

問5	問6	
hPa	(1) ℃	(2) %

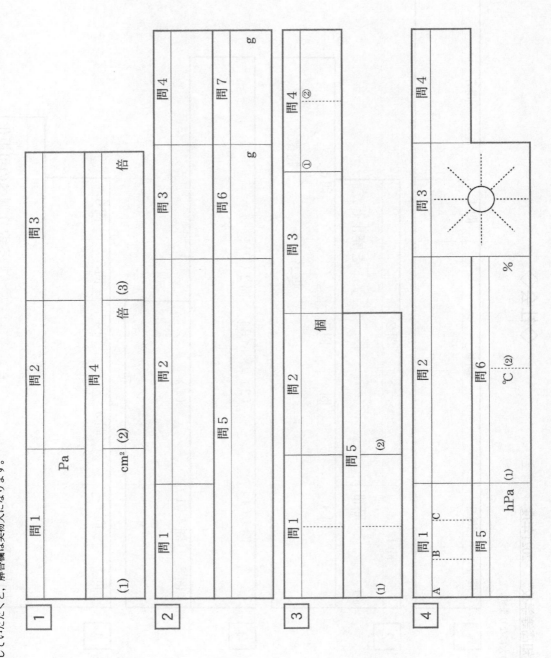

愛知高等学校　2021年度

◇社会◇

※解答欄は実物大になります。

1

問1	問2	問3	問4	問5

2

問1	問2
約　　時間	を廃止した。

問3	問4	問5	問6	
			要素：	特徴：

3

問1(1)	(2)	(3)	問2(1)	(2)

問3	問4(1)	(2)

4

問1	問2	問3	問4	問5	問6

問7
事件の取り調べを　　　・　　　する取り調べの可視化

愛知高等学校　2021年度

◇国語◇

※ 103％に拡大していただくと，解答欄は実物大になります。

一

問一 ❶ ❷

問二 A B C

問三 最初 最後

問四

問五

問六 (1) (2) (3)

問七

問八

問九

二

問一 A B

問二

問三

問四

問五

問六

問七

問八

問九

三

問一

問二

問三

問四

問五

愛知高等学校　2020年度

◇数学◇

※117%に拡大していただくと，解答欄は実物大になります。

1

(1)	(2)	(3)	(4)

(5)	(6)	(7)	(8)
g	cm^2		$x=$

(9)	(10)
BT=　cm	

(11)	
お買い得な袋 A・B	理由

2

(1)	(2)
LM=　cm	$AL^2=$

3

(1)	(2)	(3)

4

(1)	(2)	(3)	(4)
		個	通り

愛知高等学校　2020年度

◇英語◇

※この解答用紙は実物大になります。

Ⅰ

問１　→　→　→　→

問２　A　B　C

問３

問４

Ⅱ

問１

問２　(1)　(2)　(3)　(4)　(5)

Ⅲ

(1)　(2)　(3)　(4)　(5)　(6)

Ⅳ

(1)●　▲

(2)●　▲

Ⅴ

(1)　(2)　(3)

Ⅵ

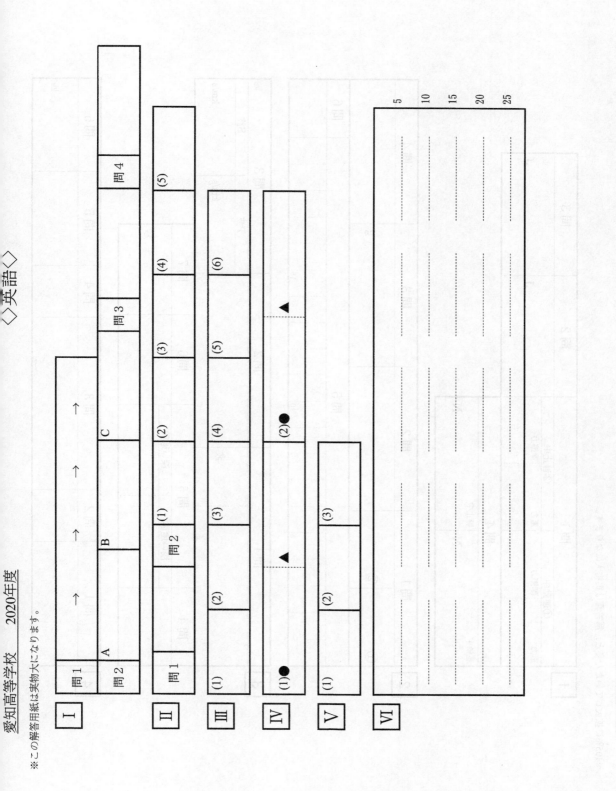

愛知高等学校　2020年度

◇理科◇

※105%に拡大していただくと，解答欄は実物大になります。

1

問1				問2	問3
①運動中		②静止中			
重力	摩擦力	重力	摩擦力	J	J

問4	
運動中　N	静止中　N

2

問1		問2	問3	問4
①	②		g	

問5	問6
5　10　15	

3

問1	問2	問3	
		P波	S波
波		km/s	km/s

問4	問5		問6	問7
	浅い地震	深い地震		秒

4

問1	問2	問3	問4	問5	問6
>　>					匹

愛知高等学校　2020年度

◇社会◇

※110%に拡大していただくと，解答欄は実物大になります。

1

問1	問2	問3	問4	問5

問6（1）
エネルギー

問6（2）

2

問1	問2
	気候　記号

問3	問4	問5	問6

3

問1	問2

問3	問4	問5	問6

4

問1	問2	問3	問4	問5	問6

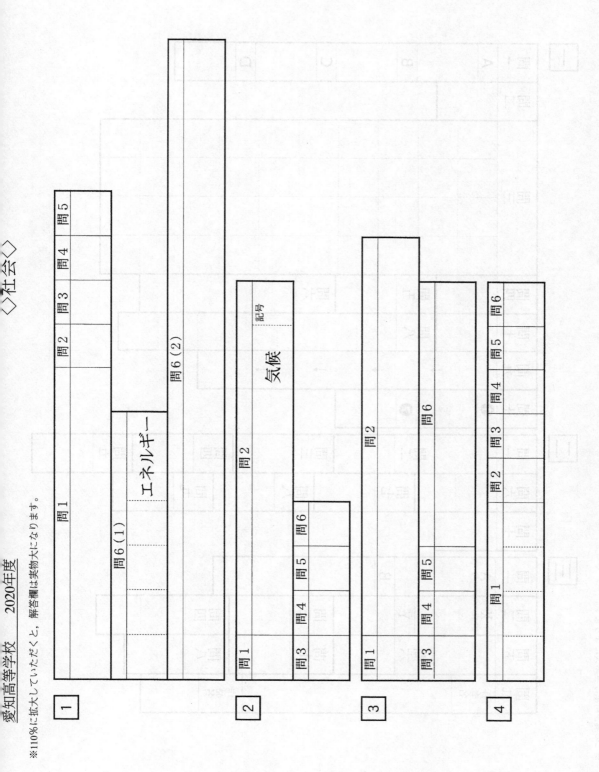

愛知高等学校　2020年度

◇国語◇

※この解答用紙は実物大になります。

一

問一　A　B　C　D

問二

問三

問四

問五

問六

問七

問八

問九　↓　↓　↓　↓

問十　❶　❷

二

問一

問二

問三

問四

問五

問六

問七

問八

問九

問十

三

問一　A　B

問二　X　Y

問三

問四

問五

問六

問七

問八

問九　作者名　作品名

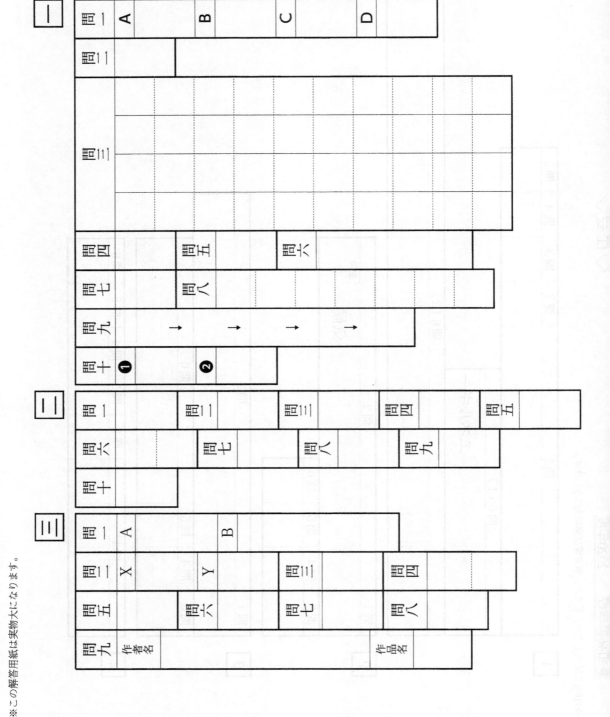

MEMO

大切なことはメモしておこうネ！

MEMO

大切なことはメモしておこうネ！

MEMO

大切なことはメモしておこうネ！

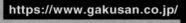

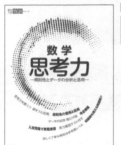

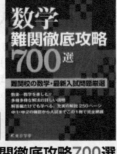

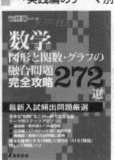

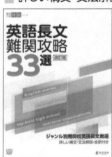

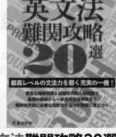

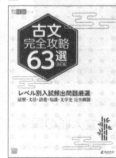

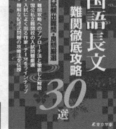

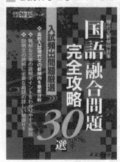

東京学参の

中学校別入試過去問題シリーズ

＊出版校は一部変更することがあります。一覧にない学校はお問い合わせください。

東京ラインナップ

あ　青山学院中等部(L04)
麻布中学(K01)
桜蔭中学(K02)
お茶の水女子大附属中学(K07)
か　海城中学(K09)
開成中学(M01)
学習院中等科(M03)
慶應義塾中等部(K04)
啓明学園中学(N29)
晃華学園中学(N13)
攻玉社中学(L11)
国学院大久我山中学
（一般・CC）(N22)
（ＳＴ）(N23)
駒場東邦中学(L01)
さ　芝中学(K16)
芝浦工業大附属中学(M06)
城北中学(M05)
女子学院中学(K03)
巣鴨中学(M02)
成蹊中学(N06)
成城中学(K28)
成城学園中学(L05)
青稜中学(K23)
創価中学(N14)★
た　玉川学園中学部(N17)
中央大附属中学(N08)
筑波大附属中学(K06)
筑波大附属駒場中学(L02)
帝京大中学(N16)
東海大菅生高中等部(N27)
東京学芸大附属竹早中学(K08)
東京都市大付属中学(L13)
桐朋中学(N03)
東洋英和女学院中学部(K15)
豊島岡女子学園中学(M12)
な　日本大第一中学(M14)
日本大第三中学(N19)
日本大第二中学(N10)
は　雙葉中学(K05)
法政大学中学(N11)
本郷中学(M08)
ま　武蔵中学(N01)
明治大付属中野中学(N05)
明治大付属八王子中学(N07)
明治大付属明治中学(K13)
ら　立教池袋中学(M04)
わ　和光中学(N21)
早稲田中学(K10)
早稲田実業学校中等部(K11)
早稲田大高等学院中学部(N12)

神奈川ラインナップ

あ　浅野中学(O04)
栄光学園中学(O06)
か　神奈川大附属中学(O08)
鎌倉女学院中学(O27)
関東学院六浦中学(O31)
慶應義塾湘南藤沢中等部(O07)
慶應義塾普通部(O01)
さ　相模女子大中学部(O32)
サレジオ学院中学(O17)
逗子開成中学(O22)
聖光学院中学(O11)
清泉女学院中学(O20)
洗足学園中学(O18)
捜真女学校中学部(O29)
た　桐蔭学園中等教育学校(O02)
東海大付属相模高中等部(O24)
桐光学園中学(O16)
な　日本大中学(O09)
は　フェリス女学院中学(O03)
法政大第二中学(O19)
や　山手学院中学(O15)
横浜隼人中学(O26)

千・埼・茨・他ラインナップ

あ　市川中学(P01)
浦和明の星女子中学(Q06)
か　海陽中等教育学校
（入試Ⅰ・Ⅱ）(T01)
（特別給費生選抜）(T02)
久留米大附設中学(Y04)
さ　栄東中学(東大・難関大)(Q09)
栄東中学(東大特待)(Q10)
狭山ヶ丘高校付属中学(Q01)
芝浦工業大柏中学(P14)
渋谷教育学園幕張中学(P09)
城北埼玉中学(Q07)
昭和学院秀英中学(P05)
清真学園中学(S01)
西南学院中学(Y02)
西武学園文理中学(Q03)
西武台新座中学(Q02)
専修大松戸中学(P13)
た　筑紫女学園中学(Y03)
千葉日本大第一中学(P07)
千葉明徳中学(P12)
東海大付属浦安高中等部(P06)
東邦大付属東邦中学(P08)
東洋大附属牛久中学(S02)
獨協埼玉中学(Q08)
な　長崎日本大中学(Y01)
成田高校付属中学(P15)
は　函館ラ・サール中学(X01)
日出学園中学(P03)
福岡大附属大濠中学(Y05)
北嶺中学(X03)
細田学園中学(Q04)
や　八千代松陰中学(P10)
ら　ラ・サール中学(Y07)
立命館慶祥中学(X02)
立教新座中学(Q05)
わ　早稲田佐賀中学(Y06)

公立中高一貫校ラインナップ

北海道　市立札幌開成中等教育学校(J22)
宮　城　宮城県仙台二華・古川黎明中学校(J17)
市立仙台青陵中等教育学校(J33)
山　形　県立東桜学館・致道館中学校(J27)
茨　城　茨城県立中学・中等教育学校(J09)
栃　木　県立宇都宮東・佐野・矢板東高校附属中学校(J11)
群　馬　県立中央・市立四ツ葉学園中等教育学校・
市立太田中学校(J10)
埼　玉　市立浦和中学校(J06)
県立伊奈学園中学校(J31)
さいたま市立大宮国際中等教育学校(J32)
川口市立高等学校附属中学校(J35)
千　葉　県立千葉・東葛飾中学校(J07)
市立稲毛国際中等教育学校(J25)
東　京　区立九段中等教育学校(J21)
都立大泉高等学校附属中学校(J28)
都立両国高等学校附属中学校(J01)
都立白鷗高等学校附属中学校(J02)
都立富士高等学校附属中学校(J03)
都立三鷹中等教育学校(J29)
都立南多摩中等教育学校(J30)
都立武蔵高等学校附属中学校(J04)
都立立川国際中等教育学校(J05)
都立小石川中等教育学校(J23)
都立桜修館中等教育学校(J24)
神奈川　川崎市立川崎高等学校附属中学校(J26)
県立平塚・相模原中等教育学校(J08)
横浜市立南高等学校附属中学校(J20)
横浜サイエンスフロンティア高校附属中学校(J34)
広　島　県立広島中学校(J16)
県立三次中学校(J37)
徳　島　県立城ノ内中等教育学校・富岡東・川島中学校(J18)
愛　媛　県立今治東・松山西中等教育学校(J19)
福　岡　福岡県立中学校・中等教育学校(J12)
佐　賀　県立香楠・致遠館・唐津東・武雄青陵中学校(J13)
宮　崎　県立五ヶ瀬中等教育学校・宮崎西・都城泉ヶ丘高校附属中学校(J15)
長　崎　県立長崎東・佐世保北・諫早高校附属中学校(J14)

公立中高一貫校「適性検査対策」問題集シリーズ

総合編　作文問題編　資料問題編　数と図形編　生活と科学編　実力確認テスト編

私立中・高スクールガイド

THE《ザ》 私立

私立中学＆高校の学校生活がわかる！

2404A

〈ダウンロードコンテンツについて〉

本問題集のダウンロードコンテンツ、弊社ホームページで配信しております。現在ご利用いただけるのは「2025年度受験用」に対応したもので、**2025年3月末日**までダウンロード可能です。弊社ホームページにアクセスの上、ご利用ください。
※配信期間が終了いたしますと、ご利用いただけませんのでご了承ください。

高校別入試過去問題シリーズ

愛知高等学校　2025年度

ISBN978-4-8141-3036-8

[発行所] 東京学参株式会社
〒153-0043　東京都目黒区東山2-6-4

書籍の内容についてのお問い合わせは右のQRコードから　⇒

※書籍の内容についてのお電話でのお問い合わせ、本書の内容を超えたご質問には対応できませんのでご了承ください。

2024年7月4日　初版